Lehr- und Handbücher der Statistik

Herausgegeben von
Universitätsprofessor Dr. Rainer Schlittgen

Bisher erschienene Werke:

Caspary/Wichmann, Lineare Modelle
Chatterjee/Price (Übers. Lorenzen), Praxis der Regressionsanalyse, 2. Auflage
Degen/Lorscheid, Statistik-Aufgabensammlung
Harvey (Übers. Untiedt), Ökonometrische Analyse von Zeitreihen, 2. Auflage
Harvey (Übers. Untiedt), Zeitreihenmodelle, 2. Auflage
Heiler/Michels, Deskriptive und Explorative Datenanalyse
Oerthel/Tuschl, Statistische Datenanalyse mit dem Programmpaket SAS
Pokropp, Lineare Regression und Varianzanalyse
Rinne, Wirtschafts- und Bevölkerungsstatistik
Schlittgen, Statistik, 5. Auflage
Schlittgen/Streitberg, Zeitreihenanalyse, 5. Auflage

Statistische Datenanalyse mit dem Programmpaket SAS

Von

Diplom-Kaufmann

Frank Oerthel

Universität Passau

und

Diplom-Kaufmann

Stefan Tuschl

Universität Passau

R. Oldenbourg Verlag München Wien

Eingetragene Warenzeichen sind nicht besonders gekennzeichnet. Deshalb ist den Bezeichnungen nicht zu entnehmen, ob sie freie Warennamen sind bzw. ob Patente oder Gebrauchsmuster vorliegen.
Das in diesem Buch enthaltene Programm-Material ist mit keiner Verpflichtung oder Garantie irgendeiner Art verbunden. Die Autoren und der Verlag übernehmen infolgedessen keine Verantwortung und werden keine daraus folgende oder sonstige Haftung übernehmen, die auf irgendeine Art aus der Benutzung dieses Programm-Materials oder Teilen davon entsteht.

Adresse der Autoren:

Universität Passau
Lehrstuhl für Statistik
Dipl.-Kfm. Frank Oerthel
Dipl.-Kfm. Stefan Tuschl
Innstraße 27
94032 Passau

Die Deutsche Bibliothek - CIP-Einheitsaufnahme

Oerthel, Frank:
Statistische Datenanalyse mit dem Programmpaket SAS / von Frank Oerthel und Stefan Tuschl. - München ; Wien : Oldenbourg, 1995
(Lehr- und Handbücher der Statistik)
ISBN 3-486-23349-1
NE: Tuschl, Stefan:

Gesamtherstellung: R. Oldenbourg Graphische Betriebe GmbH, München

ISBN 3-486-23349-1

Inhaltsverzeichnis

Vorwort

In nahezu jeder Wissenschaft stellt sich dem Forschenden die Aufgabe, eine Vielzahl von Daten statistisch auszuwerten. Im Zeitalter der elektronischen Datenverarbeitung ist diese Aufgabe durch den Einsatz von Rechnern in erheblich kürzerer Zeit zu bewältigen als früher. Auch läßt sich dadurch der Umfang des zu analysierenden Datenmaterials erheblich ausweiten. Datenmengen, deren Auswertung "von Hand" schlicht unmöglich ist, stellen für einen Rechner kein Problem dar. Aus diesem Grund sollte sich der Studierende der Statistik bereits frühzeitig mit der Anwendung entsprechender Software vertraut machen - der Praktiker wird ohnehin nicht mehr ohne sie auskommen.

Zur computergestützten Datenauswertung existiert eine Vielzahl von Statistik-Programmen und -Programmpaketen. Davon ist das weit verbreitete Programmpaket SAS (*Statistical Analysis System*) bezüglich der Anzahl der zur Verfügung gestellten Funktionen und Prozeduren das umfangreichste und nach unserer Ansicht für fast alle Anforderungen des Anwenders auch das beste.

Das Arbeiten mit SAS zu erleichtern, ist ein Ziel dieses Textes. Ein zweites, mindestens ebenso wichtiges, ist die Vermittlung der hinter den einzelnen Prozeduren stehenden statistischen Theorie. Damit soll einerseits dem Leser die Möglichkeit gegeben werden, die Berechnungen des Programms nachzuvollziehen, und andererseits die durch die einfache Handhabung computergestützter Datenanalyseverfahren "provozierte" Anwendung inadäquater statistischer Verfahren vermieden werden.

Das Buch richtet sich an jeden SAS-Anwender, an den Studierenden der Statistik genauso wie an den Praktiker, der im Rahmen seiner beruflichen Tätigkeit mit dem Programm arbeitet. Zum Verständnis des Textes sind Grundkenntnisse in Statistik erforderlich, wie sie heute in jedem Studienfach, dessen Bestandteil eine Statistik-Ausbildung im Grundstudium ist, vermittelt werden.

Es versteht sich von selbst, daß ein Programmpaket, dessen Handbücher mehrere Tausend Seiten umfassen, in diesem Text nicht vollständig beschrieben werden kann. Wir waren deshalb gezwungen, eine Auswahl der zu behandelnden Prozeduren zu treffen, die nach dem Kriterium ihrer Anwendbarkeit in den Wirtschafts-, Sozial- und Naturwissenschaften erfolgte. Leider mußten trotz ihrer diesbezüglichen Relevanz einige interessante, jedoch sehr umfangreiche bzw. komplexe statistische Verfahren wegfallen, so. z.B. die Schätzung von allgemeinen linearen Modellen mit der

Prozedur GLM, das komplette Gebiet der Zeitreihenanalyse, für das in SAS ein eigenes Programmodul (SAS/ETS) existiert, die Analyse von Überlebenszeiten oder Verfahren der nichtlinearen Diskriminanz- und Regressionsanalyse.
Schließlich konnten auch die behandelten Prozeduren und deren Syntax nicht bis ins letzte Detail erläutert werden, sondern es war eine Beschränkung auf das unserer Ansicht nach Wesentliche vonnöten. Jede Prozedur in SAS bietet eine Vielzahl von Optionen an, von denen einige wohl aber nur selten gebraucht werden. Diesbezügliche Wünsche für künftige Auflagen nehmen wir jedoch gerne entgegen.

Die Ausführungen beziehen sich auf den Stand der Programm-Version 6. Damit wurden auch sämtliche Beispiele gerechnet. Alle Änderungen, die bis einschließlich der Unterversion 6.10 auftreten, sind bereits berücksichtigt. Zu neuen Programm-Versionen von SAS ist anzumerken, daß sich die Syntax der Statistik-Prozeduren im allgemeinen nicht wesentlich ändert. Vorhandene Optionen fallen normalerweise nicht weg, so daß Änderungen überwiegend im Hinzukommen neuer Optionen und Prozeduren zu sehen sind. Das Buch wird also über einen längeren Zeitraum hinweg nichts an Aktualität verlieren.

Für die wertvolle Unterstützung bei der Veröffentlichung danken wir Herrn Prof. Dr. Walter Schweitzer, Passau. Zu Dank verpflichtet sind wir auch Frau Dr. Cornelia Baumgartner, Passau, für ihre Anregungen. Bei Herrn Martin Weigert möchten wir uns für die freundliche Aufnahme des Buches in den Oldenbourg Verlag bedanken.

Wir hoffen, mit dem vorliegenden Buch eine nützliche Arbeitshilfe zur Verfügung zu stellen und sind jederzeit für Anregungen, Verbesserungsvorschläge und Hinweise auf Fehler dankbar.

Frank Oerthel und Stefan Tuschl

0. Grundstrukturen des SAS-Systems

In diesem Abschnitt sollen dem Leser, der noch nie mit dem SAS-System gearbeitet hat, die Grundelemente und Grundstrukturen dieses Datenanalysesystems nähergebracht werden. Alle folgenden Kapitel setzen die Kenntnis dieser Grundstrukturen voraus. Für die überwiegende Mehrzahl der Anwender sollten die vermittelteten Kenntnisse ausreichen, um die Statistik-Prozeduren ohne Probleme ausführen zu können. Wünscht ein Anwender tiefergehende bzw. weitere Kenntnisse in der Bedienung von SAS, so sei ihm die einschlägige Literatur empfohlen.

Angemerkt sei, daß der Umgang mit SAS nicht ohne weiteres allgemein dargestellt werden kann, da die Durchführung vieler Operationen, je nachdem, unter welchem Betriebssystem SAS läuft, auf unterschiedliche Weise zu bewerkstelligen ist. Die Autoren selbst verwenden "SAS für *WINDOWS*", das wohl die bequemste Implementierung von SAS darstellt. Viele Operationen sind hier dem Standard der graphischen Benutzeroberfläche *WINDOWS* angepaßt, so daß Kenntnisse aus anderen *WINDOWS*-Programmen teilweise direkt auf SAS übertragen werden können.

Weiterhin gilt es zu beachten, daß das Programmpaket SAS aus verschiedenen **Modulen** besteht, von denen nicht alle installiert sein müssen. Das **Grundmodul** SAS/BASE ist jedoch in jedem Fall erforderlich. Für die statistische Datenauswertung benötigt man weiterhin das Modul SAS/STAT. Mit Ausnahme der im Abschnitt 0.3.4. beschriebenen Prozedur FSEDIT erfordern sämtliche in diesem Buch besprochenen statistischen Analyseverfahren lediglich diese beiden Module. In einigen Abschnitten wird ergänzend das Erstellen **hochauflösender Graphiken** besprochen. Zur Durchführung dieser Programme muß das Modul SAS/GRAPH installiert sein.

Die nachfolgende Darstellung der Grundstrukturen des SAS-Systems erfolgt **betriebssystemunabhängig**, d.h. die vorgestellten Anweisungen und Befehle können in jeder SAS-Implementierung verwendet werden.

0.1. Der SAS-Display-Manager

SAS kann auf zwei Arten gestartet werden: Im **nichtinteraktiven (batch-)** und im **interaktiven** Modus. Im ersten Fall schreibt man sämtliche Anweisungen an das SAS-System in eine **Datei**, die dann dem System vollständig zur Abarbeitung übergeben wird. Das System liefert dann eine Datei mit den Ergebnissen und eine mit Fehlermeldungen und anderen Nachrichten zurück. Im interaktiven Modus erzeugt das SAS-System eine **Benutzer-**

oberfläche auf dem Bildschirm, in die man die Anweisungen eingibt und sogleich zur Abarbeitung übergeben kann. Die Ergebnisse sowie die Nachrichten erhält man hier unmittelbar auf den Bildschirm. Bei Fehlern kann das Programm ohne Aufwand sofort korrigiert werden. Auch bereits laufende Programme können oft noch modifiziert werden. Dieser Modus ist deshalb der empfehlenswertere. Innerhalb des interaktiven Modus existieren auch **menügeführte Oberflächen** (z.B. SAS/ASSIST), bei deren Verwendung der Anwender überhaupt keine Kenntnisse der SAS-Syntax mehr benötigt. Er wird vielmehr durch die in Interviewtechnik gestalteten Menüs zum Ziel geführt. Dieser Vorteil wird jedoch mit einem übermäßig hohem Zeitaufwand erkauft, den man benötigt, um die ganze Menühierarchie zu durchwandern. Auf diese Oberflächen wird deshalb nachfolgend auch nicht weiter eingegangen.

Der **interaktive** Modus wird gestartet, indem nach der Eingabeaufforderung des Betriebssystems der Befehl SAS eingegeben bzw. ein Symbol für SAS mit der Maus "angeklickt" wird (falls eine graphische Benutzeroberfläche wie z.B. *WINDOWS* verwendet wird). Wird SAS im interaktiven Modus betrieben, so setzt sich der SAS-Bildschirm (**Display**) stets aus drei Teilen zusammen. Das bedeutet nicht, daß diese drei Teilbildschirme (auch als **Screens**, **Fenster** oder **Windows** bezeichnet) alle gleichzeitig sichtbar sind. Sie existieren jedoch gleichzeitig und können bei Bedarf in den Vordergrund geholt werden. Jedes dieser Fenster enthält auch eine **Kommandozeile**, die sog. *Command Line*, in die Kommandos (nicht Programme!) an das System zu schreiben sind. Diese Kommandos bezeichnet man als **DMS-Kommandos** (Display-Manager-System-Kommandos). In manchen Implementierungen gibt es auch nur eine Command Line für alle drei Fenster. Hier eingegebene Kommandos gelten dann für das gerade **aktive Fenster** (das Fenster, in dem sich der Cursor gerade befindet). Es können auch gleich mehrere Kommandos in die *Command Line* eingegeben werden, sie sind dann jeweils durch ein Semikolon zu trennen.
Menügeführte **Hilfe** zu SAS erhält man durch Eingabe von HELP in die *Command Line.* **Beendet** wird SAS durch Eingabe des Kommandos BYE in die *Command Line*.

In "SAS für *WINDOWS*" hat der Bildschirm z.B. folgendes Aussehen:

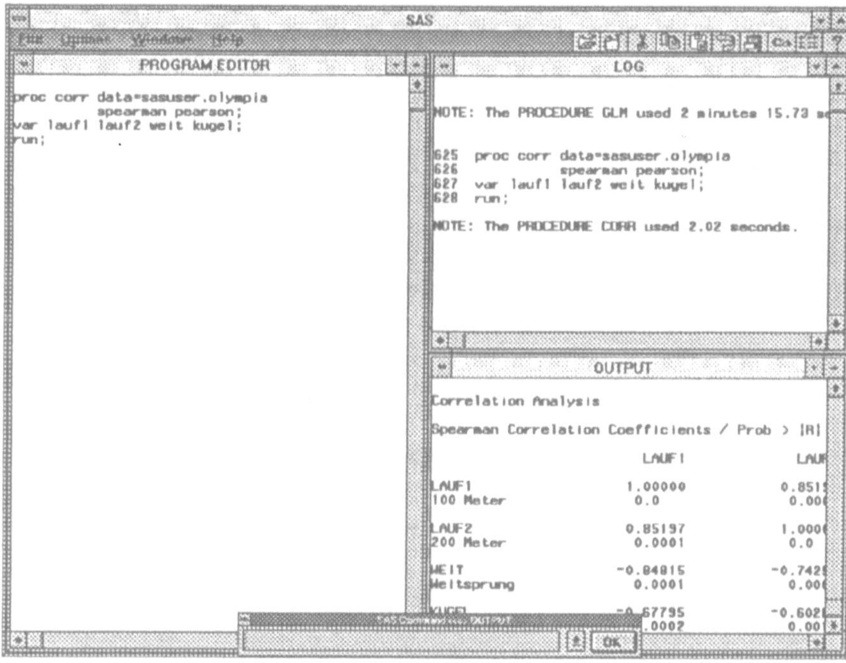

Hier sind die drei erwähnten Fenster sowie die *Command Line* (unten) gleichzeitig sichtbar. Die drei Fenster sind:

- *Der Program Editor*. In diesen Bildschirm werden die **Programme** eingegeben, die SAS ausführen soll. Die vom Editor angebotenen **Editierhilfen** sind je nach Betriebssystem unterschiedlich handzuhaben. Mit dem DMS-Befehl SUBMIT schickt man ein hier erstelltes Programm zur Abarbeitung an das SAS-System. Danach ist das Programm aus dem Program Editor verschwunden, jedoch in einem **Puffer** gespeichert, von wo es mit dem Kommando RECALL wieder in den Program Editor geholt werden kann.

- *Der Log-Screen*. Auf diesem Bildschirm erscheinen alle **Mitteilungen** des SAS-Systems an den Benutzer, z.B. Fehlermeldungen, Informationen über die verbrauchte Rechenzeit, Warnhinweise etc.

- *Der Output-Screen*. Auf diesem Bildschirm erscheint der von SAS-Programmen erzeugte **Output**.

Aktiviert wird ein Fenster von einem anderen aus, indem der Kurzname des Fensters (**PGM, LOG, OUT**) in die *Command Line* eingegeben wird. In einigen Implementierungen gibt es dafür (wie übrigens für die meisten SAS-

Kommandos) aber auch einfachere Möglichkeiten, z.B. die Verwendung von Funktionstasten, das Setzen des Cursors in das entsprechende Fenster oder das "Mausklicken" unter *WINDOWS*. Nimmt ein Fenster nicht den ganzen Bildschirm ein, so kann es durch das Kommando ZOOM **vergrößert** und mit ZOOM OFF wieder auf die ursprüngliche Größe **verkleinert** werden. Ist der Inhalt eines Fensters zu umfangreich, um auf dem Bildschirm dargestellt zu werden, so kann mit dem Befehl FORWARD **eine Bildschirmseite nach vorn geblättert** werden, mit dem Befehl BACKWARD **eine Seite zurück**. Zur letzten Seite gelangt man mit BOTTOM, zur ersten mit TOP. Der Inhalt eines jeden Fensters kann separat in eine Datei **gespeichert** werden, wozu der Befehl FILE *<Dateiname>* dient. Wird mit diesem Befehl ein Programm abgespeichert, so kann es in einer späteren SAS-Sitzung mit dem Befehl INCLUDE *<Dateiname>* wieder **geladen** werden. **Gelöscht** wird der Inhalt eines Fensters mit dem Befehl CLEAR. Den wichtigsten und am häufigsten benötigten Kommandos sind in den meisten Implementierungen **Funktionstasten** zugeordnet. Eine Übersicht über die Belegung der Funktionstasten erhält man durch Eingabe des Kommandos KEYS. Damit kann die Funktionstastenbelegung auch verändert und somit den persönlichen Bedürfnissen angepaßt werden. Man beachte jedoch, daß die Funktionstasten in verschiedenen Fenstern unter Umständen verschiedene Belegungen haben können.

0.2. Allgemeiner Aufbau eines SAS-Programms

Ein SAS-Programm besteht allgemein aus folgenden Typen von Anweisungen:

- **Globale Anweisungen (global statements)**
- **Datenmanipulationsschritte (DATA steps)**
- **Datenverarbeitungsschritte (PROC steps, Prozeduren)**

In einem SAS-Programm müssen nicht alle drei Typen von Anweisungen enthalten sein, sondern lediglich einer. Jede Anweisung wird im SAS-Programm mit einem Semikolon abgeschlossen.
Mit **globalen Anweisungen** werden z.B. das Seitenlayout, Titel, Fußzeilen etc. des Outputs festgelegt. Sie beziehen sich auf alle folgenden Anweisungen und sind während einer SAS-Sitzung so lange gültig, bis neue globale Anweisungen gesetzt werden. Werden globale Anweisungen nicht gesetzt, verwendet SAS entsprechende **Voreinstellungen**, die in fast allen Fällen auch übernommen werden können.
Datenmanipulationsschritte werden innerhalb des Programms durch das Schlüsselwort DATA eingeleitet. Damit SAS Daten analysieren kann,

müssen sie vom System zunächst einmal eingelesen und in ein für SAS verarbeitbares Format gebracht werden. Dazu dienen die **DATA-Steps**. Auch die Manipulation von Daten (Verändern bereits bestehender Daten, Erzeugen von neuen Daten aus bereits früher eingelesenen, Hinzufügen neuer Daten zu bereits bestehenden etc.) geschieht stets innerhalb eines DATA-Steps.
Datenverarbeitungsschritte werden innerhalb des Programms durch das Schlüsselwort PROC eingeleitet. Hier erfolgt die eigentliche Datenanalyse.

Die letzte Anweisung in einem SAS-Programm ist stets die Anweisung RUN. Fehlt sie, so wird ein Programm zwar abgearbeitet und die Syntax auf Fehler überprüft, jedoch solange nicht tatsächlich ausgeführt, bis die Anweisung RUN nachträglich eingegeben wird. Manche Prozeduren (z.B. die in Kapitel 6 besprochene Prozedur REG) laufen auch nach der Abarbeitung des sie aufrufenden Programms weiter und warten auf weitere Eingaben. In der Prozedur REG können z.B. die Residuenplots auf diese Weise nachträglich angefordert werden. Solche Prozeduren beendet man durch nachträgliche Eingabe der Anweisung QUIT in den Program Editor. Soll dieses Weiterlaufen von Anfang an unterbunden werden, so ist die Anweisung QUIT gleich am Ende des Programms (nach RUN) anzugeben.

0.3. Datenerfassung in SAS

SAS kennt mehrere Möglichkeiten der Datenerfassung, z.B. das Einlesen aus einer **externen Datei** im ASCII-Format, die **direkte Eingabe** im SAS-Programm (nur bei geringer Datenmenge zu empfehlen) oder die **maskenorientierte Dateneingabe** mittels der Prozedur **FSEDIT**. Letztere ist vor allem bei großen Datenmengen zu empfehlen. Man beachte jedoch, daß diese Prozedur nur dann zur Verfügung steht, wenn das Modul SAS/FSP installiert ist.
Das Ergebnis ist in allen drei Fällen eine **SAS-Datendatei (SAS Dataset)**, also eine Datei, die die zu analysierenden Daten in einer für SAS verständlichen Form beinhaltet. Der eigentlich redundante Begriff "Datendatei" dient zur Abgrenzung von SAS-Dateien mit anderem Inhalt, z.B. Programm-Dateien oder Output-Dateien.

0.3.1. Verwaltung von SAS-Datendateien

Der **Name** einer SAS-Datendatei setzt sich stets aus **zwei Komponenten** zusammen, der sogenannten *libref* (**library reference**) und dem eigentlichen *dateinamen*. Diese beiden Komponenten werden durch einen Punkt voneinander getrennt. Allgemein lautet die Bezeichnung einer SAS-Datendatei also

libref.dateiname

Die *libref* bezeichnet einen **Ordner (library)**, in dem die Datei abgelegt werden soll und ist vergleichbar mit einem **Verzeichnis** (directory) auf der Betriebssystemebene. Für Datendateien ist normalerweise bereits eine *libref* voreingestellt. Sie kann aber auch vom Benutzer mit einem SAS-Programm erstellt werden. Dazu dient die Anweisung LIBNAME , die allgemein die Form

LIBNAME *libref 'Verzeichnisname im Betriebssystem'* ;

hat.
Soll beispielsweise eine *libref* mit der Bezeichnung "sasdat" erstellt werden, deren Inhalte auf Betriebssystemebene im Verzeichnis "C:\sas\daten" gespeichert werden sollen, so lautet das notwendige Programm:

```
libname  sasdat  'c:\sas\daten';
run;
```

War das Erstellen der *libref* mit diesem Programm erfolgreich, so erscheint eine bestätigende Meldung im Log-Screen:

```
02    libname sasdat 'c:\sas\daten';
NOTE: Libref SASDAT was successfully assigned as follows:
      Engine:        V608
      Physical Name: C:\SAS\DATEN
03   run;
```

Wird nun eine neue SAS-Datendatei mit der Bezeichnung `sasdat.umfrage` angelegt, bedeutet dies, daß die Datei `umfrage` im Ordner (library) `sasdat` abgelegt und vom Betriebssystem in das Verzeichnis `C:\sas\daten` gespeichert wird. In jedem SAS-Programm kann diese Datei dann unter der Bezeichnung `sasdat.umfrage` verwendet werden.
Man beachte, daß eine derart angelegte *libref* nur in der SAS-Sitzung existiert, in der sie angelegt wurde. Soll auf die Datei `sasdat.umfrage` in einer späteren SAS-Sitzung wieder zugegriffen werden, so ist zu Beginn dieser Sitzung die *libref* `sasdat` zunächst mit Hilfe des obigen Programms erneut zu erstellen. Man sollte deshalb nach Möglichkeit auf eine von SAS

standardmäßig erzeugte *libref* zum Ablegen der Dateien zurückgreifen. Eine Übersicht über alle vorhandenen *librefs* (sowohl die standardmäßig von SAS als auch die vom Benutzer erzeugten) erhält man mit dem DMS-Kommando LIBNAME.

Wenn beim Erstellen einer neuen SAS-Datendatei keine *libref* angegeben wird, sondern nur der eigentliche *dateiname*, legt SAS die Datei automatisch im Ordner `work` ab. Das ist eine *libref*, die in SAS stets vorhanden ist und zum Ablegen **temporärer** Dateien dient.
Eine Datei, die **ohne** *libref* erstellt wird, ist demnach eine **temporäre Datendatei**. Sie steht **nur** in der momentan laufenden SAS-Sitzung zur Verfügung. Wird SAS beendet und neu gestartet, ist diese Datei verschwunden und muß gegebenenfalls erneut erstellt werden.
Wird beim Erstellen der Datei hingegen eine *libref* in deren Namen aufgenommen, erstellt SAS eine **permanente Datendatei**. Einmal erstellt, steht sie in allen künftigen SAS-Sitzungen zur Verfügung (auch nach einem eventuellen "Absturz" des Rechners).

0.3.2. Das Einlesen von Daten aus einer ASCII-Datei

Sind die zu verarbeitenden Daten bereits im sog. ASCII-Format auf einem Speichermedium verfügbar, können diese von SAS spaltenweise eingelesen werden. Dazu dient der **DATA-Step**. Ein Programm zum Erfassen externer Daten hat allgemein folgende Syntax:

DATA *SAS-Dateiname*;
INFILE '*Name der externen Datei*';
INPUT *Variablenliste*;

Wie ein konkretes Programm aussieht, soll anhand eines Beispiels gezeigt werden. Die einzulesende ASCII-Datei habe folgendes Aussehen:

```
a 4000 3500
b 6800 7200
c 2100 2000
d 4500 2800
.   .    .
.   .    .
.   .    .
```

Diese Daten werden mit dem folgenden Programm eingelesen:

```
data sasuser.daten12;
infile 'c:\daten\umsatz.dat';
input  filiale $  umsatz  kosten;
run;
```

Dabei ist nach DATA der Name angegeben, den die Datendatei im SAS-Format tragen soll (`sasuser.daten12`). Wird hier kein *SAS-Dateiname* angegeben, vergibt SAS den Namen `data1` in der library `work`. Eine zu einem späteren Zeitpunkt innerhalb derselben SAS-Sitzung ohne Namensangabe erzeugte Datei erhielte dann den Namen `data2` usw. Diese Dateien existieren nur innerhalb der Sitzung, in der sie erzeugt wurden.
Nach INFILE ist der Name angegeben, den die ASCII-Datei, deren Inhalt SAS einlesen soll, im Betriebssystem trägt (`c:\daten\umsatz.dat`). Hierbei ist zu beachten, daß dieser Dateiname in **Hochkommata** zu schreiben ist. Nach INPUT sind die Namen (maximal acht Zeichen) der einzulesenden Variablen angegeben (`filiale`, `umsatz` und `kosten`). **Alphanumerische Variablen** (Zeichenketten) sind durch ein nachgestelltes $-Zeichen zu kennzeichnen (im Beispiel die Variable `filiale`). Bei Variablen, deren Werte **Dezimalzahlen** sind, ist zu beachten, daß SAS nur den **Dezimalpunkt** kennt, nicht aber das Dezimalkomma!

Nicht getrennte Werte in einer Zeile der ASCII-Datei

Sind die Werte eines Datensatzes in der ASCII-Datei nicht durch ein **Leerzeichen** getrennt, so ist nach jedem Variablennamen die **Angabe der Spalten** erforderlich, die die Werte der Variablen enthalten. Die INPUT-Anweisung müßte dann

```
...
input   filiale $ 1  umsatz 2-5  kosten 6-9;
...
```

lauten, wenn die Beispieldatei folgendes Aussehen hätte:

```
a40003500
b68007200
c21002000
d45002800
    .
    .
    .
```

Mehrere Objektdatensätze in einer Zeile

Befinden sich in **einer Zeile** der einzulesenden ASCII-Datei die Merkmalswerte für **mehrere Objekte**, so ist dies durch Hintanstellen von @@ an das Ende der INPUT-Anweisung dem SAS-System mitzuteilen. Die INPUT-Anweisung müßte also

```
...
input   filiale $  umsatz  kosten  @@;
...
```

lauten, wenn die ASCII-Datei im Beispiel folgendes Aussehen hätte:

```
a 4000 3500 b 6800 7200 c 2100 2000 d 4500 2800
.   .    .  .   .    .  .   .    .  .   .    .
.   .    .  .   .    .  .   .    .  .   .    .
.   .    .  .   .    .  .   .    .  .   .    .
```

Einlesen eines Objekdatensatzes aus mehreren Zeilen

Wenn sehr viele Merkmale erhoben worden sind, kann es vorkommen, daß in der ASCII-Datei die Beobachtungswerte für **ein Objekt mehr als nur eine Zeile** beanspruchen. Dies muß SAS in der INPUT-Anweisung mitgeteilt werden. Befinden sich zum Beispiel die Werte der Variablen `filiale` in der **jeweils ersten Zeile** eines Objektdatensatzes und die Werte der Variablen `umsatz` und `kosten` in der **jeweils zweiten Zeile**, müßte die INPUT-Anweisung

```
...
input   #1 filiale $
        #2 umsatz  kosten;
...
```

lauten. Die ASCII-Datei hätte hier also folgendes Aussehen:

```
a
4000 3500
b
6800 7200
c
2100 2000
 .    .
 .    .
```

Fehlende Beobachtungswerte

Fehlen in der ASCII-Datei Beobachtungswerte, weist SAS dem entsprechenden Objekt in der betreffenden Variablen den **missing value** (fehlenden Beobachtungswert) zu. SAS symbolisiert den missing value in der Datendatei durch einen Punkt.

Überprüfen der Datendatei

Im Anschluß an das Einlesen der Daten sollte man die Datendatei auf ihre Korrektheit hin überprüfen, was dadurch geschieht, daß man den Inhalt mit **PROC PRINT** ausgeben läßt. Das dazu erforderliche Programm würde im Beispiel lauten:

```
proc print data=sasuser.daten12;
run;
```

Es liefert den folgenden (selbsterklärenden) Output:

```
OBS    FILIALE    UMSATZ    KOSTEN

 1        a        4000      3500
 2        b        6800      7200
 3        c        2100      2000
 4        d        4500      2800
 .        .          .         .
 .        .          .         .
 .        .          .         .
```

Allgemeine Informationen über eine SAS-Datendatei (Datum der Erstellung, Anzahl und Bezeichnung der Variablen etc.) erhält man mit der Prozedur **CONTENTS**. Für die Beispieldatei liefert das Programm

```
proc contents data=sasuser.daten12;
run;
```

folgende Ausgabe (auf die jedoch nicht weiter eingegangen werden soll):

```
CONTENTS PROCEDURE

Data Set Name: SASUSER.DATEN12
Member Type:   DATA
Engine:        V608
Created:       10:52 Friday, February 10, 1995
Last Modified: 10:52 Friday, February 10, 1995
Protection:
Data Set Type:
Label:

Observations:             17
Variables:                3
Indexes:                  0
Observation Length:       24
Deleted Observations:     0
Compressed:               NO
Sorted:                   NO


-----Engine/Host Dependent Information-----

Number of Data Set Pages: 1
Data Set Page Size:       4096
File Format:              607
First Data Page:          1
Max Obs per Page:         169
Obs in First Data Page:   17


CONTENTS PROCEDURE

----Alphabetic List of Variables and Attributes----

#    Variable    Type    Len    Pos
-----------------------------------
1    FILIALE     Char      8      0
3    KOSTEN      Num       8     16
2    UMSATZ      Num       8      8
```

0.3.3. Direkte Dateneingabe im SAS-Programm

Stehen die zu analysierenden Daten nicht bereits auf einem Speichermedium zur Verfügung, so können sie auch **direkt im SAS-Programm** (DATA-Step) eingegeben werden. Diese Vorgehensweise empfiehlt sich jedoch nur bei vergleichsweise **geringen Datenmengen**. Ab einer gewissen Variablen- oder Fallzahl wird die direkte Eingabe nämlich schnell unübersichtlich und unnötig kompliziert. In diesem Fall sollten eigene Programme zur Datenerfassung (z.B. Tabellenkalkulationsprogramme) mit anschließendem Einlesen aus einer ASCII-Datei oder die SAS-Prozedur FSEDIT (vgl. Abschnitt 0.3.4.) verwendet werden. Die Syntax eines DATA-Steps mit direkter Dateneingabe lautet:

DATA *SAS-Dateiname*;
INPUT *Variablenliste*;
CARDS;
<Daten>
;

Die DATA- und die INPUT-Anweisung entsprechen exakt den im vorherigen Abschnitt (Einlesen einer ASCII-Datei) erläuterten gleichlautenden Anweisungen. Die eigentliche Dateneingabe wird mit der Anweisung CARDS eingeleitet. In der nächsten Zeile kann die Dateneingabe beginnen. Sie wird mit einem Semikolon, das in eine eigene Zeile geschrieben werden muß, abgeschlossen. Auch hier sei nochmals darauf hingewiesen, daß **Dezimalzahlen mit Dezimalpunkt** (nicht mit Komma) einzugeben sind.
Das Programm zum Einlesen der Beispieldatendatei `sasuser.daten12` müßte bei direkter Dateneingabe also

```
data sasuser.daten12;
input  filiale $  umsatz  kosten;
cards;
a 4000 3500
b 6800 7200
c 2100 2000
d 4500 2800

weitere Datenzeilen

;
run;
```

lauten.

Fehlende Werte

Fehlt der Beobachtungswert einer Variablen bei einem Objekt, so ist statt des Wertes ein Punkt einzugeben. SAS markiert diesen Wert dann automatisch als fehlend.

0.3.4. Datenerfassung mit der Prozedur FSEDIT

Die Dateneingabe mittels FSEDIT gleicht dem Ausfüllen eines Fragebogens. FSEDIT wird nicht innerhalb eines DATA-Steps ausgeführt, sondern als Prozedur in einem PROC-Step. Mit FSEDIT können nicht nur neue Dateien erstellt, sondern auch bereits bestehende modifiziert werden. Es sei nochmals darauf hingewiesen, daß diese Prozedur nur zur Verfügung steht, wenn das Programm-Modul SAS/FSP installiert ist.

Die Syntax dieser Prozedur lautet allgemein:

PROC FSEDIT NEW= | DATA= *SAS-Datendatei* ;

Soll eine neue Datendatei erstellt werden, ist die Option NEW= zu verwenden, die Option DATA= dient der Modifikation einer bereits bestehenden Datendatei.

Zum Erstellen einer neuen Datei (z.B. mit der Bezeichnung *sasuser.daten11*) wäre somit folgendes Programm erforderlich:

```
proc fsedit  new=sasuser.daten11;
run;
```

Nach dem Abschicken des Programms erscheint das folgende (hier bereits teilweise ausgefüllte, zunächst aber leere) Formular auf dem Bildschirm:

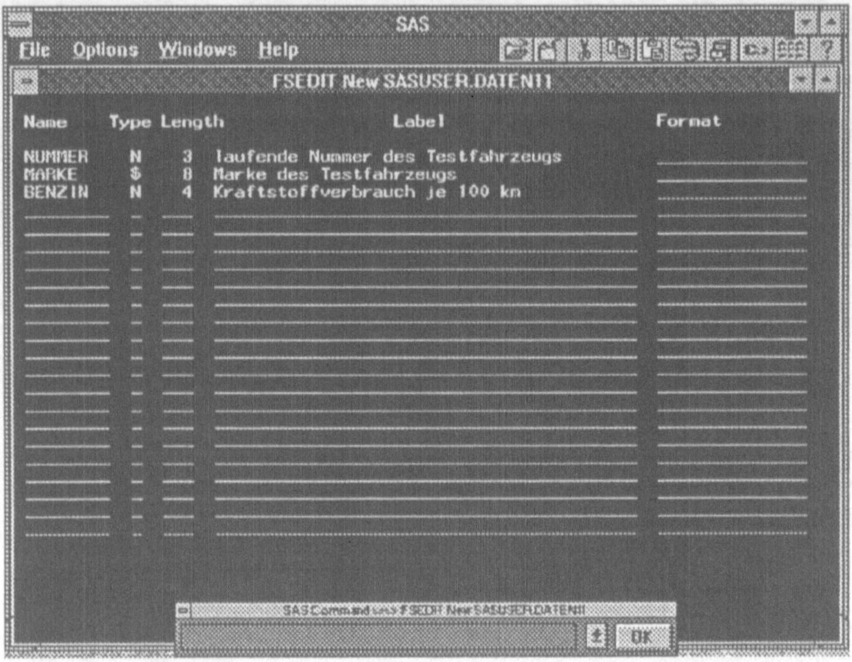

Jede Zeile ist dabei für eine zu erzeugende Variable reserviert. In das Feld `Name` ist der **Name der Variablen** einzutragen, in das Feld `Type` für **numerische** Variablen ein N und für **alphanumerische** Variablen (Zeichenketten) ein $. Wird hier nichts eingetragen, nimmt SAS eine numerische Variable an. In das Feld `Length` schreibt man die **Anzahl der Bytes**, die zur Speicherung eines Wertes dieser Variablen verwendet werden soll. Bei alphanumerischen Variablen entspricht diese der Anzahl der Zeichen, die ein Wert maximal haben darf. Auch dieses Feld muß jedoch nicht unbedingt ausgefüllt werden, SAS verwendet dann als Voreinstellung den Wert 8. Unter `Label` kann eine **erläuternde Beschreibung** der Variablen eingetragen werden, die dann in jedem Output erscheint. Unter `Format` können **Ausgabeformate** (v.a. für numerische Variablen) festgelegt werden. Hier ist ein Wert vom Typ x.y einzutragen, wobei x die **Gesamtzahl der Stellen** einer Zahl ist (**einschließlich des Dezimalpunkts!**) und y die Anzahl der Nachkommastellen. Ein Ausgabeformat 6.2 bedeutet also, daß die Werte der Variablen im Output (nicht intern!) zwei Dezimalstellen aufweisen, und vor dem Dezimalpunkt maximal 3 Stellen haben.

Dieses Fenster wird durch Eingabe von END in die *Command Line* verlassen, woraufhin man von SAS aufgefordert wird, den Befehl ADD einzugeben, um mit der **Dateneingabe** zu beginnen, oder nochmals END, um die Datei zunächst leer zu belassen und FSEDIT zu beenden. Gibt man ADD ein, erscheint ein weiteres Formular (eine sog. Eingabemaske), in das man nun die Variablenwerte des ersten Objektes einträgt:

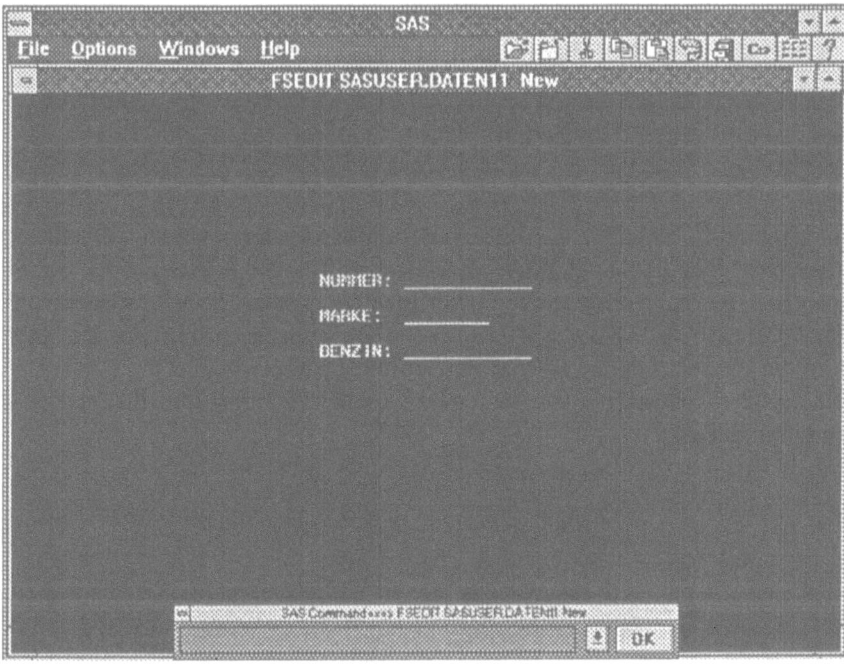

Diese Eingabe ist mit ADD abzuschließen (wofür aber zur einfacheren Handhabung eine Funktionstaste mit ADD belegt ist), dadurch erscheint wieder eine leere Maske für das nächste Objekt. Nach Eingabe der Werte des letzten Objekts ist statt ADD der Befehl END einzugeben. Damit wird die Prozedur FSEDIT verlassen. Wurden mehr Variablen erzeugt, als gleichzeitig auf dem Bildschirm darstellbar sind, so zerlegt SAS die Eingabemaske in **Teilmasken**. Die nächste Teilmaske erreicht man durch Eingabe des Befehls RIGHT, eine Teilmaske zurück gelangt man mit LEFT.
Weitere Befehle sind am Ende des nächsten Abschnitts beschrieben.

Fehlende Beobachtungswerte

Liegt der Beobachtungswert einer Variablen bei einem Objekt nicht vor, so ist das entsprechende Feld der Eingabemaske leer zu belassen. SAS markiert dann in der Datendatei diesen Wert automatisch als fehlend und vergibt als Symbol für den missing value einen Punkt.

0.3.5 Modifikation einer vorhandenen Datendatei mit FSEDIT

Natürlich können einer bereits bestehenden Datei **nachträglich weitere Datensätze angehängt** und auch **bestehende Datensätze modifiziert** werden. Dazu ruft man die Prozedur FSEDIT mit der Option *DATA=* anstelle von *NEW=* auf. Im Beispiel wäre also das Programm

```
proc fsedit  data=sasuser.daten11;
run;
```

einzugeben. Es erscheint ein Bildschirm mit den Daten des ersten Objektes. Man kann dann mit einer Reihe von Befehlen (für die meisten gibt es aber auch hier Funktionstasten) die **bisherigen Datensätze durchblättern** und **korrigieren** bzw. wieder mit ADD **neue Datensätze anhängen**. Beendet wird die Prozedur auch in diesem Fall durch Eingabe von END.
Die für die *Command Line* der Prozedur FSEDIT erlaubten Kommandos sind im einzelnen:

- n: Anzeigen des n-ten Objektes (n steht für eine natürliche Zahl)
- ADD: Ausgeben eines leeren Bildschirms zum Erfassen eines neuen Datensatzes
- BACKWARD: Ausgeben des vorigen Datensatzes
- CANCEL: Durchgeführte Korrekturen am aktuellen Objekt rückgängig machen
- DUPLICATE: Duplizieren des angezeigten Datensatzes an das Ende der Datei
- END: Beenden der Prozedur
- FIND *<Bedingung>*: Durchsuchen der Datendatei nach Objekten mit erfüllter *<Bedingung>*. *<Bedingung>* ist vom Typ

  <Variable> = | < | > | <= | >= | NE *Wert*

  NE steht dabei für not equal (ungleich). Im Beispiel würde der Befehl `find benzin >= 9.5` das nächste Objekt (Auto) der Datendatei suchen, dessen Benzinverbrauch mindestens 9,5 Liter beträgt.
- FORWARD: Ausgeben des nächsten Datensatzes

HELP	Anfordern von Informationen über das Feld, in dem gerade der Cursor steht
KEYS	listet die aktuelle Funktionstastenbelegung auf.
LEFT	Paßt die Eingabemaske für ein Objekt nicht auf eine Bildschirmseite, so wird sie von SAS in Teilmasken zerlegt. Mit diesem Befehl gelangt man dann in die vorherige Teilmaske des aktuellen Objekts.
RIGHT	Vgl. LEFT. Man kommt in die nächste Teilmaske des aktuellen Objekts.
RFIND	Wiederholt die letzte Suchanweisung (vgl. Befehl FIND)
WHERE *<Bedingung>*	Schränkt die Datenfälle zum Bearbeiten temporär gemäß *<Bedingung>* ein. Zur Syntax zulässiger *<Bedingungen>* vgl. man den Befehl FIND.

Diese Befehle gelten auch, wenn eine neue Datendatei mit FSEDIT und der Option NEW= erstellt wird.

0.4. Zusammenfügen bestehender SAS-Datendateien

Wurden die zu analysierenden Daten in verschiedenen SAS-Datendateien gespeichert, so lassen sie sich dennoch in einer einzigen Datendatei **zusammenfassen**. Im folgenden wird die Vorgehensweise für zwei zu verschmelzende Dateien vorgestellt. Die Syntax ändert sich nicht, falls **mehr als zwei Dateien** zusammengefügt werden sollen, es sind dann lediglich entsprechend mehr Dateinamen anzugeben.
Grundsätzlich kann man beim Zusammenfügen von SAS-Datendateien zwei Fälle unterscheiden:

- Die Dateien werden **hintereinander verkettet**.

- Die Dateien werden **verschränkt (interleaving)**.

Auf beide Fälle wird nachfolgend näher eingegangen.

0.4.1. Hintereinander Verketten von SAS-Datendateien

Diese Vorgehensweise ist angebracht, falls in den zu verkettenden Dateien die **gleichen Variablen** enthalten sind. Das bedeutet, daß die gleichen Merkmale an mehreren Gruppen von Objekten gemessen wurden, von denen jede eine eigene Datendatei beansprucht. Die Dateien werden dabei quasi **untereinander** gesetzt. In der resultierenden Datei befinden sich dann die Beobachtungswerte **sämtlicher** Objekte.
Die **Syntax zum Verketten** von Datendateien besteht aus lediglich einer Anweisung, die **innerhalb eines DATA-Steps** stehen muß:

SET *<datei1>* *<datei2>* ;

Stünden im Beispieldatensatz der Umsatz und die Kosten der Filialen a bis g in der Datendatei `sasuser.daten13`, die entsprechenden Größen der Filialen h bis q in der Datendatei `sasuser.daten14`, und sollen diese beiden Dateien zur neuen Datendatei `sasuser.daten15` verkettet werden, wäre folgendes Programm erforderlich:

```
data  sasuser.daten15;
set  sasuser.daten13  sasuser.daten14;
run;
```

Die resultierende Datei `sasuser.daten15` enthielte dann den Umsatz und die Kosten sowie die Bezeichnung (a bis q) **aller** Filialen, wie ein Blick auf den Output des folgenden Programms zeigt:

```
proc print  data=sasuser.daten13;
proc print  data=sasuser.daten14;
proc print  data=sasuser.daten15;
run;
```

Das Programm erzeugt folgenden (selbsterklärenden) Output:

```
/*  Inhalt der Datei sasuser.daten13  */

OBS     FILIALE     UMSATZ     KOSTEN

 1         a         4000       3500
 2         b         6800       7200
 3         c         2100       2000
 4         d         4500       2800
 5         e         3200       1800
 6         f         4900       3000
 7         g         7800       4500

/*  Inhalt der Datei sasuser.daten14  */

OBS     FILIALE     UMSATZ     KOSTEN

  1        h         3200       2900
  2        i         4700       4600
  3        j         3700       2300
  4        k         5000       3000
  5        l         3800       4200
  6        m         5200       3200
  7        n         7900       6800
  8        o         4700       2300
  9        p         5600       3400
 10        q         4500       2500


/*  Inhalt der verketteten Datei sasuser.daten15  */

OBS     FILIALE     UMSATZ     KOSTEN

  1        a         4000       3500
  2        b         6800       7200
  3        c         2100       2000
  4        d         4500       2800
  5        e         3200       1800
  6        f         4900       3000
  7        g         7800       4500
  8        h         3200       2900
  9        i         4700       4600
 10        j         3700       2300
 11        k         5000       3000
 12        l         3800       4200
 13        m         5200       3200
 14        n         7900       6800
 15        o         4700       2300
 16        p         5600       3400
 17        q         4500       2500
```

0.4.2. Verschränken (interleaving) von Datendateien

Befinden sich für **ein** Objekt die Beobachtungswerte einer Reihe von Variablen in einer ersten SAS-Datendatei und in einer zweiten die Beobachtungswerte weiterer Variablen (desselben Objekts!), so ist beim Zusammenfügen der beiden Dateien das sogenannte **interleaving** angebracht. Die Dateien werden hierbei quasi **nebeneinander** gesetzt. In der resultierenden Datei stehen in einer Zeile die Beobachtungswerte **sämtlicher** Variablen für **ein** Objekt.
Die Variablen sollten in den zu verschränkenden Dateien unterschiedliche Bezeichnungen haben, um Mehrdeutigkeiten zu vermeiden.

Die **Syntax** zum Verschränken von SAS-Datendateien besteht ebenfalls aus nur einer Anweisung. Auch diese muß innerhalb eines DATA-Steps stehen. Sie lautet:

MERGE *<datei1>* *<datei2>* ;

Hierbei erfolgt eine 1:1-Kopplung der beiden Dateien. Dies kann unter Umständen zu Problemen führen, etwa dann, wenn die Anzahl der Objekte in den beiden Dateien nicht übereinstimmt, weil z.B. die Beobachtungswerte der in der *<datei2>* enthaltenen Variablen für ein oder mehrere Objekte nicht vorliegen. In diesem Fall fügt SAS eigentlich verschiedene Objekte zusammen, was normalerweise keinen Sinn macht.

Dies kann vermieden werden, wenn wenigstens eine Schlüsselvariable in allen zu verschränkenden Dateien vorkommt, anhand derer sich jedes Objekt eindeutig identifizieren läßt. Werden die zu verschränkenden Dateien nach den Werten dieser Schlüsselvariablen sortiert (was mit PROC SORT geschieht, siehe Beispiel), dann bewirkt die Anweisung BY nach der MERGE-Anweisung, daß die Objekte nur zusammengefügt werden, wenn sie im Wert der Schlüsselvariablen übereinstimmen.

Die **Syntax** lautet dann:

MERGE *<datei1>* *<datei2>* ;
BY *<schlüsselvariable>* ;

Würden im Beispieldatensatz für jede Filiale die Bezeichnung der Filiale sowie die Werte der Variablen Umsatz und Kosten in der Datei `sasuser.daten15` stehen und in einer weiteren Datendatei `sasuser.daten16` wiederum die Bezeichnung jeder Filiale sowie die Größe ihrer Verkaufsfläche (Variable `flaeche`), sähe das Programm zur "gesicherten" Verschränkung (neue Datei `sasuser.daten17`) folgendermaßen aus:

```
proc sort  data=sasuser.daten15;
by filiale;

proc sort  data=sasuser.daten16;
by filiale;

data  sasuser.daten17;
merge  sasuser.daten15  sasuser.daten16;
by filiale;
run;
```

In der resultierenden Datei `sasuser.daten17` befinden sich dann für jede Filiale die Variablen `filiale`, `umsatz`, `kosten` und `flaeche`, wie das folgende Programm zeigt:

```
proc print  data=sasuser.daten15;
proc print  data=sasuser.daten16;
proc print  data=sasuser.daten17;
run;
```

Es liefert den folgenden (selbsterklärenden) Output:

```
/*  Inhalt der Datei sasuser.daten15  */

OBS     FILIALE     UMSATZ     KOSTEN

  1        a         4000       3500
  2        b         6800       7200
  3        c         2100       2000
  4        d         4500       2800
  5        e         3200       1800
  6        f         4900       3000
  7        g         7800       4500
  8        h         3200       2900
  9        i         4700       4600
 10        j         3700       2300
 11        k         5000       3000
 12        l         3800       4200
 13        m         5200       3200
 14        n         7900       6800
 15        o         4700       2300
 16        p         5600       3400
 17        q         4500       2500
```

```
/*  Inhalt der Datei sasuser.daten16  */

OBS    FILIALE    FLAECHE

  1      a          150
  2      b          175
  3      c          210
  4      d          300
  5      e          180
  6      f          490
  7      g          200
  8      h          220
  9      i          170
 10      j          250
 11      k          190
 12      l          290
 13      m          350
 14      n          300
 15      o          390
 16      p          400
 17      q          250

/*  Inhalt der verschränkten Datei sasuser.daten17  */

OBS    FILIALE    UMSATZ    KOSTEN    FLAECHE

  1      a         4000      3500       150
  2      b         6800      7200       175
  3      c         2100      2000       210
  4      d         4500      2800       300
  5      e         3200      1800       180
  6      f         4900      3000       490
  7      g         7800      4500       200
  8      h         3200      2900       220
  9      i         4700      4600       170
 10      j         3700      2300       250
 11      k         5000      3000       190
 12      l         3800      4200       290
 13      m         5200      3200       350
 14      n         7900      6800       300
 15      o         4700      2300       390
 16      p         5600      3400       400
 17      q         4500      2500       250
```

0.5. Datenmanipulationen

Mit Hilfe von SAS-Befehlen können bereits eingegebene Variablen **verändert**, bzw. neue Variablen **definiert** werden. Diese Datentransformationen sind immer **innerhalb** eines **DATA-Schrittes** (entweder direkt beim Einlesen der Daten oder beim Hinzufügen von neuen Variablen mit Hilfe des **SET**-Befehls in eine bestehende Datei) anzugeben.

0.5.1. Wertzuweisungen in SAS

Einer (neuen) Variablen wird folgendermaßen ein arithmetischer Ausdruck **zugewiesen**:

Variable = arithmetischer Ausdruck

Dieser arithmetische Ausdruck kann Variablen(namen) und/oder Zahlen, beinhalten, die durch die folgenden arithmetischen Operatoren miteinander verknüpft werden können:

+	Addition
-	Subtraktion
*	Multiplikation
/	Division
**	Potenzieren

Für das Programmieren von komplizierteren Formeln empfiehlt sich außerdem das Setzen von Klammern.

Wurde z.B. die ASCII-Datei `umsatz.dat` als SAS-Datendatei `sasuser.daten12`, die die Variablen `filiale` (alphanumerisch) `umsatz` und `kosten` enthält, eingelesen so, kann der in den Filialen erzielte Gewinn mit Hilfe von SAS berechnet werden als

```
gewinn = umsatz - kosten
```

bzw. in einem DATA-Schritt als Variable `gewinn` der Datei `sasuser.daten12` hinzugefügt werden als

```
data sasuser.daten12;
set sasuser.daten12;
gewinn=umsatz-kosten;
proc print data=sasuser.daten12;
run;
```

Diese Datenmanipulation liefert dann den Output:

OBS	FILIALE	UMSATZ	KOSTEN	GEWINN
1	a	4000	3500	500
2	b	6800	7200	-400
3	c	2100	2000	100
4	d	4500	2800	1700
5	e	3200	1800	1400
6	f	4900	3000	1900
7	g	7800	4500	3300
8	h	3200	2900	300
9	i	4700	4600	100
10	j	3700	2300	1400
11	k	5000	3000	2000
12	l	3800	4200	-400
13	m	5200	3200	2000
14	n	7900	6800	1100
15	o	4700	2300	2400
16	p	5600	3400	2200
17	q	4500	2500	2000

Will man zusätzlich pro Filiale den ausgewiesenen Gewinn in Dollar umrechnen (der Kurs sei mit 1 \$ = 1,50 DM festgelegt) und als Variable `gewinnd` der Datendatei hinzufügen, so ist folgendes Programm nötig:

```
data sasuser.daten12;
set sasuser.daten12;
gewinnd=gewinn/1.5;
proc print data=sasuser.daten12;
var gewinn gewinnd;
run;
```

Es liefert den folgenden Output:

OBS	GEWINN	GEWINND
1	500	333.33
2	-400	-266.67
3	100	66.67
4	1700	1133.33
5	1400	933.33

```
 6      1900     1266.67
 7      3300     2200.00
 8       300      200.00
 9       100       66.67
10      1400      933.33
11      2000     1333.33
12      -400     -266.67
13      2000     1333.33
14      1100      733.33
15      2400     1600.00
16      2200     1466.67
17      2000     1333.33
```

0.5.2. Arithmetische und statistische Funktionen

SAS bietet auch zahlreiche **arithmetische Funktionen** an, mit deren Hilfe Datentransformationen vorgenommen werden können.

Die Syntax für eine Datentransformation mit Hilfe einer arithmetischen Funktion lautet:

Variable = Funktionsname(argument[1,argument2,....])

Argument kann dabei entweder eine einzige Zahl oder ein Variablenname sein. Bei der Angabe eines Variablennamens führt SAS die Funktionsvorschrift für alle vorhandenen Werte der Variablen aus.

SAS bietet u.a. die folgenden *Funktionen* an (im folgenden wird Argument mit '*ARG*' abgekürzt):

ABS(ARG)	berechnet den Absolutbetrag des Arguments.
MOD(ARG1,ARG2)	Modulo-Algebra. Berechnet den Rest der Division von *ARG1/ARG2*.
SIGN(ARG)	ermittelt das Vorzeichen des Arguments.
SQRT(ARG)	ermittelt die Quadratwurzel des Arguments.
ROUND(ARG)	rundet auf den nächsten ganzzahligen Wert des Arguments.
EXP(ARG)	berechnet den Wert der Exponentialfunktion des Arguments zur Basis e (Eulersche Zahl).

LOG(ARG) berechnet den Logarithmus des Arguments zur Basis e.

LOG2(ARG) berechnet den Logarithmus des Arguments zur Basis 2.

LOG10(ARG) berechnet den Logarithmus des Arguments zur Basis 10.

SIN(ARG) berechnet den Sinus des Arguments.

COS(ARG) berechnet den Cosinus des Arguments.

LAG[K](ARG) verschiebt alle Werte des angegebenen Arguments in ihrer Reihenfolge um k Positionen ($k \leq 100$) nach hinten. Die freiwerdenden Positionen 1, ..., (k-1) werden mit fehlenden Werten (Symbol '`.`') besetzt. Für k = 1 genügt die Angabe *LAG(ARG)* und alle Werte werden um eine Position nach hinten verschoben.

Wird eine Funktionsanweisung innerhalb eines DATA-Schrittes angegeben, in dem Variablen eingelesen werden, so weist die erzeugte Variable - falls die Funktion für einen **konkreten** Wert und nicht für alle Variablenwerte berechnet wird - den resultierenden Funktionswert nicht nur einmal auf, sondern entsprechend der **Anzahl** der Werte der übrigen Variablen.

Soll der in der Datendatei `sasuser.daten12` in Dollar umgerechnete Gewinn der Filialen (Variable `gewinnd`) noch auf ganzzahlige Werte gerundet und der Datendatei hinzugefügt werden, so kann dies auf die folgende Weise geschehen:

```
data sasuser.daten12;
set sasuser.daten12;
gewinnr=round(gewinnd);
proc print data=sasuser.daten12;
var gewinn gewinnd gewinnr;
run;
```

Diese Anweisungen ergeben dann den folgenden Output:

OBS	GEWINN	GEWINND	GEWINNR
1	500	333.33	333
2	-400	-266.67	-267
3	100	66.67	67
4	1700	1133.33	1133
5	1400	933.33	933
6	1900	1266.67	1267
7	3300	2200.00	2200
8	300	200.00	200
9	100	66.67	67
10	1400	933.33	933
11	2000	1333.33	1333
12	-400	-266.67	-267
13	2000	1333.33	1333
14	1100	733.33	733
15	2400	1600.00	1600
16	2200	1466.67	1467
17	2000	1333.33	1333

SAS bietet auch zahlreiche **statistische** Funktionen:

Verteilungsfunktionen

Hier muß beachtet werden, daß SAS nur den Wert der Verteilungsfunktion für einen gegebenen Wert x (also für eine gegebene Zahl) berechnet.

POISSON(λ,x) berechnet für den Wert x den Wert der Verteilungsfunktion einer POISSON-Verteilung mit dem Parameter λ.

PROBBETA(x,a,b) berechnet für den Wert x den Wert der Verteilungsfunktion einer Beta-Verteilung mit den Parametern a und b.

PROBBNML(θ,n,x) berechnet für den Wert x den Wert der Verteilungsfunktion einer Binomial-Verteilung mit den Parametern θ und n.

PROBCHI(x,k[,δ]) berechnet für den Wert x den Wert der Verteilungsfunktion einer χ^2-Verteilung mit k Freiheitsgraden. Wird für δ ein Wert angegeben, so wird für x der Wert der Verteilungsfunktion einer nichtzentralen χ^2-Verteilung mit k Freiheitsgraden und dem Nichtzentralitätsparameter δ berechnet.

PROBF(x,k_1,k_2[,δ]) berechnet für den Wert x den Wert der Verteilungsfunktion einer F-Verteilung mit k_1 und k_2 Freiheitsgraden. Wird für δ ein Wert angegeben, so wird für x der Wert der Verteilungsfunktion einer nichtzentralen F-Verteilung mit k_1 und k_2 Freiheitsgraden und dem Nichtzentralitätsparameter δ berechnet.

PROBGAM(x,p) berechnet für den Wert x den Wert der Verteilungsfunktion einer Gamma-Verteilung mit den Parametern p und $b = 1$. SAS bietet diese Funktion nur für den Wert 1 des Parameters b an. Wird der Wert der Verteilungsfunktion an der Stelle x für beliebiege Parameter p und b gewünscht, so muß der Wert der Verteilungsfunktion einer Gamma-Verteilung mit dem Parameter p an der Stelle $y = x/b$ berechnet werden. Wird also z.B. für die Variable a der Wert der Verteilungsfunktion einer Gammaverteilung mit den Parametern $p = 3$ und $b = 5$ an der Stelle $x = 2$ gesucht, so muß zunächst $y = 2/5 = 0{,}4$ berechnet werden, anschließend kann dann `a= probgam(0.4,3)` berechnet werden.

PROBHYPR(N,M,n,x) berechnet für den Wert x den Wert der Verteilungsfunktion einer hypergeometrischen Verteilung mit den Parametern N (Umfang der Grundgesamtheit), M und n.

PROBNEG(θ,n,x) berechnet für den Wert x den Wert der Verteilungsfunktion einer negativen Binomial-Verteilung mit den Parametern θ und n.

PROBNORM(x) berechnet für den Wert x den Wert der Verteilungsfunktion einer Standardnormalverteilung.

PROBT(x,k[,δ]) berechnet für den Wert x den Wert der Verteilungsfunktion einer t-Verteilung mit k Freiheitsgraden. Wird für δ ein Wert angegeben, so wird der Wert einer nichtzentralen t-Verteilung mit k Freiheitsgraden und dem Nichtzentralitätsparameter δ berechnet.

GAMMA(x) gibt für den Wert x den Wert der Gammafunktion an (x muß dabei < 57,5744 sein!).

Berechnung von Quantilen

BETAINV(p,a,b) liefert das p-Quantil einer Beta-Verteilung mit den Parametern a und b.

CINV(p,k,[,δ]) liefert das p-Quantil einer χ^2-Verteilung mit k Freiheitsgraden. Wird für δ ein Wert angegeben, so wird das p-Quantil einer χ^2-Verteilung mit k Freiheitsgraden und dem Nichtzentralitätsparameter δ berechnet.

FINV(p,k₁,k₂[,δ]) liefert das p-Quantil einer F-Verteilung mit k_1 und k_2 Freiheitsgraden. Wird für δ ein Wert angegeben, so wird das p-Quantil einer F-Verteilung mit k_1 und k_2 Freiheitsgraden und dem Nichtzentralitätsparameter δ berechnet.

GAMINV(p,p) liefert das p-Quantil (Wahrscheinlichkeit ist als **erstes** anzugeben) einer Gammaverteilung mit den Parametern p (als **zweites** Argument anzugeben) und $b = 1$. SAS bietet diese Funktion nur für den Wert 1 des Parameters b an. Wird das p-Quantil für beliebige Parameter p und b gewünscht, so muß zunächst das p-Quantil einer Gamma-Verteilung mit den Parametern p und $b = 1$ berechnet werden. Das resultierende Quantil muß dann anschließend mit dem gewünschten Wert für b multipliziert werden. Wird also z.B. das 0,95 Quantil einer Gammaverteilung mit den Parametern $p = 3$ und $b = 5$ gesucht, so muß zunächst das 0,95-Quantil für $p = 3$ und $b = 1$ berechnet und der resultierende Wert anschließend mit 5 multipliziert werden.

PROBIT(p)	liefert das p-Quantil einer Standardnormalverteilung.
TINV(p,k[, δ])	liefert das p-Quantil einer t-Verteilung mit k Freiheitsgraden. Wird für δ ein Wert angegeben, so wird das p-Quantil einer t-Verteilung mit k Freiheitsgraden und dem Nichtzentralitätsparameter δ berechnet.

Im folgenden sollen exemplarisch die Werte einiger Verteilungsfunktionen und ausgewählte Quantile bestimmter Verteilungen mit Hilfe der obigen SAS-Funktionen berechnet werden:

Werte von ausgewählten Verteilungsfunktionen

Variablenname	**Wert der Verteilungsfunktion**
`a`	einer POISSON-Verteilung mit $\lambda = 2$ an der Stelle $x = 5$.
`b`	einer Binomial-Verteilung mit $\theta = 0{,}4$, und $n = 10$ an der Stelle $x = 6$.
`c`	einer χ^2-Verteilung mit 3 Freiheitsgraden an der Stelle $x = 4$.
`d`	einer F-Verteilung mit 2 und 4 Freiheitsgraden an der Stelle $x = 6$.
`e`	einer hypergeometrischen Verteilung mit den Parametern $N = 6$, $M = 3$ und $n = 2$ an der Stelle $x = 1$.
`f`	einer Standardnormalverteilung an der Stelle $x = 2$.
`g`	einer t-Verteilung mit 5 Freiheitsgraden an der Stelle $x = -2$.

Zur Berechnung dieser Werte sind die folgenden Anweisungen in SAS erforderlich:

```
data;
a=poisson(2,5);
b=probbnml(0.4,10,6);
c=probchi(4,3);
d=probf(6,2,4);
e=probhypr(6,3,2,1);
f=probnorm(2);
g=probt(-2,5);
proc print;
run;
```

Zugehöriger Output:

```
OBS       A          B          C          D        E
 1     0.98344    0.94524    0.73854    0.9375    0.8

         F          G
      0.97725    0.050970
```

Werte einiger Quantile:

Variablenname	zu berechnendes Quantil
h	0,4-Quantil einer χ^2-Verteilung mit 25 Freiheitsgraden.
j	0,1-Quantil einer F-Verteilung mit 23 und 30 Freiheitsgraden.
k	0,95-Quantil einer Standardnormalverteilung
m	0,05-Quantil einer t-Verteilung mit 30 Freiheitsgraden.

Zur Berechnung dieser Werte sind die folgenden Anweisungen in SAS erforderlich:

```
data;
h=cinv(0.4,25);
j=finv(0.1,23,30);
k=probit(0.95);
m=tinv(0.05,30);
proc print;
run;
```

Dazugehöriger Output:

```
OBS        H          J          K          M

 1     22.6156    0.59297    1.64485   -1.69726
```

Weitere statistische Funktionen

Für die folgenden statistischen Funktionen sind **mindestens zwei** Argumente erforderlich. Dabei können als Argument entweder **Zahlen**, **Variablen(namen)** oder **arithmetische Ausdrücke**, die Variablen beinhalten, verwendet werden. Werden Variablen angegeben, so führt SAS die Funktionsvorschrift über alle Variablen für jede Beobachtung aus. Die Ausführung von SAS-Funktionen für die Werte nur einer einzigen Variablen ist **nicht** möglich.
Die **Angabe der Argumente** kann auf verschiedene Weisen erfolgen: Die Argumente können entweder durch Kommata getrennt eingegeben werden oder als Argumentenliste (einfaches Auflisten der Argumente ohne Kommasetzung). Bei der Eingabe als Argumentenliste muß allerdings das Wort ***OF*** der Liste vorausgehen. Sind die Variablennamen auf irgendeine Weise im Namen chronologisch durchnumeriert, so genügt die Eingabe von *OF* und des ersten und letzten Variablennamens verbunden mit dem Zeichen '–'.

CSS(ARG1,ARG2[,...])	liefert die um das arithmetische Mittel korrigierte Quadratsumme der angegebenen Werte.
CV(ARG1,ARG2[,...])	liefert den Variationskoeffizienten der angegebenen Werte.
KURTOSIS(ARG1,ARG2[,...])	liefert den Exzeß der angegebenen Werte.
MIN(ARG1,ARG2[,...])	liefert das Minimum der angegebenen Werte.
MAX(ARG1,ARG2[,...])	liefert das Maximum der angegebenen Werte.
MEAN(ARG1,ARG2[,...])	liefert das arithmetische Mittel der angegebenen Werte.

N(ARG1,ARG2[,...])	liefert die Anzahl der angegebenen Werte (ohne fehlende Werte).
NMISS(ARG1,ARG2[,...])	liefert die Anzahl der fehlenden Werte unter den angegebenen Argumenten.
RANGE(ARG1,ARG2[,...])	liefert die Spannweite zwischen größtem und kleinstem angegebenen Wert.
SKEWNESS(ARG1,ARG2[,...])	liefert die Schiefe der angegebenen Werte.
STD(ARG1,ARG2[,...])	liefert die Standardabweichung der angegebenen Werte.
STDERR(ARG1,ARG2[,...])	liefert die Standardabweichung des arithmetischen Mittels, also die Standardabweichung der angegebenen Werte, dividiert durch die Quadratwurzel aus der Anzahl der Beobachtungswerte.
SUM(ARG1,ARG2[,...])	liefert die Summe der angegebenen Werte.
USS(ARG[1,ARG2[,...])	liefert die Summe der quadrierten Werte der angegebenen Argumente.
VAR(ARG1,ARG2[,...])	liefert die Varianz der angegebenen Werte.

Sollen z.B. ausgehend von den Stichprobenwerten

2 5 6 9 11 13 20 25

die folgenden statistischen Kennzahlen berechnet werden

Kennzahl	**Variablenbezeichnung**
arithmetisches Mittel	`mitt`
Varianz	`vari`

Variationskoeffizient	`varil`
Summe	`gesamt`
$\sum_{i=1}^{8}(x_i-\bar{x})^2$	`quadr` ,

ist das folgende Programm nötig:

```
data;
mitt=mean(2,5,6,9,11,13,20,25);
vari=var(2,5,6,9,11,13,20,25);
varil=cv(2,5,6,9,11,13,20,25);
gesamt=sum(2,5,6,9,11,13,20,25);
quadr=css(2,5,6,9,11,13,20,25);
proc print;
run;
```

Diese Anweisungen liefern den folgenden Output:

```
OBS    MITT      VARI      VARI1     GESAMT    QUADR
 1    11.375   60.8393   68.5710      91      425.875
```

In der SAS-Datendatei `sasuser.daten18` seien die Umsätze einer Woche der Filialen der SAS-Datendatei `sasuser.daten12` abgespeichert (Die Variablen `umsatz1` bis `umsatz6` bezeichnen dabei die Umsätze der Filialen von Montag bis Samstag; zusätzlich ist noch die alphanumerische Variable `filiale` in der Datei abgespeichert). Mit Hilfe der SAS-Statistik-Funktionen sollen nun die folgenden Größen berechnet und der Datendatei hinzugefügt werden:

Bezeichnung	**Variablenname**
maximaler Umsatz einer Woche pro Filiale	`umsmax`
minimaler Umsatz einer Woche pro Filiale	`umsmin`
durchschnittlicher Umsatz einer Woche pro Filiale	`umsdu`
Gesamtumsatz einer Woche pro Filiale	`umsges`
Varianz des Umsatzes in einer Woche pro Filiale	`umsvar`

Dazu müssen die folgenden Anweisungen gegeben werden:

```
data sasuser.daten18;
set sasuser.daten18;
umsmax=max(of umsatz1-umsatz6);
umsmin=min(of umsatz1-umsatz6);
umsdu=mean(of umsatz1-umsatz6);
umsges=sum(of umsatz1-umsatz6);
umsvar=var(of umsatz1-umsatz6);
proc print;
var filiale umsmax umsmin umsdu umsges umsvar;
run;
```

Würde bei den Funktionen das Wort *OF* **weggelassen** werden, so würde SAS die Funktionen für die Werte der **Differenz** aus `umsatz1` und `umsatz6` berechnen.

Obiges Programm liefert den folgenden Output:

```
OBS     FILIALE    UMSMAX    UMSMIN      UMSDU     UMSGES

  1        a        4500      2900     3533.33     21200
  2        b        6800      3100     4483.33     26900
  3        c        5800      2100     3416.67     20500
  4        d        4700      3200     4066.67     24400
  5        e        6700      2900     4750.00     28500
  6        f        4900      2100     3950.00     23700
  7        g        7800      3400     5341.67     32050
  8        h        6750      3200     4425.00     26550
  9        i        7800      2900     5125.00     30750
 10        j        4900      3200     3968.33     23810
 11        k        5000      3200     4301.67     25810
 12        l        5650      3200     4353.33     26120
 13        m        7100      3800     5301.67     31810
 14        n        8900      2550     6216.67     37300
 15        o        4700      3200     4045.00     24270
 16        p        5600      3200     4445.00     26670
 17        q        7100      3300     4366.67     26200

     UMSVAR

   358666.67
  1845666.67
  1917666.67
   466666.67
  2227000.00
  1207000.00
  2930416.67
  1559750.00
  3583750.00
```

```
  463616.67
  357216.67
  753586.67
 1890016.67
 7062426.67
  380550.00
 1009350.00
 1990666.67
```

0.5.3. Bedingte Anweisungen

Will man erreichen, daß Anweisungen nur ausgeführt werden, wenn eine bestimmte **Bedingung** erfüllt ist, so kann man sich der sogenannten *IF*-Anweisung bedienen.

Die allgemeine **Syntax** für eine solche *IF*-Anweisung lautet:

> *IF Bedingung THEN Anweisung;*
> *[ELSE Anweisung;]*

Hier wird erreicht, daß, falls die Bedingung **erfüllt** ist, die nach *THEN* angegebene Anweisung ausgeführt wird. Ist die Bedingung **nicht erfüllt**, so wird die Anweisung nach *ELSE* ausgeführt. Werden in der *THEN*-Anweisung Variablen keine numerischen sondern **alphanumerische** Werte zugewiesen, so muß vor der *IF*-Bedingung die **Länge** dieser alphanumerischen Variablen definiert werden mit

> *LENGTH Variablenname* **$***<Anzahl der Zeichen>*;

Zur Formulierung von Bedingungen sind die folgenden **logischen Operatoren** möglich, deren Angabe dabei als Zeichen oder als Wort erfolgen kann:

Zeichen	Wort	Bedeutung
<	lt	kleiner als
>	gt	größer als
=	eq	gleich
<=	le	kleiner oder gleich
>=	ge	größer oder gleich
^=	ne	ungleich
!	or	oder

&	and	und
^	not	nicht

Will man z.B. in der SAS-Datendatei `sasuser.daten18` den durchschnittlichen Wochenumsatz für eine Filiale nur dann berechnen lassen, wenn der Gesamtumsatz einer Woche größer als 26000 DM ist, so kann dies über eine *IF*-Anweisung geschehen:

```
data sasuser.daten18;
set sasuser.daten18;
if umsges > 26000 then umsdu=mean(of umsatz1-umsatz6);
else umsdu=0;
proc print data=sasuser.daten18;
var umsges umsdu;
run;
```

Diese Anweisungen liefern den folgenden Output:

OBS	UMSGES	UMSDU
1	21200	0.00
2	26900	4483.33
3	20500	0.00
4	24400	0.00
5	28500	4750.00
6	23700	0.00
7	32050	5341.67
8	26550	4425.00
9	30750	5125.00
10	23810	0.00
11	25810	0.00
12	26120	4353.33
13	31810	5301.67
14	37300	6216.67
15	24270	0.00
16	26670	4445.00
17	26200	4366.67

Will man SAS-Prozeduren nur für bestimmte Werte einer Variablen **ausführen**, so kann man sich der *IF*-Anweisung alleine (ohne *THEN*-Anweisung) bedienen. Sollen z.B. nur die Filialen des Datensatzes `sas-`

`user.daten12` ausgegeben werden, die Kosten kleiner oder gleich 3000 DM aufweisen, so ist die folgende *IF*-Anweisung zu verwenden:

```
data sasuser.daten12;
set sasuser.daten12;
if kosten le 3000;
proc print;
var filiale;
run;
```

Obige Anweisungen liefern den Output:

```
OBS    FILIALE

 1        c
 2        d
 3        e
 4        f
 5        h
 6        j
 7        k
 8        o
 9        q
```

Der *IF*-Anweisung ähnlich ist die ***SELECT***-Anweisung. Im Gegensatz zur *IF*-Anweisung sind bei einer *SELECT*-Anweisung mehrere Bedingungen und mehrere Anweisungen nach einer Bedingung möglich. Die *SELECT*-Anweisung eignet sich vor allem zur Definition von **Gruppierungsvariablen**. Die **Syntax** einer *SELECT*-Anweisung sieht folgendermaßen aus:

> ***SELECT*** [*Variablenname*] ;
> ***WHEN*** (*Ausdruck*) *Anweisung(en)*;
> [***WHEN*** (*Ausdruck*) *Anweisung(en)*;]
> .
> .
> .
> [***WHEN*** (*Ausdruck*) *Anweisung(en)*;]
> [***OTHERWISE*** *Anweisung(en)*;]
> ***END;***

Wird nach *SELECT* ein Variablenname angegeben, so darf in den WHEN-Ausdrücken nur ein einziger konkreter Zahlenwert angegeben werden. SAS überprüft dann für diese Variable pro Beobachtung der Datendatei die *WHEN*-Ausdrücke auf Übereinstimmung. Bei Übereinstimmung führt SAS die nachfolgende(n) Anweisung(en) aus. Ansonsten wird (werden) die Anweisung(en) nach *OTHERWISE* ausgeführt, falls diese angegeben wurde(n). Fehlt die *OTHERWISE*-Anweisung, so gibt SAS eine Fehlermeldung aus.

Fehlt die Variablenangabe nach *SELECT*, so überprüft SAS pro Beobachtung der Datendatei nur die *WHEN*-Anweisungen, die jetzt logische Ausdrücke für eine oder mehrere Variablen enthalten müsssen. Trifft die *WHEN*-Bedingung auf den (die) Variablenwert(e) einer Beobachtung zu, so führt SAS die nachstehende Anweisung aus, ansonsten nicht. Für die logischen Ausdrücke stehen die gleichen Operatoren zur Verfügung wie bei der *IF*-Anweisung.

Auch hier ist - analog zur *IF*-Anweisung - zu beachten, daß für den Fall, daß in den Anweisungen Variablen keine numerischen sondern **alphanumerische** Werte zugewiesen werden, vor der *SELECT*-Anweisung die **Länge** dieser alphanumerischen Variablen definiert werden muß.

Es sollen nun die Filialen der SAS-Datendatei `sasuser.daten12` mit Hilfe der Variablen `gewinn` in die Klassen

Klasse	**Gewinn**
1	bis 1000
2	über 1000 bis 2000
3	über 2000 bis 2500
4	über 2500

eingeteilt und die Klassenzugehörigkeit als Variable `klasse` der Datendatei hinzugefügt werden. Zusätzlich soll eine neue alphanumerische Variable `urteil` erzeugt werden, die entsprechend den Klassenzugehörigkeiten die folgenden Werte annehmen soll:

Klasse	**Urteil**
1	schlecht
2	mittel
3	gut
4	sehr gut

Hierbei muß beachtet werden, daß die maximale Länge der alphanumerischen Variablen `urteil` (es soll als Länge 8 Zeichen eingestellt werden) zuerst in einer *LENGTH*-Anweisung anzugeben ist.

Die beiden Variablen `klasse` und `urteil` können dann in zwei aufeinanderfolgenden *SELECT*-Anweisungen erzeugt werden:

```
data sasuser.daten12;
set sasuser.daten12;
select;
when (gewinn <= 1000) klasse=1;
when (1000 < gewinn <= 2000) klasse=2;
when (2000 < gewinn <= 2500) klasse=3;
otherwise klasse=4;
end;
length urteil $8;
select(klasse);
when (1) urteil='schlecht';
when (2) urteil='mittel';
when (3) urteil='gut';
otherwise urteil='sehr gut';
proc print data=sasuser.daten12;
var filiale gewinn klasse urteil;
run;
```

Der zugehörige Output lautet:

```
OBS FILIALE  GEWINN   KLASSE     URTEIL

  1     a       500      1     schlecht
  2     b      -400      1     schlecht
  3     c       100      1     schlecht
  4     d      1700      2     mittel
  5     e      1400      2     mittel
  6     f      1900      2     mittel
  7     g      3300      4     sehr gut
  8     h       300      1     schlecht
  9     i       100      1     schlecht
 10     j      1400      2     mittel
 11     k      2000      2     mittel
 12     l      -400      1     schlecht
 13     m      2000      2     mittel
 14     n      1100      2     mittel
 15     o      2400      3     gut
 16     p      2200      3     gut
 17     q      2000      2     mittel
```

0.5.5. *DO*-Schleifen

Mit Hilfe einer *DO*-Anweisung kann ein Block von SAS-Kommandos **beliebig oft** durchlaufen oder der Wert einer Variablen **sukzessive** (pro Durchlauf) **erhöht** oder **vermindert** werden. Die Anzahl der Durchläufe wird dabei von einer sogenannten Laufvariablen bestimmt, die eine vorgegebene Anzahl von Werten durchläuft. Die **Syntax** einer *DO*-Anweisung lautet:

DO Laufvariable = m TO n [BY Schrittweite];

<SAS-Kommandos>

END;

Die Zahl *m* stellt dabei den Anfangswert und *n* den Endwert der Laufvariablen dar. Insgesamt werden die zwischen *DO* und *END* angegebenen Kommandos dann (n - m + 1)-mal durchlaufen. **Die Schrittweite** kann dabei **frei** gewählt werden, Voreinstellung ist 1. Bei einer negativen Schrittweite durchläuft die Laufvariable die Werte in **absteigender** Richtung. Anstelle eines Anfangs- und Endwertes kann aber auch eine Werteliste, deren Elemente durch Kommata zu trennen sind, angegeben werden.

Sollen z.B. die natürlichen Zahlen von 5 bis 100 aufsummiert und die Endsumme der Variablen `gesamt` zugewiesen werden, so hat dies folgendermaßen zu geschehen (der Variablen `gesamt` muß dabei vor der *DO*-Anweisung der Wert 0 als Ausgangswert zugewiesen werden):

```
data;
gesamt=0;
do m=5 to 100;
gesamt=gesamt+m;
end;
proc print;
run;
```

Diese Anweisungen liefern als Output:

```
OBS    GESAMT

 1      5040
```

Soll z.B. aus den Werten der Variablen `wert` der SAS-Datendatei `sasuser.daten19` fünfmal hintereinander die Quadratwurzel gezogen werden und in der neuen Variablen `wert1` der Datei hinzugefügt werden, so erhält man das gewünschte Ergebnis durch folgende *DO*-Schleife:

```
data sasuser.daten19;
set sasuser.daten19;
wert1=wert;
do m=1 to 5;
wert1=sqrt(wert1);
end;
proc print data=sasuser.daten19;
var wert wert1;
run;
```

Diese Anweisungen erzeugen den folgenden Output:

```
OBS    WERT     WERT1

  1     5      1.05158
  2     6      1.05759
  3     3      1.03493
  4     4      1.04427
  5     5      1.05158
  6     7      1.06270
  7     2      1.02190
  8     7      1.06270
  9     8      1.06714
 10     5      1.05158
 11     6      1.05759
 12     2      1.02190
 13     3      1.03493
 14     4      1.04427
```

Sollen die in einer *DO*-Schleife einer neu definierten Variablen sukzessive zugewiesenen Werte in einer Datei abgespeichert werden, so muß innerhalb. der *DO*-Schleife nach der Definition der neuen Variablen der Befehl ***OUTPUT*** angegeben werden. Dieser Befehl bewirkt, daß **sowohl** die Werte der Laufvariablen der *DO*-Schleife als **auch** die Werte der in der *DO*-Schleife neu definierten Variablen in die im DATA-Schritt angegebenen SAS-Datendatei geschrieben werden.

Will man z.B. in der Datei `sasuser.daten20` für den Wertebereich von

Verteilungsfunktion einer Standardnormalverteilung (Variablenname `vertstnd`) abspeichern, so ist das folgende Programm einzugeben.

```
data sasuser.daten20;
do xwerte=-3 to 3;
vertstd=probnorm(xwerte);
output;
end;
proc print data=sasuser.daten20;
run;
```

Diese *DO*-Schleife liefert den folgenden Output:

```
OBS    XWERTE    VERTSTD

 1       -3      0.00135
 2       -2      0.02275
 3       -1      0.15866
 4        0      0.50000
 5        1      0.84134
 6        2      0.97725
 7        3      0.99865
```

1. Univariate Verfahren der Datenauswertung

Wurden an mehreren Objekten die Ausprägungen lediglich **eines** Merkmals erhoben und wertet man diese Daten mit geeigneten Verfahren aus, so handelt es sich dabei um univariate Methoden. Diese bestehen in der Hauptsache aus der Berechnung von Kennzahlen, die die **Form** und **Lage** der Verteilung des Merkmals charakterisieren sollen, sowie aus **Hypothesentests** und der Berechnung von **Konfidenzintervallen**, die die Verteilung des Merkmals betreffen.

Sind die Objekte zusätzlich nach einem anderen als dem interessierenden Merkmal klassifizierbar, d.h. können sie in Gruppen eingeteilt werden, so kann die Verteilung des interessierenden Merkmals auch gruppenspezifisch untersucht werden. Somit ist es möglich, die Verteilungen in den Gruppen miteinander zu vergleichen.

1.1. Verteilungskennzahlen

Verteilungskennzahlen lassen sich im wesentlichen in zwei Gruppen aufteilen: Lage- und Streuungsmaße. Lagemaße charakterisieren das **durchschnittliche Niveau** der Beobachtungswerte. Streuungsmaße hingegen sagen aus, wie weit die einzelnen Beobachtungswerte von diesem durchschnittlichen Niveau entfernt sind.

Die bekanntesten **Lagemaße** sind:

- **Das arithmetische Mittel** $\overline{x} = \frac{1}{n}\sum_{i=1}^{n} x_i$

n ist dabei die Anzahl der Objekte in der Stichprobe, x_i die Merkmalsausprägung des i-ten Objekts. Das arithmetische Mittel gibt an, "um welchen Wert herum" die Ausprägungen des Merkmals liegen und ist **erwartungstreue Schätzfunktion** für den Erwartungswert des Merkmals in der Grundgesamtheit.

- **Der Median**

Der Median oder Zentralwert ist der Wert, der **die 50% größten von den 50% kleinsten** Werten trennt. Im Gegensatz zum arithmetischen Mittel ist der Median robust gegen Ausreißerwerte, d.h., ein gegenüber den anderen

Werten extrem kleiner oder großer Wert in den Daten beeinflußt den Median nicht, das arithmetische Mittel jedoch unter Umständen sehr stark. Zudem hat der Median den Vorteil, daß er auch im Falle **nicht-metrischer Daten** berechnet werden kann, es sind lediglich **ordinale Daten** erforderlich.

- **Minimum, Maximum**

Der kleinste bzw. größte Wert des Merkmals in der Stichprobe.

Als **Streuungsmaße** werden üblicherweise verwendet:

- **Die Varianz der Stichprobe** $s^2 = \frac{1}{n-1}\sum_{i=1}^{n}(x_i - \bar{x})^2$

Die Varianz ist die **gewichtete Summe der quadrierten Abweichungen** der Einzelwerte von ihrem Mittelwert. Quadriert werden die Differenzen, damit sich positive und negative Abweichungen nicht aufheben. Hier böte sich zwar auch der Absolutbetrag einer Differenz an, jedoch hat die Varianz im Gegensatz zu einem derart aufgebauten Streuungsmaß bestimmte Eigenschaften, die sie einer mathematischen Weiterverarbeitung leichter zugänglich machen.

- **Die Standardabweichung** $s = \sqrt{s^2}$

Sie beruht unmittelbar auf der Varianz, besitzt aber im Gegensatz zu dieser die **gleiche Dimension** wie die Variable selbst, d.h. eine Standardabweichung von 3 bedeutet bspw. bei einer Variablen "Flugdauer in Stunden", daß die Flugzeiten um durchschnittlich 3 Stunden nach oben oder unten von ihrem Mittelwert abweichen. Die Varianz hätte hier die Dimension *Stunden*^{2} und wäre nicht so leicht interpretierbar.

- **Der Variationskoeffizient** $v = \frac{s}{\bar{x}}$

Dieser Kennwert basiert auf der Standardabweichung, im Gegensatz zu dieser ist er aber nicht mehr an die Maßeinheit des Merkmals gebunden, sondern **normiert**. Dies ermöglicht einen **direkten Vergleich** der Streuungen zweier unterschiedlich skalierter Merkmale (z.B. Alter und Einkommen).

- **Die Spannweite** *Maximum - Minimum*

Ein sehr einfaches Streuungsmaß, das zudem, wie man auf den ersten Blick erkennen kann, extrem anfällig gegenüber Ausreißern ist.

- **Der Quartils-Abstand** *75%-Quantil - 25%-Quantil*

Innerhalb dieses Intervalls liegen 50% der Beobachtungswerte. Je größer der Quartils-Abstand ist, umso größer ist die Streuung der Beobachtungswerte. Ein allgemeiner Quantils-Abstand läßt sich natürlich auch mit anderen als den o.g. Quantilen berechnen (z.B. 90% und 10%-Quantil, die sog. "Kelley-Range"; 0% und 100%-Quantil ergeben wieder die Spannweite). Der Quartilsabstand ist robust gegenüber Ausreißerwerten.

Daneben gibt es **weitere Kennzahlen**, die eine Verteilung näher charakterisieren:

- **Der Modus**

Dies ist der häufigste Wert einer Verteilung und ist natürlich im Falle einer empirisch ermittelten Häufigkeitsverteilung nur dann sinnvoll, wenn es sich um ein Merkmal mit nur wenigen möglichen Ausprägungen handelt, da andernfalls schon das Auftreten nur zweier exakt gleicher Werte höchst unwahrscheinlich ist.
Hat die empirische Verteilung nur **einen Gipfel**, so befindet sich dieser an der Stelle des Modus. Man spricht dann von einer **unimodalen** Verteilung. Daneben können auch **zwei- (bimodale)** und **mehrgipfelige** Verteilungen auftreten, selbstverständlich auch Verteilungen ohne Gipfel (z.B. U-förmige Verteilungen).

- **Die Schiefe** $g_1 = \dfrac{\frac{1}{n}\sum_{i=1}^{n}(x_i - \bar{x})^3}{\sqrt{\left(\frac{1}{n}\sum_{i=1}^{n}(x_i - \bar{x})^2\right)^3}}$

Ausgehend von einer **symmetrischen Verteilung als Referenz** wird eine Kennzahl berechnet, aus der ersichtlich ist, inwieweit die empirische Verteilung bzgl. der Symmetrie von diesem Referenzfall abweicht. Hat das Schiefemaß einen **negativen Wert**, so ist die Verteilung **linksschief** bzw. **rechtssteil**, und zwar um so extremer, je größer (absolut) das Schiefemaß ist. Ist sein Wert **positiv**, so ist die Verteilung **linkssteil** bzw. **rechtsschief**. Symmetrische Verteilungen besitzen eine Schiefe von genau 0. Für linksschiefe Verteilungen gilt $\bar{x}$ < *Median* < *Modus*. Die entsprechende Beziehung für rechtsschiefe Verteilungen ergibt sich durch Umdrehen der Ungleichheitszeichen. Im Falle einer symmetrischen Verteilung fallen die drei Werte zusammen.

- **Der Exzeß** $g_2 = \dfrac{\frac{1}{n}\sum_{i=1}^{n}(x_i - \bar{x})^4}{\left(\frac{1}{n}\sum_{i=1}^{n}(x_i - \bar{x})^2\right)^2} - 3$

Hier wird die Gaußsche Normalverteilung als Referenz bezüglich der **Wölbung** der Verteilung herangezogen. Ist der Exzeß **negativ**, so ist die empirische Verteilung gegenüber der Normalverteilung **gestaucht**, auch hier umso mehr, je größer der (absolute) Wert des Exzeß ist. Ist der Wert **positiv**, so ist die Verteilung gegenüber der Gauß-Verteilung "**in die Höhe gezogen**".

Die beiden letzten Kennzahlen sind nur dann sinnvoll interpretierbar, wenn sie auf unimodale Verteilungen angewandt werden.

Darüberhinaus gibt es noch eine Vielzahl weiterer Kennzahlen zur Beschreibung empirischer Häufigkeitsverteilungen, diese sollen jedoch hier unerwähnt bleiben.

1.2. Test auf Normalverteilung

Häufig möchte man wissen, ob die erhobenen Daten eines Merkmals einer **normalverteilten Grundgesamtheit** entstammen. Dies ist z.B. dann wichtig, wenn höhere statistische Verfahren angewendet werden sollen, die normalverteilte Daten voraussetzen. Für die Prüfung dieser Hypothese stehen mehrere Signifikanztests zur Verfügung, von denen SAS den Test nach SHAPIRO und WILK (für den Fall, daß die Stichprobe höchstens 2000 Beobachtungen umfaßt) sowie den Test nach KOLMOGOROFF und SMIRNOFF (falls mehr als 2000 Beobachtungen vorliegen) durchführt.

Die **Prüfgröße des SHAPIRO-WILK-Testes** lautet

$$W = \frac{\left[\sum_{i=1}^{k} a_{n-i+1}\left(x_{[n-i+1]} - x_{[i]}\right)\right]^2}{\sum_{i=1}^{n}\left(x_i^2 - \bar{x}\right)^2}.$$

Dabei sind die Beobachtungswerte zunächst der Größe nach aufsteigend zu ordnen, $x_{[i]}$ ist dann der i-t-kleinste Beobachtungswert. k ist für den Fall, daß n geradzahlig ist, gleich $\frac{n}{2}$, andernfalls gleich $\frac{n-1}{2}$. Die Werte a_{n-i+1} sind in SHAPIRO und WILK, 1965, S. 603-605 tabelliert. Die **Nullhypothese** "Die Stichprobe entstammt einer normalverteilten Grundgesamtheit" ist **abzulehnen**, wenn W einen **zu kleinen Wert** annimmt, genauer gesagt, wenn die Wahrscheinlichkeit, bei Gültigkeit der Nullhypothese einen noch kleineren Wert der Prüfgröße zu erhalten als den tatsächlich erhaltenen, kleiner ist als das vorgewählte Signifikanzniveau, das man dem Test zugrunde legen möchte. Auf den theoretischen Hintergrund dieses Tests sowie die Ermittlung der Nullverteilung der Prüfgröße soll nicht näher eingegangen werden, man vergleiche hierzu ebenfalls den oben zitierten Aufsatz.

Zur Durchführung des **KOLMOGOROFF-SMIRNOFF-Anpassungstests** werden die Werte der Stichprobe ebenfalls aufsteigend der Größe nach geordnet und sodann die **relative Summenfunktion** ermittelt. Dies ist im Falle einer Stichprobe mit endlichem Umfang stets eine Treppenfunktion. Die **Prüfgröße *D*** dieses Testes ist die größte absolute vertikale Abweichung dieser Treppenfunktion von der Verteilungsfunktion einer Normalverteilung, deren Parameter SAS aus der Stichprobe schätzt. Wird diese Abweichung zu groß, so ist die **Nullhypothese** "Die Grundgesamtheit, aus der die Stichprobe gezogen wurde, folgt einer Normalverteilung mit entsprechenden Parametern" abzulehnen. Konkret wird die Nullhypothese abgelehnt, wenn die Wahrscheinlichkeit, bei Gültigkeit der Nullhypothese einen noch größeren Wert der Prüfgröße zu erhalten als den tatsächlich erhaltenen, kleiner ist als das vorgegebene Signifikanzniveau. Auch hier sei für den theoretischen Hintergrund des Tests sowie die Nullverteilung der Prüfgröße auf die Literatur verwiesen (man vgl. z.B. HARTUNG, 1989, S. 183-189).

1.3. Die SAS-Prozedur UNIVARIATE

Die SAS-Prozedur **UNIVARIATE** berechnet alle Kennzahlen, die im vorletzten Abschnitt erwähnt wurden, führt Hypothesentests durch und liefert weitere deskriptive Statistiken.

1.3.1. Syntax

Allgemein hat diese Prozedur die folgende Syntax:

PROC UNIVARIATE *Optionen*;
VAR *Variablenliste*;
BY *Variablenliste*;
FREQ *Variable*;
WEIGHT *Variable*;
OUTPUT *[OUT=SAS-Datendatei] [Liste der gewünschten Kennzahlen]*
[PCTLPTS=Perzentile PCTLPRE=Namensliste]
[PCTLNAMES=Namensliste];

Dabei ist lediglich die **PROC UNIVARIATE**-Anweisung erforderlich, alle anderen Anweisungen sind optional. Von den optionalen Parametern werden nachfolgend die wichtigsten erläutert.

Die PROC UNIVARIATE-Anweisung

Als *Optionen* sind dabei möglich:

- *DATA=SAS-Datendatei*. Hier wird die Datendatei angegeben, die die Prozedur zur Auswertung verwenden soll. Als Voreinstellung wird die letzte erstellte SAS-Datei verwendet.

- *FREQ* fordert eine Häufigkeitstabelle mit Variablenwerten, Häufigkeiten, relativen Häufigkeiten und kumulierten relativen Häufigkeiten an.

- *NOPRINT* unterdrückt die Ausgabe des Outputs der Prozedur und ist dann sinnvoll, wenn die Prozedur nur dazu verwendet wird, mit **OUTPUT** eine neue Datendatei zu erstellen.

- *NORMAL* führt einen Test auf Normalverteilung durch, und zwar den Test nach SHAPIRO-WILK für den Fall, daß höchstens 2000 Beobachtungswerte vorliegen, und den Test nach KOLMOGOROFF-SMIRNOFF, wenn mehr als 2000 Beobachtungswerte vorliegen.

- *PLOT* erzeugt ein Stamm-Blätter-Diagramm, ein Schachteldiagramm (beides hier nicht näher erläutert), sowie einen Quantile-Quantile-Plot zur visuellen Prüfung der Normalverteilungsannahme. Hierbei legen die "+"-Symbole eine Gerade fest, auf der im Normalverteilungsfalle die empirischen "*"-Werte liegen müßten: Mehr oder weniger große Abweichungen gibt es dabei immer, wie stark diese sein müssen, damit man die Normalverteilungsannahme verwirft, ist natürlich Ansichtssache.

- *VARDEF=DF | N* legt den Nenner fest, durch den die Abweichungsquadratsumme bei der Ermittlung der Stichprobenvarianz dividiert werden soll. *N* bezeichnet die Anzahl der Beobachtungswerte, *DF* die Anzahl der Freiheitsgrade, also *N-1*. *DF* ergibt einen unverzerrten Schätzwert für die Varianz der Grundgesamtheit und ist daher Voreinstellung.

Die VAR-Anweisung

Alle Kennzahlen und Tests der Prozedur UNIVARIATE werden für jede Variable, die in der SAS-Datendatei enthalten ist, ausgegeben. Will man nur einzelne Variablen analysieren, so kann man diese als *Variablenliste* in der VAR-Anweisung angeben.

Die BY-Anweisung

Diese Anweisung bewirkt jeweils eine eigene Analyse für die Gruppen von Beobachtungswerten, die durch die in der zugehörigen *Variablenliste* enthaltenen Gruppierungsvariablen gebildet werden. Beispiel: Die Variable SEX gebe das Geschlecht eines Probanden an, dann erhält man für den Fall, daß im Prozeduraufruf "BY SEX" enthalten ist, je eine eigene Analyse für Frauen und Männer. Enthält die Variablenliste mehrere derartige Variablen, so wird für jede Kombination ihrer Werte eine eigene Analyse durchgeführt. Erforderlich ist es in jedem Fall, daß die Datendatei entsprechend der BY-Variablen sortiert ist, was ggf. mit **PROC SORT** erreicht werden kann.

Die FREQ-Anweisung

Wenn diese Anweisung angegeben wird, wird jede Ausprägung der untersuchten Variablen so behandelt, als ob sie n-mal vorläge. Die Anzahl n ist dabei der zu dieser Ausprägung gehörende Wert der FREQ-*Variablen*. Hat man beispielsweise eine Variable mit fünf Werten, so hat auch die FREQ-*Variable* fünf Werte, die angeben, wie oft die korrespondierenden Werte der untersuchten Variablen vorliegen.

Die OUTPUT-Anweisung

Sie bewirkt die Erstellung einer neuen SAS-Datei, die die Ergebnisse der Analyse beinhaltet und weiterverarbeitet werden kann. Ihr Inhalt kann mit PROC CONTENTS oder PROC PRINT angesehen werden.

1.3.2. Fehlende Werte

Fehlen bei einer Variablen Beobachtungswerte (missing values), werden die entsprechenden Objekte aus der Analyse ausgeschlossen. Beispielsweise werden in der Häufigkeitstabelle die prozentualen Häufigkeiten auf die Anzahl der Fälle ohne missing values bezogen.

1.3.3. Output

In diesem Abschnitt wird der von der Prozedur **UNIVARIATE** erzeugte Output erläutert. Dies geschieht anhand des Original-SAS-Outputs zum folgenden Beispielprogramm:

```
proc univariate data=sasuser.unidat plot normal;
var monaeink;
run;
```

`sasuser.unidat` ist dabei der Name der SAS-Datendatei. Analysiert wird aus dieser Datei die Variable `monaeink` (Monatliches Haushaltseinkommen).

SAS liefert zum obigen Programm den folgenden Output:

```
Univariate Procedure

Variable=MONAEINK       Nettoeinkommen des Haushalts

                      Moments

N                  198   Sum Wgts         198
Mean          2586.884   Sum           512203
Std Dev       1178.135   Variance     1388002
Skewness      0.887361   Kurtosis    0.990569
USS           1.5984E9   CSS         2.7344E8
CV            45.54263   Std Mean     83.7264
T:Mean=0      30.89687   Pr>|T|        0.0001
Num ^= 0           198   Num > 0          198
M(Sign)             99   Pr>=|M|       0.0001
Sgn Rank        9850.5   Pr>=|S|       0.0001
W:Normal      0.944123   Pr<W          0.0001

              Quantiles(Def=5)

100% Max         7000          99%       6000
 75% Q3          3050          95%       4750
 50% Med         2400          90%       4200
 25% Q1          1800          10%       1250
  0% Min          400           5%       1000
                                1%        450
Range            6600
Q3-Q1            1250
Mode             3000
```

```
                    Extremes

   Lowest         Obs    Highest        Obs
      400(        122)      5800(        30)
      450(         98)      6000(        90)
      525(        165)      6000(       120)
      548(        118)      6000(       144)
      600(         29)      7000(        50)


Missing Value            .
Count                    2
% Count/Nobs          1.00


Stem Leaf                                              #  Boxplot
7 0                                                    1     *
6
6 000                                                  3     0
5 8                                                    1     0
5 014                                                  3     0
4 557788                                               6     |
4 0000111222223334                                    16     |
3 55555577888                                         11     |
3 000000000000000000022233444                         27  +-----+
2 55555555555556666667888999                          26  |  +  |
2 00000000000000011111222222222222333333444444444     47  *-----*
1 55556666667788888888888899                          26  +-----+
1 000001122222222333444444                            24     |
0 55689                                                5     |
0 44                                                   2     |
  ----+----+----+----+----+----+----+----+----+--
 Multiply Stem.Leaf by 10**+3

                        Normal Probability Plot
7250+                                                         *
    |
    |                                                     ** *
    |                                                    *    +
    |                                                  ** ++++
    |                                               ***+++
    |                                           *****++
3750+                                        ***+
    |                                    *****
    |                                +****
    |                          *******
    |                      *****+
    |               ********
    |          ******+++
 250+**     ++++
     +----+----+----+----+----+----+----+----+----+----+
         -2        -1         0        +1        +2
```

Die in diesem Output erscheinenden Bezeichnungen werden nun in der Reihenfolge ihres Auftretens erläutert.

Bezeichnung	**Erklärung**
N	Anzahl der Beobachtungswerte
Sum Wgts	Summe der Gewichte, falls in der FREQ- oder WEIGHT-Anweisung angegeben.
Mean	Arithmetisches Mittel
Sum	Summe der Beobachtungswerte
Std Dev	Standardabweichung
Variance	Stichprobenvarianz
Skewness	Schiefe
Kurtosis	Exzeß
USS	Summe der quadrierten Beobachtungswerte $\sum_{i=1}^{n} x_i^2$
CSS	Abweichungsquadratsumme $\sum_{i=1}^{n}(x_i - \bar{x})^2$
CV	Variationskoeffizient
Std Mean	Standardabweichung des arithmetischen Mittels $\frac{s}{\sqrt{n}}$
T:Mean=0	Wert der Prüfgröße $T = \frac{\bar{x}}{s}\sqrt{n}$ zur Prüfung der Nullhypothese: "Der Erwartungswert des Merkmals in der Grundgesamtheit ist 0".
Prob > | T |	Wahrscheinlichkeit, bei Gültigkeit der Nullhypothese einen Wert der Prüfgröße zu erhalten, dessen Absolutbetrag noch größer ist als der Absolutbetrag des tatsächlich erhaltenen Wertes der Prüfgröße. Ist diese Wahrscheinlichkeit sehr gering, d.h. geringer als das gewählte Signifikanzniveau, so ist die Nullhypothese abzulehnen.
Num ^= 0	Anzahl der von 0 verschiedenen Beobachtungswerte
Num > 0	Anzahl der positiven Beobachtungswerte

M (Sign)	Wert der Prüfgröße des Vorzeichentests zur Prüfung der Nullhypothese: "Der Median in der Grundgesamtheit ist 0". Die Prüfgröße wird nach folgender Formel errechnet: $M = p - \frac{N}{2}$, wobei p die Anzahl der positiven Werte in der Stichprobe und N die Anzahl der Werte ungleich 0 ist.
Prob > |M|	Wahrscheinlichkeit, bei Gültigkeit der Nullhypothese einen noch größeren absoluten Wert der Prüfgröße zu erhalten.
Sgn Rank	Wert der Prüfgröße des Wilcoxon-Vorzeichen-Rangtests zur Prüfung der Nullhypothese: "Der Median bzw. der Erwartungswert der Grundgesamtheit ist 0". Dieser Test setzt eine symmetrische Verteilung in jedem Fall voraus. Die Prüfgröße wird nach der Formel $S = \sum r_i^+ - N(N+1)/4$ berechnet, wobei r_i^+ der Rang des Absolutbetrages des i-ten Beobachtungswertes und N die Anzahl der Beobachtungswerte ungleich 0 ist. Summiert wird über alle positiven Beobachtungswerte.
Prob > |S|	Wahrscheinlichkeit, bei Gültigkeit der Nullhypothese einen größeren absoluten Wert der Prüfgröße zu erhalten.
W:Normal	Wert der Prüfgröße des Shapiro-Wilk-Tests auf Normalverteilung.
Prob < W	Wahrscheinlichkeit, bei Gültigkeit der Nullhypothese einen kleineren Wert der Prüfgröße zu erhalten. Auch hier ist die Nullhypothese abzulehnen, wenn diese Wahrscheinlichkeit kleiner als das vorgegebene Signifikanzniveau ist.
D:Normal	Wert der Prüfgröße des Kolmogoroff-Smirnoff-Tests auf Normalverteilung (Im Bsp. nicht durchgeführt, da weniger als 2000 Werte vorliegen).
Prob > D	Wahrscheinlichkeit, bei Gültigkeit der Nullhypothese einen noch größeren Wert der Prüfgröße zu erhalten.
Quantiles	Tabelle mit verschiedenen Quantilen der empirischen Verteilung einschließlich des Medians
Range	Spannweite

Q3 - Q1	Quartilsabstand
Mode	Modus
Extremes	Die fünf größten und die fünf kleinsten Werte der empirischen Verteilung
Missing Value	Symbol für fehlende Beobachtungswerte
Count	Anzahl der Objekte der Datendatei, die bei einer der analysierten Variablen einen fehlenden Wert aufweisen.
% Count / Nobs	Anteil der unvollständigen Beobachtungen in Prozent.
Stem Leaf	Stamm-Blätter-Diagramm. Enthält der Datensatz einen Wert, der öfter als 48mal auftritt, wird stattdessen ein horizontales Balkendiagramm ausgegeben.
Boxplot	Schachteldiagramm. Dieses und auch das Stamm-Blätter-Diagramm sind der Explorativen Datenanalyse (EDA) zuzuordnen, deren Verfahren hier nicht erläutert wurden. Im Literaturverzeichnis sind einführende Werke angegeben.
Normal Prob...	Q-Q-Plot zur visuellen Überprüfung der Normalverteilungsannahme. Vgl. hierzu S.147ff.

1.4. Der T-Test auf Mittelwertgleichheit

Läßt sich eine Stichprobe nach einem anderen als dem eigentlich interessierenden Merkmal in **zwei Gruppen** aufteilen, so interessiert man sich häufig dafür, ob sich die **Erwartungswerte** der beiden Gruppen **signifikant voneinander unterscheiden**. Zur Überprüfung dieser Hypothese eignet sich der **Zwei-Stichproben-T-Test**. Voraussetzung für seine Anwendung ist zunächst, daß die beiden Stichproben **unabhängig** voneinander sind. Daher verbietet es sich zum Beispiel, die Klassifizierung anhand des interessierenden Merkmals vorzunehmen. So wäre es Unsinn, eine Stichprobe danach aufzuteilen, ob ein Proband weniger als 3000,- DM monatlich verdient oder mehr, und anschließend zu prüfen, ob sich die beiden Gruppen hinsichtlich ihres Einkommens unterscheiden. Weiterhin müssen die beiden Stichproben aus **normalverteilten Grundgesamtheiten** stammen.
Je nachdem, ob die Varianzen der beiden Grundgesamtheiten gleich oder verschieden sind, ist zur Prüfung der **Nullhypothese** "Die beiden

Erwartungswerte unterscheiden sich nicht" je eine eigene Prüfgröße anzuwenden.
Für den Fall **gleicher Varianzen** lautet sie

$$t = \frac{\bar{x}_1 - \bar{x}_2}{\sqrt{s^2\left(\frac{1}{n_1} + \frac{1}{n_2}\right)}} .$$

Die Indizes 1 und 2 indizieren die 1. und die 2. Stichprobe. Für s^2 ist dabei die **gepoolte Stichprobenvarianz**

$$s^2 = \frac{(n_1 - 1)s_1^2 + (n_2 - 1)s_2^2}{n_1 - n_2 - 2}$$

zu verwenden.

Für den Fall **ungleicher Varianzen** in der Grundgesamtheit ist die Prüfgröße

$$t = \frac{\bar{x}_1 - \bar{x}_2}{\sqrt{\left(\frac{s_1^2}{n_1} + \frac{s_2^2}{n_2}\right)}}$$

heranzuziehen.

Zu beachten ist, daß lediglich im ersten Fall die Prüfgröße exakt **t-verteilt** ist, und zwar mit $n_1 + n_2 - 2$ Freiheitsgraden. Im zweiten Falle ist die Prüfgröße lediglich **approximativ t-verteilt**, wobei die Anzahl der Freiheitsgrade mit der **Approximation von SATTERTHWAITE**

$$df = \frac{\left(\frac{s_1^2}{n_1} + \frac{s_2^2}{n_2}\right)^2}{\frac{\left(\frac{s_1^2}{n_1}\right)^2}{n_1 - 1} + \frac{\left(\frac{s_2^2}{n_2}\right)^2}{n_2 - 1}}$$

ermittelt wird.

Die SAS-Prozedur für den Zwei-Stichproben-T-Test führt automatisch einen **F-Test auf Varianzhomogenität** durch. Sollte man keine begründete Annahme über Gleichheit oder Ungleichheit der Varianzen in der Grundgesamtheit machen können, empfiehlt es sich, das Ergebnis dieses Tests zu berücksichtigen.

1.5. Die SAS-Prozedur TTEST

Den Test auf Mittelwertgleichheit stellt die SAS-Prozedur **TTEST** bereit.

1.5.1. Syntax

Die Syntax dieser Prozedur lautet:

PROC TTEST *Optionen*;
CLASS *Variable*;
BY *Variablenliste*;
VAR *Variablenliste*;

Lediglich die ersten beiden Anweisungen sind erforderlich, die beiden anderen sind optional. Die wichtigsten optionalen Parameter werden nachfolgend erläutert.

Die PROC TTEST-Anweisung

Als *Optionen* sind dabei möglich:

- *COCHRAN* fordert zusätzlich zu der standardmäßig verwendeten Approximation nach Satterthwaite für den Fall ungleicher Varianzen die Approximation nach Cochran an. Für nähere Informationen hierüber sei auf die Literatur verwiesen (z.B. COCHRAN und COX, 1950).

- *DATA=SAS-Datendatei* gibt die Datendatei an, die die Prozedur zur Auswertung verwenden soll. Als Voreinstellung wird die letzte erstellte SAS-Datei verwendet.

Die CLASS-Anweisung

Als *Variable* ist hier die Variable der Datei anzugeben, die die Gruppenzugehörigkeit der Objekte angibt. Diese muß genau zwei Ausprägungen haben, so daß SAS die Stichprobe in durch diese beiden Ausprägungen definierte Gruppen einteilen kann. Zulässig sind sowohl numerische wie auch alphanumerische Variablen.

Die BY-Anweisung

Zur Wirkung dieser Anweisung vergleiche man die Beschreibung der Prozedur **UNIVARIATE**.

Die VAR-Anweisung

Standardmäßig wird der T-Test für jede in der SAS-Datendatei enthaltene numerische Variable durchgeführt, was natürlich oft unsinnig ist, z.B. dann, wenn es sich um kodierte Nominalvariablen handelt. Wünscht man also den Test nur für bestimmte Merkmale, so sind diese hier als *Variablenliste* anzugeben.

1.5.2. Fehlende Werte

Weist ein Objekt entweder bei der zu testenden oder der gruppierenden Variablen einen missing value auf, wird es aus der Analyse ausgeschlossen. Wird in der VAR-Anweisung mehr als eine Variable angegeben, so wird ein Objekt mit einem missing value bei einer dieser Variablen ebenfalls gänzlich ausgeschlossen, auch wenn der Wert der anderen Variablen bekannt ist.

1.5.3. Output

Der Output des folgenden Beispielprogramms wird zur Erläuterung herangezogen. Dabei sollte auf Stichprobenbasis überprüft werden, ob sich die Schüler eines humanistischen Gymnasiums von denen eines mathematisch-naturwissenschaftlichen Gymnasiums hinsichtlich des Intelligenzquotienten (Variable `iq`) signifikant unterscheiden. Die Variable `gymart` enthält dabei die Zugehörigkeit eines Schülers zu einem der beiden Gymnasien (Werte H und M). Das Programm lautet:

```
proc ttest data=sasuser.ttesdat;
var iq;
class gymart;
run;
```

SAS erzeugt aus diesem Programm die folgende Ausgabe:

```
TTEST PROCEDURE

Variable: IQ              Intelligenzquotient

GYMART          N                 Mean                  Std Dev
-------------------------------------------------------------------
H              13         110.92307692              14.87425930
M              11         105.00000000              11.35781669

GYMART          Std Error
----------------------
H              4.12537728
M              3.42451058

Variances          T          DF       Prob>|T|
---------------------------------------
Unequal       1.1047        21.8         0.2813
Equal         1.0797        22.0         0.2920

For H0: Variances are equal, F' = 1.72    DF = (12,10)
Prob>F' = 0.4007
```

Darin treten die folgenden Größen auf:

Bezeichnung	**Erklärung**
Variable	Name der abhängigen Variablen
Gymart	Werte der gruppierenden Variablen
N	Jeweiliger Teilstichprobenumfang n_1 und n_2
Mean	Arithmetische Mittel der beiden Teilstichproben
Std Dev	Jeweilige Standardabweichung

Std Error	Jeweilige Standardabweichung des arithmetischen Mittels $\frac{s}{\sqrt{n}}$
Unequal	Fall ungleicher Varianzen in der Grundgesamtheit
Equal	Fall gleicher Varianzen in der Grundgesamtheit
T	Jeweiliger Wert der Prüfgröße
Method	Nur relevant für den Fall ungleicher Varianzen: Methode der verwendeten Approximation (Satterthwaite oder Cochran, falls die Option COCHRAN angegeben wurde, was im Bsp. nicht der Fall ist)
DF	Anzahl der Freiheitsgrade der Nullverteilung
Prob > | T |	Wahrscheinlichkeit, bei Gültigkeit der Nullhypothese einen absolut noch größeren Wert der Prüfgröße zu erhalten als den tatsächlich erhaltenen Absolutwert. Ist diese Wahrscheinlichkeit kleiner als das gewählte Signifikanzniveau, wird die Nullhypothese "Die Erwartungswerte in der Grundgesamtheit unterscheiden sich nicht" verworfen.
For H0: Variances...	Test auf Varianzhomogenität $\left(H_0:\ \sigma_1^2 = \sigma_2^2\right)$
F'	Wert der Prüfgröße des Varianzhomogenitätstests, berechnet nach der Formel $F = \frac{\max\left(s_1^2, s_2^2\right)}{\min\left(s_1^2, s_2^2\right)}$
DF	Freiheitsgrade der Nullverteilung
Prob > F'	Wahrscheinlichkeit, bei Gültigkeit der Nullhypothese einen noch größeren Wert der Prüfgröße zu erhalten. Ist diese Wahrscheinlichkeit kleiner als das gewählte Signifikanzniveau, wird die Nullhypothese "Die Varianzen der beiden Grundgesamtheiten sind gleich" abgelehnt. Obwohl der F-Test im Falle einer Punkthypothese ein zweiseitiger Test ist, kann die Prüfgröße hier nicht "zu klein" werden, da in der Formel für die Prüfgröße die größere Varianz stets im Zähler steht.

1.5.4. Randbemerkung

Sollten die Voraussetzungen für den T-Test nicht erfüllt bzw. die abhängige Variable lediglich ordinal skaliert sein, kann auf die Prozedur **NPAR1WAY** (Kapitel 5) zurückgegriffen werden, die nichtparametrische Tests auch für diesen Sachverhalt beinhaltet.
Selbstverständlich kann auf Mittelwertgleichheit auch dann getestet werden, wenn mehr als zwei Grundgesamtheiten vorliegen. Dem dann anzuwendenden Verfahren der Varianzanalyse ist Kapitel 4 gewidmet.

2. Korrelationsanalyse

Wurden an jedem Objekt einer Stichprobe mindestens **zwei Merkmale** gemessen, so interessiert man sich häufig dafür, ob zwischen diesen beiden Merkmalen ein **statistischer Zusammenhang** besteht und wie stark dieser gegebenenfalls ist. Dieser Fragestellung soll mit Hilfe der **Korrelationsanalyse** nachgegangen werden. Sie umfaßt zum einen die Berechnung von **Maßzahlen**, die die Stärke eines Zusamenhangs zum Ausdruck bringen sollen, zum anderen die Duchführung von **Hypothesentests**, die einen eventuellen Zusammenhang in der Grundgesamtheit statistisch absichern sollen. Je nach Skalenniveau der Merkmale existieren dazu unterschiedliche Verfahren.

Zu beachten ist generell, daß von einem mittels korrelationsanalytischer Methoden entdeckten Zusammenhang zwischen zwei Merkmalen nicht auf einen **ursächlichen Zusammenhang** geschlossen werden darf. In den meisten Anwendungsfällen wird man jedoch die Korrelationsanalyse nur dann durchführen, wenn der Verdacht auf einen ursächlichen Zusammenhang aus dem Sachverhalt heraus naheliegt. Ein spezieller Fall von statistischem, aber nicht ursächlichem Zusammenhang ist die **Scheinkorrelation**. Hierbei werden die beiden scheinbar korrelierten Merkmale in Wirklichkeit von einem **hinter beiden Merkmalen stehenden Faktor** beeinflußt. Beispielsweise ließe sich ein statistischer Zusammenhang zwischen dem Wasserstand eines Sees im Herbst und der Ertragsmenge einer zehn Kilometer davon entfernten Obstplantage feststellen. In Wirklichkeit aber ist die sommerliche Niederschlagsmenge für beides verantwortlich. Jedoch sind Scheinkorrelationen nicht immer so leicht aufzudecken wie in diesem Beispiel. Bei der Interpretation von Korrelationen sollte man deshalb den Gedanken an Scheinkorrelationen immer im Hinterkopf behalten.

Die Frage nach der **Richtung** eines Zusammenhangs im Sinne von Ursache und Wirkung (welches der beiden Merkmale also das andere beeinflußt oder ob sie sich gegenseitig beeinflussen) kann mit der Korrelationsanalyse nicht beantwortet werden.

2.1. Die Pearsonsche Produkt-Moment-Korrelation

Sind die beiden zu untersuchenden Merkmale auf einer **metrischen Skala** gemessen worden, und wird zwischen ihnen ein **linearer Zusammenhang** vermutet, so kann dieser mit dem **Produkt-Moment-Korrelationskoeffizienten** nach Pearson aufgedeckt werden. Ausgangspunkt für die Berechnung dieses Koeffizienten ist ein bestimmtes Stichprobenmoment, nämlich die **Kovarianz** zwischen den beiden Merkmalen.

2.1.1. Die Stichprobenkovarianz

Um das hinter der Kovarianz stehende Prinzip zu verdeutlichen, beginnt man am besten mit einer graphischen Darstellung der Beobachtungswerte, dem sog. **Streudiagramm**. Jedes Objekt wird dabei als Punkt in ein Koordinatensystem eingezeichnet, wobei die Koordinaten dieses Punktes die Ausprägungen des Objektes bei beiden Merkmalen (x und y) sind. Liegt ein linearer Zusammenhang vor, so werden die Objekte im Koordinatensystem annähernd eine **Gerade** bilden (vgl. Abb. 2.1). Die Geradenform der Punktewolke tritt umso deutlicher hervor, je strenger der lineare Zusammenhang zwischen den beiden Merkmalen ist. Zur Berechnung der Kovarianz werden nun die Beobachtungswerte zunächst **zentriert**, d.h., von jedem Beobachtungswert wird das arithmetische Mittel abgezogen. Graphisch kann diese Maßnahme interpretiert werden als **Verschiebung** des Koordinatenursprungs in die "Mitte" der Punktewolke (vgl. Abb. 2.2). Nun werden für jedes Objekt die zentrierten Ausprägungen der beiden Merkmale miteinander multipliziert. Diese Produkte werden schließlich aufsummiert.

Besteht ein **positiver Zusammenhang** (je mehr x, desto mehr y, vgl. Abb. 2.2), so werden bei dieser Produktbildung überwiegend zwei positive oder zwei negative Zahlen miteinander multipiziert, die meisten Produkte werden also positiv sein, so daß auch die Summe der Produkte einen positiven Wert aufweisen wird.

Besteht hingegen ein **negativer Zusammenhang** (je mehr x, desto weniger z bzw. umgekehrt, vgl. Abb. 2.3), so wird bei der Produktbildung meist eine positive Koordinate mit einer negativen multipliziert, das jeweilige Produkt selbst wird bei der Mehrheit der Objekte einen negativen Wert aufweisen und somit auch die Summe der Produkte.

Besteht jedoch **kein Zusammenhang** (vgl. Abb. 2.4), so werden in etwa gleich viele negative wie positive Produkte auftreten, die sich bei der Summenbildung gegenseitig neutralisieren, so daß der Wert der Summe annähernd 0 sein wird.

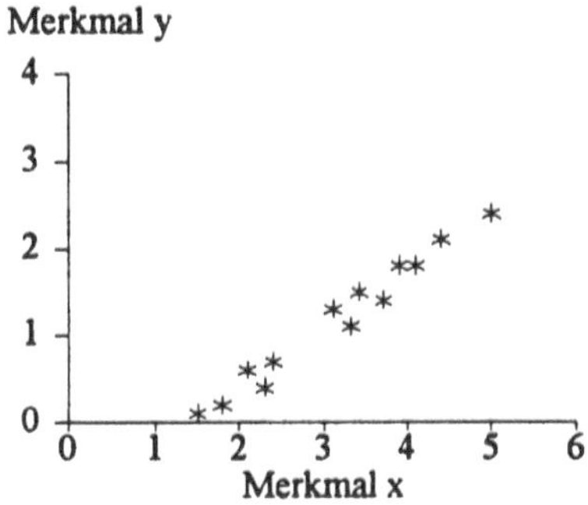

Abb. 2.1

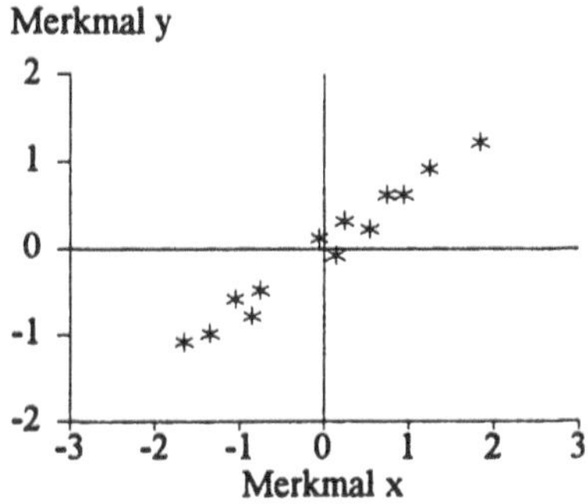

Abb. 2.2 (zentrierte Werte)

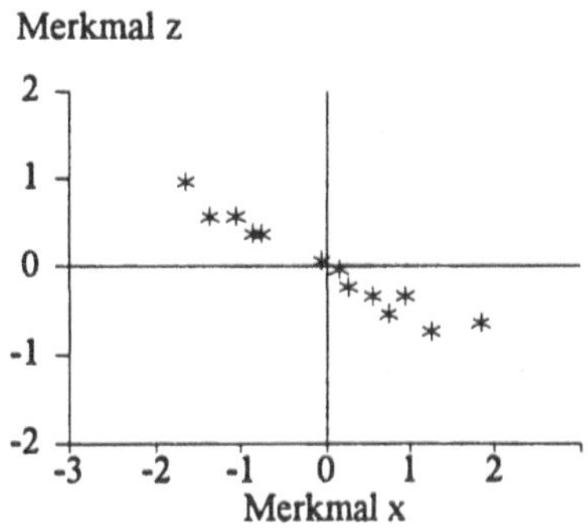

Abb. 2.3 (zentrierte Werte)

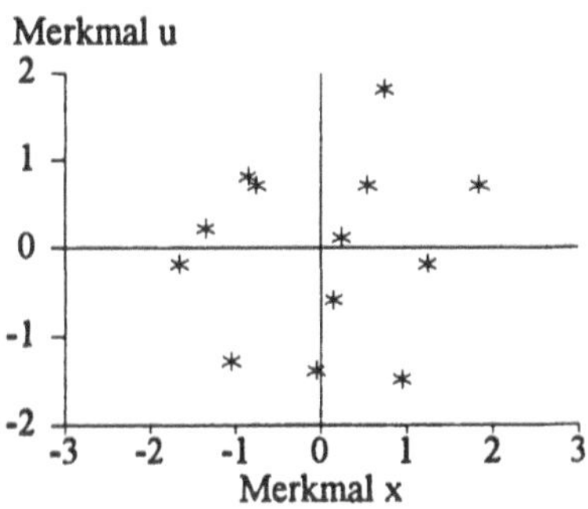

Abb. 2.4 (zentrierte Werte)

Die Summe der Produkte der zentrierten Merkmalsausprägungen ist also ein Maß für die Richtung des linearen Zusammmenhangs zwischen zwei Merkmalen. Um den Wert dieser Summe von der Anzahl der Summanden unabhängig zu machen, wird sie nun noch mit $\frac{1}{n-1}$ gewichtet, wobei n die Anzahl der Objekte der Stichprobe ist. So hat man ein Maß nicht nur für die Richtung, sondern auch für die Stärke des linearen Zusammenhangs erhalten. Dieses Maß ist die **Stichprobenkovarianz** $s_{x,y}$, die also berechnet wird als

$$s_{x,y} = \frac{1}{n-1}\sum_{i=1}^{n}(x_i - \bar{x})(y_i - \bar{y}) .$$

2.1.2. Der Pearsonsche Korrelationskoeffizient

Sollen verschiedene Kovarianzen miteinander verglichen werden, so tritt das Problem auf, daß der Wert der Kovarianz von den Einheiten abhängt, in denen die Merkmale jeweils gemessen wurden. Ihr Wert sagt also nichts über die absolute Stärke des Zusammenhangs zwischen x und y aus. Um darüber Aussagen machen zu können, muß die Kovarianz zunächst **normiert** werden. Geschieht diese Normierung, indem man die Kovarianz durch die Wurzel aus dem Produkt der beiden Varianzen dividiert (was einer Standardisierung der ursprünglichen Merkmale entspricht), erhält man den **Pearsonschen Korrelationskoeffizienten**

$$r = \frac{s_{x,y}}{\sqrt{s_x^2 \, s_y^2}} = \frac{\sum_{i=1}^{n}(x_i - \bar{x})(y_i - \bar{y})}{\sqrt{\sum_{i=1}^{n}(x_i - \bar{x})^2 \sum_{i=1}^{n}(y_i - \bar{y})^2}} .$$

Dieser Koeffizient nimmt nur Werte zwischen -1 und +1 an. Je stärker der lineare Zusammenhang zwischen x und y ist, umso weiter ist r von 0 entfernt. Im Falle eines streng linearen Zusammenhangs (in der Grafik lägen dann alle Punkte exakt auf einer Geraden) ist sein Wert exakt 1 oder -1, je nach Richtung des Zusammenhangs.

Zur **statistischen Absicherung** eines vermuteten linearen Zusammenhangs in der Grundgesamtheit wird die **Nullhypothese** "Der Korrelationskoeffizient in der Grundgesamtheit ist Null" mit der Prüfvariablen

$$t = \frac{r}{\sqrt{1 - r^2}} \sqrt{n - 2}$$

getestet. Voraussetzung für die Durchführung dieses Tests ist das Vorliegen einer **zweidimensionalen Normalverteilung** für die Merkmale x und y. Dann ist die Prüfgröße bei Gültigkeit der Nullhypothese ***t*-verteilt** mit $n-2$ Freiheitsgraden. Die Nullhypothese ist abzulehnen, wenn die Wahrscheinlichkeit, einen absolut noch größeren Wert der Prüfgröße zu erhalten als den tatsächlich erhaltenen Absolutwert, kleiner ist als das Signifikanzniveau, das man dem Test zugrunde legen möchte.

2.2. Die Spearmansche Rangkorrelation

Wurden die beiden Merkmale nicht auf einer metrischen, sondern lediglich **ordinalen Skala** gemessen, oder möchte man den Test auf Unkorreliertheit durchführen, obwohl die beiden Merkmale keiner zweidimensionalen Normalverteilung unterliegen, kann auf das **Korrelationsmaß von Spearman** zurückgegriffen werden.

Zur Ermittlung dieses Koeffizienten wird zunächst jedem Beobachtungswert eines Merkmals ein **Rang** zugeordnet. Der kleinste Beobachtungswert erhält dabei den Rang 1, der zweitkleinste den Rang 2 usw. Treten in der Stichprobe mehrere gleiche Beobachtungswerte (sog. **Verbundwerte** oder **Ties**) auf, so werden diesen **mittlere Ränge** zugeordnet. Hat man z.B. den Wert 8,4 zweimal vorliegen, und wären hierfür die Ränge 5 und 6 zu vergeben, so erhalten die beiden Werte den mittleren Rang 5,5. Der nächstgrößere Beobachtungswert erhält dann den Rang 7. Der Spearmansche Rangkorrelationskoeffizient r_s ergibt sich dann, indem man den Pearsonschen Korrelationskoeffizienten auf Basis dieser Ränge berechnet:

$$r_s = \frac{\sum_{i=1}^{n}(u_i - \bar{u})(v_i - \bar{v})}{\sqrt{\sum_{i=1}^{n}(u_i - \bar{u})^2 \sum_{i=1}^{n}(v_i - \bar{v})^2}}$$

Dabei ist u_i der Rang des i-ten Beobachtungswertes des Merkmals x und v_i der Rang des i-ten Beobachtungswertes des Merkmals y. $\bar{u}$ bzw. $\bar{v}$ ist das jeweilige arithmetische Mittel der Ränge. Dieser Koeffizient nimmt ebenfalls Werte zwischen -1 und +1 an. Aufgrund der Rangvergabe werden diese Extremwerte jedoch nicht nur im Falle streng linearer Abhängigkeit erreicht, sondern auch dann, wenn eine lediglich **streng monotone** (ggf. also auch nichtlineare) funktionale Beziehung zwischen den beiden Variablen besteht. Werte von r_s nahe 0 deuten auch hier auf Unabhängigkeit hin.

Die **Nullhypothese** "Die beiden Merkmale in der Grundgesamtheit sind unabhängig" wird getestet mit der Prüfvariablen

$$t = \frac{r_s}{\sqrt{1 - r_s^2}} \sqrt{n-2} \ ,$$

die bei Zutreffen der Nullhypothese ***t*-verteilt** ist mit $n-2$ Freiheitsgraden. Die Nullhypothese ist abzulehnen, wenn die Wahrscheinlichkeit, bei Gültigkeit der Nullhypothese einen absolut noch größeren Wert der Prüfvariablen zu erhalten als den tatsächlich erhaltenen Absolutwert, kleiner ist als das vorgegebene Signifikanzniveau.

2.3. Partielle Korrelationskoeffizienten nach Pearson

Wie bereits erwähnt, kann eine **scheinbare Korrelation** zwischen zwei Merkmalen vorliegen, die tatsächlich aber auf den Einfluß eines oder mehrerer anderer Merkmale zurückgeht. Wurden diese weiteren Merkmale aber ebenfalls erhoben, so kann deren Einfluß auf die Korrelation der beiden interessierenden Merkmale kontrolliert werden. Dazu berechnet man den **partiellen Korrelationskoeffizienten** nach Pearson. Weist dieser einen Wert nahe 0 auf, obwohl der einfache Korrelationskoeffizient einen relativ hohen (absoluten) Wert aufweist, so handelt es sich beim Zusammenhang zwischen den beiden Merkmalen um eine Scheinkorrelation, die verschwindet, sobald der Einfluß weiterer Merkmale ausgeschaltet wird.

Für den Fall, daß lediglich der Einfluß **eines** weiteren Merkmals z auf die Merkmale x und y kontrolliert werden soll, berechnet man den partiellen Korrelationskoeffizienten als

$$r_{xy.z} = \frac{r_{xy} - r_{xz} r_{yz}}{\sqrt{\left(1 - r_{xz}^2\right)\left(1 - r_{yz}^2\right)}} .$$

Dabei ist r_{xy} der einfache Korrelationskoeffizient der Merkmale x und y.
Für den Fall, daß der Einfluß **zweier** weiterer Merkmale z_1 und z_2 kontrolliert werden soll, berechnet er sich als

$$r_{xy.z_1 z_2} = \frac{r_{xy.z_1} - r_{xz_2.z_1} \, r_{yz_2.z_1}}{\sqrt{\left(1 - r_{xz_2.z_1}^2\right)\left(1 - r_{yz_2.z_1}^2\right)}} .$$

Diese Formel kann auf beliebig viele zu kontrollierende Faktoren erweitert werden, jedoch ist dann die Ermittlung mit Hilfe der Matrixalgebra erheblich einfacher. Auf eine Darstellung der Vorgehensweise wird hier aber verzichtet.

Zur Prüfung der Nullhypothese "Der partielle Korrelationskoeffizient in der Grundgesamtheit ist Null" verwendet man die Prüfgröße

$$t = \frac{r}{\sqrt{1-r^2}} \sqrt{n-k-2} \ ,$$

die bei Gültigkeit der Nullhypothese t-verteilt ist mit $n-k-2$ Freiheitsgraden. Dabei ist r der partielle Korrelationskoeffizient, n die Anzahl der Beobachtungswerte und k die Anzahl der Variablen, deren Einfluß auf die Korrelation zwischen x und y kontrolliert wird.

2.4. Korrelationsanalyse mit SAS: Die Prozedur CORR

Die SAS-Prozedur **CORR** berechnet die vorgestellten Korrelationskoeffizienten und führt die entsprechenden Hypothesentests durch.

2.4.1. Syntax

Allgemein hat diese Prozedur die folgende Syntax:

PROC CORR *Optionen*;
BY *Variablenliste*;
FREQ *Variable*;
PARTIAL *Variablenliste*;
VAR *Variablenliste*;
WEIGHT *Variable*;
WITH *Variablenliste;*

Dabei ist lediglich die **PROC CORR**-Anweisung erforderlich, alle anderen Anweisungen sind optional. Von den optionalen Parametern werden nachfolgend die wichtigsten erläutert.

Die PROC CORR-Anweisung

Als *Optionen* sind dabei möglich:

- *COV* gibt die Kovarianzen der einbezogenen Variablen aus. Wird diese Option angegeben, aktiviert SAS automatisch die Option *PEARSON*.

- *CSSCP* gibt die Abweichungsquadratsummen $\sum_{i=1}^{n}(x_i - \bar{x})^2$ sowie die Kreuzproduktsummen $\sum_{i=1}^{n}(x_i - \bar{x})(y_i - \bar{y})$ aus. Auch die Angabe dieser Option aktiviert automatisch die Option *PEARSON*.

- *DATA=SAS-Datendatei* . Hier wird die Datendatei angegeben, die die Prozedur zur Auswertung verwenden soll. Als Voreinstellung wird die jüngste erstellte SAS-Datei verwendet.

- *HOEFFDING* berechnet den hier nicht vorgestellten Koeffizienten *Hoeffdings D*.

- *KENDALL* berechnet den hier ebenfalls nicht erläuterten Koeffizienten *Kendalls* τ_b.

- *NOMISS* schließt Objekte, die bei einer Variablen einen fehlenden Wert aufweisen, gänzlich aus der Analyse aus. Dies ist nicht Voreinstellung, siehe hierzu Abschnitt 2.4.2. .

- *NOPROB* unterdrückt die Durchführung von Hypothesentests.

- *NOSIMPLE* unterdrückt die Berechnung einfacher deskriptiver Statistiken.

- *PEARSON* fordert die Pearsonschen Produkt-Moment-Korrelationskoeffizienten an. Da dies Voreinstellung ist, braucht diese Option nur angegeben zu werden, wenn auch andere Koeffizienten (*Kendall, Hoeffding, Spearman*) angefordert werden und man die Pearson-Korrelation trotzdem erhalten möchte.

- *SPEARMAN* fordert die Rangkorrelationskoeffizienten nach Spearman an.

- *SSCP* gibt die Quadratsummen $\sum_{i=1}^{n} x_i^2$ und die Summen der nicht zentrierten Kreuzprodukte $\sum_{i=1}^{n} x_i y_i$ aus.

- *VARDEF= DF | N* legt den Nenner fest, durch den die Abweichungsquadratsumme bzw. die Kreuzproduktsumme bei der Ermittlung der Varianz bzw. Kovarianz dividert wird. *N* bezeichnet die Anzahl der Beobachtungswerte, *DF* die Anzahl der Freiheitsgrade, also $N-1$. *DF* ergibt jeweils erwartungstreue Schätzwerte für die entsprechenden Größen in der Grundgesamtheit und ist daher Voreinstellung.

Die BY-Anweisung

Zur Wirkung dieser Anweisung vergleiche man die entsprechende Beschreibung im Rahmen der Prozedur UNIVARIATE.

Die FREQ-Anweisung

Auch die Wirkung dieser Anweisung wurde bereits im Rahmen der Beschreibung der Prozedur UNIVARIATE abgehandelt.

Die PARTIAL-Anweisung

Diese Anweisung fordert die Berechnung partieller Korrelationskoeffizienten an (nur möglich im Falle von *Pearson, Kendall, Spearman*, nicht im Zusammenhang mit *Hoeffding*). Die Variablen, deren Einfluß konstant gehalten werden soll, sind in der Anweisung als *Variablenliste* anzugeben. Wird die PARTIAL-Anweisung gesetzt, zieht dies automatisch die Option *NOMISS* der PROC CORR-Anweisung nach sich.

Die VAR-Anweisung

Die Prozedur CORR berechnet per Voreinstellung Korrelationskoeffizienten zwischen allen in der Datendatei enthaltenen numerischen Variablen, wenn sie nicht in anderen Anweisungen (z.B. PARTIAL, FREQ oder BY) angegeben wurden. Will man nur bestimmte Variablen in die Analyse einbeziehen, so sind diese in der VAR-Anweisung als *Variablenliste* anzugeben.

Die WITH-Anweisung

Will man die Korrelationskoeffizienten nicht für jede mögliche Variablenkombination der in der VAR-Anweisung angegebenen Variablen ermitteln, sondern nur für bestimmte, so ist der jeweils "zweite Partner" eines Variablenpaares in der WITH-Anweisung anzugeben. Sind also im Prozeduraufruf beispielsweise die beiden Zeilen

....
VAR a b;
WITH x y;
....

enthalten, so werden die Koeffizienten der Variablen *a* mit *x* und *y*, sowie der Variablen *b* mit *x* und *y* errechnet, man erhält also vier Koeffizienten.

2.4.2. Fehlende Werte

Fehlt bei einer Variablen ein Beobachtungswert, so wird das entsprechende Objekt nicht gänzlich aus der Analyse ausgeschlossen, sondern nur bei der Berechnung der Koeffizienten, bei denen diese Variable "beteiligt" ist. Soll das Objekt hingegen gänzlich ausgeschlossen werden, ist in der PROC CORR-Anweisung die Option *NOMISS* zu setzen.

2.4.3. Output

Der Output der Prozedur **CORR** wird anhand zweier Beispiele erläutert. Dazu wurden die Ergebnisse von 25 Siebenkämpferinnen in jeder Disziplin gemessen. Im ersten Beispiel soll untersucht werden, ob zwischen den Ergebnissen in den Disziplinen 100m-Lauf (Variable `lauf1`, Zeit in Sekunden), Weitsprung (`weit`, Weite in Metern) und Kugelstossen (`kugel`, Weite in Metern) lineare (Pearson) bzw. monotone (Spearman) Zusammenhänge bestehen. Dazu dient das folgende SAS-Programm:

```
proc corr data=sasuser.correl  cov spearman
pearson;
var lauf1 lauf2 weit kugel;
run;
```

Dieses Programm erzeugt die folgende Ausgabe:

```
Correlation Analysis

  3 'VAR' Variables:  LAUF1    WEIT    KUGEL


Covariance Matrix     DF = 24

             LAUF1          WEIT          KUGEL

LAUF1   0.542650000  -0.318633333  -0.715812500  100 Meter
WEIT   -0.318633333   0.224877333   0.525701833  Weitsprung
KUGEL  -0.715812500   0.525701833   2.225719000  Kugelstossen


                   Simple Statistics

Variable        N          Mean        Std Dev         Median

LAUF1          25     13.840000       0.736648      13.750000
LAUF2          25     24.649200       0.969557      24.830000
WEIT           25      6.152400       0.474212       6.250000
KUGEL          25     13.117600       1.491884      12.880000

                   Simple Statistics

Variable       Minimum        Maximum      Label

LAUF1        12.690000      16.420000      100 Meter
LAUF2        22.560000      26.610000      200 Meter
WEIT          4.880000       7.270000      Weitsprung
KUGEL        10.000000      16.230000      Kugelstossen


Pearson Correlation Coefficients /
Prob > |R| under Ho: Rho=0 / N = 25

                      LAUF1          WEIT           KUGEL

LAUF1               1.00000      -0.91213        -0.65133
100 Meter            0.0          0.0001          0.0004

WEIT               -0.91213       1.00000         0.74307
Weitsprung           0.0001       0.0             0.0001

KUGEL              -0.65133       0.74307         1.00000
Kugelstossen         0.0004       0.0001          0.0

Spearman Correlation Coefficients /
Prob > |R| under Ho: Rho=0 / N = 25

                      LAUF1          WEIT           KUGEL

LAUF1                1.00000      -0.84815        -0.67795
100 Meter             0.0          0.0001          0.0002

WEIT                -0.84815       1.00000         0.74403
Weitsprung            0.0001       0.0             0.0001

KUGEL               -0.67795       0.74403         1.00000
Kugelstossen          0.0002       0.0001          0.0
```

Die im Output der Prozedur CORR (1.Beispiel) auftretenden Größen werden nun näher erläutert.

Bezeichnung	**Erklärung**
'VAR' Variables	Anzahl und Bezeichnung der Variablen, zwischen denen Korrelationskoeffizienten berechnet werden
Covariance Matrix	Die Kovarianzen zwischen allen Variablen, angeordnet in einer Matrix. Dabei stehen auf der Hauptdiagonalen die Kovarianzen jeder Variablen mit sich selbst, also die Varianzen. Die ausgegebene Matrix heißt demzufolge Varianz-Kovarianz-Matrix. Ihre Ausgabe wurde durch die Angabe der Option *COV* bewirkt.
DF	Die Anzahl der Freiheitsgrade bei der Ermittlung der Varianzen und Kovarianzen
Simple Statistics	Eine Tabelle mit deskriptiven Statistiken aller einbezogenen Variablen. Darin treten die folgenden Größen auf:

Variable	Der Variablenname
N	Die Anzahl der Beobachtungswerte
Mean	Das arithmetische Mittel
Std Dev	Die Standardabweichung
Median	Der Median
Minimum	Der kleinste Beobachtungswert
Maximum	Der größte Beobachtungswert

Im Anschluß an diese Größen gibt SAS die Matrix der Pearsonschen Korrelationskoeffizienten (`Pearson Correlation Coefficients`) aus. Dabei wird unter den jeweiligen Korrelationskoeffizienten die Wahrscheinlichkeit ausgegeben, mit der bei Gültigkeit der Nullhypothese "$r = 0$" ein absolut noch größerer Wert für r erhalten wird (`Prob > |R| under Ho: Rho=0 / N=25`). Diese Wahrscheinlichkeit wird anhand der oben beschriebenen, t-verteilten Prüfgröße ermittelt. Ist ihr Wert kleiner als das vorgewählte Signifikanzniveau des Tests, so ist die Nullhypothese abzulehnen. Würde man dem Test im Beispiel jeweils ein Signifikanzniveau von 5% zugrunde legen, wäre keine der Hypothesen abzulehnen, man hat demnach nur hochsignifikante Zusammenhänge.

Die weiterhin ausgegebene Matrix der Spearmanschen Rangkorrelationskoeffizienten (`Spearman Correlation Coefficients / Prob > |R| ...`) ist analog zu interpretieren.

Im zweiten Beispiel soll der Pearsonsche Korrelationskoeffizient zwischen Weit- und Hochsprung (Variablen `weit` bzw. `hoch`) ermittelt werden, wobei der Einfluß der Sprintstrecken über 100m (`lauf1`) und 200m (`lauf2`) konstant gehalten werden soll.

Das hierzu erforderliche Programm lautet:

```
proc corr data=sasuser.correl;
var weit hoch;
partial lauf1 lauf2;
run;
```

Das Programm liefert als Output:

```
Correlation Analysis

   2 'PARTIAL' Variables:  LAUF1     LAUF2
   2 'VAR'     Variables:  WEIT      HOCH


                            Simple Statistics

Variable         N          Mean        Std Dev              Sum

LAUF1           25     13.840000       0.736648       346.000000
LAUF2           25     24.649200       0.969557       616.230000
WEIT            25      6.152400       0.474212       153.810000
HOCH            25      1.782000       0.077942        44.550000
```

```
                        Simple Statistics

                                             Partial       Partial
Variable      Minimum      Maximum          Variance      Std Dev

LAUF1        12.69000     16.42000                 .             .
LAUF2        22.56000     26.61000                 .             .
WEIT          4.88000      7.27000           0.03362       0.18336
HOCH          1.50000      1.86000           0.00194       0.04404

Pearson Partial Correlation Coefficients
/ Prob > |R| under Ho: Partial Rho=0 / N = 25

                        WEIT                    HOCH

WEIT                 1.00000                 0.40569
Weitsprung            0.0                     0.0548

HOCH                 0.40569                 1.00000
Hochsprung            0.0548                  0.0
```

In diesem Output der Prozedur CORR (2.Beispiel) treten die folgenden Größen auf:

Bezeichnung	**Erklärung**
'VAR' Variables	Anzahl und Bezeichnung der Variablen, zwischen denen Korrelationskoeffizienten berechnet werden
'PARTIAL' Variables	Anzahl und Bezeichnung der Variablen, deren Einfluß auf die Korrelationskoeffizienten kontrolliert werden soll
Simple Statistics	Eine Tabelle mit deskriptiven Statistiken aller einbezogenen Variablen. Darin treten die folgenden Größen auf:
Variable, N, Mean, Std Dev, Minimum, Maximum	wie im 1. Beispiel
Sum	Die Summe der Beobachtungswerte

Partial Variance bzw. Partial Std Dev	Die partiellen Varianzen bzw. Standardabweichungen der Variablen, zwischen denen partielle Korrelationskoeffizienten bestimmt werden sollen. Die Formel zu deren Berechnung wurde oben nicht angegeben.

Die Matrix der partiellen Pearsonschen Korrelationskoeffizienten (`Pearson Partial Correlation Coefficients`) und der zugehörigen Irrtumswahrscheinlichkeiten (`Prob > |R| under Ho: Partial Rho = 0 / N=25`) ist analog der Matrix der einfachen Korrelationskoeffizienten im 1. Beispiel zu interpretieren.

3. Elementare Verfahren der Kontingenztafelanalyse

Die Analyse von Kontingenztafeln ist ein sehr umfangreiches Gebiet und kann deshalb hier nur in den Grundzügen behandelt werden.
Eine Kontingenztafel ist eine **gemeinsame Häufigkeitstabelle** mindestens zweier Merkmale. Sie wird meist zusätzlich mit der Anzahl der **Felder (Zellen)** bezeichnet. Weist im bivariaten Fall die erste Variable r, die zweite s Ausprägungen auf, so handelt es sich um eine $(r \times s)$-Kontingenztafel. Sie hat $(r \cdot s)$ Felder. Ein Feld wird also durch jede Kombination zweier Ausprägungen der beiden Variablen festgelegt.
Aus einer Kontingenztabelle lassen sich eventuell vorhandene **Zusammenhänge** zwischen Variablen oft schon mit "bloßem Auge" erkennen, doch gibt es auch hier eine Vielzahl von **Kennzahlen**, die aus der Tafel berechnet werden können und den Zusammenhang wiedergeben sollen. Zudem existiert eine Reihe von **Signifikanztests**, die zum Testen auf Unabhängigkeit bzw. Abhängigkeit der Merkmale herangezogen werden können.
Liegen mehr als zwei Merkmale vor, interessiert man sich häufig nicht nur dafür, ob Abhängigkeiten vorliegen, sondern auch dafür, welche Abhängigkeiten auftreten. Diese Fragestellung kann mit Hilfe eines **loglinearen Modells** beantwortet werden. Derartige Modelle werden hier jedoch nicht vorgestellt.
Oft hat man auch eine konkrete Vorstellung davon, welches Merkmal von den übrigen Merkmalen abhängig sein könnte, und möchte überprüfen, welchen Einfluß jedes dieser übrigen auf das eine interessierende Merkmal ausübt. Diese Fragestellung entspricht der der Varianzanalyse, die jedoch nicht mit Häufigkeiten arbeitet, sondern metrische Daten erfordert. Hier helfen die **Logit-Modelle** weiter, jedoch wird hier auch auf diese nicht weiter eingegangen.

Der Vorteil von Kontingenztafeln und den darauf basierenden Methoden gegenüber anderen Verfahren zur Aufdeckung von Zusammenhängen liegt im erforderlichen Skalenniveau der Daten. Da diese Analyse ausschließlich auf Häufigkeiten basiert, ist lediglich **Nominalskalenniveau** erforderlich, das bedeutet, daß jedes Merkmal für eine derartige Analyse geeignet ist, sofern es nicht zuviele mögliche Ausprägungen annehmen kann. Aus diesem Grund spricht man in diesem Fall nicht mehr von Korrelation (womit ohnehin nur lineare Zusammenhänge gemeint sind), sondern (allgemeiner) von **Assoziation**, wenn von Abhängigkeit die Rede ist.

3.1. Beispiel für eine Kontingenztafel

An 140 Probanden seien die Merkmale Geschlecht und die Tatsache, ob der Proband Raucher ist, erhoben worden. Die erhobenen Daten können übersichtlich in einer Kontingenztafel dargestellt werden:

	weiblich	männlich	$\sum$
Raucher	10	60	70
Nichtraucher	50	20	70
$\sum$	60	80	140

In der ersten Zelle steht die Häufigkeit, mit der die Kombination "Raucher und weiblich" aufgetreten ist, hier also zehnmal. Die anderen Zellen werden analog interpretiert. In der letzten Spalte bzw. Zeile stehen die jeweiligen **Randhäufigkeiten**, die sich durch Aufsummieren der entsprechenden Zeilen bzw. Spalten ergeben. Im Beispiel waren also 70 Raucher unter den Probanden (unabhängig vom Geschlecht). Summiert man die Randhäufigkeiten einer Variablen auf, so ergibt sich die Gesamtzahl der erhobenen Objekte. Diese ergibt sich ebenfalls, wenn man die Häufigkeiten aller einzelnen Zellen summiert.

Auf den ersten Blick sieht man hier, daß zwischen dem Geschlecht und der Tatsache, ob ein Proband Raucher ist, ein starker Zusammenhang besteht, da fast alle Raucher Männer sind, und umgekehrt der überwiegende Teil der Nichtraucher Frauen sind. Etwas salopp könnte man z.B. sagen, daß, wenn man ein dunkles, verrauchtes Zimmer betritt, sich mit hoher Wahrscheinlichkeit ein Mann darin befindet. Derartige Aussagen aufgrund bloßen Augenscheins sind natürlich immer etwas vage, zumal ein Zusammenhang nicht immer so deutlich hervortritt wie hier. Aus diesem Grund hat man eine Vielzahl von **Zusammenhangsmaßen und Testverfahren** konstruiert, die Assoziationen objektiver wiedergeben sollen. Einige davon werden im nächsten Abschnitt vorgestellt.

Es sei bemerkt, daß die Merkmale natürlich auch mehr als zwei Ausprägungen haben dürfen. Bei zu vielen Ausprägungen wird eine Kontingenztafel allerdings sehr schnell unübersichtlich und verliert an Aussagekraft. In diesem Fall empfiehlt es sich, Merkmalsausprägungen durch **Klassenbildung** zusammenzufassen, sofern dies im Sachzusammenhang sinnvoll ist.

Auch für mehr als zwei Variablen lassen sich Kontingenztafeln bilden, und es bereitet keine Schwierigkeiten, solche multidimensionalen Gebilde mathematisch zu verarbeiten. Die Darstellung in der Papierebene ist nicht mehr problemlos möglich. Prinzipiell geht man dabei wie folgt vor: Angenommen, daß zusätzlich zu den beiden bisher behandelten Variablen das Merkmal "Trinken von alkoholischen Getränken" erhoben wurde. Die tabellarische Darstellung erhielte dann eine zusätzliche Vorspalte mit den beiden Ausprägungen "Alkohol" und "kein Alkohol", und rechts neben diesen Ausprägungen je eine eigene Tafel wie am Anfang dieses Abschnitts:

		weiblich	männlich	Σ
Alkohol	Raucher	5	30	35
	Nichtraucher	15	20	35
	Σ	20	50	70
		weiblich	männlich	Σ
kein Alkohol	Raucher	20	20	40
	Nichtraucher	20	10	30
	Σ	40	30	70
Σ		60	80	140

Die erste Zelle enthielte dann die Häufigkeit für die Kombination "weiblich - Alkohol - Raucher" (im Beispiel ist diese Häufigkeit 5).

Kontingenztafeln mit mehr als zwei Dimensionen werden jedoch aus der weiteren Betrachtung ausgespart.

3.2. Assoziationsmaße

Das Ziel eines **Assoziationsmaßes** ist es, den Zusammenhang zwischen zwei Merkmalen auf eine einzige reelle Zahl abzubilden. Es ist aber unmittelbar einsichtig, daß nicht alle Aspekte des Begriffs Zusammenhang in lediglich einer Zahl enthalten sein können. Das allgemeingültige "Non-plus-ultra" -Assoziationsmaß gibt es daher nicht. Aus diesem Grund wurde im Lauf der Zeit eine Vielzahl solcher Maße entwickelt. Einige davon sollen nun erläutert werden.

3.2.1. Assoziationsmaße für 2×2 -Kontingenztafeln

Um die Symbolik zu erläutern, ist hier noch einmal eine **Vierfeldertafel** in allgemeiner Form abgebildet:

	x_1	x_2	$\sum$
y_1	n_{11}	n_{12}	$n_{1.}$
y_2	n_{21}	n_{22}	$n_{2.}$
$\sum$	$n_{.1}$	$n_{.2}$	$n_{..}$

x_1 und x_2 bzw. y_1 und y_2 sind die Ausprägungen der beiden Merkmale x und y, n bezeichnet jeweils eine Häufigkeit.

Der Phi-Koeffizient $\varphi = \dfrac{n_{11}n_{22} - n_{12}n_{21}}{\sqrt{n_{1.}\, n_{2.}\, n_{.1}\, n_{.2}}}$

Der **φ-Koeffizient** ist ein Korrelationskoeffizient zweier abhängiger, jeweils binomialverteilter Zufallsvariablen. Als solche können die beiden Merkmale in einer Vierfeldertafel interpretiert werden, da sich zwei Ausprägungen stets binär (und damit als "Treffer" und "Nichttreffer") kodieren lassen.
Der Wertebereich von φ erstreckt sich von -1 bis 1. Allerdings kann der maximal erreichbare absolute Wert auch kleiner als 1 sein, da seine Höhe von den Randverteilungen abhängt. Nimmt der φ-Koeffizient Werte nahe 0 an, so besteht kein Zusammenhang zwischen beiden Merkmalen. Die Assoziation ist umso stärker, je weiter der Wert von 0 entfernt liegt.

Der Kontingenzkoeffizient nach Pearson $C = \sqrt{\dfrac{\chi^2}{\chi^2 + n}}$

Dabei ist

$$\chi^2 = \sum_i \sum_j \frac{\left(n_{ij} - \dfrac{n_{i.}\, n_{.j}}{n_{..}}\right)^2}{\dfrac{n_{i.}\, n_{.j}}{n_{..}}}.$$

χ^2 ist also die Summe der quadrierten Abweichungen der beobachteten Häufigkeiten von den bei Unabhängigkeit zu erwartenden Häufigkeiten, gewichtet mit den erwarteten Häufigkeiten.

Außerdem gilt der Zusammenhang

$$C = \sqrt{\frac{\varphi^2}{\varphi^2 + 1}} .$$

Hieran wird ersichtlich, daß C nur Werte zwischen 0 und $\sqrt{\frac{1^2}{1^2 + 1}} = 0,707$ annehmen kann. Auch hier gilt: Je weiter der Wert von 0 entfernt ist, desto stärker ist der Zusammenhang zwischen den beiden Merkmalen.

Interessant wären an dieser Stelle auch noch die **Koeffizienten nach YULE**, diese werden von SAS jedoch nicht berechnet und sollen deshalb auch nicht erläutert werden.

3.2.2. Assoziationsmaße für allgemeine $r \times s$-Tafeln

In diesem Abschnitt werden Koeffizienten vorgestellt, die auf Tafeln mit **beliebiger Spalten- und Zeilenzahl** angewendet werden können. Eine solche Tafel hat allgemein folgendes Aussehen:

	x_1	...	x_r	$\sum$
y_1	n_{11}	...	n_{1r}	$n_{1.}$
...	...	n_{ij}	...	$n_{i.}$
y_s	n_{s1}	...	n_{sr}	$n_{2.}$
$\sum$	$n_{.1}$	$n_{.j}$	$n_{.r}$	$n_{..}$

Dabei hat das Merkmal x ***r* Ausprägungen**, das Merkmal y hat ***s* Ausprägungen**. Die Häufigkeit, mit der die allgemeine Kombination x_j und y_i auftritt, wird mit n_{ij} bezeichnet.

Nachfolgend werden einige Assoziationsmaße für derartige Tafeln vorgestellt.

Der Phi-Koeffizient $\varphi = \sqrt{\frac{\chi^2}{n}}$

χ^2 wird dabei berechnet als

$$\chi^2 = \sum_i \sum_j \frac{\left(n_{ij} - \frac{n_{i.} n_{.j}}{n_{..}}\right)^2}{\frac{n_{i.} n_{.j}}{n_{..}}}.$$

Dieser φ-Koeffizient für beliebige zweidimensionale Kontingenztafeln nimmt Werte zwischen 0 und 1 an, auch hier hängt jedoch der maximal mögliche Wert von den Randverteilungen ab.
Da der Wertebereich von χ^2 nach oben nicht beschränkt ist, sondern auch von der Felderzahl der Tafel sowie vom Stichprobenumfang beeinflußt wird, ist χ^2 als Assoziationsmaß nicht geeignet. Der φ-Koeffizient stellt dagegen quasi ein **normiertes** χ^2 dar, bei dem zumindest der Einfluß des Stichprobenumfangs ausgeschaltet ist.

Der Kontingenzkoeffizient nach Pearson

Die Formel für diesen Koeffizienten ist die gleiche wie im Fall einer 2×2-Tabelle.

Auch hier ist anzumerken, daß der Wertebereich grundsätzlich von 0 bis 1 reicht, der Maximalwert bei totaler Abhängigkeit jedoch von der Spalten- und Zeilenzahl der Tabelle abhängt. Dies ist auch zu beachten, wenn Koeffizienten von verschiedenen Tafeln miteinander verglichen werden sollen.

Cramers V $V = \sqrt{\frac{\chi^2}{n\left[\min(r,s) - 1\right]}}$

Auch diese Maßzahl basiert wie die beiden vorherigen auf der χ^2-Größe, ist jedoch im Gegensatz zu diesen so konstruiert, daß sie im Fall **totaler Abhängigkeit stets 1** als Obergrenze annimmt.
Der Wertebereich von V reicht von 0 bis 1, Werte nahe 0 deuten wieder auf Unabhängigkeit hin. Im Fall der Vierfeldertafel entspricht der Wert dem des

φ-Koeffizienten (wobei SAS auch dessen evtl. negatives Vorzeichen auf Cramers V überträgt).

Eine Vielzahl weiterer Maße wurde aus dieser Zusammenstellung ausgespart, als Stichworte seien γ, Kendalls τ_b, Stuarts τ_c, λ sowie Somers D genannt.

3.3. Signifikanzteste auf Unabhängigkeit

Meist möchte man eine vermutete Abhängigkeit auch **statistisch absichern**. Hierfür gibt es mehrere Testverfahren.

Der χ^2-Test testet die **Nullhypothese** "Die beiden Merkmale sind unabhängig" gegen die **Alternativhypothese** "Die Merkmale sind in irgendeiner Weise abhängig". Die Prüfgröße lautet

$$\chi^2 = \sum_i \sum_j \frac{\left(n_{ij} - \frac{n_{i.} n_{.j}}{n_{..}} \right)^2}{\frac{n_{i.} n_{.j}}{n_{..}}}.$$

Zur Interpretation von χ^2 vergleiche man den vorigen Abschnitt. Dabei soll **keine der theoretischen Häufigkeiten** $\frac{n_{i.} n_{.j}}{n_{..}}$ **kleiner als 1 sein, und höchstens 20% der theoretischen Häufigkeiten dürfen kleiner als 5 sein**. Wird der Test auf Vierfeldertafeln angewandt, soll keine der theoretischen Häufigkeiten kleiner als 5 sein und ein Mindeststichprobenumfang von 60 vorliegen.

Bei Gültigkeit der Nullhypothese ist diese Größe **χ^2-verteilt mit $(r-1)\cdot(s-1)$ Freiheitsgraden**. Werden die Abweichungen der beobachteten Häufigkeiten von den theoretisch erwarteten groß, wird auch der Wert der Prüfgröße groß. Die Nullhypothese wird deshalb abgelehnt, wenn die Prüfgröße einen "zu großen" Wert annimmt, genauer, wenn die Wahrscheinlichkeit, bei Gültigkeit der Nullhypothese einen noch größeren Wert der Prüfgröße zu erhalten als den tatsächlich erhaltenen, kleiner als das vorgewählte Signifikanzniveau ist.

Speziell für Vierfeldertafeln bei kleinem Stichprobenumfang $20 < n < 60$ gibt es die **stetigkeitskorrigierte Prüfgröße**

$$\chi^2_{corr} = \sum_i \sum_j \frac{\left[\max\left(0, \left|n_{ij} - \frac{n_{i.} n_{.j}}{n_{..}}\right| - 0{,}5\right)\right]^2}{\frac{n_{i.} n_{.j}}{n_{..}}} .$$

Absolute Abweichungen, die kleiner als 0,5 sind, werden hierbei also vernachlässigt. Damit soll dem Umstand Rechnung getragen werden, daß die χ^2-Verteilung eigentlich die Verteilung einer stetigen Zufallsvariablen ist. Für zunehmende Stichprobenumfänge gleicht sich der Wert dieser Prüfgröße immer mehr an den der herkömmlichen an. Die weitere Vorgehensweise bei diesem Test entspricht der zuvor beschriebenen.

Der Likelihood-Quotienten-χ^2-Test testet die gleiche Null- gegen die gleiche Alternativhypothese wie die beiden vorgenannten Teste. Die Prüfgröße basiert jedoch auf dem Quotienten der beobachteten und der erwarteten Häufigkeiten und ergibt sich als

$$G^2 = 2\sum_{i=1}^{s} \sum_{j=1}^{r} n_{ij} \ln\left(\frac{n_{ij}}{\frac{n_{i.} n_{.j}}{n_{..}}}\right) .$$

Bei Gültigkeit der Nullhypothese ist auch diese Prüfgröße **χ^2-verteilt mit** $(r-1)\cdot(s-1)$ **Freiheitsgraden**. Auch hier müssen die **Faustregeln** bzgl. der erwarteten Häufigkeiten beachtet werden.

Der Mantel-Haenszel-χ^2-Test testet die gleiche Nullhypothese wie die bisher beschriebenen Teste gegen die **Alternativhypothese** "Zwischen Zeilen- und Spaltenvariable besteht ein linearer Zusammenhang". Die Prüfgröße lautet

$$\chi^2_{MH} = (n-1)\, r^2 .$$

Dabei ist r der **Pearsonsche Korrelationskoeffizient** der beiden Merkmale. Daran sieht man schon, daß dieser Test nur für **metrisch skalierte** Merkmale geeignet ist. Für ordinalskalierte Merkmale besteht die Möglichkeit, den **Spearmanschen Rangkorrelationskoeffizienten** zu verwenden. Die Prüfgröße ist bei Gültigkeit der Nullhypothese **χ^2-verteilt mit einem Freiheitsgrad**.

Fishers exakter Test

Da die bisher besprochenen Prüfgrößen zum Testen der Unabhängigkeitshypothese gegen die Alternativhypothese, es herrsche eine unspezifizierte Abhängigkeit, lediglich **approximativ χ^2-verteilt** sind, sollten sie erst bei relativ großen Stichproben angewandt werden. Für den Fall **kleiner Stichproben** ist daher die Verwendung des **exakten Tests von Fisher** angezeigt, der aber genauso gut für große Stichproben verwendet werden kann. Dieser Test ist nur auf 2×2 -Tafeln anwendbar. Um die Vorgehensweise zu erläutern, benötigt man noch einmal die Abbildung einer allgemeinen Vierfeldertafel:

	x_1	x_2	$\sum$
y_1	n_{11}	n_{12}	$n_{1.}$
y_2	n_{21}	n_{22}	$n_{2.}$
$\sum$	$n_{.1}$	$n_{.2}$	$n_{..}$

Betrachtet man nun die Randhäufigkeiten einer konkreten, aus einer Stichprobe ermittelten Tafel als gegeben, so lassen sich bei Kenntnis von n_{11} die drei anderen Zellhäufigkeiten eindeutig ermitteln, d.h. **bei gegebenen Randhäufigkeiten** legt der Wert von n_{11} die ganze Tafel eindeutig fest. Die Wahrscheinlichkeit für das Auftreten einer bestimmten Tafel kann nun ermittelt werden, indem man die Wahrscheinlichkeit für das Auftreten von n_{11} berechnet. Die Vorgehensweise soll an einem kleinen Beispiel gezeigt werden.
Angenommen, man hätte aus der Stichprobe die folgende Tafel ermittelt:

	x_1	x_2	$\sum$
y_1	1	2	3
y_2	3	4	7
$\sum$	4	6	10

Dann ermittelt man **alle weiteren Tafeln**, die bei diesen Randhäufigkeiten auftreten könnten. Das sind die drei folgenden:

	x_1	x_2	$\sum$
y_1	0	3	3
y_2	4	3	7
$\sum$	4	6	10

	x_1	x_2	$\sum$
y_1	2	1	3
y_2	2	5	7
$\sum$	4	6	10

	x_1	x_2	$\sum$
y_1	3	0	3
y_2	1	6	7
$\sum$	4	6	10

Für jede dieser Tafeln wird nun die **Wahrscheinlichkeit ihres Auftretens** ermittelt. Bei Gültigkeit der Unabhängigkeitshypothese und den gegebenen Randhäufigkeiten ist die Wahrscheinlichkeit eines bestimmten n_{11}, das ja die Tafel vollständig charakterisiert, mit der **Hypergeometrischen Verteilung** nach der Formel

$$P(n_{11}) = \frac{\binom{n_{1.}}{n_{11}}\binom{n_{2.}}{n_{21}}}{\binom{n_{..}}{n_{.1}}}$$

zu ermitteln.

Im Nenner steht also die Anzahl der Möglichkeiten, $n_{.1}$ -mal die Ausprägung x_1 aus $n_{..}$ Elementen zu ziehen (unabhängig von der Ausprägung von y), im Zähler die Anzahl der Möglichkeiten, n_{11}-mal die Ausprägung $[x_1$ und $y_1]$ aus $n_{1.}$ Elementen mit der Ausprägung y_1 (unabhängig von der Ausprägung von x) zu erhalten, multipliziert mit der Anzahl der Möglichkeiten, n_{21}-mal die Ausprägung $[x_1$ und $y_2]$ aus $n_{2.}$ Elementen mit der Ausprägung y_2 (unabhängig von der Ausprägung von x) zu erhalten.

Im obigen Beispiel sind vier Wahrscheinlichkeiten zu ermitteln, da n_{11} die Werte 0, 1, 2 und 3 annehmen kann. Diese Wahrscheinlichkeiten sind

$$P(n_{11} = 0) = \frac{1}{6}$$

$$P(n_{11} = 1) = \frac{1}{2}$$

$$P(n_{11} = 2) = \frac{3}{10}$$

$$P(n_{11} = 3) = \frac{1}{30}$$

Nun hat man also **unter der Bedingung, daß die Nullhypothese der Unabhängigkeit zutrifft**, für jede der bei diesen Randsummen möglichen Tafeln die Wahrscheinlichkeit des Auftretens ermittelt. Für die Entscheidung benötigt man jetzt die Wahrscheinlichkeit, unter der Nullhypothese die **tatsächlich beobachtete Tafel oder eine noch extremere Tafel** zu erhalten. Noch extremere Tafeln treten bei Unabhängigkeit mit einer noch geringeren Wahrscheinlichkeit auf. Demzufolge werden die Wahrscheinlichkeiten aller Tafeln (auch der beobachteten selbst), die mit einer höchstens gleichgroßen Wahrscheinlichkeit auftreten wie die tatsächlich beobachtete, summiert. Damit hat man den (auch von SAS berechneten) **P-Wert** des

Tests, also die Wahrscheinlichkeit, bei Gültigkeit der Nullhypothese eine so extreme oder eine noch extremere Tafel zu erhalten als die tatsächlich beobachtete. Wird diese Wahrscheinlichkeit zu **klein**, so ist die Nullhypothese **abzulehnen**. Konkret wird abgelehnt, wenn der P-Wert kleiner ist als das vorgegebene Signifikanzniveau. Im Beispiel wäre der P-Wert 1. Die Nullhypothese wird demnach bei keinem Signifikanzniveau abgelehnt. Der soeben beschriebene Test ist ein **zweiseitiger Test**, d.h., in den P-Wert gehen sowohl die Wahrscheinlichkeiten der Tafeln ein, bei denen n_{11} kleiner ist als n_{11} der tatsächlich beobachteten Tafel, als auch die Wahrscheinlichkeiten der Tafeln, bei denen n_{11} größer ist als n_{11} der tatsächlich beobachteten Tafel. SAS führt zudem noch die beiden entsprechenden **einseitigen Tests** durch (*left-tailed* bzw. *right-tailed*). Auf die zugrundeliegenden Hypothesen soll nicht weiter eingegangen werden.

3.4. Kontingenztafelanalyse mit SAS: Die Prozedur FREQ

Für die umfassende Analyse von Kontingenztafeln stellt SAS die Prozedur **FREQ** zur Verfügung.

3.4.1. Syntax

Die Syntax dieser Prozedur lautet:

PROC FREQ *Optionen*;
BY *Variablenliste*;
TABLES *gewünschte Kontingenztafeln / Optionen*;
WEIGHT *Variable*;

Unbedingt erforderlich ist dabei lediglich die **PROC FREQ**-Anweisung. Die wichtigsten optionalen Parameter werden nachfolgend erläutert.

Die PROC FREQ-Anweisung

Bei dieser Anweisung können die folgenden *Optionen* angegeben werden:

- *DATA=SAS-Datendatei*. Hier wird die Datendatei angegeben, die die Prozedur zur Auswertung verwenden soll. Als Voreinstellung wird die letzte erstellte SAS-Datei verwendet.

- *ORDER=DATA | FORMATTED | FREQ | INTERNAL* . Hier wird die Reihenfolge festgelegt, in der die verschiedenen Ausprägungen der Variablen in der Tafel angeordnet werden. *DATA* bedeutet, sie werden in der Reihenfolge ihres Auftretens in der Datendatei angeordnet, *FORMATTED* bestimmt die Reihenfolge nach formatierten Werten, sofern den Ausprägungen Ausgabeformate zugewiesen wurden. *FREQ* ordnet nach der Häufigkeit des Auftretens an, wobei die häufigsten Ausprägungen zuerst erscheinen, und *INTERNAL* nach den Ausprägungen selbst, d.h. kleine Ausprägungen zuerst. Letztere Anordnung ist zumindest im Falle alphanumerischer Variablen nicht eindeutig und vor allem maschinenabhängig. Fehlende Werte erscheinen stets zuerst.

- *PAGE* sorgt dafür, daß auf einer Output-Seite nur eine Tafel gedruckt wird.

Die BY-Anweisung

Diese Anweisung bewirkt jeweils eine eigene Analyse für die Gruppen von Beobachtungswerten, die durch die in der *Variablenliste* enthaltenen Gruppierungsvariablen gebildet werden. Die Objekte müssen jedoch der BY-Variablen entsprechend sortiert sein, was mit PROC SORT erreicht werden kann.

Die TABLES-Anweisung

Für jede gewünschte Kontingenztafel kann eine TABLES-Anweisung im Prozeduraufruf enthalten sein. Man kann aber alle Tafeln auch in einer einzigen TABLES-Anweisung anfordern. Die Dimensionen einer Tafel sind durch das Symbol * zu trennen. Die Anforderung mehrerer Tafeln wird durch die mögliche Klammerung vereinfacht. Zur Verdeutlichung einige Beispiele für *gewünschte Kontingenztafeln*:
A * B verlangt eine zweidimensionale Tafel der Variablen A und B .
A * B * C verlangt eine dreidimensionale Tafel der Variablen A, B und C .

(A B C) * D verlangt drei zweidimensionale Tafeln, und zwar der Variablen A und D, B und D, sowie C und D. Diese Schreibweise ist demnach äquivalent zum ebenfalls möglichen A * D B * D C * D .

Weiterhin sind in der TABLES-Anweisung eine Vielzahl von *Optionen* möglich, von denen einige nachfolgend erläutert werden:

- *ALL* verlangt zusätzlich zur Kontingenztafel alle von SAS angebotenen Tests und Maßzahlen.
- *CELLCHI2* gibt den Beitrag einer jeden Zelle zur χ^2-Statistik aus.
- *CHISQ* fordert den χ^2-Test, den Likelihood-Quotienten-χ^2-Test und den Mantel-Haenszel-Test an und berechnet zudem auf der χ^2-Statistik beruhende Assoziationsmaße, nämlich den φ-Koeffizienten, den Kontingenzkoeffizienten und Cramers V. Für 2×2-Tafeln wird außerdem Fishers exakter Test durchgeführt.
- *CUMCOL* schreibt die kumulierten relativen Häufigkeiten der Spaltenvariablen in die Zellen.
- *DEVIATION* schreibt die Abweichung der Zellhäufigkeit von der bei Unabhängigkeit zu erwartenden Häufigkeit in jede Zelle.
- *EXACT* führt für Tafeln, die mehr als vier Felder besitzen, einen verallgemeinerten exakten Test nach Fisher durch.
- *EXPECTED* schreibt die bei Unabhängigkeit erwarteten Häufigkeiten in jede Zelle.
- *LIST* gibt die Kontingenztafel nicht in der üblichen Form als Kreuztabelle aus, sondern in Listenform, ähnlich einer univariaten Häufigkeitstabelle, wobei in der Vorspalte jeweils die entsprechende Kombination der Ausprägungen steht, daneben die entsprechenden absoluten und relativen Häufigkeiten. Jede Ausprägungskombination belegt somit eine Zeile dieser Liste.
- *MEASURES* fordert weitere, oben zwar erwähnte, aber nicht behandelte Assoziationsmaße an.
- *MISSING* bezieht fehlende Werte in die Analyse mit ein.

- *MISSPRINT* gibt zwar fehlende Werte in der Tafel aus, bezieht sie jedoch nicht in die Analyse ein (z.B. bei der Berechnung von relativen Häufigkeiten oder Kennzahlen).

- *NOCOL* verhindert die Ausgabe der relativen Häufigkeiten bei gegebener Spaltenausprägung.

- *NOPERCENT* verhindert die Ausgabe der relativen Häufigkeiten.

- *NOPRINT* unterdrückt die Ausgabe der Kontingenztafeln, druckt jedoch Tests und Kennzahlen.

- *NOROW* verhindert die Ausgabe der relativen Häufigkeiten bei gegebener Zeilenausprägung.

- *OUT=SAS-Datei* bewirkt die Erstellung einer Systemdatei, die die Ergebnisse der Prozedur beinhaltet und als Datendatei weiterverarbeitet werden kann.

- *SCORE= RANK | TABLE* legt fest, welcher Korrelationskoeffizient für die Prüfgröße des Mantel-Haenszel-Tests verwendet wird. *RANK* verwendet die Ränge der Merkmalsausprägungen, setzt also lediglich ordinalskalierte Merkmale voraus. Aus der Verwendung der Ränge folgt, daß der Spearmansche Korrelationskoeffizient zugrunde gelegt wird. *TABLE* verwendet die Merkmalsausprägungen selbst, ist also nur sinnvoll, wenn metrische Skalen vorliegen. Verwendet wird somit die Pearson-Korrelation.

3.4.2. Fehlende Werte

Fehlen bei einer Variablen Beobachtungswerte, werden die entsprechenden Objekte aus der Analyse ausgeschlossen, es sei denn, es wurde durch Angabe einer entsprechenden Option anderes vereinbart.

3.4.3. Output

In diesem Abschnitt wird der von der Prozedur FREQ erzeugte Ausdruck erläutert.

Dazu dienen die folgenden zwei Beispielprogramme. Das erste entspricht dem eingangs dieses Kapitels beschriebenen "Raucherbeispiel", erzeugt also eine 2×2 - Kontingenztafel der Variablen Rauchen (`rauchen`) und Geschlecht (`sex`). Zusätzlich werden die oben beschriebenen Assoziationsmaße und Unabhängigkeitsteste angefordert. Das Programm lautet:

```
proc freq data=sasuser.freq2x2;
tables rauchen*sex /chisq;
run;
```

Es erzeugt die folgende Ausgabe:

```
TABLE OF RAUCHEN BY SEX

RAUCHEN(Raucher / Nichtraucher)
              SEX(Geschlecht)

Frequency    |
Percent      |
Row Pct      |
Col Pct      |maennlic|weiblich|
             |h       |        |  Total
-------------+--------+--------+
nichtraucher |     20 |     50 |     70
             |  14.29 |  35.71 |  50.00
             |  28.57 |  71.43 |
             |  25.00 |  83.33 |
-------------+--------+--------+
raucher      |     60 |     10 |     70
             |  42.86 |   7.14 |  50.00
             |  85.71 |  14.29 |
             |  75.00 |  16.67 |
-------------+--------+--------+
Total              80       60      140
                57.14    42.86   100.00
```

```
STATISTICS FOR TABLE OF RAUCHEN BY SEX

Statistic                     DF       Value        Prob
--------------------------------------------------------
Chi-Square                     1      46.667       0.000
Likelihood Ratio Chi-Square    1      50.040       0.000
Continuity Adj. Chi-Square     1      44.363       0.000
Mantel-Haenszel Chi-Square     1      46.333       0.000
Fisher's Exact Test (Left)                      3.03E-12
                    (Right)                        1.000
                    (2-Tail)                    6.07E-12

Phi Coefficient                       -0.577
Contingency Coefficient                0.500
Cramer's V                            -0.577

Sample Size = 140
```

Im zweiten Beispiel soll anhand der Absatzzahlen eines Produktes, das in drei verschiedenen Farben (Variable `farbe`) und drei verschiedenen Ausführungen (Variable `ausfuehr`) auf einem Testmarkt angeboten wurde, ein eventuell bestehender Zusammenhang zwischen diesen beiden Merkmalen aufgedeckt werden. Die Absatzzahlen jeder der resultierenden neun Kombinationen dieser beiden Merkmale sind in der Variablen `haeufig` abgespeichert. Die WEIGHT-Anweisung bewirkt, daß jeder Kombination von `farbe` und `ausfuehr` die Häufigkeit zugeordnet wird, mit der diese Kombination in der Stichprobe auftritt. Beispielsweise tritt die Kombination "Farbe blau und Ausführung A" 609mal auf, der korrespondierende Wert der Variablen `haeufig` ist also 609. Dies sollte leicht nachvollziehbar sein, wenn man den Output der der eigentlichen Kontingenztafelanalyse vorangestellten Prozedur **PRINT** betrachtet.
Das Programm lautet:

```
proc print data=sasuser.freq3x3;
proc freq data=sasuser.freq3x3;
tables markt*ausfuehr /chisq;
weight haeufig;
run;
```

und erzeugt folgende Ausgabe:

```
OBS   AUSFUEHR  FARBE    HAEUFIG

  1      A      GELB       546
  2      A      ROT        607
  3      A      BLAU       609
  4      B      GELB       316
  5      B      ROT        298
  6      B      BLAU       317
  7      C      GELB       458
  8      C      ROT        399
  9      C      BLAU       425


TABLE OF AUSFUEHR BY FARBE

AUSFUEHR(Ausfuehrung)     FARBE(Farbe des Produkts)

Frequency|
Percent  |
Row Pct  |
Col Pct  |BLAU    |GELB    |ROT     |  Total
---------+--------+--------+--------+
A        |    609 |    546 |    607 |   1762
         |  15.32 |  13.74 |  15.27 |  44.33
         |  34.56 |  30.99 |  34.45 |
         |  45.08 |  41.36 |  46.55 |
---------+--------+--------+--------+
B        |    317 |    316 |    298 |    931
         |   7.97 |   7.95 |   7.50 |  23.42
         |  34.05 |  33.94 |  32.01 |
         |  23.46 |  23.94 |  22.85 |
---------+--------+--------+--------+
C        |    425 |    458 |    399 |   1282
         |  10.69 |  11.52 |  10.04 |  32.25
         |  33.15 |  35.73 |  31.12 |
         |  31.46 |  34.70 |  30.60 |
---------+--------+--------+--------+
Total        1351     1320     1304     3975
            33.99    33.21    32.81   100.00


STATISTICS FOR TABLE OF AUSFUEHR BY FARBE

Statistic                      DF      Value        Prob
------------------------------------------------------
Chi-Square                      4      8.388       0.078
Likelihood Ratio Chi-Square     4      8.386       0.078
Mantel-Haenszel Chi-Square      1      0.442       0.506

Phi Coefficient                        0.046
Contingency Coefficient                0.046
Cramer's V                             0.032

Sample Size = 3975
```

Im zweiten Beispiel beginnt der Output der Prozedur **FREQ** mit der Zeile `"TABLE OF AUSFUEHR BY FARBE"`.
In jeder Zelle der ausgedruckten Kontingenztafeln stehen von oben nach unten die absolute Häufigkeit (`Frequency`), die relative Häufigkeit (`Percent`), die relative Häufigkeit bei fester Zeilenausprägung (`Row Pct`) und die relative Häufigkeit bei fester Spaltenausprägung (`Col Pct`). Wurden durch die Angabe entsprechender Optionen (z.B. *CELLCHI2* oder *CUMCOL*) weitere Werte angefordert, werden auch diese in jeder Zelle ausgedruckt.
Des weiteren befinden sich rechts neben bzw. unter der Tafel unter der Bezeichnung `Total` die jeweiligen absoluten sowie relativen Randhäufigkeiten.
Zudem wird die Anzahl der fehlenden Werte unter der Rubrik `Frequency Missing` ausgegeben.

Nach Ausgabe der Tafel druckt SAS die Werte der angeforderten Prüfgrößen (`Chi-Square, Likelihood Ratio Chi-Square, Continuity Adj. Chi-Square` [nur bei der Vierfeldertafel], `Mantel-Haenszel Chi-Square, Fishers Exact Test` [ebenfalls nur bei der Vierfeldertafel]) und Assoziationsmaße (`Phi-Coefficient, Contingency Coefficient, Cramers V`). Bei den χ^2-verteilten Prüfgrößen wird zudem die Anzahl der Freiheitsgrade (`DF`) ausgegeben. Die Zahl unter `Prob` ist dabei die Wahrscheinlichkeit, bei Gültigkeit der Nullhypothese einen noch größeren Wert der Prüfgröße zu erhalten. Ist diese Wahrscheinlichkeit kleiner als das vorgegebene Signifikanzniveau, so ist die Nullhypothese abzulehnen. Man beachte, daß in beiden Beispielen die Durchführung des Mantel-Haenszel-Tests nicht sinnvoll ist, da die Merkmale lediglich Nominalskalenniveau aufweisen! `Sample Size` bezeichnet schließlich noch die Anzahl der Elemente der Stichprobe.

Für den Fall, daß mehr als 20% der Zellen erwartete Häufigkeiten aufweisen, die kleiner als fünf sind, gibt SAS zudem eine Warnung des Inhalts aus, daß die Anwendung des χ^2-Testes problematisch ist. Dann muß versucht werden, die Klassen in geeigneter Weise zusammenzufassen. Dies muß aber sachlogisch vertretbar sein, andernfalls bleibt nur die Möglichkeit, auf den χ^2-Test zu verzichten.

4. Varianzanalyse

Mit Hilfe der Varianzanalyse prüft man, ob sich Grundgesamtheiten hinsichtlich ihrer **Mittelwerte (Erwartungswerte)** nur zufällig oder signifikant unterscheiden.
Während bei der **univariaten** Varianzanalyse die Mittelwertunterschiede nur bezüglich **einer** abhängigen Variablen geprüft werden, sind es bei der **multivariaten** Varianzanalyse **mindestens zwei** abhängige Variablen.

Folgende **Modellannahmen** werden in der **univariaten** Varianzanalyse getroffen:

Es liegen eine oder mehrere (unabhängige) **kategorial skalierte** Variablen - auch **Faktor(en)** genannt (kategorial skaliert = ordinal- oder nominalskaliert) - vor, mit Hilfe deren Ausprägungen (oder auch Niveaus) die (abhängigen) Beobachtungswerte in **Gruppen** eingeteilt werden. Bei **einer unabhängigen** Variablen spricht man von einer **einfaktoriellen** Varianzanalyse, bei **zwei unabhängigen** Variablen von einer **zweifaktoriellen** Varianzanalyse, usw.

4.1. Univariate einfaktorielle Varianzanalyse

Bei der **einfaktoriellen** Varianzanalyse erfolgt die Einteilung der abhängigen Beobachtungswerte anhand der **Niveaus** des unabhängigen Faktors. Diese Einteilung kann in **Tabellenform** dargestellt werden als:

Niveaus des unabhängigen Faktors			
Niveau 1	Niveau 2	....	Niveau a
y_{11}	y_{21}	....	y_{a1}
y_{12}	y_{22}	....	y_{a2}
$\vdots$	$\vdots$	....	$\vdots$
y_{1j}	y_{2j}	....	y_{aj}
$\vdots$	$\vdots$	....	$\vdots$
y_{1n_1}	y_{2n_2}		y_{an_a}

} Beobachtungswerte y_{ij}

So kann z.B. mit der univariaten Varianzanalyse untersucht werden, ob die Zugfestigkeit (abhängige Variable) von vier verschiedenen Drahtsorten (unabhängige Variable) gleich ist oder nicht. Dabei wird bei den vier Typen (vier Gruppen, vier Niveaus) die Zugfestigkeit (Beobachtungswerte in den vier Gruppen) gemessen und mit Hilfe der Varianzanalyse auf Gleichheit getestet.

In der **univariaten einfaktoriellen** Varianzanalyse geht man von folgender Modellvorstellung aus:

Die Beobachtungswerte y_{ij} lassen sich zerlegen in einen **allgemeinen Effekt** μ, in einen **Effekt** α_i (i = 1, ..., a) der aufgrund der **Zugehörigkeit zur i-ten Gruppe** auftritt und in eine **zufällige Störgröße** ε_{ij}, die die Meßfehler oder andere Einflüsse beim j-ten Beobachtungswert in der i-ten Gruppe erfaßt.

Es gilt also $$y_{ij} = \mu + \alpha_i + \varepsilon_{ij} \qquad (i = 1, ..., a; j = 1, ..., n_i) .$$

In der Varianzanalyse wird dabei unterstellt, daß die ε_{ij} **normalverteilt** sind mit dem Erwartungswert 0 und der Varianz σ^2. Da die y_{ij} eine lineare Funktion der ε_{ij} sind, sind auch die y_{ij} **normalverteilt** mit dem Erwartungswert $Ey_{ij} = \mu + \alpha_i = \mu_i$ und der Varianz σ^2. Mit $\mu_i = \mu + \alpha_i$ kann die Modellgleichung auch geschrieben werden als

$$y_{ij} = \mu_i + \varepsilon_{ij} ,$$

wobei μ_i als Erwartungswert der Variablen in der i-ten Grundgesamtheit aufgefaßt wird.

Für jeden Beobachtungswert in der Stichprobe kann dann eine solche "Komponentengleichung" aufgestellt werden. Es gilt also

$$
\begin{aligned}
y_{11} &= \mu + \alpha_1 + \varepsilon_{11} \\
&\vdots \\
y_{1n_1} &= \mu + \alpha_1 + \varepsilon_{1n_1} \\
y_{21} &= \mu + \alpha_2 + \varepsilon_{21} \\
&\vdots \\
y_{2n_2} &= \mu + \alpha_2 + \varepsilon_{2n_2} \\
&\vdots \\
&\vdots \\
y_{a1} &= \mu + \alpha_a + \varepsilon_{a1} \\
&\vdots \\
y_{an_a} &= \mu + \alpha_a + \varepsilon_{an_a} .
\end{aligned}
$$

Geprüft wird in der univariaten einfaktoriellen Varianzanalyse die **Hypothese**, die Erwartungswerte in den a Gruppen sind gleich

$$H_0: \mu_1 = \mu_2 = \ldots = \mu_a ,$$

bzw. die Effekte sind in allen a Gruppen gleich

$$H_0: \alpha_1 = \alpha_2 = \ldots = \alpha_a .$$

Zur Ermittlung der **Prüfgröße F** werden die folgenden **Quadratsummen** berechnet:

- Die **Hypothesenquadratsumme** *SSH*

$$SSH = \sum_{i=1}^{a} n_i \cdot (\bar{y}_{i.} - \bar{y}_{..})^2$$

mit $\bar{y}_{i.} = \frac{1}{n_i} \sum_{j=1}^{n_i} y_{ij}$ ***(arithmetisches Mittel der i-ten Gruppe)***

$$\bar{y}_{..} = \frac{1}{n}\sum_{i=1}^{a}\sum_{j=1}^{n_i} y_{ij} \qquad \textbf{\textit{(Gesamtes arithmetisches Mittel)}}$$

$$n = \sum_{i=1}^{a} n_i$$

Der Punktindex zeigt die Summation über den jeweiligen Index an. Die Hypothesenquadratsumme erfaßt die Streuung der arithmetischen Mittel der Gruppen um das gesamte arithmetische Mittel.

- Die **Fehlerquadratsumme** *SSE*

$$SSE = \sum_{i=1}^{a}\sum_{j=1}^{n_i}\left(y_{ij} - \bar{y}_{i.}\right)^2$$

Die Fehlerquadratsumme erfaßt die Streuung der Beobachtungswerte der jeweiligen Gruppe um das entsprechende arithmetische Gruppenmittel.

Die **Gesamtstreuung (Gesamtabweichungsquadratsumme)** der Beobachtungswerte - unabhängig von den Gruppen - um das gesamte arithmetische Mittel $SS = \sum_{i=1}^{a}\sum_{j=1}^{n_i}\left(y_{ij} - \bar{y}_{..}\right)^2$ setzt sich dann additiv aus *SSH* und *SSE* zusammen. Es gilt also

$$SS = SSH + SSE\,.$$

Für die Ermittlung der **Prüfgröße** gilt:

- Der Quotient $\frac{SSH}{\sigma^2} = \frac{\sum_{i=1}^{a} n_i \cdot \left(\bar{y}_{i.} - \bar{y}_{..}\right)^2}{\sigma^2}$ ist χ^2-verteilt mit (a - 1) Freiheitsgraden.

- Der Quotient $\frac{SSE}{\sigma^2} = \frac{\sum_{i=1}^{a}\sum_{j=1}^{n_i}\left(y_{ij} - \bar{y}_{i.}\right)^2}{\sigma^2}$ ist χ^2-verteilt mit (n - a) Freiheits-

Damit ist die Prüfgröße

$$F = \frac{\dfrac{SSH}{\sigma^2 \cdot (a-1)}}{\dfrac{SSE}{\sigma^2 \cdot (n-a)}} = \frac{\dfrac{\sum_{i=1}^{a} n_i \cdot (\bar{y}_{i.} - \bar{y}_{ii})^2}{\sigma^2 \cdot (a-1)}}{\dfrac{\sum_{i=1}^{a}\sum_{j=1}^{n_i} (y_{ij} - \bar{y}_{i.})^2}{\sigma^2 \cdot (n-a)}} = \frac{\dfrac{\sum_{i=1}^{a} n_i \cdot (\bar{y}_{i.} - \bar{y}_{ii})^2}{(a-1)}}{\dfrac{\sum_{i=1}^{a}\sum_{j=1}^{n_i} (y_{ij} - \bar{y}_{i.})^2}{(n-a)}}$$

F-verteilt mit (a - 1) und (n - a) Freiheitsgraden. Je größer der F-Wert ist, desto unterschiedlicher sind die Gruppenmittelwerte. Für den berechneten Wert der Prüfgröße wird dann der sogenannte P-Wert berechnet. Der P-Wert gibt die Wahrscheinlichkeit an, bei Gültigkeit der Nullhypothese einen Wert für die Prüfgröße F zu erhalten, der größer oder gleich dem gerade berechneten Wert ist (daß also die Prüfgröße einen noch extremeren Wert als den aktuellen annimmt). Ist der P-Wert größer als das im voraus festelegte Signifikanzniveau α, so kann die Nullhypothese nicht abgelehnt werden und umgekehrt. Die Ergebnisse der Varianzanalyse werden in der sogenannten **Varianzanalysetabelle** zusammengefaßt:

Streuungs-ursache	Quadrat-summen	Freiheits-grade	Mittlere Quadrat-summen	Prüfgröße F
Faktor	SSH	$a - 1$	$\frac{SSH}{a-1}$	$F = \frac{\frac{SSH}{a-1}}{\frac{SSE}{n-a}}$
Fehler	SSE	$n - a$	$\frac{SSE}{n-a}$	------
Gesamt	SS	$n - 1$	------	------

4.2. Multiple Mittelwertvergleiche

Wurde die Nullhypothese auf Gleichheit der Erwartungswerte in den a Gruppen **abgelehnt**, so kann man anhand von **paarweisen Mittelwertvergleichen** feststellen, an welchen Mittelwertdifferenzen es gelegen hat, daß die Nullhypothese abgelehnt wurde. Dabei können für je zwei Mittelwerte **Konfidenzintervalle** für die entsprechende Mittelwertdifferenz ermittelt werden. Enthält dieses Konfidenzintervall die **Null**, so kann man davon ausgehen daß die Differenz **nicht signifikant** ist. Ist im Gegenteil die Differenz **signifikant von Null verschieden**, so kann man davon ausgehen, daß diese Differenz **zur Ablehnung** der Nullhypothese **beigetragen** hat. Um das vorgegebene Signifikanzniveau α auf alle Konfidenzintervalle **gemeinsam** aufzuteilen, existieren verschiedene Methoden. Eine Aufteilung des Signifikanzniveaus erscheint sinnvoll, da, wenn alle Vergleiche beim Signifikanzniveau α durchgeführt werden würden, das eigentliche Signifikanzniveau α^T für die Durchführung aller möglichen Vergleiche **viel höher** ist, nämlich

$$\alpha^T = 1-(1-\alpha)^c$$

$$\text{mit} \quad c = \frac{a\cdot(a-1)}{2}.$$

4.2.1. Gemeinsame Konfidenzintervalle nach *Bonferroni*

Nach der Methode von *Bonferroni* berechnet man die Konfidenzintervalle beim gemeinsamen Signifikanzniveau α gemäß

$$\left[\bar{y}_i - \bar{y}_j - t(1-\alpha^B;n-a)\cdot\sqrt{\frac{SSE}{n-a}\cdot\left(\frac{1}{n_i}+\frac{1}{n_j}\right)};\right.$$

$$\left.\bar{y}_i - \bar{y}_j + t(1-\alpha^B;n-a)\cdot\sqrt{\frac{SSE}{n-a}\cdot\left(\frac{1}{n_i}+\frac{1}{n_j}\right)}\right].$$

Die Indizes i und j und bezeichnen dabei nicht unterschiedliche Faktoren, sondern unterschiedliche Gruppen eines Faktors. Das Signifikanzniveau α^B berechnet sich als

$$\alpha^B = \frac{\alpha}{\frac{a\cdot(a-1)}{2}}.$$

4.2.2. Gemeinsame Konfidenzintervalle nach *Scheffé*

Nach der Methode von *Scheffé* berechnet man die Konfidenzintervalle beim gemeinsamen Signifikanzniveau α gemäß

$$\left[\left(\bar{y}_i - \bar{y}_j\right) - \sqrt{(a-1)\cdot F(1-\alpha;a-1;n-a)\cdot\frac{SSE}{n-a}\cdot\left(\frac{1}{n_i}+\frac{1}{n_j}\right)};\right.$$

$$\left.\left(\bar{y}_i - \bar{y}_j\right) + \sqrt{(a-1)\cdot F(1-\alpha;a-1;n-a)\cdot\frac{SSE}{n-a}\cdot\left(\frac{1}{n_i}+\frac{1}{n_j}\right)}\right].$$

4.2.3. Gemeinsame Konfidenzintervalle nach *Sidak*

Nach der Methode von *Sidak* berechnet man die Konfidenzintervalle beim gemeinsamen Signifikanzniveau α gemäß

$$\left[\left(\bar{y}_i - \bar{y}_j\right) - t(1-\alpha^S;n-a)\cdot\sqrt{\frac{SSE}{n-a}\cdot\left(\frac{1}{n_i}+\frac{1}{n_j}\right)};\right.$$

$$\left.\left(\bar{y}_i - \bar{y}_j\right) + t(1-\alpha^S;n-a)\cdot\sqrt{\frac{SSE}{n-a}\cdot\left(\frac{1}{n_i}+\frac{1}{n_j}\right)}\right].$$

Das Signifikanzniveau α^S berechnet sich dabei als

$$\alpha^S = 1-(1-\alpha)^c$$

$$\text{mit } c = \frac{1}{\frac{a\cdot(a-1)}{2}}.$$

4.3. Univariate zweifaktorielle Varianzanalyse

Bei der zweifaktoriellen Varianzanalyse erfolgt die Einteilung der abhängigen Beobachtungswerte anhand von **jeweils zwei Niveaus** der unabhängigen Faktoren. Diese Einteilung kann in Tabellenform dargestellt werden als:

Niveaus des Faktors B Niveaus des Faktors A	Niveau 1	Niveau 2	......	Niveau b
Niveau 1	y_{111} y_{112} ⋮ y_{11k} ⋮ $y_{11n_{11}}$	y_{121} y_{122} ⋮ y_{12k} ⋮ $y_{12n_{12}}$	....	y_{1b1} y_{1b2} ⋮ y_{1bk} ⋮ $y_{1bn_{1b}}$
Niveau 2	y_{211} y_{212} ⋮ y_{21k} ⋮ $y_{21n_{21}}$	y_{221} y_{222} ⋮ y_{22k} ⋮ $y_{22n_{22}}$	....	y_{2b1} y_{2b2} ⋮ y_{2bk} ⋮ $y_{2bn_{2b}}$
⋮	⋮	⋮	....	⋮
Niveau a	y_{a11} y_{a12} ⋮ y_{a1k} ⋮ $y_{a1n_{a1}}$	y_{a21} y_{a22} ⋮ y_{a2k} ⋮ $y_{a2n_{a2}}$	....	y_{ab1} y_{ab2} ⋮ y_{abk} ⋮ $y_{abn_{ab}}$

So kann z.B. mit der univariaten zweifaktoriellen Varianzanalyse untersucht werden, ob der Umsatz eines Produktes in einem Supermarkt (abhängige Variable) bei verschiedenen Preis- und Werbepolitikstrategien (zwei Faktoren) gleich ist oder nicht. Dabei wird mit Hilfe der Varianzanalyse getestet, ob es Wechselwirkungen von beiden Faktoren gibt und ob beide Faktoren getrennt einen Einfluß auf die abhängige Variable haben.

In der univariaten zweifaktoriellen Varianzanalyse geht man von folgender **Modellvorstellung** aus:

Die Beobachtungswerte y_{ijk} lassen sich zerlegen in einen **allgemeinen Effekt** μ, in einen Effekt α_i (i = 1, ..., a), der aufgrund der **Zugehörigkeit zur i-ten Gruppe** des Faktors A auftritt, in einen Effekt β_j (j = 1, ..., b), der aufgrund der **Zugehörigkeit zur j-ten Gruppe** des Faktors B auftritt, in einen **Wechselwirkungseffekt** $(\alpha\beta)_{ij}$, der aufgrund des "Zusammenspiels" von Niveau i des Faktors A und von Niveau j des Faktors B auftritt, und in eine **zufällige Störgröße** ε_{ijk}, die die Meßfehler oder andere Einflüsse beim k-ten Beobachtungswert in der Zelle i,j (Kreuzung des i-ten Niveaus des Faktors A mit dem j-ten Niveau des Faktors B) erfaßt.

Es gilt also $$y_{ijk} = \mu + \alpha_i + \beta_j + (\alpha\beta)_{ij} + \varepsilon_{ijk}$$

$$(i = 1, ..., a; j = 1, ..., b; k = 1, ..., n_{ij}) .$$

In der Varianzanalyse wird dabei unterstellt, daß die ε_{ijk} **normalverteilt** sind mit dem Erwartungswert 0 und der Varianz σ^2. Da die y_{ijk} eine lineare Funktion der ε_{ijk} sind, sind auch die y_{ijk} **normalverteilt** mit dem Erwartungswert $Ey_{ijk} = \mu + \alpha_i + \beta_j + (\alpha\beta)_{ij} = \mu_{ij}$ und der Varianz σ^2. Mit $\mu_{ij} = \mu + \alpha_i + \beta_j + (\alpha\beta)_{ij}$ kann die Modellgleichung auch geschrieben werden als

$$y_{ijk} = \mu_{ij} + \varepsilon_{ijk},$$

wobei μ_{ij} als Erwartungswert der Variablen in der Gruppe (Grundgesamtheit) i,j aufgefaßt wird.

Vereinfachend wird für die folgenden Ausführungen zur zweifaktoriellen Varianzanalyse angenommen, daß die Anzahl der Beobachtungswerte in jeder Zelle **gleich** ist.

Geprüft werden in der univariaten zweifaktoriellen Varianzanalyse nun **drei Hypothesen**. Zuerst die Hypothese, die Wechselwirkungen sind in den Gruppen gleich und dann die beiden Hypothesen, die jeweiligen Haupteffekte sind in den Gruppen gleich.

$$H_{01}: (\alpha\beta)_{11} = \ldots = (\alpha\beta)_{ab},$$

bzw.

$$H_{01}: \mu_{ij} - \mu_{i'j} - \mu_{ij'} + \mu_{i'j'} = 0 \qquad (i \neq i'; j \neq j'),$$

$$H_{02}: \alpha_1 = \alpha_2 = \ldots = \alpha_a$$

bzw.

$$H_{02}: \mu_{1.} = \mu_{2.} = \ldots = \mu_{a.},$$

$$H_{03}: \beta_1 = \beta_2 = \ldots = \beta_b \; .$$

bzw.

$$H_{03}: \mu_{.1} = \mu_{.2} = \ldots = \mu_{.b}$$

Dabei ist zu beachten, daß die Hypothesen für die Haupteffekte nur dann sinnvoll geprüft werden können, wenn H_{01} nicht abgelehnt werden konnte, da ansonsten Wechselwirkungen vorhanden sind, die die übrigen Effekte beeinflussen und so in Wirklichkeit nicht mehr die obengenannten Hypothesen auf Gleichheit der Haupteffekte geprüft werden, sondern andere, kompliziertere Hypothesen.

Zur Ermittlung der **Prüfgrößen** werden die folgenden Quadratsummen berechnet:

- Die Hypothesenquadratsumme für die Hypothese auf **Wechselwirkungen** SSH_{ab}

$$SSH_{ab} = \sum_{i=1}^{a} \sum_{j=1}^{b} n_{ij} \cdot \left(\bar{y}_{ij.} - \bar{y}_{i..} - \bar{y}_{.j.} + \bar{y}_{...}\right)^2$$

mit $\bar{y}_{ij.} = \frac{1}{n_{ij}} \sum_{k=1}^{n_{ij}} y_{ijk}$ ***(arithmetisches Mittel der Zelle i,j)***

$\bar{y}_{i..} = \frac{1}{n_{i.}} \sum_{j=1}^{b} \sum_{k=1}^{n_{ij}} y_{ijk}$ ***(arithmetisches Mittel in Gruppe i von Faktor A)***

$\bar{y}_{.j.} = \frac{1}{n_{.j}} \sum_{i=1}^{a} \sum_{k=1}^{n_{ij}} y_{ijk}$ ***(arithmetisches Mittel in Gruppe j von Faktor B)***

$$\bar{y}_{...} = \frac{1}{n}\sum_{i=1}^{a}\sum_{j=1}^{b}\sum_{k=1}^{n_{ij}} y_{ijk} \qquad \textbf{\textit{(Gesamtes arithmetisches Mittel)}}$$

$$n = \sum_{i=1}^{a} n_{i.} = \sum_{j=1}^{b} n_{.j}$$

$$n_{i.} = \sum_{j=1}^{b} n_{ij}$$

$$n_{.j} = \sum_{i=1}^{a} n_{ij}$$

(der Punktindex zeigt die Summation über den jeweiligen Index an).

- Die Hypothesenquadratsumme für die Hypothese der **Haupteffekte** von Faktor A SSH_a

$$SSH_a = \sum_{i=1}^{a} n_{i.} \cdot (\bar{y}_{i..} - \bar{y}_{...})^2 \ .$$

- Die Hypothesenquadratsumme für die Hypothese auf **Haupteffekte** von Faktor B SSH_b

$$SSH_b = \sum_{j=1}^{b} n_{.j} \cdot (\bar{y}_{.j.} - \bar{y}_{...})^2 \ .$$

- Die **Fehlerquadratsumme** SSE

$$SSE = \sum_{i=1}^{a}\sum_{j=1}^{b}\sum_{k=1}^{n_{ij}} (y_{ijk} - \bar{y}_{ij.})^2 \ .$$

Für den Fall **gleicher** Zellbesetzungen gilt wiederum: die **Gesamtstreuung** der Beobachtungswerte - unabhängig von Gruppen - um das gesamte arithmetische Mittel

$$SS = \sum_{i=1}^{a}\sum_{j=1}^{b}\sum_{k=1}^{n_{ij}}(y_{ijk} - \bar{y}_{..})^2$$

setzt sich additiv aus SSH_{ab}, SSH_a, SSH_b und SSE zusammen. Für den Fall ungleicher Zellbesetzung (unbalanced case) gilt diese Gleichung nicht mehr, da hier die einzelnen Quadratsummen voneinander abhängig sind und somit auch die einzelnen zu prüfenden Hypothesen. Hier müssen andere Methoden der Hypothesenprüfung angewandt werden, die jedoch hier nicht näher erläutert werden sollen.

Für die Prüfgrößen gilt

$$F_{ab} = \frac{\dfrac{SSH_{ab}}{(a-1)\cdot(b-1)}}{\dfrac{SSE}{n-a\cdot b}}$$

(F-verteilt mit (a - 1)(b - 1) und (n - ab) Freiheitsgraden)

$$F_a = \frac{\dfrac{SSH_a}{a-1}}{\dfrac{SSE}{n-a\cdot b}}$$

(F-verteilt mit (a - 1) und (n - ab) Freiheitsgraden)

$$F_b = \frac{\dfrac{SSH_b}{b-1}}{\dfrac{SSE}{n-a\cdot b}}$$

(F-verteilt mit (b - 1) und (n - ab) Freiheitsgraden).

Für jeden ermittelten Wert der F-Prüfgröße wird wiederum der P-Wert berechnet und mit dem im voraus festgelegten Signifikanzniveau α verglichen. Ist der P-Wert kleiner als das Signifikanzniveau, so wird die entsprechende Nullhypothese abgelehnt. Die Ergebnisse der Varianzanalyse werden in der sogenannten Varianzanalysetabelle zusammengefaßt:

Streuungs-ursache	Quadrat-summen	Freiheits-grade	Mittlere Quadrat-summen	Prüfgröße F
Faktor A	SSH_a	$a - 1$	$\frac{SSH_a}{a-1}$	$F = \frac{\frac{SSH_a}{a-1}}{\frac{SSE}{n-a \cdot b}}$
Faktor B	SSH_b	$b - 1$	$\frac{SSH_b}{b-1}$	$F = \frac{\frac{SSH_b}{b-1}}{\frac{SSE}{n-a \cdot b}}$
Wechsel-wirkung A*B	SSH_{ab}	$(a - 1)(b - 1)$	$\frac{SSH_{ab}}{(a-1) \cdot (b-1}$	$F = \frac{\frac{SSH_{ab}}{(a-1) \cdot (b-1)}}{\frac{SSE}{n-a \cdot b}}$
Fehler	SSE	$n - ab$	$\frac{SSE}{n-a \cdot b}$	------
Gesamt	SS	$n - 1$	------	------

4.4. Multivariate einfaktorielle Varianzanalyse

Im multivariaten Fall werden nun an einem Objekt **mindestens zwei abhängige** Variablen beobachtet. Zur Hypothesenprüfung wird auf die Vektoren- und Matrizenschreibweise übergegangen. In jeder Gruppe werden nun **nicht mehr nur eine** Variable gemessen, sondern **mehrere**. Geprüft wird dann die **Hypothese**, die Mittelwertvektoren (Vektoren der Erwartungswerte der betrachteten abhängigen Variablen in jeder Gruppe) sind in den einzelnen Gruppen gleich. Wendet man die Matrizenschreibweise auf den multivariaten Fall an, so erhält man eine Beobachtungswerte-Matrix $\underline{Y} = \left[\underline{y}_1 \quad \underline{y}_2 \quad \cdots \quad \underline{y}_p\right]$, bestehend aus p Beobachtungswertvektoren, also pro beobachteter Variable ein Spaltenvektor. Ausführlich kann diese Matrix geschrieben werden mit

$$\underline{Y}=\begin{bmatrix} y_{111} & y_{211} & \cdots & y_{p11} \\ y_{112} & y_{212} & \cdots & y_{p12} \\ \vdots & \vdots & \cdots & \vdots \\ y_{11k} & y_{21k} & \cdots & y_{p1k} \\ \vdots & \vdots & \cdots & \vdots \\ y_{11n_1} & y_{21n_1} & \cdots & y_{p1n_1} \\ y_{121} & y_{221} & \cdots & y_{p21} \\ y_{122} & y_{222} & \cdots & y_{p22} \\ \vdots & \vdots & \cdots & \vdots \\ y_{12k} & y_{22k} & \cdots & y_{p2k} \\ \vdots & \vdots & \cdots & \vdots \\ y_{12n_2} & y_{22n_2} & \cdots & y_{p2n_2} \\ \vdots & \vdots & \cdots & \vdots \\ \vdots & \vdots & \cdots & \vdots \\ y_{1j1} & y_{2j1} & \cdots & y_{pj1} \\ y_{1j2} & y_{2j2} & \cdots & y_{pj2} \\ \vdots & \vdots & \cdots & \vdots \\ y_{1jk} & y_{2jk} & \cdots & y_{pjk} \\ \vdots & \vdots & \cdots & \vdots \\ y_{1jn_j} & y_{2jn_j} & \cdots & y_{pjn_j} \\ \vdots & \vdots & \cdots & \vdots \\ \vdots & \vdots & \cdots & \vdots \\ y_{1a1} & y_{2a1} & \cdots & y_{pa1} \\ y_{1a2} & y_{2a2} & \cdots & y_{pa2} \\ \vdots & \vdots & \cdots & \vdots \\ y_{1ak} & y_{2ak} & \cdots & y_{pak} \\ \vdots & \vdots & \cdots & \vdots \\ y_{1an_a} & y_{2an_a} & \cdots & y_{pan_a} \\ \underbrace{}_{\text{Variable 1}} & \underbrace{}_{\text{Variable 2}} & \cdots & \underbrace{}_{\text{Variable p}} \end{bmatrix}=\begin{bmatrix} \underline{y}_{11} & \underline{y}_{21} & \cdots & \underline{y}_{p1} \\ \underline{y}_{12} & \underline{y}_{22} & \cdots & \underline{y}_{p2} \\ \vdots & \vdots & \cdots & \vdots \\ \vdots & \vdots & \cdots & \vdots \\ \underline{y}_{1j} & \underline{y}_{2j} & \cdots & \underline{y}_{pj} \\ \vdots & \vdots & \cdots & \vdots \\ \vdots & \vdots & \cdots & \vdots \\ \underline{y}_{1a} & \underline{y}_{2a} & \cdots & \underline{y}_{pa} \end{bmatrix}.$$

Mit folgender Indexnotation für einen allgemeinen Beobachtungswert y_{ijk}:

i Variablenindex (i = 1,..., p)
j Gruppenindex (j = 1,... ,a)
k Objektindex (k = 1, ..., n_j)

Die Störgrößen können dann - analog zu $\underline{Y}$ - in der Matrix $\underline{E}$ zusammengefaßt werden. Unter der Annahme, daß der k-te Störgrößenvektor in der j-ten Gruppe $\underline{\varepsilon}_{ij}$ einer **p-dimensionalen Normalverteilung** unterliegt mit dem Erwartungswertvektor $\underline{0}$ und der Varianz-Kovarianzmatrix $\underline{\Sigma}$, ergibt sich für die Matrix $\underline{E}$ eine multivariate Normalverteilung mit der Erwartungswertematrix $\underline{O}$ und der Varianz-Kovarianz-Matrix $\underline{I} \otimes \underline{\Sigma}$, so daß die Matrix $\underline{Y}$ ebenfalls einer multivariaten Normalverteilung mit der Erwartungswertematrix $\underline{X}\underline{\Theta}$ und der Varianz-Kovarianz-Matrix $\underline{I} \otimes \underline{\Sigma}$ unterliegt.

Für den k-ten Beobachtungswert der i-ten Variablen in der j-ten Gruppe ergibt sich damit folgende Modellgleichung eines einfaktoriellen Designs

$$y_{ijk} = \mu_i + \alpha_{ij} + \varepsilon_{ijk} \qquad (i = 1, ..., p; j = 1, ..., a; k = 1, ..., n_j).$$

Geprüft wird in der multivariaten Varianzanalyse die Hypothese, die Erwartungswertvektoren sind in den a Gruppen gleich

$$H_o: \underline{\mu}_1 = \underline{\mu}_2 = ... = \underline{\mu}_a .$$

Analog zum univariaten Fall werden wiederum Quadratsummen berechnet, die in bestimmten Matrizen zusammengefaßt werden:

- Die **Matrix der Hypothesenquadratsummen** $\underline{S}_H$:

$$\underline{S}_H = \sum_{j=1}^{a} n_j \cdot (\underline{\bar{y}}_{j.} - \underline{\bar{y}}_{..}) \cdot (\underline{\bar{y}}_{j.} - \underline{\bar{y}}_{..})'$$

$$\text{mit } \underline{\bar{y}}_{j.} = \frac{1}{n_j} \sum_{k=1}^{n_j} \underline{y}_{jk}$$

$$\underline{\bar{y}}_{..} = \frac{1}{n} \sum_{j=1}^{a} \sum_{k=1}^{n_j} \underline{y}_{jk}$$

- Matrix der Fehlerquadratsummen $\underline{S}_E$

$$\underline{S}_E = \sum_{j=1}^{a} \sum_{k=1}^{n_j} (\underline{y}_{jk} - \underline{\overline{y}}_{j.})(\underline{y}_{jk} - \underline{\overline{y}}_{j.})' .$$

- Matrix der Gesamtabweichungsquadratsummen

$$\underline{S} = \sum_{j=1}^{a} \sum_{k=1}^{n_j} (\underline{y}_{ij} - \underline{\overline{y}}_{-}) \cdot (\underline{y}_{ij} - \underline{\overline{y}}_{-})'$$

Auch hier gilt wiederum $\underline{S} = \underline{S}_H + \underline{S}_E$.

Auf den **Hauptdiagonalen** der Matrizen der Hypothesen- und Fehlerquadratsummen stehen diejenigen Quadratsummen, die man berechnen würde, wenn man für jede Variable getrennt eine univariate einfaktorielle Varianzanalyse durchführen würde. Die anderen Elemente der Matrizen erfassen die entsprechenden Quadratsummen zwischen je zwei Variablen (vom Prinzip her entspricht die Berechnung der Ermittlung der Kovarianz).
In der multivariaten Varianzanalyse existieren vier bekannte Prüfgrößen, die alle auf der Berechnung der **Eigenwerte** λ_i des **Matrizenproduktes** $\underline{S}_E^{-1} \cdot \underline{S}_H$ beruhen (vom Prinzip her entspricht dieses Matrizenprodukt im univariaten Fall dem Quotienten aus zwei Quadratsummen):

(a) Wilks Lambda

$$\Lambda_W = \prod_{i=1}^{s} \frac{1}{(1+\lambda_i)}$$

Mit: $s = \min(p, a-1)$

Man erhält Wilks Lambda auch aus

$$\Lambda_W = \frac{|\underline{S}_E|}{|\underline{S}_H + \underline{S}_E|}$$

Der Wert der **Prüfgröße** muß dann in **Tabellenwerken** mit dem **kritischen** Wert $c_W(\alpha; p; n-a; a-1)$ verglichen werden. Die Nullhypothese wird beim Signifikanzniveau α **abgelehnt**, falls $\Lambda_W < c_W(\alpha; p; n-a; a-1)$ ist.

Λ_W kann auch durch die F-Verteilung **approximiert** werden. Dazu wird die Prüfgröße

$$F_W = \frac{(1-\Lambda_W^{1/t})}{\Lambda_W^{1/t}} \cdot \frac{(r \cdot t - 2u)}{p \cdot (a-1)}$$

mit

$$u = \frac{1}{4} \cdot (p \cdot (a-1) - 2)$$

$$t = \begin{cases} \sqrt{\dfrac{\left(p^2 \cdot (a-1)^2 - 4\right)}{\left(p^2 + (a-1)^2 - 5\right)}} & \textit{für} \;\; p^2 + (a-1)^2 - 5 > 0 \\ 1 & \textit{sonst} \end{cases}$$

$$r = (n-a) - \frac{1}{2} \cdot (p - a + 2)$$

verwendet. F_W ist **annähernd F-verteilt** mit $p \cdot (a-1)$ und $r \cdot t - 2 \cdot u$ Freiheitsgraden.

(b) Roys größte Wurzel

$$\Lambda_R = \lambda_1$$

Roys größte Wurzel ist einfach der **größte Eigenwert** λ_1 des **Matrizenproduktes** $\underline{S}_E^{-1} \cdot \underline{S}_H$.
Der Wert der Prüfgröße muß dann in **Tabellenwerken** mit dem **kritischen** Wert $c_R(1-\alpha; p; n-a; a-1)$ verglichen werden. Die Nullhypothese wird beim Signifikanzniveau α **abgelehnt**, falls $\Lambda_R > c_R(1-\alpha; p; n-a; a-1)$ ist.

Approximiert werden kann eine obere Grenze

$$F_R = \frac{\Lambda_R \cdot (n - r - 1)}{r}$$

mit $r = \max(p, a-1)$,

mit der eine untere Grenze für das tatsächliche Signifikanzniveau errechnet werden kann. Die Freiheitsgrade der angenäherten Prüfgröße betragen im Zähler r und im Nenner $(n-r-1)$.

(c) Pilais Spur

$$\Lambda_P = sp\left[\underline{S}_H \cdot (\underline{S}_H + \underline{S}_E^{-1})\right] = \sum_{i=1}^{s} \frac{\lambda_i}{1+\lambda_i}$$

Der Wert der **Prüfgröße** wird dann mit dem **kritischen** Wert $c_P(1-\alpha; p; n-a; a-1)$ verglichen. Die Nullhypothese wird beim Signifikanzniveau α **abgelehnt**, falls $\Lambda_P > c_P(1-\alpha; p; n-a; a-1)$.

Approximiert wird Λ_P durch

$$F_P = \frac{(2n^* + s + 1)}{(2m + s + 1)} \cdot \frac{\Lambda_P}{(s - \Lambda_P)}$$

$$\text{mit} \quad m = \frac{1}{2} \cdot \left(|p - a + 1| - 1\right)$$

$$n^* = \frac{1}{2} \cdot (n - a - p - 1)$$

$$s = \min(p, a-1)$$

F_P ist **annähernd F-verteilt** mit $s \cdot (2m + s + 1)$ und $s \cdot (2n^* + s + 1)$ Freiheitsgraden.

(d) Hotelling-Lawley-Spur

$$\Lambda_H = sp\left[\underline{S}_E^{-1} \cdot \underline{S}_H\right] = \sum_{i=1}^{s} \lambda_i$$

Der Wert der **Prüfgröße** wird dann mit dem **kritischen** Wert $c_H(1-\alpha; p; n-a; a-1)$ verglichen. Die Nullhypothese wird beim Signifikanzniveau α **abgelehnt**, falls $\Lambda_H > c_H(1-\alpha; p; n-a; a-1)$.

Approximiert wird Λ_H durch

$$F_H = \frac{2\cdot(s\cdot n^* + 1)\cdot\Lambda_H}{\left(s^2\cdot(2m+s+1)\right)}$$

$$\text{mit} \quad m = \frac{1}{2}\cdot\left(|p-a+1|-1\right)$$

$$n^* = \frac{1}{2}\cdot(n-a-p-1)$$

$$s = \min(p, a-1)$$

F_H ist **annähernd F-verteilt** mit $s\cdot(2m+s+1)$ und $2\cdot(s\cdot n^*+1)$ Freiheitsgraden.

Für alle vier approximierten Werte der F-Prüfgrößen können bei der Hypothesenprüfung wieder P-Werte berechnet werden. Nach einem Vergleich mit dem Signifikanzniveau α kann dann über Ablehnung oder Nichtablehnung der Hypothesen entschieden werden.

4.5. Varianzanalyse mit SAS: Die Prozedur ANOVA

Die SAS-Prozedur ANOVA führt eine univariate oder multivariate ein- oder mehrfaktorielle Varianzanalyse durch. Dabei ist darauf zu achten, daß ab einer zweifaktoriellen Varianzanalyse die Anzahl der Beobachtungswerte in jeder Gruppe gleich groß ist. Ist dies nicht der Fall (unbalanced case), so **muß** die Prozedur GLM verwendet werden (Auf diese Prozedur soll jedoch im Rahmen dieses Buches nicht näher eingegangen werden).

4.5.1. Syntax

Die Syntax für diese Prozedur lautet:

PROC ANOVA *Optionen*;
CLASS *Liste der unabhängige Variable(n)*;
MODEL *abhängige Variable(nliste) = Effektliste*;
BY *Variablenliste*;
FREQ *Variable*;
MANOVA H=*Effekte / Optionen*;
MEANS *Effekte / Optionen*;

Die ersten drei Anweisungen müssen immer und in der oben dargestellten Reihenfolge gegeben werden. Wird eine multivariate Varianzanalyse gewünscht, so muß zusätzlich noch die MANOVA-Anweisung gegeben werden. Fehlt diese Anweisung, so werden - für jede abhängige Variable getrennt - univariate Varianzanalysen durchgeführt. Die MEANS-Anweisung ist optional.

Die PROC ANOVA-Anweisung

Als *Option* ist dabei möglich:

- *DATA=SAS-Datendatei.* Hier wird die Datendatei angegeben, die die Prozedur zur Auswertung verwenden soll. Als Voreinstellung wird die letzte erstellte SAS-Datei verwendet.

Die CLASS-Anweisung

In der CLASS Anweisung werden die unabhängigen (kategorialen) Variablen (oder Faktoren) der Datendatei angegeben, die zu einer Varianzanalyse herangezogen werden sollen. Eine Variable führt zu einer einfaktoriellen Varianzanalyse, zwei zu einer zweifaktoriellen Varianzanalyse, usw. Die Variablen können dabei numerischen oder alphanumerischen Charakter haben. Die CLASS-Anweisung **muß** angegeben werden.

Die MODEL-Anweisung

Hier wird das Modell der Varianzanalyse mit den entsprechenden Effekten spezifiziert. In einer univariaten einfaktoriellen Varianzanalyse gibt es nur eine unabhängige Variable und deshalb nur einen Haupteffekt, so daß hier die MODEL-Anweisung lauten muß

MODEL *abh. Var = Faktor;* .

Bei einer zweifaktoriellen Varianzanalyse gibt es zwei Haupteffekte, hervorgerufen durch die beiden Faktoren, einschließlich eines Wechselwirkungseffekts (gekennzeichnet mit '*') der beiden Faktoren, so daß die Anweisung dann geschrieben werden muß als

MODEL *abh. Var = Faktor1 Faktor2 Faktor1*Faktor2;* .

Die Bezeichnung *Faktor1*Faktor2* symbolisiert dabei den Wechselwirkungseffekt von Faktor1 und Faktor2.

Wird eine multivariate Varianzanalyse angestrebt, so müssen mehrere abhängige Variablen angegeben werden.

Eine einfaktorielle multivariate Varianzanalyse mit drei abhängigen Variablen müßte dann definiert werden als

MODEL *abh. Var1 abh. Var2 abh. Var3 = Faktor;* .

Dementsprechend muß bei der Definition einer zweifaktoriellen multivariaten Analyse vorgegangen werden.

Die BY-Anweisung

Die Wirkung dieser Anweisung wurde bereits mehrfach bei anderen Prozeduren erläutert.

Die FREQ-Anweisung

Hier kann, wie ebenfalls bei anderen Prozeduren beschrieben, eine *Variable* angegeben werden, die die Häufigkeiten enthält, mit denen die entsprechenden Werte der anderen Variablen auftreten.

Die MANOVA-Anweisung

Die MANOVA-Anweisung bewirkt eine multivariate Varianzanalyse mit den in der MODEL-Anweisung angegebenen abhängigen Variablen und Faktoren.

Die Eingabe der Anweisung H=*Effekte* bewirkt, daß PROC ANOVA für jeden in der H=-Anweisung angegebenen Effekt eine multivariate Hypothesenprüfung durchführt. Es können hier sowohl Haupteffekte (die Bezeichung der Haupteffekte entspricht den Namen der unabhängigen Variablen), als auch Wechselwirkungseffekte (die Bezeichnung einer Wechselwirkung erfolgt durch die Verknüpfung der Namen der betreffenden unabhängigen Variablen mit dem Zeichen '*') angegeben werden.
Wünscht man eine Hypothesenprüfung für alle in der MODEL-Anweisung angeführten Effekte, so ist die Option H=_ALL_ zu wählen. SAS gibt dann

die **Eigenwerte** und die dazugehörenden **Eigenvektoren** des Matrizenproduktes $\underline{S}_E^{-1} \underline{S}_H$ an, sowie die vier Prüfgrößen nach **Wilk, Pilai, Roy** und **Hotelling-Lawley** mit den entsprechenden **approximierten F-Prüfgrößen**.

In Verbindung mit den F-Prüfgrößen werden wiederum P-Werte ausgegeben. Der P-Wert entspricht der Wahrscheinlichkeit, bei Gültigkeit der Nullhypothese einen Wert für die Prüfgröße zu erhalten, der größer oder gleich dem eben berechneten F-Wert ist. Ist der P-Wert kleiner als das im voraus festgelegte Signifikanzniveau α, so wird die Nullhypothese abgelehnt.

Als *Optionen* sind möglich:

- *PRINTE* bewirkt, daß die Matrix der Fehlerquadratsummen $\underline{S}_E$ **(Error SSCP Matrix)** ausgegeben wird. Zusätzlich gibt diese Option die Matrix der partiellen Korrelationskoeffizienten der abhängigen Variablen an (berechnet aus $\underline{S}_E$), sowie die P-Werte für die Hypothesenprüfungen, die partiellen Korrelationskoeffizienten zwischen je zwei Variablen sind Null.

- *PRINTH* bewirkt, daß die Matrix der Hypothesenquadratsummen $\underline{S}_H$ **(SSCP Matrix)** ausgegeben wird.

Beachte: in der MANOVA-Anweisung müssen die Optionen nach einem Schrägstrich "/" angegeben werden.

Die MEANS-Anweisung

Die MEANS-Anweisung bewirkt, daß SAS die Mittelwerte derjenigen Gruppen, die durch die angegebenen Faktoren gebildet werden können, berechnet. Gruppen, die durch Wechselwirkungseffekte gebildet werden können, bleiben unberücksichtigt.

Als *Optionen* sind dabei möglich:

- *CLDIFF* berechnet Konfidenzintervalle für die Differenzen von je zwei Gruppenmittelwerten, wobei die Gruppen durch die in der MEANS-Anweisung angegebenen Faktoren gebildet werden. Mit diesen Konfidenzintervallen können dann multiple Mittelwertvergleiche durchgeführt werden. Gruppenmittelwerte, die sich durch Wechselwirkungseffekte ergeben, bleiben bei den Konfidenzintervallen unberücksichtigt. In Verbindung mit der CLDIFF-Option muß immer noch mindestens eine Angabe der Berechnungsmethode für die Konfidenzintervalle erfolgen. Dabei stehen unter anderem die folgenden Optionen zur Auswahl:

BON	Konfidenzintervalle nach Bonferroni
SCHEFFE	Konfidenzintervalle nach Scheffé
SIDAK	Konfidenzintervalle nach Sidak

- *ALPHA=p* legt das gemeinsame Signifikanzniveau für die Konfidenzintervalle der Mittelwertdifferenzen fest. Fehlt diese Angabe, so verwendet PROC ANOVA ein gemeinsames Signifikanzniveau von 0,05.

Beachte: in der MEANS-Anweisung müssen die Optionen nach einem Schrägstrich "/" angegeben werden.

Signifikant von Null verschiedene Differenzen kennzeichnet SAS mit "***".

Beachte: Die MANOVA- und MEANS-Anweisung kann auch noch nach einem ersten RUN-Befehl gegeben werden. Besonders für die MEANS-Anweisung ist dies - im Sinne einer interaktiven Arbeitsweise - empfehlenswert, da - gegebenenfalls - erst nach Ablehnung der Hypothesen der Varianzanalyse (also erst nach erfolgtem Output der Varianzanalyse) eine weitere Analyse mit Hilfe von multiplen Mittelwertvergleichen sinnvoll ist. Nach der MANOVA- oder MEANS-Anweisung muß aber dann erneut der RUN-Befehl gegeben werden.

4.5.2. Fehlende Werte

Fehlen im univariaten Fall bei einer Variablen (abhängige Variable oder Faktor) Beobachtungswerte (missing values), werden die entsprechenden Objekte aus der Analyse ausgeschlossen.

4.5.3. Output

In diesem Abschnitt wird der von der Prozedur ANOVA erzeugte Output erläutert. Dies geschieht anhand des Original-Outputs zu Beispielprogrammen für eine univariate einfaktorielle Varianzanalyse, eine univariate zweifaktorielle Varianzanalyse und eine multivariate einfaktorielle Varianzanalyse.

4.5.3.1. Output einer univariaten einfaktoriellen Varianzanalyse

Um die Wirkung von verschiedenen Werbestrategien für die Zahnpasta Rent-a-Dent B zu ermitteln, wurden in ausgewählten Supermärkten der gleichen Größenordnung vier verschiedene Strategien angewendet. Die zu analysierende Datendatei mit dem Namen `sasuser.werbung` enthält den erzielten Umsatz der Zahnpasta im jeweiligen Supermarkt in einer Woche (Variablenname `umsatz`) sowie die Gruppenvariable `strat`, die die im jeweiligen Supermarkt verfolgte Werbestrategie angibt. Die Gruppenvariable kann die Werte 1 (= Lautsprecherdurchsagen), 2 (= Display am Einkaufswagen), 3 (= Plakate im Supermarkt) und 4 (= Sonderangebotprospekte für Rent-a-Dent B) annehmen.

Es soll beim Signifikanzniveau $\alpha = 0,01$ die Hypothese geprüft werden, die vier Strategien haben keinen Einfluß auf den erzielten Zahnpastaumsatz. Außerdem soll - für den Fall, daß die Hypothese abgelehnt wurde - anhand von Mittelwertvergleichen (nach Bonferroni und Scheffe) festgestellt werden, aufgrund welcher Strategien die Ablehnung erfolgte.

Das SAS-Programm für diese Analyse lautet:

```
proc anova data=sasuser.werbung;
class strat;
model umsatz = strat;
means strat / cldiff alpha=0.01 bon scheffe;
run;
```

SAS liefert zum obigen Programm den folgenden Output:

```
Analysis of Variance Procedure
Class Level Information

Class     Levels    Values

STRAT          4    1 2 3 4


Number of observations in data set = 330
```

```
Dependent Variable: UMSATZ   Umsatz pro Woche

Source        DF      Sum of Squares          Mean Square

Model          3  818963743.41078700   72987914.47026200

Error        326  823764362.08512100    2526884.54627338

Corrected    329  642728105.49590000
Total


F Value     Pr > F

 108.03     0.0001


R-Square       C.V.          Root MSE         UMSATZ Mean
0.498539  15.24070     1589.61773590      10430.08060606


Source      DF             Anova SS           Mean Square

STRAT        3    18963743.41078900    272987914.47026300


       F Value    Pr > F

STRAT   108.03    0.0001


Bonferroni (Dunn) T tests for variable: UMSATZ

NOTE: This test controls the type I experimentwise
      error rate but generally has a higher type II
      error rate than Tukey's for all pairwise
      comparisons.

Alpha= 0.01  Confidence= 0.99  df= 326  MSE= 2526885
Critical Value of T= 3.17042

Comparisons significant at the 0.01 level are indicated
by '***'.

               Simultaneous            Simultaneous
                   Lower   Difference      Upper
   STRAT      Confidence     Between  Confidence
 Comparison        Limit       Means       Limit

2     - 1         2970.3      3820.1      4669.9    ***
2     - 4         3099.5      3960.2      4820.9    ***
2     - 3         3497.6      4313.2      5128.8    ***

1     - 2        -4669.9     -3820.1     -2970.3    ***
```

```
1     - 4          -645.0        140.1         925.1
1     - 3          -242.2        493.1        1228.4

4     - 2         -4820.9      -3960.2       -3099.5    ***
4     - 1          -925.1       -140.1         645.0
4     - 3          -394.9        353.0        1100.9

3     - 2         -5128.8      -4313.2       -3497.6    ***
3     - 1         -1228.4       -493.1         242.2
3     - 4         -1100.9       -353.0         394.9

Scheffe's test for variable: UMSATZ

NOTE: This test controls the type I experimentwise
      error rate but generally has a higher type II
      error rate than Tukey's for all pairwise
      comparisons.

Alpha= 0.01  Confidence= 0.99  df= 326  MSE= 2526885
Critical Value of F= 3.84222

Comparisons significant at the 0.01 level are indicated
by '***'.

                Simultaneous               Simultaneous
                    Lower     Difference      Upper
   STRAT         Confidence    Between     Confidence
 Comparison         Limit       Means         Limit

2     - 1          2910.1       3820.1        4730.1    ***
2     - 4          3038.5       3960.2        4881.9    ***
2     - 3          3439.8       4313.2        5186.6    ***

1     - 2         -4730.1      -3820.1       -2910.1    ***
1     - 4          -700.6        140.1         980.8
1     - 3          -294.3        493.1        1280.5

4     - 2         -4881.9      -3960.2       -3038.5    ***
4     - 1          -980.8       -140.1         700.6
4     - 3          -447.9        353.0        1153.9

3     - 2         -5186.6      -4313.2       -3439.8    ***
3     - 1         -1280.5       -493.1         294.3
3     - 4         -1153.9       -353.0         447.9
```

Der Output umfaßt die folgenden Größen:

Bezeichnung	**Erklärung**
Class	Namen der Faktoren
Levels	Anzahl der Niveaus eines jeden Faktors
Values	"Ausprägungen" der Faktoren
Number of observations in data set	Anzahl der Beobachtungen und die Anzahl der von der Analyse ausgeschlossenen fehlenden Werte
Sum of Squares	Quadratsummen der Varianzanalysetabelle
Model	Hypothesenquadratsumme (insgesamt) *SSH*
Error	Fehlerquadratsumme *SSE*
Corrected total	Gesamtabweichungsquadratsumme *SS*
DF	Freiheitsgrade der Quadratsummen
Mean Square	Mittlere Quadratsummen der Varianzanalysetabelle
Model	Mittlere Hypothesenquadratsumme (insgesamt)
Error	Mittlere Fehlerquadratsumme
F Value	F-Prüfgröße
PR > F	P-Wert Der P-Wert entspricht der Wahrscheinlichkeit, bei Gültigkeit der Nullhypothese einen Wert für die Prüfgröße zu erhalten, der größer oder gleich dem eben berechneten Wert ist. Ist der P-Wert kleiner als das im voraus festgelegte Signifkikanzniveau α, so wird die Nullhypothese abgelehnt.
R-Square	Bestimmtheitsmaß. Es gibt an, wieviel von der Varianz der abhängigen Variablen durch das Modell erklärt werden kann.
C.V.	Variationskoeffizient

Root MSE	Wurzel aus der Mittleren Fehlerquadratsumme $\sqrt{\frac{SSE}{n-a}}$. Dieser Wert dient als Schätzwert für die Standardabweichung der abhängigen Variablen.
Mean	Arithmetisches Mittel der abhängigen Variablen.

Eine zweite Varianzanalysetabelle, die die Quadratsummen aufschlüsselt (erst ab einer zweifaktoriellen Varianzanalyse sinnvoll) mit folgenden Größen:

Bezeichnung	**Erklärung**
Source	betreffender Effekt
DF	Freiheitsgrade der Quadratsumme des jeweiligen Effekts
Anova SS	Hypothesenquadratsumme des jeweiligen Effekts
Mean Square	Mittlere Hypothesenquadratsumme des jeweiligen Effekts
F Value	F-Prüfgröße für die betreffende Hypothesenprüfung
Pr > F	P-Wert

Die MEANS-Anweisung für multiple Mittelwertvergleiche liefert folgenden Output:

Bezeichnung	**Erklärung**
Alpha	Gemeinsames Signifikanzniveau α
Confidence	Konfidenzkoeffizient $1-\alpha$
DF	Freiheitsgrade der Fehlerquadratsumme
MSE	Mittlere Fehlerquadratsumme
Critical value of F/T	das entsprechende Quantil der F- oder T-Verteilung

4.5.3.2. Output einer univariaten zweifaktoriellen Varianzanalyse

Im Rahmen einer Verbraucherstudie wollte man feststellen, ob das Geschlecht und die Rauchgewohnheit einen Einfluß auf die monatlichen Ausgaben für Süßigkeiten haben. Die zu analysierende Datendatei mit dem Namen `sasuser.sweet` enthält die monatlichen Ausgaben für Süßigkeiten der befragten Probanden (Variablenname `ausg`) sowie die Gruppenvariablen `sex` (Geschlecht; 1. Faktor) und `raucher` (Rauchgewohnheit, 2. Faktor). Die Gruppenvariable `sex` kann die Werte 1 (= männlich) und 2 (= weiblich), die Gruppenvariable `raucher` die Werte 1 (= Raucher) und 2 (=Nichtraucher) annehmen.

Es sollen beim Signifikanzniveau $\alpha = 0{,}01$ die Hypothesen geprüft werden, Geschlecht und Rauchgewohnheit haben zusammen keinen Einfluß auf die Ausgaben für Süßigkeiten sowie - falls möglich - das Geschlecht allein habe keinen Einfluß auf die Ausgaben für Süßigkeiten und die Rauchgewohnheit allein habe keinen Einfluß auf die Ausgaben für Süßigkeiten.

Das SAS-Programm für diese Analyse lautet:

```
proc anova data=sasuser.sweet;
class sex raucher;
model ausg = sex raucher sex*raucher;
run;
```

SAS liefert zum obigen Programm den folgenden Output:

```
Analysis of Variance Procedure
Class Level Information

Class     Levels    Values

SEX            2    1 2

RAUCHER        2    1 2


Number of observations in data set = 200


Dependent Variable: AUSG   monatliche Ausgaben

Source       DF       Sum of Squares          Mean Square

Model         3       15956.04696550        5318.68232183
```

```
Error          196       17977.82593000            91.72360168

Corrected      199       33933.87289550
Total

  F Value      Pr > F

    57.99      0.0001
  R-Square       C.V.             Root MSE          AUSG Mean

  0.470210     28.97818         9.57724395        33.04985000

Source          DF                  Anova SS        Mean Square

SEX             1              2934.31622450      2934.31622450
RAUCHER         1             12830.25786050     12830.25786050
SEX*RAUCHER     1               191.47288050       191.47288050

                 F Value      Pr > F

SEX                31.99      0.0001
RAUCHER           139.88      0.0001
SEX*RAUCHER         2.09      0.1501
```

Der (standardmäßige) Output umfaßt dieselben Größen wie der Output unter 4.5.3.1., die *zweite Varianzanalysetabelle, die die Quadratsummen aufschlüsselt*, weist nun folgende Größen auf:

Bezeichnung	**Erklärung**
Source	betreffender Effekt (Haupt- und Wechselwirkungseffekte)
DF	Freiheitsgrade der Quadratsumme des jeweiligen Effekts (Haupt- und Wechselwirkungseffekte)
Anova SS	Hypothesenquadratsumme des jeweiligen Effekts (Haupt- und Wechselwirkungseffekte)
Mean Square	Mittlere Hypothesenquadratsumme des jeweiligen Effekts (Haupt- und Wechselwirkungseffekte)
F Value	F-Prüfgröße für die betreffende Hypothesenprüfung
Pr > F	P-Wert für die jeweilige Hypothesenprüfung

4.5.3.3. Output einer multivariaten einfaktoriellen Varianzanalyse

Die Zeitschrift "*ESSEN und FASTEN*" interessiert sich für die Wirksamkeit von vier neuen Diäten auf den Gewichtsverlust und den Aggressionszustand (gemessen als Adrenalinausstoß). Die zu analysierende Datendatei mit dem Namen `sasuser.essen` enthält den Gewichtsverlust in kg (Variablenname `gewverl`), den Aggressionszustand (Variablenname `aggress`) der Probanden, sowie die Gruppenvariable `diaet`, die die Art der durchgeführten Diät angibt. Die Gruppenvariable `diaet` kann die Werte 1 (= Torten-Diät), 2 (= Kartoffel-Diät), 3 (=Griesbrei-Diät) und 4 (= Knoblauch-Diät) annehmen.

Das SAS-Programm für diese Analyse lautet:

```
proc anova data=sasuser.essen;
class diaet;
model gewverl aggress = diaet;
manova h=diaet;
run;
```

SAS liefert zum obigen Programm den folgenden Output:

```
Analysis of Variance Procedure
Class Level Information

Class     Levels    Values

DIAET          4    1 2 3 4


Number of observations in data set = 400

Dependent Variable: GEWVERL   Gewichtsverlust in KG

Source        DF     Sum of Squares        Mean Square

Model          3      1024.96565275      341.65521758

Error        396      6052.87769500       15.28504468

Corrected    399      7077.84334775
Total


 F Value     Pr > F

   22.35     0.0001
```

```
 R-Square        C.V.         Root MSE     GEWVERL Mean

 0.144813    42.53077       3.90960928       9.19242500

Source    DF          Anova SS             Mean Square

DIAET      3     1024.96565275            341.65521758

         F Value     Pr > F

DIAET    22.35     0.0001

Dependent Variable: AGGRESS    Aggressionszustand

Source         DF      Sum of Squares         Mean Square

Model           3        167.61800058         55.87266686

Error         396      35102.53108940         88.64275528

Corrected     399      35270.14908998
Total

 F Value      Pr > F

    0.63      0.5958

 R-Square        C.V.        Root MSE       AGGRESS Mean

 0.004752    31.93088     9.41502816         29.48564750

Source    DF         Anova SS                Mean Square

DIAET      3    167.61800058                 55.87266686

         F Value     Pr > F

DIAET     0.63     0.5958
```

```
Characteristic Roots and Vectors of: E Inverse * H, where
H = Anova SS&CP Matrix for DIAET   E = Error SS&CP Matrix

Characteristic    Percent         Characteristic
     Root                          Vector  V'EV=1

                                 GEWVERL         AGGRESS

    0.17213463    98.68      0.01275990       0.00068527
    0.00230229     1.32     -0.00155102       0.00529340

Manova Test Criteria and F Approximations for the
Hypothesis of no Overall DIAET Effect

H = Anova SS&CP Matrix for DIAET   E = Error SS&CP Matrix

S=2    M=0    N=196.5

Statistic                    Value           F   Num DF

Wilks' Lambda             0.85118464    11.0465        6
Pillai's Trace            0.14915268    10.6374        6
Hotelling-Lawley Trace    0.17443692    11.4547        6
Roy's Greatest Root       0.17213463    22.7218        3


                          Den DF      Pr > F

Wilks' Lambda                790      0.0001
Pillai's Trace               792      0.0001
Hotelling-Lawley Trace       788      0.0001
Roy's Greatest Root          396      0.0001


NOTE: F Statistic for Roy's Greatest Root is an upper
      bound.
NOTE: F Statistic for Wilks' Lambda is exact.
```

Der Output umfaßt die folgenden Werte:

Univariate Varianzanalysen, für jede abhängige Variable getrennt, mit:

Bezeichnung	**Erklärung**
Class	Namen der Faktoren
Levels	Anzahl der Niveaus eines jeden Faktors
Values	Niveaus der Faktoren

Number of observations in data set	Anzahl der Beobachtungen und die Anzahl der von der Analyse ausgeschlossenen fehlenden Werte
Sum of Squares	Quadratsummen der Varianzanalysetabelle
Model	Hypothesenquadratsumme (insgesamt) *SSH*
Error	Fehlerquadratsumme *SSE*
Corrected total	Gesamtabweichungsquadratsumme *SS*
DF	Freiheitsgrade der Quadratsummen
Mean Square	Mittlere Quadratsummen der Varianzanalysetabelle
Model	Mittlere Hypothesenquadratsumme (insgesamt)
Error	Mittlere Fehlerquadratsumme
F Value	F-Prüfgröße
PR > F	P-Wert Der P-Wert entspricht der Wahrscheinlichkeit, bei Gültigkeit der Nullhypothese einen Wert für die Prüfgröße zu erhalten, der größer oder gleich dem eben berechneten Wert ist. Ist der P-Wert kleiner als das im voraus festgelegte Signifikanzniveau α, so wird die Nullhypothese abgelehnt.
R-Square	Bestimmtheitsmaß. Es gibt an, wieviel Varianz der abhängigen Variablen durch das Modell erklärt werden kann.
C.V.	Variationskoeffizient
Root MSE	Wurzel aus der Mittleren Fehlerquadratsumme $\sqrt{\frac{SSE}{n-a}}$. Dieser Wert dient als Schätzwert für die Standardabweichung der abhängigen Variablen.
Mean	Arithmetisches Mittel der abhängigen Variablen.

Eine zweite Varianzanalysetabelle, die die Quadratsummen aufschlüsselt (erst ab einer zweifaktoriellen Varianzanalyse sinnvoll) mit folgenden Größen:

Bezeichnung	**Erklärung**
Source	betreffender Effekt
DF	Freiheitsgrade der Quadratsumme des jeweiligen Effektes
Anova SS	Hypothesenquadratsumme des jeweiligen Effektes
Mean Square	Mittlere Hypothesenquadratsumme des jeweiligen Effekts
F Value	F-Prüfgröße für die betreffende Hypothesenprüfung
Pr > F	P-Wert

Eigenwertanalyse

Bezeichnung	**Erklärung**
Characteristic Roots and Vectors of ...	Eigenwerte und -vektoren der Matrix $\underline{S}_E^{-1} \cdot \underline{S}_H$
Characteristic Root	Eigenwerte
Percent	Erklärungsanteil der Eigenwerte an der Gesamtvarianz in %
Characteristic Vector	Eigenvektoren

Prüfgrößen für die multivariate Hypothesenprüfung:

Bezeichnung	**Erklärung**
Statistic/Value	Werte der Prüfgrößen nach Wilk, Pilai, Hotelling-Lawley und Roy
F	approximierte F-Prüfgröße

Num DF	Freiheitsgrade des Zählers der approximierten F-Prüfgröße
Den DF	Freiheitsgrade des Nenners der approximierten F-Prüfgröße
Pr > F	P-Wert

5. Verteilungsfreie Lokalisationsvergleiche

Ähnliche Hypothesen wie beim Zwei-Stichproben-T-Test (im Zwei-Gruppen-Fall) bzw. bei der einfaktoriellen univariaten Varianzanalyse (im Mehr-Gruppen-Fall) können auch mit Hilfe **verteilungsfreier** Prüfverfahren getestet werden. "Verteilungsfrei" bedeutet, die Anwendung entsprechender Tests setzt keine konkreten Annahmen über die Verteilung(en) der Grundgesamtheit(en) voraus. Sollte also die dem T-Test bzw. der Varianzanalyse zugrundeliegende **Normalverteilungsannahme** ungerechtfertigt sein, empfiehlt es sich, auf die verteilungsfreien Prüfverfahren zurückzugreifen. Hier müssen die Beobachtungswerte lediglich einer **stetigen Verteilung** entstammen. Weiterhin wird bei den beiden vorzustellenden Testverfahren vorausgesetzt, daß die Verteilungen in den einzelnen Grundgesamtheiten **gleiche Variabilität** aufweisen. Das bedeutet, daß die **Form** der Verteilungen gleich sein soll, sie sich also - wenn überhaupt - nur durch die **Lage** unterscheiden (daher der Begriff **Lokalisationsvergleich**).

5.1. Der Wilcoxon-Rangsummen-Test für den Zwei-Stichproben-Fall

Mit Hilfe dieses Tests wird die **Nullhypothese** "Die beiden Verteilungen sind identisch" überprüft. Dazu werden die beiden Stichproben zu einer Stichprobe zusammengefaßt (**gepoolt**) und den Beobachtungswerten **Ränge** zugeordnet. Der kleinste Wert erhält dabei den Rang 1, der zweitkleinste den Rang 2 usw. Treten Beobachtungswerte mehrfach auf (**verbundene Beobachtungswerte**), so wird ihnen der Durchschnitt der auf sie entfallenden Ränge zugeordnet. Anschließend wird für jede Stichprobe getrennt die Summe der Ränge ihrer Beobachtungswerte

$$r_j = \sum_{i=1}^{n_j} \mathrm{Rg}\, x_{ij}$$

ermittelt. j indiziert dabei die j-te Stichprobe, i den i-ten Beobachtungswert innerhalb der j-ten Stichprobe.

Als **Prüfgröße** verwendet man die Rangsumme der kleineren Stichprobe r_1, die bei Gültigkeit der Nullhypothese **approximativ normalverteilt** ist. Um Signifikanzwahrscheinlichkeiten zu ermitteln, müssen noch der **Erwartungswert** und die **Varianz** der Nullverteilung bestimmt werden. Wenn die Nullhypothese richtig ist, sollten beide Stichproben den gleichen mittleren Rang $\frac{r_1 + r_2}{n_1 + n_2}$ aufweisen. Multipliziert man diesen mit n_1 (Anzahl der Beobachtungswerte der **kleineren** Stichprobe; es gilt also $n_1 \leq n_2$), so erhält man den Erwartungswert von r_1, falls die Nullhypothese gilt, als

$$\mathrm{E}r_1 = \frac{r_1 + r_2}{n_1 + n_2} n_1 .$$

Man kann weiterhin zeigen, daß für die Varianz von r_1 bei Zutreffen der Nullhypothese

$$\operatorname{var} r_1 = \frac{1}{12} n_1 n_2 (n_1 + n_2 + 1)$$

gilt.

Die Größe $z = \frac{r_1 - \mathrm{E}r_1}{\sqrt{\operatorname{var} r_1}}$ ist damit approximativ **standardnormalverteilt**, wobei bei der Berechnung von Wahrscheinlichkeiten aufgrund des Übergangs von einer diskreten zu einer stetigen Verteilung eine **Stetigkeitskorrektur** vorzunehmen ist. SAS berechnet die Wahrscheinlichkeit, bei Gültigkeit der Nullhypothese einen noch größeren Absolutwert der Prüfgröße zu erhalten als den tatsächlich erhaltenen. Ist diese Wahrscheinlichkeit geringer als das vorgewählte Signifikanzniveau, so ist die Nullhypothese abzulehnen.

5.2. Der Kruskal-Wallis-Test für den k-Stichproben-Fall

Liegen mehr als zwei Grundgesamtheiten vor und soll geprüft werden, ob diese k Grundgesamtheiten identisch verteilt sind, kann die **Nullhypothese** "Die k Verteilungen sind identisch" mit Hilfe des **Kruskal-Wallis-Tests** geprüft werden.
Die Vorgehensweise entspricht zunächst der des Wilcoxon-Rangsummen-Tests. Auch hier werden den Beobachtungswerten der gepoolten Stichprobe Ränge zugeordnet und für jede Stichprobe die Rangsumme $r_j \quad (j = 1, \ldots, k)$ ermittelt. Die **Prüfgröße** des Kruskal-Wallis-Tests lautet

$$h = \frac{1}{B} \left[\frac{12}{n(n+1)} \sum_{j=1}^{k} \frac{r_j^2}{n_j} - 3(n+1) \right].$$

Dabei ist n_j die Anzahl der Beobachtungswerte der j-ten Stichprobe und $n = \sum_{j=1}^{k} n_j$ die Gesamtzahl der Beobachtungswerte (aller Stichproben). B ist eine **Korrekturgröße** zur Berücksichtigung verbundener Ränge. Liegen in der gepoolten Stichprobe keine gleichen Beobachtungswerte vor, so ist $B = 1$. Ansonsten errechnet es sich als

$$B = 1 - \frac{1}{n^3 - n} \sum_{l=1}^{g} \left(t_l^3 - t_l \right) .$$

Dabei ist t_l die Anzahl der **Bindungen** (gleichen Ränge) innerhalb der l-ten **Bindungsgruppe**. Eine Bindungsgruppe ist eine Gruppe mit gleichen Rängen, wobei auch ein einzelner Rang bereits eine Bindgungsgruppe darstellt. g ist die Gesamtzahl der Bindungsgruppen.

> Beispiel: Angenommen, man hätte aus einer gepoolten Stichprobe die Rangreihe
>
> 1 2 4 4 4 6 7,5 7,5 9
>
> erhalten. Dann wäre $g = 6$ (6 Gruppen mit gleichen Rängen liegen vor), $t_1 = t_2 = 1$, $t_3 = 3$, $t_4 = 1$, $t_5 = 2$ und $t_6 = 1$. Für B ergäbe sich $B = 1 - \frac{1}{9^3 - 9}\left[\left(3^3 - 3\right) + \left(2^3 - 2\right)\right] = 0{,}9583$.

Man sieht, daß im Falle fehlender Bindungen $\left(t_l^3 - t_l\right) = \left(1^3 - 1\right) = 0 \quad \forall l$ gilt, der Wert der Summe somit 0 und der Wert von B gleich 1 ist.

Die Prüfgröße h des Kruskal-Wallis-Tests ist bei Zutreffen der Nullhypothese **approximativ χ^2-verteilt** mit $k-1$ Freiheitsgraden. Man berechnet damit die Wahrscheinlichkeit, bei Gültigkeit der Nullhypothese einen noch größeren Wert der Prüfgröße zu erhalten als den tatsächlich erhaltenen und lehnt die Nullhypothese ab, wenn diese Wahrscheinlichkeit kleiner ist als das vorgewählte Signifikanzniveau.

5.3. Verteilungsfreie Lokalisationsvergleiche mit SAS: Die Prozedur NPAR1WAY

Verteilungsfreie Lokalisationsvergleiche führt in SAS die Prozedur NPAR1WAY durch. Diese Prozedur beinhaltet neben den hier vorgestellten

Testverfahren weitere, die sich dadurch auszeichnen, daß nicht die Ränge selbst, sondern **Funktionen der Ränge** zugrunde gelegt werden.

5.3.1. Syntax

Die Syntax der Prozedur NPAR1WAY lautet allgemein:

PROC NPAR1WAY *Optionen*;
VAR *Variablenliste*;
CLASS *Variable*;
BY *Variable*;

Neben der PROC NPAR1WAY-Anweisung ist auch die CLASS-Anweisung obligatorisch, alle anderen Anweisungen sind optional. Von den optionalen Parametern werden nun die wichtigsten erläutert.

Die PROC NPAR1WAY-Anweisung

Diese Anweisung ruft die Prozedur auf. Als *Optionen* sind dabei möglich:

- *DATA=SAS-Datendatei* bezeichnet die Datendatei, die SAS zur Auswertung verwenden soll. Wird diese Option nicht gesetzt, verwendet SAS die jüngste Datendatei.

- *ANOVA* fordert eine parametrische einfaktorielle Varianzanalyse (F-Test) an.

- *WILCOXON* fordert den Wilcoxon-Rangsummen-Test an, falls zwei Gruppen vorliegen, und den Kruskal-Wallis-Test, falls mehr als zwei Gruppen vorliegen.

Weitere hier mögliche *Optionen* wie *MEDIAN, VW, SAVAGE* fordern die hier nicht näher beschriebenen Teste (**Median-** bzw. **Brown-Mood-Test, Van der Waerden-Test, Savage-Test**) an.

Die VAR-Anweisung

Hier sind als *Variablenliste* diejenigen (numerischen) Variablen anzugeben, für die der entsprechende Test durchgeführt werden soll. Wird keine Variable angegeben, so verwendet SAS alle in der Datendatei enthaltenen numerischen Variablen.

Die CLASS-Anweisung

Hier ist diejenige *Variable* anzugeben, die die Gruppenzugehörigkeit eines jeden Objektes enthält.

Die BY-Anweisung

Zur Wirkung dieser Anweisung vergleiche man die Syntax-Beschreibung der Prozedur UNIVARIATE.

5.3.2. Fehlende Werte

Weist ein Objekt entweder bei einer abhängigen oder bei der gruppierenden Variablen einen fehlenden Wert auf, so wird es aus der Analyse ausgeschlossen.

5.3.3. Output

Der Output der Prozedur NPAR1WAY soll wieder anhand zweier Beispiele erläutert werden. Der Sachverhalt und die Daten des ersten Beispiels (2-Gruppen-Fall) entsprechen dem Beispiel der Prozedur TTEST (Abschnitt 1.5.3.). Mit Hilfe des Wilcoxon-Rangsummen-Testes soll nun geprüft werden, ob die Verteilungen des Intelligenzquotienten an den beiden Schularten ein unterschiedliches Niveau haben. Das hierzu erforderliche Programm lautet:

```
proc npar1way data=sasuser.ttesdat wilcoxon;
var iq;
class gymart;
run;
```

Das Programm liefert die folgende Ausgabe:

```
N P A R 1 W A Y   P R O C E D U R E

Wilcoxon Scores (Rank Sums) for Variable IQ
Classified by Variable GYMART

                Sum of      Expected        Std Dev          Mean
GYMART    N     Scores      Under H0        Under H0         Score

H         13    176.0    162.500000      17.2226995     13.5384615
N         11    124.0    137.500000      17.2226995     11.2727273

Average Scores were used for Ties

Wilcoxon 2-Sample Test (Normal Approximation)
(with Continuity Correction of .5)

S=  124.000         Z= -.754818        Prob > |Z| =    0.4504

T-Test approx. Significance =     0.4580

Kruskal-Wallis Test (Chi-Square Approximation)
CHISQ= 0.61442         DF=  1          Prob > CHISQ=    0.4331
```

In der nachfolgenden Tabelle sind die dabei auftretenden Größen näher erläutert.

Bezeichnung	**Erklärung**
GYMART	Werte der gruppierenden Variablen, hier N (neusprachliches Gymnasium) und H (humanistisches Gymnasium)
N	jeweiliger Stichprobenumfang
Sum of Scores	jeweilige Rangsumme r_j
Expected Under H0	jeweiliger Erwartungswert der Rangsumme bei Gültigkeit der Nullhypothese
Std Dev Under H0	jeweilige Standardabweichung der Rangsumme bei Gültigkeit der Nullhypothese
Mean Score	jeweiliger durchschnittlicher Rang $\frac{r_j}{n_j}$

Average Scores were used for Ties – Hinweis darauf, daß gleiche Beobachtungswerte in der gepoolten Stichprobe vorlagen. Diesen wurden mittlere Ränge zugeordnet.

Wilcoxon 2-Sample-Test (...) (with Continuity Correction of .5) – Wilcoxon-Rangsummen-Test unter Verwendung der approximativ standardnormalverteilten Prüfgröße mit Stetigkeitskorrektur um den Wert 0,5

S – Rangsumme der kleineren Stichprobe

Z – Wert der standardisierten Prüfgröße

Prob > |Z| – Wahrscheinlichkeit, bei Gültigkeit der Nullhypothese einen noch größeren Absolutwert der Prüfgröße zu erhalten. Ist diese kleiner als das vorgewählte Signifikanzniveau, so ist die Nullhypothese abzulehnen.

T-Test approx. Significance – dieselbe Wahrscheinlichkeit wie vor, jedoch unter der Annahme, die Prüfgröße sei t- anstatt standardnormalverteilt (für kleine Stichproben angemessen).

Kruskal-Wallis-Test ... – Kruskal-Wallis-Test, dessen Prüfgröße auch im 2-Stichproben-Fall berechnet werden kann

CHISQ – Prüfgröße h des Kruskal-Wallis-Tests

DF – Anzahl der Freiheitsgrade der Nullverteilung

Prob > CHISQ – Wahrscheinlichkeit, bei Gültigkeit der Nullhypothese einen noch größeren Wert der Prüfgröße zu erhalten. Ist diese kleiner als das vorgewählte Signifikanzniveau, so ist die Nullhypothese abzulehnen.

Das zweite Beispiel stimmt in Sachverhalt und Daten mit dem Beispiel der univariaten einfaktoriellen Varianzanalyse (Abschnitt 4.5.3.1.) überein. Es soll hier mit dem Kruskal-Wallis-Test überprüft werden, ob die Umsatzverteilung bei allen vier Werbestrategien dasselbe Niveau aufweist, oder ob evtl. Unterschiede bestehen. Zum Vergleich soll die Prozedur NPAR1WAY jedoch auch eine parametrische Varianzanalyse (F-Test) durchführen. Das erforderliche Programm lautet:

```
proc npar1way data=sasuser.werbung anova wilcoxon;
var umsatz;
class strat;
run;
```

Es liefert die folgende Ausgabe:

```
N P A R 1 W A Y  P R O C E D U R E

Analysis of Variance for Variable UMSATZ
Classified by Variable STRAT

STRAT      N        Mean                    Among MS     Within MS
                                           272987914    2526884.55
1         85   9926.3635
2         60  13746.4767                     F Value      Prob > F
3        105   9433.2733                     108.033        0.0001
4         80   9786.2925


Wilcoxon Scores (Rank Sums) for Variable UMSATZ
Classified by Variable STRAT


                    Sum of      Expected       Std Dev          Mean
STRAT      N        Scores      Under H0      Under H0         Score

1         85    13249.5000    14067.5000    757.906868    155.876471
2         60    17406.0000     9930.0000    668.468343    290.100000
3        105    12554.0000    17377.5000    807.252217    119.561905
4         80    11405.5000    13240.0000    742.742603    142.568750

Average Scores were used for Ties

Kruskal-Wallis Test (Chi-Square Approximation)
CHISQ=  132.16          DF=  3
Prob > CHISQ=      0.0001
```

In der nachfolgenden Tabelle werden die dabei auftretenden Größen erläutert.

Bezeichnung	**Erklärung**
Analysis of Variance ...	Parametrische univariate einfaktorielle Varianzanalyse
STRAT	Werte der Gruppierungsvariablen, hier Variable `strat`
N	jeweilige Stichprobengröße
Mean	jeweiliger Stichprobendurchschnitt
Among MS	Mean Square des Haupteffektes
Within MS	Mean Square des Fehlers

F Value	Wert der Prüfgröße *F*
Prob > F	Wahrscheinlichkeit, bei Gültigkeit der Nullhypothese "Alle Gruppenmittelwerte sind gleich" einen noch größeren Wert der Prüfgröße zu erhalten als den tatsächlich erhaltenen. Ist diese Wahrscheinlichkeit geringer als das vorgewählte Signifikanzniveau, so ist die Nullhypothese abzulehnen.

Die weiteren Größen wurden bereits beim ersten Beispiel erläutert.

5.4. Multiple Vergleiche

Wird die Nullhypothese "Die *k* Verteilungen sind identisch" des Kruskal-Wallis-Tests abgelehnt, wäre auch hier ein Verfahren ähnlich den **multiplen Mittelwertvergleichen** bei der parametrischen Varianzanalyse wünschenswert, das es festzustellen erlaubt, welche Gruppen für die Ablehnung verantwortlich waren. Leider sieht SAS dafür keine Option vor. Man kann jedoch häufig **deskriptiv** anhand der Rangsummen herausfinden, welche Gruppe(n) stark von der "Norm" abweichen. Dazu braucht man im Output lediglich die Rangsummen und die bei Gültigkeit der Nullhypothese zu erwartenden Rangsummen zu vergleichen. Gruppen, bei denen diese beiden Größen stark voneinander abweichen, tragen viel zur Ablehnung der Nullhypothese bei. Ob die Verteilung einer Gruppe im Vergleich zu den anderen eher auf einem höheren oder auf einem niedrigeren Niveau liegen dürfte, kann direkt anhand der **Mean Scores** jeder Gruppe ausgesagt werden.
Wie bereits festgestellt: Statistisch absichern kann man diese Aussagen mit SAS jedoch nicht.

6. Lineare Regressionsanalyse

Die Regressionsanalyse allgemein beschäftigt sich mit der Analyse von **tendenziell funktionalen** Beziehungen zwischen einer abhängigen Variablen (auch **Zielvariable** oder **Regressand** genannt) und einer oder mehreren unabhängigen Variablen (auch **erklärende Variable(n)** oder **Regressor(en)** genannt). Bei einer erklärenden Variablen spricht man von **Einfachregression** (Regression einer abhängigen Variablen auf eine unabhängige Variable) bei mehr als einer erklärenden Variablen von **Mehrfachregression**.

6.1. Lineare Einfachregression

Bei der linearen Einfachregression wird ein tendenziell linearer Zusammenhang zwischen einer abhängigen Variablen y und einer erklärenden Variablen x vermutet. Dabei gilt

$$y = \alpha + \beta x + u \ .$$

Die Beziehung zwischen x und y würde tatsächlich einem linearen Zusammenhang folgen (bei einer unabhängigen Variablen einer Geraden), jedoch wird dieser lineare Zusammenhang von einer sogenannten **Störgröße** u beeinflußt.
Man versucht nun mit Hilfe einer Stichprobe vom Umfang n **Schätzwerte** für die Parameter α und β zu finden. Dabei werden an n Objekten die Ausprägungen des Beobachtungsvektors (x_i, y_i) (i = 1, ..., n) gemessen.

Für das i-te Objekt der Stichprobe erhält man somit den tendenziellen linearen Zusammenhang

$$y_i = \alpha + \beta x_i + u_i \, .$$

Die Störgrößen u_i werden in der Regressionsanalyse als **Zufallsvariablen** aufgefaßt, wodurch auch die y_i zu Zufallsvariablen werden. Die unabhängige Variable hat **keinen** stochachstischen Charakter. Bezeichnet man die Schätzwerte für die Parameter α (Absolutglied) und β (Steigungskoeffizient) mit a und b, so kann der geschätzte Zusammenhang für das i-te Objekt in der Stichprobe angegeben werden mit

$$y_i = a + bx_i + d_i \ .$$

Die Größen d_i bezeichnet man als **Residuen**. Sie müssen strikt von den Störgrößen u_i unterschieden werden. Die Störgröße u_i bezieht sich immer auf den tatsächlichen Zusammenhang in der **Grundgesamtheit**, das Residuum immer auf den geschätzten Zusammenhang in der **Stichprobe**. Würde man von den Residuen d_i für jeden Beobachtungswert der Stichprobe absehen, erhielte man die sogenannte **Stichproben-Regressionsgerade**

$$\hat{y} = a + bx \ .$$

Subtrahiert man also das Residuum d_i vom Beobachtungswert y_i erhält man den wahren linearen Zusammenhang

$$\underbrace{y_i - d_i}_{\hat{y}_i} = a + bx_i \ .$$

$\hat{y}_i$ ist der **Schätzwert** der Zielvariablen beim i-ten Objekt der Stichprobe, also der Wert der Stichproben-Regressionsgerade, der zu einem bestimmten Wert x_i gehört.

Zum Modellansatz der linearen Einfachregression gehört das folgende **Annahmensystem**:

① Die Erwartungswerte der Zufallsvariablen u_i betragen allesamt 0.

② Die Varianzen der Zufallsvariablen u_i sind alle gleich und haben den Wert σ^2.

③ Die Störvariablen sind unkorreliert, es gilt also $\operatorname{cov} u_i, u_j = 0 \quad i \neq j$.

④ Für die Anwendung von Hypothesenprüfungen wird zusätzlich angenommen, daß die Störvariablen u_i normalverteilt sind mit $Eu_i = 0$ und $\operatorname{var} u_i = \sigma^2$.

Zu beachten ist hierbei, daß Annahme ④ nicht mehr zum klassischen Annahmensystem der linearen Einfachregression gehört, sondern nur zusätzlich - für Testverfahren - eingeführt wurde.

Um nun Schätzwerte für die Parameter α und β zu erhalten, wird die **Methode der kleinsten Quadrate** angewendet. Bei der Methode der kleinsten

Quadrate werden die Schätzwerte durch **Minimierung der Residuenquadratsumme** bestimmt, d.h.

$$Q = \sum d_i^2 = \sum (y_i - \hat{y}_i)^2 = \sum (y_i - a - bx_i)^2 \rightarrow \text{min !}$$

Die Minimierung erfolgt durch die Bildung der **partiellen Ableitungen** von Q nach a und b und durch anschließendes Nullsetzen der beiden erhaltenen Gleichungen:

$$\text{(1)} \quad \frac{\partial Q}{\partial a} = -2\left(\sum y_i - na - b\sum x_i\right) = 0$$

$$\text{(2)} \quad \frac{\partial Q}{\partial b} = -2\left(\sum x_i y_i - a\sum x_i - b\sum x_i^2\right) = 0\ .$$

Durch Umformen erhält man aus (1) und (2) die sogenannten **Normalgleichungen**

$$na + b\sum x_i = \sum y_i$$

und

$$a\sum x_i + b\sum x_i^2 = \sum x_i y_i\ .$$

Es kann gezeigt werden, daß die zweiten partiellen Ableitungen von Q nach a und b allesamt größer Null sind, wodurch man die Schätzwerte a und b für α und β erhält als

$$b = \frac{\sum x_i y_i - n\overline{x}\overline{y}}{\sum x_i^2 - n\overline{x}^2}$$

$$a = \overline{y} - b\overline{x}$$

$$\text{mit} \quad \overline{x} = \frac{1}{n}\sum x_i$$

$$\overline{y} = \frac{1}{n}\sum y_i\ .$$

Mit den Koeffizienten a und b erhält man dann die Stichprobenregressionsgerade als

$$\hat{y} = a + bx \ .$$

Um die Stärke des linearen Zusammenhang zwischen x und y zu ermitteln, kann das sogenannte **Bestimmtheitsmaß** berechnet werden:

$$r^2 = \frac{s_{\hat{y}}^2}{s_y^2} = \frac{\sum\left(\hat{y}_i^2 - n\bar{y}^2\right)}{\sum\left(y_i^2 - n\bar{y}^2\right)} = \frac{\left(\sum x_i y_i - n\bar{x}\bar{y}\right)^2}{\left(\sum x_i^2 - n\bar{x}^2\right)\left(\sum y_i^2 - n\bar{y}^2\right)} = b^2 \frac{\sum x_i^2 - n\bar{x}^2}{\sum y_i^2 - n\bar{y}^2} \ .$$

Das Bestimmtheitsmaß setzt die Varianz der Schätzwerte $\hat{y}_i$ ins Verhältnis zur Varianz der Werte der Zielvariablen y_i. Das Bestimmtheitsmaß gibt also den **Anteil der Varianz** der Zielvariablen an, der durch die Regression erklärt werden kann. Das Bestimmtheitsmaß liegt zwischen 0 und 1 und ist das Quadrat des Korrelationskoeffizienten nach BRAVAIS-PEARSON. Je größer der Wert, umso stärker ist der lineare Zusammenhang zwischen x und y. Ergänzend zum gewöhnlichen Bestimmtheitsmaß kann das sogenannte angepaßte Bestimmtheitsmaß berechnet werden:

$$r_{ad}^2 = \frac{n-1}{n-K-1} \cdot r^2 + \frac{1-K-1}{n-K-1}$$

mit K: Anzahl der unabhängigen Variablen

Bei der linearen Einfachregression ist K=1. Das angepaßte Bestimmheitsmaß berücksichtigt die weitere Aufnahme von erklärenden Variablen in den Modellansatz und eignet sich so am besten für einen Modellvergleich mit einer unterschiedlichen Anzahl von erklärenden Variablen. Bei einer weiteren Aufnahme von erklärenden Variablen würde sich r^2 erhöhen, r_{ad}^2 kann jedoch durchaus sinken und spiegelt so die tatsächliche Verbesserung der Modellschätzung durch eine weitere Variablenaufnahme wieder.

Um die Hypothese zu prüfen "Zwischen den Variablen x und y besteht kein linearer Zusammenhang" kann eine **Varianzanalyse** durchgeführt werden. Hierzu ist die Berechnung der folgenden Quadratsummen erforderlich:

- Die **Quadratsumme der erklärenden Variablen** *SSR* (Regressionsquadratsumme):

$$SSR = \sum\left(\hat{y}_i - \bar{y}\right)^2$$

Diese Quadratsumme erfaßt die Streuung der geschätzten Werte der Zielvariablen um das arithmetische Mittel der Zielvariablen, also die Streuung, die durch die Stichproben-Regressionsgerade erklärt werden kann.

- Die **Residuen- oder Fehlerquadratsumme** *SSE:*

$$SSE = \sum d_i^2 = \sum (y_i - \hat{y}_i)^2.$$

Die Residuenquadratsumme erfaßt die Streuung der Beobachtungswerte um die Schätzwerte der Zielvariablen, also die Streuung, die durch die Stichproben-Regressionsgerade nicht erklärt werden kann.

Die Gesamtstreuung der Beobachtungswerte $SS = \sum (y_i - \bar{y})^2$ setzt sich dann wieder additiv zusammen als

$$SS = SSR + SSE.$$

Für die Ermittlung der Prüfgröße gilt:

- Der Quotient $\frac{SSR}{\sigma^2}$ ist χ^2 – verteilt mit 1 Freiheitsgrad.

- Der Quotient $\frac{SSE}{\sigma^2}$ ist χ^2 – verteilt mit (n-2) Freiheitsgraden.

Damit ist die Prüfgröße

$$F = \frac{\frac{SSR}{\sigma^2}}{\frac{SSE}{\sigma^2 (n-2)}} = \frac{\sum (\hat{y}_i - \bar{y})^2}{\frac{\sum (y_i - \hat{y}_i)^2}{(n-2)}}$$

F-verteilt mit 1 und (n-2) Freiheitsgraden. Ist der Wert der ermittelten Prüfgröße F größer als das $(1-\alpha)$-Quantil der F-Verteilung mit 1 und (n-2) Freiheitsgraden, so wird die Nullhypothese abgelehnt. Die Ergebnisse der Varianzanalyse werden wiederum in einer **Varianzanalysetabelle** zusammengefaßt:

Streuungs-ursache	Freiheits-grade	Quadrat-summe	Mittlere Quadrat-summe	Prüfgröße F
erklärende Variable	1	SSR	$\frac{SSR}{1}$	$F = \frac{SSR}{1} \Big/ \frac{SSE}{n-2}$
Residuen	$n - 2$	SSE	$\frac{SSE}{n-2}$	-----
Insgesamt	$n - 1$	SS	-----	-----

Die Schätzwerte für die Zielvariablen $\hat{y}_i$ bei gegebenen Werten der Stichprobe x_i (i = 1, ...,n) erhält man - wie bereits erwähnt - aus der Stichproben-Regressionsgeraden mit

$$\hat{y}_i = a + bx_i .$$

Die Standardabweichungen $s_{\hat{y}_i}$ dieser Schätzwerte berechnen sich als

$$s_{\hat{y}_i} = s_d \cdot \sqrt{\frac{1}{n} + \frac{(x_i - \bar{x})}{\sum (x_i - \bar{x})^2}} \qquad (i = 1, ..., n)$$

Die **Standardabweichung der Residuen** s_d ist dabei die Wurzel aus der Stichprobenvarianz der Residuen s_d^2. s_d^2 stellt einen erwartungstreuen Schätzwert für die Varianz der Störgrößen $\operatorname{var} u_i = \sigma^2$ dar und wird berechnet als

$$s_d^2 = \frac{1}{n-2} \sum d_i^2 .$$

Mit Hilfe der Stichproben-Regressiongerade können jedoch auch neue Werte $\hat{y}_P$ für die Zielvariablen bei vorgegebenen Werten x_P **prognostiziert** werden als

$$\hat{y}_P = a + bx_P.$$

Im Zusammenhang mit der Prognose von Schätzwerten können folgende **Konfidenzintervalle** ermittelt werden:

- Ein $(1-\alpha)\cdot 100\%$ –Konfidenzintervall für den **Erwartungswert der Zielvariablen** bei gegebenem Wert x_P:

$$\left[\hat{y}_P - t(1-\alpha/2;n-2)\cdot s_d \cdot \sqrt{\frac{1}{n}+\frac{(x_P-\bar{x})}{\sum(x_i-\bar{x})^2}};\right.$$

$$\left.\hat{y}_P + t(1-\alpha/2;n-2)\cdot s_d \cdot \sqrt{\frac{1}{n}+\frac{(x_P-\bar{x})}{\sum(x_i-\bar{x})^2}}\right].$$

- Ein $(1-\alpha)\cdot 100\%$ –Konfidenzintervall für den **Einzelwert der Zielvariablen** bei gegebenem Wert x_P:

$$\left[\hat{y}_P - t(1-\alpha/2;n-2)\cdot s_d \cdot \sqrt{1+\frac{1}{n}+\frac{(x_P-\bar{x})}{\sum(x_i-\bar{x})^2}};\right.$$

$$\left.\hat{y}_P + t(1-\alpha/2;n-2)\cdot s_d \cdot \sqrt{1+\frac{1}{n}+\frac{(x_P-\bar{x})}{\sum(x_i-\bar{x})^2}}\right].$$

6.2. Lineare Mehrfachregression

Bei der linearen Mehrfachregression wird ein **tendenziell linearer** Zusammenhang zwischen einer abhängigen Variablen y und **mehreren erklärenden** Variablen x_j (j = 1, ..., K) vermutet. Dabei gilt

$$y = \beta_0 + \beta_1 x_1 + \beta_2 x_2 + \ldots \beta_K x_K + u \ .$$

Die Beziehung zwischen den erklärenden Variablen und y würde tatsächlich einem linearen Zusammenhang (bei K unabhängigen Variablen einer Hyperebene) folgen, jedoch wird dieser lineare Zusammenhang von einer sogenannten **Störgröße** u beeinflußt.

Man versucht nun mit Hilfe einer Stichprobe vom Umfang n Schätzwerte $b_0, b_1, \ldots, b_K$ für die **Regressionskoeffizienten** $\beta_0, \beta_1, \ldots, \beta_K$ zu finden. Dabei werden an n Objekten die Ausprägungen des Beobachtungsvektors $(x_{1i}, x_{2i}, \ldots, x_{Ki}, y_i)$ (i = 1, ..., n) gemessen.

Für das i-te Objekt der Stichprobe erhält man somit den tendenziellen linearen Zusammenhang mit

$$y_i = \beta_0 + \beta_1 x_{1i} + \beta_2 x_{2i} + \ldots \beta_K x_{Ki} + u_i \ .$$

Die Störgrößen u_i werden wiederum als **Zufallsvariablen** aufgefaßt, wodurch auch die y_i zu Zufallsvariablen werden. Die unabhängigen Variablen haben **keinen** stochachstischen Charakter. Der geschätzte Zusammenhang für das i-te Objekt in der Stichprobe kann dann angegeben werden mit

$$y_i = b_0 + b_1 x_{1i} + b_2 x_{2i} + \ldots b_K x_{Ki} + d_i \ .$$

Die sogenannte **Stichproben-Regressionshyperebene** ergibt sich bei der linearen Mehrfachregression damit als

$$\hat{y}_i = b_0 + b_1 x_{1i} + b_2 x_{2i} + \ldots b_K x_{Ki} \ .$$

Die n Gleichungen für die Werte der Zielvariablen in der Stichprobe

$$y_i = b_0 + b_1 x_{1i} + b_2 x_{2i} + \ldots b_K x_{Ki} + d_i \ ,$$

wobei $d_i = y_i - \hat{y}_i$ ist,

können vereinfachend in **Matrizenschreibweise** dargestellt werden als

$$\underline{y} = \underline{X}\underline{\beta} + \underline{d},$$

$$\text{mit } \underline{y} = \begin{pmatrix} y_1 \\ y_2 \\ \vdots \\ y_n \end{pmatrix}, \quad \underline{X} = \begin{pmatrix} 1 & x_{11} & \cdots & x_{K1} \\ 1 & x_{12} & \cdots & x_{K2} \\ \vdots & \vdots & \vdots & \vdots \\ 1 & x_{1n} & \cdots & x_{Kn} \end{pmatrix},$$

$$\underline{\beta}=\begin{pmatrix}\beta_0\\ \beta_1\\ \vdots\\ \beta_K\end{pmatrix} \quad \text{und} \quad \underline{d}=\begin{pmatrix}d_1\\ d_2\\ \vdots\\ d_n\end{pmatrix}.$$

Speziell für das **Modell der linearen Einfachregression** ergeben sich bei obiger **Matrizenschreibweise** der Modellgleichungen die folgenden Matrizen und Vektoren:

$$\underline{y}=\begin{pmatrix}y_1\\ y_2\\ \vdots\\ y_n\end{pmatrix}, \quad \underline{X}=\begin{pmatrix}1 & x_1\\ 1 & x_2\\ \vdots & \vdots\\ 1 & x_n\end{pmatrix},$$

$$\underline{\beta}=\begin{pmatrix}\alpha\\ \beta\end{pmatrix} \quad \text{und} \quad \underline{d}=\begin{pmatrix}d_1\\ d_2\\ \vdots\\ d_n\end{pmatrix}.$$

Die Stichproben-Regressionhyperebene kann in Matrizenschreibweise dargestellt werden als

$$\underline{\hat{y}}=\underline{X}\underline{b}.$$

Die Modellgleichungen für den Zusammenhang in der Grundgesamtheit ergeben sich als

$$\underline{y}=\underline{X}\underline{\beta}+\underline{u}$$

$$\text{mit} \quad \underline{u}=\begin{pmatrix}u_1\\ u_2\\ \vdots\\ u_n\end{pmatrix}.$$

Zu dem Modellansatz der linearen Mehrfachregression werden die folgenden **Modellannahmen** getroffen:

① $E\underline{u}=\underline{0}$.

② $VAR(\underline{u},\underline{u}) = \sigma^2 \cdot \underline{I}$

③ $rg(\underline{X}) = K + 1 < n$

④ Für die Anwendung von Hypothesenprüfungen wird zusätzlich angenommen, daß der Zufallsvektor $\underline{u}$ einer multivariaten n-dimensionalen Normalverteilung mit dem Erwartungswertvektor $E\underline{u} = \underline{0}$ und der Varianz-Kovarianz-Matrix $VAR(\underline{u},\underline{u}) = = \sigma^2 \cdot \underline{I}$ folgt.

Um nun **Schätzwerte** $\underline{b}$ für den Vektor $\underline{\beta}$ zu erhalten, wird auch in der linearen Mehrfachregression die **Methode der kleinsten Quadrate** angewendet: Man **minimiert** wiederum die **Residuenquadratsumme** $\sum(y_i - \hat{y}_i)^2 = \underline{d}'\underline{d}$, d.h.

$$Q = \underline{d}'\underline{d} = (\underline{y} - \underline{X}\underline{b})'(\underline{y} - \underline{X}\underline{b}) = \underline{y}'\underline{y} - 2\underline{b}'\underline{X}'\underline{y} + \underline{b}'\underline{X}'\underline{X}\underline{b} \rightarrow \text{min!}$$

Die Minimierung erfolgt durch **Differentiation** dieses inneren Vektorenproduktes nach $\underline{b}$ und durch Nullsetzen der erhaltenen Matrizengleichung:

$$\frac{\partial Q}{\partial \underline{b}} = -2\underline{X}'\underline{y} + 2\underline{X}'\underline{X}\underline{b} = \underline{0}$$

Durch Umformen erhält man daraus die **Normalgleichungen** der linearen Mehrfachregression

$$\underline{X}'\underline{X}\underline{b} = \underline{X}'\underline{y}.$$

Es kann gezeigt werden, daß die zweite partielle Ableitung $\frac{\partial^2 Q}{\partial \underline{b}^2}$ positiv definit ist, wodurch man die Schätzwerte erhält als

$$\underline{b} = (\underline{X}'\underline{X})^{-1}\underline{X}'\underline{y}$$

und die Stichproben-Regressionhyperebene mit

$$\hat{\underline{y}} = \underline{X}\underline{b}.$$

Um die Stärke des linearen Zusammenhang zwischen den erkärenden Variablen und y zu ermitteln, kann das sogenannte **multiple Bestimmtheitsmaß** berechnet werden:

$$r^2 = \frac{\underline{b}'\underline{X}'\underline{y} - n\bar{y}^2}{\underline{y}'\underline{y} - n\bar{y}^2}.$$

Dieses gibt den Anteil der Varianz der Zielvariablen an, der durch die Regressoren erklärt werden kann. Es liegt zwischen 0 und 1 und ist das Quadrat des multiplen Korrelationskoeffizienten zwischen y und $x_1, x_2, \ldots, x_K$. Ergänzend kann wiederum das **angepaßte multiple Bestimmtheitsmaß**, korrigiert um die Freiheitsgrade von Regressions- und Fehlerquadratsumme, berechnet werden:

$$r_{ad}^2 = \frac{n-1}{n-K-1} \cdot r^2 + \frac{1-K-1}{n-K-1}$$

mit K: Anzahl der unabhängigen Variablen

Das angepaßte Bestimmheitsmaß berücksichtigt die weitere Aufnahme von erklärenden Variablen in den Modellansatz und eignet sich so am besten für einen Modellvergleich mit einer unterschiedlichen Anzahl von erklärenden Variablen. Bei einer weiteren Aufnahme von erklärenden Variablen würde sich r^2 erhöhen, r_{ad}^2 kann jedoch durchaus sinken und spiegelt so die tatsächliche Verbesserung der Modellschätzung durch eine weitere Variablenaufnahme wieder.

Um die Hypothese zu prüfen "Zwischen den erklärenden Variablen und y besteht kein linearer Zusammenhang" kann wiederum eine **Varianzanalyse** durchgeführt werden, wobei folgende Quadratsummen zu berechnen sind:

- Die **Quadratsumme der erklärenden Variablen** *SSR* (Regressionsquadratsumme):

$$SSR = \underline{b}'\underline{X}'\underline{y} - n\bar{y}^2$$

- Die **Residuen- oder Fehlerquadratsumme** *SSE*:

$$SSE = \underline{y}'\underline{y} - \underline{b}'\underline{X}'\underline{y}.$$

Die Gesamtstreuung der Beobachtungswerte $SS = \underline{y}'\underline{y} - n\bar{y}^2$ setzt sich auch hier wieder additiv zusammen als $SS = SSR + SSE$.

Für die Ermittlung der Prüfgröße gilt:

- Der Quotient $\frac{SSR}{\sigma^2}$ ist χ^2 -verteilt mit K Freiheitsgraden.

- Der Quotient $\frac{SSE}{\sigma^2}$ ist χ^2 -verteilt mit (n-K-1) Freiheitsgraden.

Damit ist die Prüfgröße

$$F = \frac{\frac{SSR}{\sigma^2 \cdot K}}{\frac{SSE}{\sigma^2 (n-K-1)}} = \frac{\underline{b}'\underline{X}'\underline{y} - n\bar{y}^2}{\underline{y}'\underline{y} - \underline{b}'\underline{X}'\underline{y}} \cdot \frac{n-K-1}{K}$$

F-verteilt mit K und (n-K-1) Freiheitsgraden. Ist der Wert der ermittelten Prüfgröße F größer als das (1-α)-Quantil der F-Verteilung mit K und (n-K-1) Freiheitsgraden, so wird die Nullhypothese abgelehnt. Die Ergebnisse der Varianzanalyse werden wiederum in einer **Varianzanalysetabelle** zusammengefaßt:

Streuungs-ursache	Freiheits-grade	Quadrat-summe	Mittlere Quadrat-summe	Prüfgröße F
erklärende Variable	K	SSR	$\frac{SSR}{K}$	$F = \frac{SSR}{K} \Big/ \frac{SSE}{n-K-1}$
Residuen	$n-K-1$	SSE	$\frac{SSE}{n-K-1}$	-----
Insgesamt	$n-1$	SS	-----	-----

Die Schätzwerte für die Zielvariablen $\hat{y}_i$ bei gegebenen Werten des Stichprobentupels $\underline{x}_i' = (x_{1i}, x_{2i}, \ldots, x_{Ki})'$ (i = 1, ..., n) erhält man - wie bereits erwähnt - aus der Stichproben-Regressionshyperebene mit

$$\hat{y}_i = \underline{x}_i' \underline{b}.$$

Die Standardabweichungen $s_{\hat{y}_i}$ dieser Schätzwerte berechnen sich als

$$s_{\hat{y}_i} = s_d \cdot \sqrt{\underline{x}_i' (\underline{X}' \underline{X})^{-1} \underline{x}_i} \qquad (i = 1, \ldots, n)$$

Die **Standardabweichung** der Residuen erhält man dabei als

$$s_d = \sqrt{\frac{1}{n-K-1} \underline{d}' \underline{d}}.$$

Mit Hilfe der Stichproben-Regressiongshyperebene können wiederum neue Werte $\hat{y}_P$ für die Zielvariablen bei vorgegebenen Tupeln $\underline{x}_P' = (x_{1P}, x_{2P}, \ldots, x_{KP})'$ **prognostiziert** werden als

$$\hat{y}_P = \underline{x}_P' \underline{b}.$$

Im Zusammenhang mit der Prognose von Schätzwerten können folgende **Konfidenzintervalle** ermittelt werden:

- Ein $(1-\alpha) \cdot 100\%$ –Konfidenzintervall für den **Erwartungswert der Zielvariablen** bei gegebenem Tupel $\underline{x}_P' = (x_{1P}, x_{2P}, \ldots, x_{KP})$:

$$\left[\hat{y}_P - t(1-\alpha/2; n-K-1) \cdot s_d \cdot \sqrt{\underline{x}_P' (\underline{X}' \underline{X})^{-1} \underline{x}_P}; \right.$$

$$\left. \hat{y}_P + t(1-\alpha/2; n-K-1) \cdot s_d \cdot \sqrt{\underline{x}_P' (\underline{X}' \underline{X})^{-1} \underline{x}_P} \right].$$

- Ein $(1-\alpha)\cdot 100\%$ –Konfidenzintervall für den **Einzelwert der Zielvariablen** bei gegebenem Tupel $\underline{x}_P' = (x_{1P}, x_{2P}, \ldots, x_{KP})$:

$$\left[\hat{y}_P - t(1-\alpha/2; n-K-1)\cdot s_d \cdot \sqrt{1+\underline{x}_P'\left(\underline{X}'\underline{X}\right)^{-1}\underline{x}_P}\,;\right.$$

$$\left.\hat{y}_P + t(1-\alpha/2; n-K-1)\cdot s_d \cdot \sqrt{1+\underline{x}_P'\left(\underline{X}'\underline{X}\right)^{-1}\underline{x}_P}\right].$$

6.3. Ergänzungen zur linearen Regressionsanalyse

6.3.1. Verfahren zur Aufdeckung ungewöhnlicher Beobachtungen

Treten Fehler beim Erfassen der Daten auf, so können sowohl Werte der abhängigen wie auch Werte der unabhängigen Variablen Einfluß auf die Regressionsschätzung nehmen. Darüberhinaus kann ein Datensatz ungewöhnliche (extreme) Beobachtungen enthalten und somit eine Verbesserung oder Verschlechterung der Modellschätzung bewirken. Diese Ausreißerwerte oder influenten Beobachtungen müssen aufgedeckt werden, da die Schätzung des Vektors der Regressionskoeffizienten $\underline{b}$ unter Umständen durch diese wenigen ungewöhnlichen Beobachtungen zustandekam und nicht von der Mehrheit der Daten verursacht wurde. Wurden beeinflussende Beobachtungen festgestellt, so ist zu überlegen, ob diese Daten aus der Analyse ausgeschlossen werden, ob andere Hilfsmittel zur Bereinigung dieses Einflusses gefunden werden können oder ob ein anderer Modellansatz für die erhobenen Daten empfehlenswerter ist. Um ungewöhnliche Beobachtungen aufzudecken, gibt es mehrere Methoden:

(1) Studentisierte Residuen

Die Studentisierung von Residuen ist in einfachen Worten eine "Transformation" bzw. **Standardisierung** der ursprünglichen Residuen, um eine bessere Vergleichsmöglichkeit zu erhalten. Dabei existieren **zwei** Arten der Studentisierung:

(1a) Intern studentisierte Residuen

$$d_i^{IST} = \frac{d_i}{s_d \cdot \sqrt{1-h_{ii}}}$$

mit h_{ii}: i-tes Diagonalelement der sogenannten Hut-Matrix $\underline{X}\left(\underline{X}'\underline{X}\right)^{-1}\underline{X}'$

Hier erfolgt die Standardisierung u.a. mit der Standardabweichung der Residuen

(1b) Extern studentisierte Residuen

Diese erhält man als

$$d_i^{EST} = \frac{d_i}{s_{d_{(i)}} \cdot \sqrt{1-h_{ii}}}$$

mit h_{ii}: i-tes Diagonalelement der sogenannten Hut-Matrix $\underline{X}\left(\underline{X}'\underline{X}\right)^{-1}\underline{X}'$

$s_{d_{(i)}}$: Standardabweichung der Residuen, wobei bei der Berechnung das i-te Residuum weggelassen wurde.

Hier erfolgt die Standardisierung im Unterschied zu den intern studentisierten Residuen mit einer Standardabweichung der Residuen, die für jedes studentisierte Residuum neu berechnet werden muß und bei deren Berechnung das betreffende i-te Residuum **weggelassen** wurde.

Überschreiten studentisierte Residuen - absolut gesehen - den Wert 2, so kann der entsprechende Beobachtungswert als Ausreißer eingestuft werden.

(2) Die Diagonalelemente der Hut-Matrix $\underline{X}\left(\underline{X}'\underline{X}\right)^{-1}\underline{X}'$

Mit Hilfe der Diagonalelemente h_{ii} der Matrix $\underline{H} = \underline{X}\left(\underline{X}'\underline{X}\right)^{-1}\underline{X}'$ kann festgestellt werden, wie stark eine **Änderung** des i-ten Stichprobenwertes

der Zielvariablen auf den entsprechenden Schätzwert wirkt. Ist im Extremfall $h_{ii} = 0$, so hat eine Änderung von y_i keinen Einfluß auf $\hat{y}_i$.
Große h_{ii}-Werte deuten auf **influente** Beobachtungswerte hin, d.h. auf Werte, die die Schätzwerte $\hat{y}_i$ beeinflussen. Da gilt

$$sp\underline{H} = \sum_{i=1}^{n} h_{ii} = K+1,$$

ist

$$\bar{h} = \frac{K+1}{n}.$$

Beobachtungswerte, für die $h_{ii} > 2\bar{h}$ ist, können als influente Beobachtungswerte eingestuft werden.

(3) Einfluß der i-ten Beobachtung auf den Parametervektor $\underline{\beta}$

Welchen Einfluß das **Weglassen** der i-ten Beobachtung auf den **Parametervektor** $\underline{\beta}$ hat, wird durch das Maß

$$Covratio_i = \frac{s^2_{d_{(i)}} \cdot \left| \left(\underline{X}'_{(i)} \underline{X}_{(i)} \right)^{-1} \right|}{s^2_d \cdot \left| \left(\underline{X}' \underline{X} \right)^{-1} \right|}$$

charakterisiert. Dabei handelt es sich um den **Quotienten** aus der Determinante der geschätzten Stichproben-Varianz-Kovarianzmatrix von $\underline{\beta}$ ohne die i-te Beobachtung und der Determinante der geschätzten Stichproben-Varianz-Kovarianzmatrix von $\underline{\beta}$ mit der i-ten Beobachtung. Ist dieser Quotient für die i-te Beobachtung **größer als Eins**, wird durch die Miteinbeziehung dieses Wertes die Schätzung von $\underline{\beta}$ verbessert, ist der Quotient **kleiner als Eins**, wird durch die Miteinbeziehung dieses Wertes die Schätzung von $\underline{\beta}$ verschlechtert. Generell gilt: Ist

$$\left| Covratio_i - 1 \right| > \frac{3 \cdot (K+1)}{n},$$

so kann davon ausgegangen werden, daß die betreffende i-te Beobachtung starken Einfluß auf die Schätzung von $\underline{\beta}$ nimmt.

(4) Einfluß der i-ten Beobachtung auf den Schätzwert $\hat{y}_i$

Welchen Einfluß das **Weglassen** der i-ten Beobachtung auf den **Schätzwert** $\hat{y}_i$ für diese Beobachtung hat, wird durch das Maß

$$Dffits_i = \frac{h_{ii}}{1-h_{ii}} \cdot \frac{d_i}{s_{d_{(i)}}\sqrt{h_{ii}}} = \sqrt{\frac{h_{ii}}{1-h_{ii}}} \cdot d_i^{EST}$$

ausgedrückt. Als Anhaltspunkt für eine kritische Grenze kann der Wert 2 dienen: Beobachtungen, für die $Dffits_i$ - absolut gesehen - größer als 2 ist, deuten auf **beeinflussende** Beobachtungen hin. Exakter ist die folgende Einstufung: Gilt

$$|Dffits_i| > 2 \cdot \left[\frac{(K+1)}{n}\right]^{1/2},$$

so kann die betreffende i-te Beobachtung als influent eingestuft werden.

(5) Einfluß der i-ten Beobachtung auf $\underline{b}$

Welchen Einfluß die i-te Beobachtung auf den j-ten **geschätzten Regressionskoeffizienten** hat, drückt das Maß

$$Dfbeta_{ij} = \frac{b_j - b_{j(i)}}{s_{d_{(i)}} \cdot \sqrt{diag\left(\underline{X}'\underline{X}\right)^{-1}_{jj}}}$$

mit b_j: j-ter geschätzter Regressionskoeffizient

$b_{j(i)}$: j-ter geschätzter Regressionskoeffizient bei Weglassen der i-ten Beobachtung

$diag\left(\underline{X}'\underline{X}\right)^{-1}_{jj}$: j-tes Diagonalelement der Matrix $\left(\underline{X}'\underline{X}\right)^{-1}$ (i = 1, ..., n; j = 0, ..., K; Der Index 0 steht dabei für das Element der Matrix, das sich auf das Absolutglied b_0 bezieht)

Als Näherung für eine kritische Grenze kann wiederum der Wert 2 genommen werden. Exakter ist die Regel: Gilt

$$\left|Dfbeta_{ij}\right| > \frac{2}{\sqrt{n}},$$

so kann die betreffende i-te Beobachtung beim j-ten geschätzten Regressionskoeffizienten als influent eingestuft werden.

(6) Die COOK-Distanzen

Die COOK-Distanzen

$$CD_i = \frac{\left(\underline{b} - \underline{b}_{(i)}\right)'\left(\underline{X}'\underline{X}\right)\left(\underline{b} - \underline{b}_{(i)}\right)}{(K+1)\cdot s_d}$$

geben den Einfluß an, den die i-te Beobachtung auf den **Vektor der geschätzten Regressionskoeffizienten** hat. Gilt für den i-ten Beobachtungswert

$$CD_i > F(\alpha; K+1; n-K-1), \; (\alpha = 0{,}05 \text{ oder } \alpha = 0{,}1)$$

so ist diese Beobachtung als **influent** einzustufen.

(7) Die PRESS-Statistik

Die PRESS-Statistik

$$PR_i = y_i - \hat{y}_{(i)_i} = y_i - \underline{x}_i' \underline{b}_{(i)}$$

mit $\underline{b}_{(i)}$: Vektor der geschätzten Regressionskoeffizienten bei Weglassen der i-ten Beobachtung

gibt die Differenz zwischen dem i-ten Wert der Zielvariablen y_i und deren Schätzwert $\hat{y}_{(i)_i}$ an, wobei bei der Berechnung des Vektors der Schätzwerte der Regressionskoeffizienten die entsprechende i-te Beobachtung **weggelassen** wurde.

Die Quadratsumme $\sum_i PR_i^2$ sollte mit SSE verglichen werden. Ist $\sum_i PR_i^2$ dabei **deutlich** größer als SSE, so kann davon ausgegangen werden, daß der Datensatz influente Beobachtungen oder Ausreißer enthält.

6.3.2. Multikollinearität

Existieren unter den unabhängigen Variablen **Korrelationen**, so spricht man von Multikollinearität. Vorhandene Multikollinearität bewirkt eine Vergrößerung der Varianzen der Schätzwerte $\hat{y}_i$ und der Varianzen der Regressionskoeffizienten. Je stärker außerdem die Multikollinearität ist, umso kleiner wird $\left|\left(\underline{X}'\underline{X}\right)\right|$ und die Berechnung von $\underline{b}$ wird erschwert. Bei strenger Multikollinearität kann $\left(\underline{X}'\underline{X}\right)$ nicht mehr invertiert werden. Als **Instrumente** zur Aufdeckung von Multikollinearität dienen u.a. die Varianzvergößerungsfaktoren sowie eine Eigenwertanalyse der Matrix $\left(\underline{X}'\underline{X}\right)$.

(1) Varianzvergößerungsfaktoren

Für die j-te unabhängige Variable (j = 1, ..., K; Absolutglied wird nicht betrachtet) ergibt sich der Varianzvergößerungsfaktor als

$$VVF_j = \frac{1}{1-R_j^2}$$

mit R_j^2: multiples Bestimmtheitsmaß bei Regression der j-ten unabhängigen Variablen auf die j-1 übrigen unabhängigen Variablen.

Die Varianzvergößerungsfaktoren geben den Faktor an, um den die Varianz des j-ten geschätzten Regressionskoeffizienten b_j (j = 1, ..., K) größer ist als die Varianz dieses Regressionskoeffizienten bei unterstellter Unabhängigkeit der erklärenden Variablen. Bei nicht vorhandener Multikollinearität ist $R_j^2 = 0$ und damit $VVF_j = 1$. Bei vorhandender Multikollinearität ist $VVF_j > 1$. Da es kein exaktes Kriterium gibt, ab wann die Schätzung der Regressionskoeffizienten durch vorliegende Multikollinearität ungenau wird, kann als ungefährer Anhaltspunkt ein "relativ großer" Varianzvergößerungsfaktor dienen.

(2) Eigenwertanalyse der Matrix $(\underline{X}'\underline{X})$

Auch hier gibt es kein exaktes Kriterium für vorhandene Multikollinearität. Es kann lediglich gesagt werden, daß kleine Eigenwerte bzw. Eigenwerte von Null der Matrix $(\underline{X}'\underline{X})$ auf annähernde oder exakte Multikollinearität hinweisen.

Werden die Beobachtungswerte zentriert, so fällt das Absolutglied aus der Regressionsanalyse heraus und die Matrix $(\underline{X}'\underline{X})$ wird zur Korrelationsmatrix $(\underline{X}^{*'}\underline{X}^{*})$der unabhängigen Variablen. In diesem Fall kann die **Wurzel aus dem Quotienten von größtem und kleinstem Eigenwert** $\sqrt{\lambda_1/\lambda_K}$ der Matrix $(\underline{X}^{*'}\underline{X}^{*})$ als Diagnosehilfsmittel verwendet werden. Auch hier gibt es wiederum keine exakten kritischen Werte, jedoch deuten Werte größer als 30 auf leichte, Werte größer als 1000 auf sehr starke Multikollinearität hin.

Als weiteres Diagnosemittel können pro unabhängiger Variablen die sogenannten **Varianzanteile**, also die Anteile, die die Varianzen der Regressionskoeffizienten an den jeweiligen Eigenwerten haben, verwendet werden. Den Varianzanteil der k-ten Variablen am j-ten Eigenwert berechnet man mit

$$PROP_{kj} = \frac{\frac{a_{kj}^2}{\lambda_j}}{\sum_{j=1}^{K} \frac{a_{kj}^2}{\lambda_j}} \qquad (k,j = 1, ..., K)$$

mit λ_j: j-ter Eigenwert von $(\underline{X}^{*'}\underline{X}^{*})$

a_{kj}: k-ter Koeffizient des Eigenvektors $\underline{a}_j$ zum Eigenwert λ_j von $(\underline{X}^{*'}\underline{X}^{*})$

Relativ hohe Varianzanteile deuten auf Variablen hin, die Multikollinearität bewirken, also von anderen erklärenden Variablen abhängig sind.

Maßnahmen zur Beseitigung der Multikollinearität sind u.a. die Berechnung von unabhängigen **Hauptkomponenten** aus den erklärenden Variablen oder die **Entfernung** derjenigen erklärenden Variablen aus dem Regressionsansatz, die die Multikollinearität verursachen.

6.3.3. Autokorrelation

Sind die **Störvariablen korreliert**, so spricht man von Autokorrelation. Autokorrelation tritt hauptsächlich bei **zeitabhängigen** Beobachtungen auf. Man unterscheidet Autokorrelationen **verschiedener Ordnungen**. Bei einer Autokorrelation 1. Ordnung beeinflußt eine Störvariable die **unmittelbar nachfolgende** in einer Zeitreihe.
Ein Test zur Aufdeckung von Autokorrelation 1. Ordnung, ist der sogenannte DURBIN-WATSON-Test. Die Prüfgröße für diesen Test erhält man als

$$DW = \frac{\sum_{t=2}^{n}(d_t - d_{t-1})^2}{\sum_{t=1}^{n} d_t^2}.$$

Bei einem Wert von 2 der Größe DW kann davon ausgegangen werden, daß keine Autokorrelation vorliegt. Für die sonstigen kritschen Werte einer positiven oder negativen Autokorrelation müssen Tabellenwerke zu Rate gezogen werden.

Im Zusammenhang mit dem DURBIN-WATSON-Test kann auch der sogenannte **Stichproben-Autokorrelationskoeffizient 1. Ordnung** für die Störvariablen berechnet werden:

$$\hat{\rho}_1 = \frac{\sum_{t=2}^{n} d_t d_{t-1}}{\sum_{t=1}^{n} d_t^2}.$$

Er kann Werte zwischen -1 und +1 annehmen. Dabei gilt:

$\hat{\rho}_1 = 0$:	keine Autokorrelation
$\hat{\rho}_1 < 0$:	negative Autokorrelation
$\hat{\rho}_1 > 0$:	positive Autokorrelation

Je kleiner die Stichprobe, umso schlechter ist die Schätzung des Autokorrelationskoeffizienten der Störvariablen in der Grundgesamtheit durch den Stichproben-Autokorrelationskoeffizienten.

6.3.4. Sequentielle und partielle Regressionsquadratsummen

Hat man die Wahl zwischen zwei Modellen, einem **vollständigen** Modell (VM), das alle erklärenden Variablen umfaßt und einem **reduzierten** Modell (RM), das nur eine Auswahl der Variablen des vollständigen Modells umfaßt, so gibt die **Differenz** der Fehlerquadratsummen

$$SSE_{RM} - SSE_{VM}$$

mit SSE_{RM}: Fehlerquadratsumme, wenn die Regressionsanalyse nur mit den erklärenden Variablen des reduzierten Modells durchgeführt wird.
SSE_{VM}: Fehlerquadratsumme, wenn die Regressionsanalyse mit den erklärenden Variablen des vollständigen Modells durchgeführt wird.

den **Zuwachs** in der Fehlerquadratsumme an, der auftritt, wenn man vom vollständigen Modell zum reduzierten Modell übergeht. Die Differenz

$$SSR_{VM} - SSR_{RM}$$

mit SSR_{VM}: Regressionsquadratsumme, wenn die Regressionsanalyse mit den erklärenden Variablen des vollständigen Modells durchgeführt wird.
SSR_{RM}: Regressionsquadratsumme, wenn die Regressionsanalyse nur mit den erklärenden Variablen des reduzierten Modells durchgeführt wird.

den **Zuwachs** in der Regressionsquadratsumme an, wenn vom reduzierten zum vollständigen Modell übergegangen wird. Wie leicht nachvollzogen werden kann, gilt dabei

$$SSE_{RM} - SSE_{VM} = SSR_{VM} - SSR_{RM}.$$

Mit Hilfe dieser Differenzen können verschiedene Arten von Regressionsquadratsummen berechnet werden, die **sequentiellen** Regressionsquadratsummen und die **partiellen** Regressionsquadratsummen.

Die Differenzenbildung für ein vollständiges und reduziertes Modell kann auch in der sogenannten **R-Notation** ausgedrückt werden. Dabei ist

$$R(\text{zum VM fehlende Parameter}|\text{Parameter des RM}) = SSR_{VM} - SSR_{RM} \ .$$

(1) Sequentielle Regressionsquadratsummen

Bei den sequentiellen Regressionsquadratsummen wird **nacheinander** je eine erklärende Variable in den Modellansatz aufgenommen und nach jeder Neuaufnahme der **Zuwachs** in der Regressionsquadratsumme für die betreffende Variable berechnet. Die Aufnahme der erklärenden Variablen erfolgt in **aufsteigender** Reihenfolge der Indizes. Das Modell nach der Neuaufnahme einer erkärenden Variablen wird dabei immer als vollständiges Modell und das Modell auf der vorangegangenen Stufe als reduziertes Modell betrachtet. Würde der vollständige Modellansatz z.B. drei erklärende Variablen umfassen

$$y = \beta_0 + \beta_1 x_1 + \beta_2 x_2 + \beta_3 x_3 + u,$$

so könnte man durch aufeinanderfolgende Aufnahme der drei erklärenden Variablen die folgenden Modelle bilden:

(I) $y = \beta_0 + u$
(II) $y = \beta_0 + \beta_1 x_1 + u$
(III) $y = \beta_0 + \beta_1 x_1 + \beta_2 x_2 + u$
(IV) $y = \beta_0 + \beta_1 x_1 + \beta_2 x_2 + \beta_3 x_3 + u$

Die sequentiellen Regressionsquadratsummen erhält man dann als:

für das Absolutglied: $R(\beta_0) = SSR_I$
für die Variable x_1: $R(\beta_1|\beta_0) = SSR_{II} - SSR_I$
für die Variable x_2: $R(\beta_2|\beta_0,\beta_1) = SSR_{III} - SSR_{II}$
für die Variable x_3: $R(\beta_3|\beta_0,\beta_1,\beta_2) = SSR_{IV} - SSR_{III}$

Die Summe der sequentiellen Regressionsquadratsummen ergibt die Regressionsquadratsumme *SSR* des vollständigen Modells.

(2) Partielle Regressionsquadratsummen

Bei den partiellen Regressionsquadratsummen wird der **Zuwachs** in der Regressionsquadratsumme bei der Neuaufnahme einer Variablen betrachtet, wenn **alle übrigen** Variablen des vollständigen Modellansatzes **im Modell bleiben**. Die partiellen Regressionsquadratsummen stellen somit den **Beitrag** einer jeden erklärenden Variablen zur Regressionsquadratsumme des vollständigen Modells dar. Hätte man wiederum den vollständigen Modellansatz

$$y = \beta_0 + \beta_1 x_1 + \beta_2 x_2 + \beta_3 x_3 + u,$$

so könnte man durch das Weglassen je einer Variablen die folgenden reduzierten Modellansätze erhalten:

(I) $y = \beta_1 x_1 + \beta_2 x_2 + \beta_3 x_3 + u$, (ohne Absolutglied)
(II) $y = \beta_0 + \beta_2 x_2 + \beta_3 x_3 + u$, (ohne Variable x_1)
(III) $y = \beta_0 + \beta_1 x_1 + \beta_3 x_3 + u$, (ohne Variable x_2)
(IV) $y = \beta_0 + \beta_1 x_1 + \beta_2 x_2 + u$, (ohne Variable x_3)

Die partiellen Regressionsquadratsummen erhält man dann als

$R(\beta_0 | \beta_1, \beta_2, \beta_3) = SSR_{VM} - SSR_I$ (für das Absolutglied)
$R(\beta_1 | \beta_0, \beta_2, \beta_3) = SSR_{VM} - SSR_{II}$ (für die Variable x_1)
$R(\beta_2 | \beta_0, \beta_1, \beta_3) = SSR_{VM} - SSR_{III}$ (für die Variable x_2)
$R(\beta_3 | \beta_0, \beta_1, \beta_2) = SSR_{VM} - SSR_{IV}$ (für die Variable x_3)

Die partiellen Regressionsquadratsummen **addieren sich** im Normalfall **nicht** zur Regressionsquadratsumme des vollständigen Modells auf, es sei denn die erklärenden Variablen sind untereinander unkorreliert.

6.4. Regressionanalyse mit SAS: Die Prozedur REG

Die Prozedur REG führt eine lineare Einfach- oder Mehrfachregression durch.

6.4.1. Syntax

Die Syntax für diese Prozedur lautet:

PROC REG *Optionen*;
MODEL *Zielvariable(n) = Regressor(en) / Optionen*;
BY *Variablenliste*;
FREQ *Variable*;
ID *Variable*;
PLOT *Variable(y-Achse)*Variable(x-Achse) = 'Plotsymbol'*
[... *Variable(y-Achse)*Variable(x-Achse)='Plotsymbol'*]
[/ *Optionen*];
OUTPUT [*Optionen*] *Var.bez=Namen* [... *Var.bez.=Namen*] ;

Die PROC REG-Anweisung

Die PROC REG-Anweisung bewirkt eine lineare Einfach- oder Mehrfachregression. Als Optionen sind dabei möglich

- *DATA=SAS-Datendatei* gibt die SAS-Datei an, mit der die Regressionsanalyse durchgeführt werden soll. Fehlt diese Option so führt SAS die Regressionsanalyse mit der zuletzt erstellten Datendatei durch.

- *CORR* bewirkt die Ausgabe der Stichproben-Korrelationsmatrix aller Variablen, die in der MODEL-Anweisung angegeben sind.

- *SIMPLE* bewirkt die Ausgabe der Summe, des arithmetischen Mittels und der Standardabweichung sowie der Summe der quadrierten Beobachtungswerte (**uncorrected sum of squares**) aller bei der Regression verwendeten Variablen.

Die MODEL-Anweisung

In der MODEL-Anweisung wird der in der Regressionsanalyse zu verwendende Modellansatz spezifiziert. Hier kann angegeben werden, ob eine Einfach- oder eine Mehrfachregression durchgeführt werden soll. Werden mehrere abhängige Variablen in der Modellspezifikation angegeben, so führt PROC REG für jede abhängige Variable getrennt eine Regressionsanalyse durch. Eine multivariate Regressionsanalyse ist in diesem Zusammenhang nicht möglich. In dieser Anweisung sind die folgenden Optionen erlaubt:

- *CLI* bewirkt die Ausgabe eines 95%-Konfidenzintervalls für den Einzelwert der Zielvariablen bei gegebenem Wert x_P (in der linearen Einfachregression) und bei gegebenem Vektor $\underline{x}_P$ (in der linearen Mehrfachregression). PROC REG berechnet diese Konfidenzintervalle jedoch nur für die bereits bekannten Werte der unabhängigen Variablen in der Stichprobe. Es können also keine Prognosen durchgeführt werden.

- *CLM* bewirkt die Ausgabe eines 95%-Konfidenzintervalls für den Erawrtungswert der Zielvariablen bei gegebenem Wert x_P (in der linearen Einfachregression) und bei gegebenem Vektor $\underline{x}_P$ (in der linearen Mehrfachregression). PROC REG berechnet diese Konfidenzintervalle jedoch nur für die bereits bekannten Werte der unabhängigen Variablen in der Stichprobe. Es können also keine Prognosen durchgeführt werden.

- *COLLINOINT* bewirkt eine Eigenwertanalyse der zentrierten Matrix der unabhängigen Variablen (ohne Absolutglied) $\underline{X}^{*'}\underline{X}^{*}$ zur Aufdeckung eventuell vorhandener Multikollinearität.

  Dabei werden die folgenden Größen angegeben:

Bezeichnung	**Erklärung**
Eigenvalues	Eigenwerte der Matrix $\underline{X}^{*'}\underline{X}^{*}$
Condition index	Quadratwurzel des Quotienten aus größtem und gerade betrachtetem Eigenwert der Matrix $\underline{X}^{*'}\underline{X}^{*}$. Die für die Analyse wichtige Größe $\sqrt{\lambda_1/\lambda_K}$ ist der letzte Wert in dieser Spalte des Outputs.
Var Prop	Varianzanteile $PROP_{kj}$ (j,k = 1, ..., K)

- *CORRB* bewirkt die Ausgabe der Stichproben-Korrelationsmatrix der geschätzten Regressionskoeffizienten:

$$CORR(\underline{b},\underline{b}) = \underline{\Omega}^{-1/2}\left(\underline{X}'\underline{X}\right)^{-1}\underline{\Omega}^{-1/2}$$

$$\text{mit} \quad \underline{\Omega} = diag\left(\underline{X}'\underline{X}\right)^{-1} .$$

- *COVB* bewirkt die Ausgabe der Stichproben-Varianz-Kovarianz-Matrix des Vektors der geschätzten Regressionskoeffizienten

$$VAR(\underline{b},\underline{b}) = \left(\underline{X}'\underline{X}\right)^{-1} s_d^2 .$$

- *DW* bewirkt die Ausgabe der Prüfgröße auf Autokorrelation 1. Ordnung nach DURBIN-WATSON (**Durbin Watson D**), sowie des Autokorrelationskoeffizienten der Residuen 1. Ordnung (**1st Order Autocorrelation**).

- *INFLUENCE* bewirkt eine Analyse zur Aufdeckung ungewöhnlicher Beobachtungen. Hierbei werden für jede Beobachtung die folgenden Größen angegeben:

Residual	die Residuen d_i
Rstudent	die extern studentisierten Residuen d_i^{EST}
Hat Diag H	die Diagonalelemente h_{ii} der Hut-Matrix
Cov Ratio	die Werte $Covratio_i$
Dffits	die Werte $Dffits_i$
Dfbetas	die Werte $Dfbeta_{ij}$,

sowie abschließend die Summe der Residuen (**Sum of Residuals**; muß gleich Null sein), die Summe der quadrierten Residuen (**Sum of squared Residuals**) und $\sum PR_i^2$ (**Predicted Resid SS (Press)**).

- *NOINT* führt die Regressionsanalyse ohne Absolutglied durch.

- *P* bewirkt die Ausgabe der Schätzwerte $\hat{y}_i$ (**Predict Value**), der ursprünglichen Werte y_i (**Dep Var**) und der zugehörigen Residuen d_i (**Residual**) sowie abschließend der Summe der Residuen (**Sum of Residuals**; muß gleich Null sein), der Summe der quadrierten Residuen (**Sum of squared Residuals**) und von $\sum PR_i^2$ (**Predicted Resid SS (Press)**).

- *R* bewirkt eine Residuenanalyse. Dabei werden die folgenden Größen ausgegeben:

- alle Größen, die auch durch die Option *P* ausgegeben werden
- die Standardabweichungen $s_{\hat{y}_i}$ (**Std Err Predict**)
- die Standardabweichungen der Residuen s_{d_i} (**Std Err Residual**):

$$s_{d_i} = s_d \cdot \sqrt{1-h_{ii}}$$

- die intern studentisierten Residuen d_i^{IST} inklusive grapischer Darstellung mit eingezeichneten kritischen Grenzen -2 und 2 (**Student Residual**).
- Die COOK-Distanzen CD_i (**Cook's D**).

• *SS1* bewirkt die Ausgabe der sequentiellen Regressionsquadratsummen.

• *SS2* bewirkt die Ausgabe der partiellen Regressionsquadratsummen.

• *STB* bewirkt die Ausgabe von standardisierten Werten der geschätzten Regressionskoeffizienten. Diese erhält man, wenn man die Beobachtungswerte standardisiert und mit diesen standardisierten Werten eine Regressionsanalyse durchführt. Zu beachten ist hierbei, daß bei einer Standardisierung der Beobachtungswerte das Absolutglied aus dem Modellansatz herausfällt.

• *VIF* bewirkt die Ausgabe der Varianzvergößerungsfaktoren mit den geschätzten Werten der Regressionkoeffizienten.

• *XPX* bewirkt die Ausgabe des Matrizenproduktes

$$\begin{pmatrix} \underline{X}'\underline{X} & \underline{X}'\underline{y} \\ \underline{y}'\underline{X} & \underline{y}'\underline{y} \end{pmatrix}.$$

• *I* bewirkt die Ausgabe der Matrix

$$\begin{pmatrix} \left(\underline{X}'\underline{X}\right)^{-1} & \underline{b} \\ \underline{b}' & SSE \end{pmatrix}$$

Die BY-Anweisung

Die Wirkung dieser Anweisung wurde bereits mehrfach bei anderen Prozeduren erläutert.

Die FREQ-Anweisung

Hier kann, wie ebenfalls bei anderen Prozeduren beschrieben, eine *Variable* angegeben werden, die die Häufigkeiten enthält, mit denen die entsprechenden Werte der anderen Variablen auftreten.

Die ID-Anweisung

Die Werte der ID-Variablen dienen zur Identifikation der Beobachtungswerte. Wird in der MODEL-Anweisung eine der Optionen *CLI*, *CLM*, *P*, *R*, oder *INFLUENCE* angegeben, so wird hier neben jeder Beobachtung die Ausprägung der ID-Variablen hinzugefügt.

Die PLOT-Anweisung

Mit der Plot-Anweisung können ein oder mehrere Streudiagramme für je zwei Variablen erzeugt werden. Dabei können nicht nur Variablen der Input-Datendatei angegeben werden, sondern auch Variablen, die von PROC REG berechnet wurden; dabei muß beachtet werden, daß diese Größen eine spezielle Bezeichnung tragen und mit einem Punkt enden. Als solche von PROC REG berechneten Variablen stehen u.a. zur Verfügung:

Bezeichnung	*zu verwendende Bezeichnung in der PLOT-Anweisung*
$\hat{y}_i$	p.
d_i	d.
CD_i	cookd.
$Covratio_i$	covratio.
$Dffits_i$	dffits.
h_{ii}	h.
d_i^{EST}	rstudent.
d_i^{IST}	student.
PR_i	press.

Die PLOT-Anweisung dient vor allem zu einer graphischen Residuenanalyse, mit deren Hilfe insbesondere die Heterogenität der Varianzen und Autokorrelation der Störvariablen überprüft werden können.

Die OUTPUT-Anweisung

Mit Hilfe der OUTPUT-Anweisung wird eine neue SAS-Datendatei erzeugt, in der die Ergebnisse der von PROC REG berechneten Diagnosemaße gespeichert werden.

Als Option ist dabei möglich:

- *OUT=SAS-Datendatei* gibt den Namen der SAS-Datendatei an, die die berechneten Diagnosemaße enthalten soll. Wird diese Option nicht angegeben, so erzeugt SAS eine temporäre Datei.

Die zu speichernden Größen können dabei selbst ausgewählt werden, jedoch muß zumindest eine Größe angegeben werden. Die Spezifizierung der zu speichernden Größen erfolgt dabei jeweils als

Variablenbezeichnung = Name

Dabei existieren u.a. die folgenden Variablenbezeichnungen:

Bezeichnung	*in der OUTPUT-Anweisung zu verwendende Variablenbezeichnung*
$\hat{y}_i$	p
d_i	d
CD_i	cookd
$Covratio_i$	covratio
$Dffits_i$	dffits
h_{ii}	h
d_i^{EST}	rstudent
d_i^{IST}	student
PR_i	press

Die zu vergebenden Namen können dabei - entsprechend den Konventionen bei der Namensgebung in SAS - beliebig gewählt werden.
Beachte: Werden in der MODEL-Anweisung mehrere abhängige Variablen angegeben, so müssen in der OUTPUT-Anweisung nach der Variablenbezeichnung mehrere Namen entsprechend der Anzahl der abhängigen Variablen angegeben werden. Damit werden mit der OUTPUT-Anweisung die ausgewählten Größen für alle abhängigen Variablen in einer neuen Datei gespeichert.

6.4.2. Fehlende Werte

Weist ein Objekt bei den erhobenen Variablen mindestens einen fehlenden Wert auf, wird es aus der Analyse ausgeschlossen. Das Objekt wird selbst dann aus der Analyse ausgeschlossen, wenn nur bei einer Variablen ein Beobachtungswert fehlt.

6.4.3. Output

6.4.3.1. Output einer linearen Einfachregression

Bei 40 Personen wurde das Gewicht und die Größe gemessen. Dabei wird ein tendenziell linearer Zusammenhang zwischen Gewicht und Größe vermutet: Die Größe als Regressor beeinflußt das Gewicht. Die SAS-Datei `sasuser.reg1` enthält die Variablen `groesse` (Größe in cm) und `gewicht` (Gewicht in kg). Durchzuführen ist eine lineare Einfachregression, wobei auch die Schätzwerte und Residuen für die abhängige Variable Gewicht berechnet werden sollen.

Das SAS-Programm für diese lineare Einfachregression lautet:

```
proc reg data=sasuser.reg1;
model gewicht = groesse / p;
run;
```

Dieses Programm liefert den folgenden Output:

```
Model: MODEL1
Dependent Variable: GEWICHT

Analysis of Variance

                         Sum of          Mean
Source          DF      Squares        Square      F Value

Model            1   2801.42605    2801.42605       44.570
Error           38   2388.47395      62.85458
C Total         39   5189.90000

      Prob>F
      0.0001

    Root MSE        7.92809     R-square        0.5398
```

```
    Dep Mean        68.05000       Adj R-sq          0.5277
    C.V.            11.65039

Parameter Estimates

               Parameter      Standard
Variable  DF    Estimate         Error

INTERCEP   1 -96.152914  24.62765407
GROESSE    1   0.963915   0.14438351


          T for H0:                 Standardized
         Parameter=0  Prob > |T|        Estimate

INTERCEP      -3.904       0.0004     0.00000000
GROESSE        6.676       0.0001     0.73470008


        Dep Var    Predict
  Obs   GEWICHT      Value  Residual

    1   75.0000    72.5322    2.4678
    2   73.0000    72.5322    0.4678
    3   74.0000    81.2074   -7.2074
    4   82.0000    77.3518    4.6482
    5   77.0000    70.6044    6.3956
    6   70.0000    70.6044   -0.6044
    7   88.0000    81.2074    6.7926
    8   68.0000    76.3879   -8.3879
    9   60.0000    65.7848   -5.7848
   10   82.0000    80.2435    1.7565
   11   79.0000    75.4239    3.5761
   12   86.0000    82.1714    3.8286
   13   64.0000    77.3518  -13.3518
   14   70.0000    72.5322   -2.5322
   15   64.0000    70.6044   -6.6044
   16   91.0000    77.3518   13.6482
   17   84.0000    82.1714    1.8286
   18   81.0000    67.7126   13.2874
   19   72.0000    75.4239   -3.4239
   20   67.0000    63.8570    3.1430
   21   66.0000    65.7848    0.2152
   22   45.0000    58.0735  -13.0735
   23   47.0000    55.1817   -8.1817
   24   61.0000    56.1457    4.8543
   25   57.0000    60.9652   -3.9652
   26   57.0000    65.7848   -8.7848
   27   69.0000    67.7126    1.2874
   28   76.0000    60.9652   15.0348
   29   54.0000    56.1457   -2.1457
   30   61.0000    63.8570   -2.8570
   31   62.0000    64.8209   -2.8209
   32   51.0000    59.0374   -8.0374
```

```
    33   62.0000    69.6405   -7.6405
    34   50.0000    54.2178   -4.2178
    35   63.0000    60.0013    2.9987
    36   56.0000    65.7848   -9.7848
    37   72.0000    58.0735   13.9265
    38   60.0000    54.2178    5.7822
    39   81.0000    61.9291   19.0709
    40   65.0000    70.6044   -5.6044

Sum of Residuals                        0
Sum of Squared Residuals        2388.4739
Predicted Resid SS (Press)      2640.2204
```

Der Output enthält dabei die folgenden Größen:

Bezeichnung	**Erklärung**
Dependent Variable	Angabe der abhängigen Variablen
Varianzanalysetabelle	
DF	Freiheitsgrade der Quadratsummen
Sum of Squares	Quadratsummen der Varianzanalysetabelle
Model Error C Total	Regressionsquadratsumme *SSR* Fehlerquadratsumme *SSE* Gesamtabweichungsquadratsumme *SS*
Mean Square	Mittlere Quadratsummen der Varianzanalysetabelle
Model Error	Mittlere Regressionsquadratsumme Mittlere Fehlerquadratsumme
F Value	F-Prüfgröße
Prob>F	P-Wert (siehe auch Erläuterungen zur Varianzanalyse, Kapitel 4)
Root MSE	Wurzel aus der Mittleren Fehlerquadratsumme $\sqrt{\frac{SSE}{n-2}}$. Dieser Wert entspricht der Standardabweichung s_d der Residuen.

Dep Mean	arithmetisches Mittel der Beobachtungswerte der abhängigen Variablen
C.V.	Variationskoeffizient
R-Square	Bestimmtheitsmaß
Adj-R-sq	angepaßtes Bestimmtheitsmaß

Parameterschätzwerte

Bezeichnung	**Erklärung**
Parameter Estimate	geschätzte Parameter
Intercep	Absolutglied a
Name der abh. Variablen	Steigungungskoeffizient b
Standard error	Standardabweichung der Schätzwerte; dabei gilt $s_a = s_d \cdot \sqrt{\frac{\sum x_i^2}{n \cdot \sum (x_i - \bar{x})^2}}$ (Std.abw. für Absolutglied) $s_b = \frac{s_d}{\sqrt{\sum (x_i - \bar{x})^2}}$ (Std.abw. für Steigungskoeffizient)
T for H0: Parameter =0	Werte der Prüfgrößen für die Hypothesenprüfungen • $H_0: \alpha = 0$: $t = \frac{a}{s_a}$ • $H_0: \beta = 0$ $t = \frac{b}{s_b}$
Prob > $\lvert T \rvert$	P-Werte für die vorangegangenen Hypothesenprüfungen. Der P-Wert gibt in diesem Zusammen-

	hang die Wahrscheinlichkeit an, bei Gültigkeit der Nullhypothese einen Absolutwert für die Prüfgröße zu erhalten, der größer oder gleich dem zum Betrag gesetzten ermittelten Wert für die Prüfgröße t ist. Ist der P-Wert größer als das im voraus festgelegte Signifikanzniveau α, so kann die betreffende Hypothese nicht abgelehnt werden. Ist der P-Wert kleiner als das im voraus festgelegte Signifikanzniveau α, so wird die Nullhypothese abgelehnt.
Standardized Estimate	Werte der standardisierten Regressionskoeffizienten. Diese erhält man, wenn man alle Beobachtungswerte standardisiert und mit diesen standardisierten Werten die Regressionanalyse durchführt. Bei dieser Standardisierung fällt das Absolutglied aus der Modellgleichung heraus. Daher rührt der Wert 0 für das Absolutglied.

Schätzwerte für die abhängige Variable und Residuen

Bezeichnung	**Erklärung**
Dep Var	Angabe der abhängigen Variablen
Predict Value	Schätzwerte $\hat{y}_i$
Residual	Residuen d_i
Sum of Residuals	$\sum d_i$
Sum of Squared Residuals	$\sum d_i^2$
Predicted Resid SS (Press)	$\sum PR_i^2$

6.4.3.2. Output einer linearen Mehrfachregression

Anläßlich der Olympischen Spiele 1988 wurden bei 25 Siebenkämpferinnen die Ergebnisse ihrer Disziplinen und die von ihnen erzielte Punktezahl erhoben. Der zu analysierende Datensatz trägt den Namen `sas-`

`user.olympia` und enthält die Variablen `lauf1` (Zeit beim 100-Meter-Lauf), `hoch` (erzielte Meter beim Hochsprung), `kugel` (erzielte Meter beim Kugelstossen), `lauf2` (Zeit beim 200-Meter-Lauf), `weit` (erzielte Meter beim Weitsprung), `speer` (erzielte Meter beim Speerwurf), `lauf3` (Zeit beim 800-Meter-Lauf) und `punkte` (erzielte Punkte beim Wettkampf).

Es wird vermutet, daß die sieben Wettbewerbe als unabhängige Variablen die erzielte Punktezahl als abhängige Variable beeinflussen. Zusätzlich sollen noch die sequentiellen und partiellen Regressionsquadratsummen berechnet sowie eine Residuen- und Multikollinearitätsanalyse durchgeführt werden.

Das SAS-Programm für dieses Analyseproblem lautet:

```
proc reg data=sasuser.olympia;
model punkte = lauf1 hoch kugel lauf2 weit speer lauf3 /
   ss1 ss2 r collinoint vif;
run;
```

SAS liefert dazu den folgenden Output:

```
Model: MODEL1
Dependent Variable: PUNKTE      Punkte

Analysis of Variance

                        Sum of           Mean
Source        DF       Squares         Square       F Value

Model          7  7716910.2834   1102415.7548       482.052
Error         17   38877.71664     2286.92451
C Total       24       7755788

      Prob>F
      0.0001


    Root MSE     47.82180      R-square        0.9950
    Dep Mean   6090.60000      Adj R-sq        0.9929
    C.V.          0.78517
```

Parameter Estimates

Variable	DF	Parameter Estimate	Standard Error
INTERCEP	1	5178.382315	988.16567974
LAUF1	1	-86.759854	44.88025545
HOCH	1	1187.875083	289.25107800
KUGEL	1	86.703371	11.48389670
LAUF2	1	-82.561405	25.30655311
WEIT	1	331.924516	73.27766969
SPEER	1	20.771852	3.64012461
LAUF3	1	-14.772705	1.94774508

Variable	T for H0: Parameter=0	Prob > |T|
INTERCEP	5.240	0.0001
LAUF1	-1.933	0.0701
HOCH	4.107	0.0007
KUGEL	7.550	0.0001
LAUF2	-3.262	0.0046
WEIT	4.530	0.0003
SPEER	5.706	0.0001
LAUF3	-7.585	0.0001

Variable	DF	Type I SS	Type II SS	Variable Label
INTERCEP	1	927385209	62803	Intercept
LAUF1	1	6610222	8546.313319	100 Meter
HOCH	1	7580.570533	38569	Hochsprung
KUGEL	1	578147	130360	Kugelstossen
LAUF2	1	282129	24341	200 Meter
WEIT	1	25255	46923	Weitsprung
SPEER	1	82021	74468	Speerwurf
LAUF3	1	131555	131555	800 Meter

Variable	Variance Inflation	Variable Label
INTERCEP	0.00000000	Intercept
LAUF1	11.47069839	100 Meter
HOCH	5.33403262	Hochsprung
KUGEL	3.08040841	Kugelstossen
LAUF2	6.31789205	200 Meter
WEIT	12.67209428	Weitsprung
SPEER	1.74817595	Speerwurf
LAUF3	2.73682296	800 Meter

```
Collinearity Diagnostics(intercept adjusted)

                          Condition  Var Prop   Var Prop
Number  Eigenvalue          Index     LAUF1       HOCH

       1     4.46028    1.00000     0.0040     0.0060
       2     1.19432    1.93250     0.0018     0.0097
       3     0.52101    2.92588     0.0003     0.0487
       4     0.45717    3.12351     0.0001     0.1896
       5     0.24527    4.26443     0.0032     0.0003
       6     0.07296    7.81901     0.7333     0.0254
       7     0.04900    9.54066     0.2572     0.7204

       Var Prop  Var Prop  Var Prop  Var Prop Var Prop
Number  KUGEL     LAUF2      WEIT     SPEER     LAUF3

     1  0.0096    0.0059    0.0037    0.0007    0.0115
     2  0.0228    0.0090    0.0002    0.3393    0.0154
     3  0.2849    0.0021    0.0029    0.2441    0.1099
     4  0.0110    0.0451    0.0021    0.0183    0.2910
     5  0.3465    0.2725    0.0109    0.0426    0.3789
     6  0.0115    0.0014    0.3768    0.0058    0.1212
     7  0.3138    0.6640    0.6033    0.3492    0.0721


       Dep Var   Predict   Std Err              Std Err
  Obs  PUNKTE      Value   Predict   Residual  Residual

    1  7291.0    7257.3     32.542    33.7309    35.042
    2  6897.0    6904.4     28.136    -7.4418    38.669
    3  6858.0    6838.6     22.908    19.3528    41.978
    4  6540.0    6491.0     28.083    49.0150    38.707
    5  6540.0    6571.4     29.014   -31.3728    38.015
    6  6411.0    6426.9     24.596   -15.8770    41.012
    7  6351.0    6317.9     21.243    33.0984    42.845
    8  6297.0    6307.5     17.833   -10.4869    44.372
    9  6252.0    6250.1     22.841     1.8910    42.015
   10  6252.0    6183.3     28.919    68.7136    38.087
   11  6205.0    6204.7     23.332     0.2583    41.744
   12  6171.0    6330.0     22.340     -159.0    42.283
   13  6137.0    6138.5     31.083    -1.4541    36.342
   14  6109.0    6105.4     22.420     3.5896    42.240
   15  6101.0    6093.7     19.788     7.2845    43.536
   16  6087.0    6106.7     32.466   -19.6828    35.113
   17  5975.0    5952.0     31.610    22.9901    35.885
   18  5972.0    5974.3     24.634    -2.3027    40.989
   19  5746.0    5773.3     24.042   -27.2989    41.339
   20  5734.0    5723.7     21.073    10.3155    42.928
   21  5686.0    5688.0     20.616    -2.0450    43.150
   22  5508.0    5514.0     30.089    -5.9649    37.170
   23  5290.0    5270.0     29.680    20.0169    37.497
   24  5289.0    5276.2     29.571    12.7630    37.583
   25  4566.0    4566.0     43.423    -0.0445    20.034
```

```
           Student                          Cook's
  Obs     Residual      -2-1-0 1 2              D

    1        0.963     |      |*      |     0.100
    2       -0.192     |      |       |     0.002
    3        0.461     |      |       |     0.008
    4        1.266     |      |**     |     0.106
    5       -0.825     |     *|       |     0.050
    6       -0.387     |      |       |     0.007
    7        0.773     |      |*      |     0.018
    8       -0.236     |      |       |     0.001
    9        0.045     |      |       |     0.000
   10        1.804     |      |***    |     0.235
   11        0.006     |      |       |     0.000
   12       -3.762     |******|       |     0.494
   13       -0.040     |      |       |     0.000
   14        0.085     |      |       |     0.000
   15        0.167     |      |       |     0.001
   16       -0.561     |     *|       |     0.034
   17        0.641     |      |*      |     0.040
   18       -0.056     |      |       |     0.000
   19       -0.660     |     *|       |     0.018
   20        0.240     |      |       |     0.002
   21       -0.047     |      |       |     0.000
   22       -0.160     |      |       |     0.002
   23        0.534     |      |*      |     0.022
   24        0.340     |      |       |     0.009
   25       -0.002     |      |       |     0.000


                       Hat Diag          Cov                INTERCEP
 Obs   Rstudent               H        Ratio       Dffits    Dfbetas

   1     0.9604          0.4630       1.9319       0.8918    -0.2685
   2    -0.1869          0.3462       2.4411      -0.1360    -0.0273
   3     0.4501          0.2295       1.9060       0.2456     0.0065
   4     1.2909          0.3449       1.1222       0.9366     0.1705
   5    -0.8172          0.3681       1.8532      -0.6237    -0.0818
   6    -0.3772          0.2645       2.0573      -0.2262     0.1029
   7     0.7630          0.1973       1.5203       0.3783     0.2140
   8    -0.2297          0.1391       1.8375      -0.0923     0.0203
   9     0.0437          0.2281       2.1022       0.0237     0.0013
  10     1.9465          0.3657       0.4677       1.4780     1.1519
  11     0.0060          0.2380       2.1315       0.0034    -0.0017
  12    -8.9109          0.2182       0.0000      -4.7080    -3.2856
  13    -0.0388          0.4225       2.8102      -0.0332     0.0073
  14     0.0825          0.2198       2.0747       0.0438    -0.0015
  15     0.1625          0.1712       1.9340       0.0738     0.0044
  16    -0.5489          0.4609       2.5950      -0.5075     0.2757
  17     0.6292          0.4369       2.3722       0.5542    -0.0462
  18    -0.0545          0.2653       2.2075      -0.0328     0.0131
  19    -0.6490          0.2527       1.7655      -0.3775     0.1014
  20     0.2335          0.1942       1.9614       0.1146    -0.0087
```

21	-0.0460	0.1858	1.9928	-0.0220	0.0019
22	-0.1558	0.3959	2.6560	-0.1261	-0.0741
23	0.5223	0.3852	2.3076	0.4134	0.1150
24	0.3306	0.3824	2.4903	0.2601	-0.0028
25	-0.0022	0.8245	9.2546	-0.0047	0.0007

Obs	LAUF1 Dfbetas	HOCH Dfbetas	KUGEL Dfbetas	LAUF2 Dfbetas	WEIT Dfbetas
1	0.0439	-0.3229	-0.2359	0.1368	0.5921
2	0.0490	0.0562	-0.0643	-0.0447	0.0035
3	0.1036	0.0391	-0.0126	-0.1005	0.0102
4	0.2865	0.5017	0.7759	-0.4855	-0.6339
5	0.1747	0.3295	-0.0682	-0.2452	-0.0746
6	-0.1258	-0.0673	-0.0453	-0.0266	-0.0230
7	-0.0118	0.0437	-0.1104	-0.2570	-0.0932
8	-0.0189	0.0101	-0.0247	-0.0089	-0.0274
9	-0.0022	0.0119	0.0170	-0.0013	-0.0155
10	-0.6754	-0.2995	-0.5041	-0.6492	-0.3791
11	0.0021	0.0019	0.0007	-0.0002	0.0002
12	1.4641	0.2112	1.6167	2.4889	1.2639
13	0.0011	-0.0090	0.0141	-0.0041	-0.0003
14	-0.0188	0.0073	-0.0038	0.0057	-0.0074
15	-0.0282	-0.0079	-0.0387	0.0147	0.0046
16	-0.1877	-0.2431	-0.1592	0.0618	-0.0432
17	-0.2945	-0.3095	-0.1827	0.3665	0.2733
18	-0.0025	-0.0115	0.0073	0.0023	-0.0037
19	-0.1821	0.0988	0.0391	0.0084	-0.1964
20	0.0058	-0.0162	-0.0193	0.0330	0.0246
21	-0.0059	-0.0066	-0.0018	-0.0017	0.0049
22	0.0588	-0.0086	-0.0600	0.0164	0.0929
23	0.1433	0.0474	-0.1445	-0.1943	-0.0577
24	-0.1161	-0.1267	-0.0784	0.1918	0.0580
25	-0.0010	0.0011	-0.0004	0.0002	-0.0007

Obs	SPEER Dfbetas	LAUF3 Dfbetas
1	0.3001	0.1696
2	-0.0166	0.0211
3	0.0122	-0.1198
4	-0.3689	-0.2814
5	-0.3880	0.2113
6	-0.0290	0.1829
7	-0.1531	0.0643
8	0.0452	0.0028
9	-0.0026	-0.0011
10	-0.4478	0.6031
11	-0.0014	-0.0013
12	1.3604	-1.3665
13	-0.0210	0.0017
14	0.0178	0.0270

```
       15   0.0521      0.0163
       16   0.2002     -0.2163
       17   0.0285      0.2307
       18  -0.0079     -0.0197
       19   0.1430      0.0617
       20  -0.0414     -0.0327
       21   0.0027      0.0142
       22   0.0330     -0.0274
       23  -0.1227     -0.1442
       24   0.0971     -0.0287
       25  -0.0007     -0.0009

Sum of Residuals                        -897E-13
Sum of Squared Residuals              38877.7166
Predicted Resid SS (Press)            74419.2978
```

Der Output enthält die folgenden Größen:

Bezeichnung	**Erklärung**
Dependent Variable	Angabe der abhängigen Variablen
Varianzanalysetabelle	
DF	Freiheitsgrade der Quadratsummen
Sum of Squares	Quadratsummen der Varianzanalysetabelle
Model	Regressionsquadratsumme *SSR*
Error	Fehlerquadratsumme *SSE*
C Total	Gesamtabweichungsquadratsumme *SS*
Mean Square	Mittlere Quadratsummen der Varianzanalysetabelle
Model	Mittlere Regressionsquadratsumme
Error	Mittlere Fehlerquadratsumme
F Value	F-Prüfgröße
Prob>F	P-Wert (siehe auch Erläuterungen zur Varianzanalyse, Kapitel 4)

Root MSE — Wurzel aus der Mittleren Fehlerquadratsumme $\sqrt{\frac{SSE}{n-2}}$. Dieser Wert entspricht der Standardabweichung s_d der Residuen.

Dep Mean — arithmetisches Mittel der Beobachtungswerte der abhängigen Variablen

C.V. — Variationskoeffizient

R-Square — Bestimmtheitsmaß

Adj-R-sq — angepaßtes Bestimmtheitsmaß

Parameterschätzwerte

Parameter Estimate — geschätzte Parameter

Intercep — Absolutglied b_0

Namen der abh. Variablen — Regressionskoeffizienten $b_1, \ldots, b_K$

Standard error — Standardabweichungen der Schätzwerte; dabei gilt

$$s_{b_j} = \sqrt{\frac{\sum d_i^2}{n-K-1} \cdot diag\left(\underline{X}'\underline{X}\right)^{-1}_{jj}} \quad (j = 0, \ldots, K)$$

mit $diag\left(\underline{X}'\underline{X}\right)^{-1}_{jj}$: j-tes Hauptdiagonalelement von $\left(\underline{X}'\underline{X}\right)^{-1}$ (j = 0, ..., K; der Index 0 steht dabei für das Element der Matrix, das sich auf das Absolutglied b_0 bezieht)

T for H0: Paramter=0 — Werte der Prüfgrößen für die Hypothesenprüfungen

$$H_0: \beta_j = 0 \quad (j = 0, \ldots, K):$$

$$t = \frac{b_j}{s_{b_j}}$$

Prob > $\lvert T \rvert$	P-Werte für die vorangegangenen Hypothesenprüfungen
Type I SS	sequentielle Regressionsquadratsummen
Type II SS	partielle Regressionsquadratsummen
Variance inflation	Varianzvergrößerungsfaktoren der Variablen

Multikollinearitätsanalyse

Eigenvalue	Eigenwerte
Condition Index	Quadratwurzel aus Quotient zwischen größtem und geradebetrachtetem Eigenwert der Matrix $(\underline{X}^{*'} \underline{X}^{*})$
Var Prop + *Variablenname*	Varianzanteile der Regressionskoeffizienten an den Eigenwerten der Matrix $(\underline{X}^{*'} \underline{X}^{*})$: $PROP_{kj}$ (k,j = 1, ..., K)

Residuenanalyse

Dep Var	Angabe der abhängigen Variablen
Predict Value	Schätzwerte $\hat{y}_i$
Residual	Residuen d_i
Std Err Residual	Standardfehler der Residuen $s_d \cdot \sqrt{1-h_{ii}}$
Student Residual	Intern studentisierte Residuen d_i^{IST}
-2 -1-0 1 2	kritische Grenzen für die studentisierten Residuen
Cook's D	COOK-Distanzen CD_i
RStudent	extern studentisierte Residuen d_i^{EST}

Hat Diag H	Diagonalelemente der Hut-Matrix
Dffits	Größen $Dffits_i$
Dfbetas + *Variablenbezeichnung*	Größen $Dfbeta_{ij}$ (i = 1, ..., n; j = 0, ..., K; der Index 0 steht dabei für das Element der Matrix, das sich auf das Absolutglied b_0 bezieht)
Sum of Residuals	$\sum d_i$
Sum of Squared Residuals	$\sum d_i^2$
Predicted Resid SS (Press)	$\sum PR_i^2$

6.5. Graphische Residuenanalyse

Mit Hilfe der graphischen Residuenanalyse können Heteroskedastizität, Autokorrelation und Normalverteilung der Störgrößen überprüft werden. Die graphischen Verfahren sollen mit Hilfe des Beispiels der linearen Einfachregression aus Abschnitt 6.4.3.1. erläutert werden. Die Prozeduren PLOT für Streudiagramme und GPLOT für hochauflösende Graphiken werden - wegen der umfangreichen Befehlsmöglichkeiten - zwar nicht näher erläutert, die in dieser Prozedur angegebenen Befehle können aber vom Benutzer ohne Modifikationen direkt übernommen werden. Für die Prozedur GPLOT muß das Graphikmodul von SAS installiert sein.

(1) Heteroskedastizität

Sind die Varianzen der Störgrößen nicht gleich, so spricht man von Heteroskedastizität vor. Heteroskedastizität liegt vor, wenn in einer Graphik, in der die Residuen d_i auf der y-Achse gegen die Schätzwerte $\hat{y}_i$ auf der x-Achse abgetragen werden, die Werte im Koordinatensystem nicht in ungefähr gleicher Breite um den Wert Null streuen, sondern sich mit steigenden Werten für $\hat{y}_i$ in negativer und positiver Richtung vom Wert Null entfernen oder sich dem Wert Null annähern. Mit SAS können diese Residuenplots auf zwei Arten erzeugt werden:

(1a) Residuenplot mit PROC REG

Will man in der Prozedur REG einen Residuenplot erhalten, so muß zusätzlich die PLOT-Anweisung gegeben werden, in der ein Streuungsdiagramm von den von PROC REG berechneten Residuen und Schätzwerten angefordert wird. Für das Beispiel ergibt sich damit folgendes Programm:

```
proc reg data=sasuser.reg1;
model gewicht = groesse;
plot r.*p.='*';
run;
```

Dieses Programm liefert u.a. folgende Graphik:

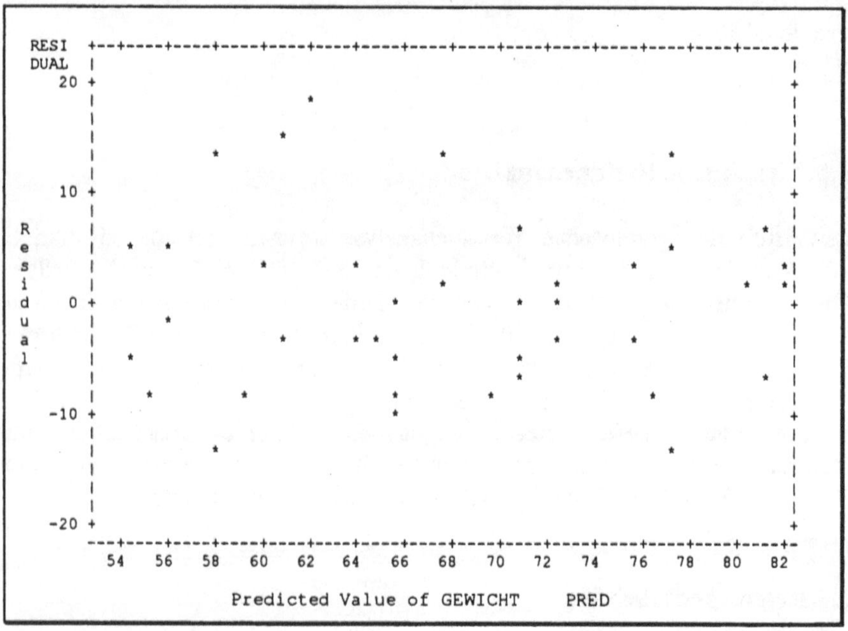

Die Plot-Anweisung kann auch interaktiv verwendet werden: wurden die PROC- und MODEL-Anweisungen mit dem RUN-Befehl gestartet und ausgeführt, kann die PLOT-Anweisung auch noch anschließend mit erneutem RUN-Befehl gestartet werden.

(1b) Residuenplot mit PROC GPLOT

Der Residuenplot kann auch in hochauflösender Darstellung erzeugt werden, hierzu muß jedoch in PROC REG eine OUTPUT-Datei erstellt werden (hier mit `sasuser.plot` bezeichnet), die die Residuen (Variablenbezeichnung `resid`) und die Schätzwerte (Variablenbezeichnung `schaetz`) enthält. Folgende Befehle sind dazu nötig:

```
proc reg data=sasuser.reg1;
model gewicht = groesse;
output out=sasuser.plot r=resid p=schaetz;
proc gplot data=sasuser.plot;
plot resid*schaetz;
symbol1 v=star h=2;
run;
quit;
```

Das Programm liefert u.a. folgende Graphik:

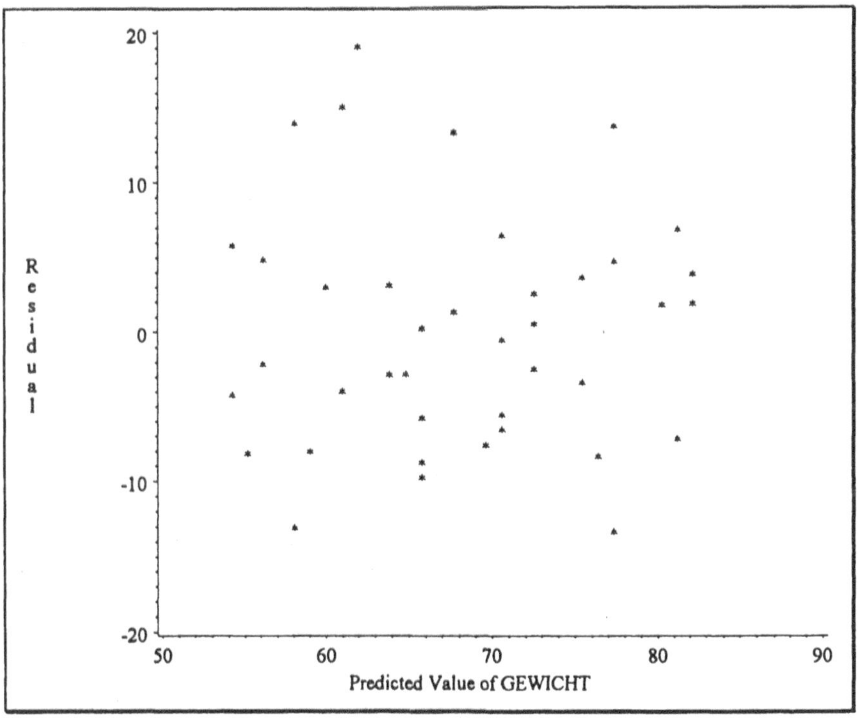

(2) Autokorrelation der Störgrößen

Autokorrelation ist - wie bereits erwähnt - vor allem für **zeitabhängige** Beobachtungen relevant. Um graphisch eine Autokorrelation 1. Ordnung der Störgrößen entdecken zu können, werden die Residuen d_{i-1} auf der x-Achse gegen die Residuen d_i auf der y-Achse abgetragen, da bei vorliegender Autokorrelation 1. Ordnung davon ausgegangen wird, daß ein Einfluß von d_{i-1} auf das unmittelbar folgende d_i vorliegt. Ist in der Graphik ein funktionaler Zusammenhang erkennbar, so kann von korrelierten Residuen ausgegangen werden.

Als Werte d_{i-1} gelten hierbei die von PROC REG berechneten Residuen (Variablenname `resid`), die Werte d_i werden als (um eine Periode) zeitverzögerte Residuen mit Hilfe der LAG1-Funktion neu berechnet. Die neu entstandene Variable d_i wird als **`vresid`** bezeichnet und der Datei **`sasuser.auto`** hinzugefügt.

Eine nicht-hochauflösende Graphik liefert SAS mit dem folgenden Programm:

```
proc reg data=sasuser.regl;
model gewicht=groesse;
output out=sasuser.auto r=resid;
data sasuser.auto;
set sasuser.auto;
vresid=lag1(resid);
proc plot data=sasuser.auto;
plot vresid*resid='*';
run;
```

Man erhält dann u.a.:

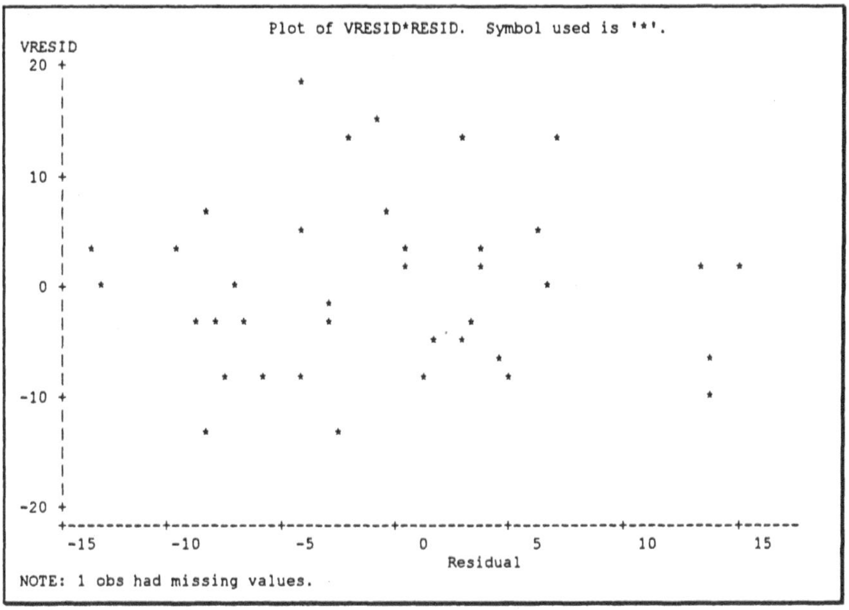

Das SAS-Programm für die zu erzeugende hochauflösende Graphik lautet somit:

```
proc reg data=sasuser.regl;
model gewicht=groesse;
output out=sasuser.auto r=resid;
data sasuser.auto;
set sasuser.auto;
vresid=lag1(resid);
proc gplot data=sasuser.auto;
plot vresid*resid;
symbol1 v=star h=2;
run;
quit;
```

Das Programm liefert u.a. die folgende Graphik:

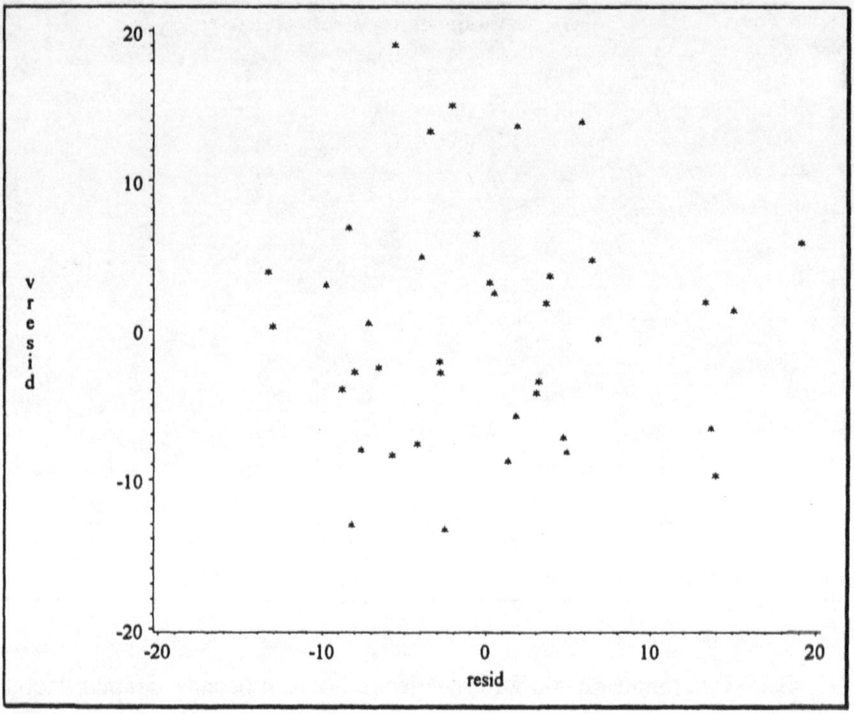

Soll auf graphischem Weg eine Autokorrelation k-ter Ordnung (das gerade betrachtete Residuum d_{i-k} beeinflußt das k-te darauffolgende Residuum d_i) überprüft werden, so müssen die Werte d_{i-k} auf der x-Achse gegen die Werte auf d_i auf der y-Achse eines Koordinatensystems abgetragen werden. Die Werte d_{i-k} sind dann die von PROC REG berechneten Residuen, die Werte d_i erhält man mit Hilfe der LAGk-Funktion in SAS.

(3) Normalverteilung der Störgrößen

Die Normalverteilung der Störgrößen kann in einem Normal-Probability-Plot oder Q-Q-Plot der Residuen überprüft werden. In einem Normal-Probability-Plot werden die Residuen d_i auf der y-Achse gegen die sogenannten **Normalscores** der Residuen NS_i auf der x-Achse abgetragen. Die Normalscoreswerte erhält man, wenn für die Residuen d_i jeweils die Werte der Umkehrfunktion der Standardnormalverteilung an der Stelle

$$NS_i = \Phi_z^{-1}\left[\frac{Rg\,d_i - \frac{3}{8}}{n + \frac{1}{4}}\right]$$

berechnet werden.

Bilden die Punkte in diesem Q-Q-Plot annähernd eine Gerade, so kann davon ausgegangen werden, daß die Residuen einer Normalverteilung folgen. Einen Normal-Probability-Plot liefert die Prozedur UNIVARIATE (vgl. hierzu auch Kapitel 1.3. mit den entsprechenden Unterabschnitten). Um die Residuen in dieser Prozedur verwenden zu können, muß in PROC REG wieder eine Output-Datei erzeugt werden. Folgende Befehle sind für einen Q-Q-Plot nötig:

```
proc reg data=sasuser.regl;
model gewicht = groesse;
output out=sasuser.qqplot r=resid;
proc univariate plot;
var resid;
run;
```

Dieses Programm liefert u.a. den folgenden Normal-Probability-Plot:

```
Variable=RESID         Residual

                  Normal Probability Plot
 19+                                               * ++
   |                                              +++
   |                                          *+++
   |                                     ** *++
   |                                      +++
   |                                    ++
   |                                 ++**
   |                               +***
  3+                            ****
   |                         ****
   |                       ++*
   |                    +****
   |                  +**
   |               +***
   |          * ****
   |          +++
-13+   *    *+
   +----+----+----+----+----+----+----+----+----+----+
            -2       -1          0        +1        +2
```

Wie man leicht erkennen kann ist der Q-Q-Plot der Prozedur UNIVARIATE ziemlich unübersichtlich und schwer zu interpretieren. Mit geringem Programmieraufwand kann aber mit PROC GPLOT ein hochauflösender Q-Q-Plot erzeugt werden. Hierzu müssen zunächst die sogenannten Normalscores der Residuen (Residuen in Output-Datei `sasuser.resi` unter der Bezeichnung `resid` mit der Prozedur REG abgespeichert) berechnet werden. Die Berechnung dieser Normalscores erfolgt mit der Option *NORMAL=BLOM* in der Prozedur RANK. Die Normalscores werden als Variable `zresid` zusammen mit den Residuen (Variablenname `resid`) in der Output-Datei `sasuser.qqplot` abgespeichert. Die hochauflösende Graphik wird dann mit PROC GPLOT erzeugt. Es sind also die folgenden Befehle zu geben:

```
proc reg data=sasuser.reg1;
model gewicht = groesse;
output out=sasuser.resi  r=resid;
proc rank data=sasuser.resi normal=blom
out=sasuser.qqplot;
var resid;
ranks zresid;
label zresid = 'Normalscores';
proc gplot data=sasuser.qqplot;
plot resid*zresid;
symbol1 v=star h=2;
run;
quit;
```

Das Programm liefert dann u a. den folgenden Output

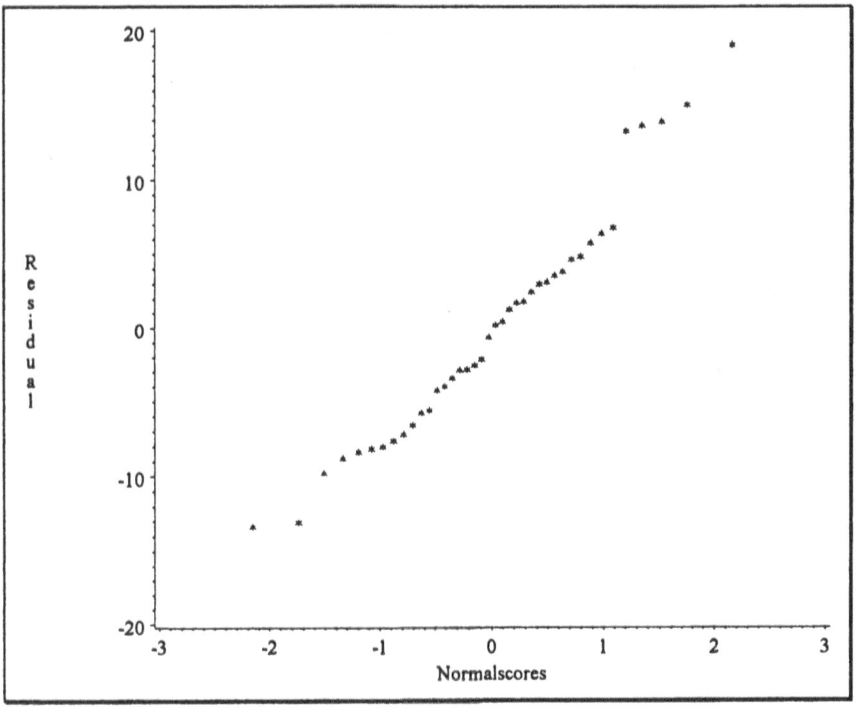

Für eine bessere Vergleichbarkeit kann zusätzlich zum Q-Q-Plot die Normalverteilungslinie eingezeichnet werden. Liegen die Werte des Streudiagramms ungefähr auf dieser Geraden, so kann von einer Normalverteilung der Residuen ausgegangen werden. Die Normalverteilungslinie stellt die linearisierte Verteilungsfunktion einer Normalverteilung dar. Zur Ermittlung der Normalverteilungslinie werden zunächst die Werte

$$d_i^* = s_{d'} \cdot z_i \, .$$

mit $s_{d'}$: Standardabweichung der Residuen

$$s_{d'} = \sqrt{\frac{1}{n-1}\sum_{i=1}^{n} d_i^2}$$

berechnet. Diese d_i^*-Werte werden auf der y-Achse gegen die Normalscores auf der x-Achse abgetragen. Die für die Berechnung der d_i^*-Werte notwendigen Größen werden mit Hilfe der Prozedur UNIVARIATE erzeugt und in einer Output-Datei (Name: `sasuser.normal`) abgespeichert. Das vollständige Programm lautet dann:

```
proc reg data=sasuser.regl;
model gewicht=groesse;
output out=sasuser.resi r=resid;
proc rank data=sasuser.resi normal=blom
out=sasuser.qqplotl;
var resid;
ranks zresid;
label zresid = 'Normalscores';
proc univariate noprint data=sasuser.resi;
var resid;
output out=sasuser.normall n=nobs std=std;
data sasuser.qqplotl;
set sasuser.qqplotl;
if _n_=1 then set sasuser.normall;
normal=zresid*std;
proc gplot data=sasuser.qqplotl;
plot resid*zresid=1
     normal*zresid=2 / overlay;
symbol1 v=star h=2 colour=white;
symbol2 i=join v=none l=1 colour=white;
run;
quit;
```

Dieses Progamm liefert u.a. folgende Graphik.

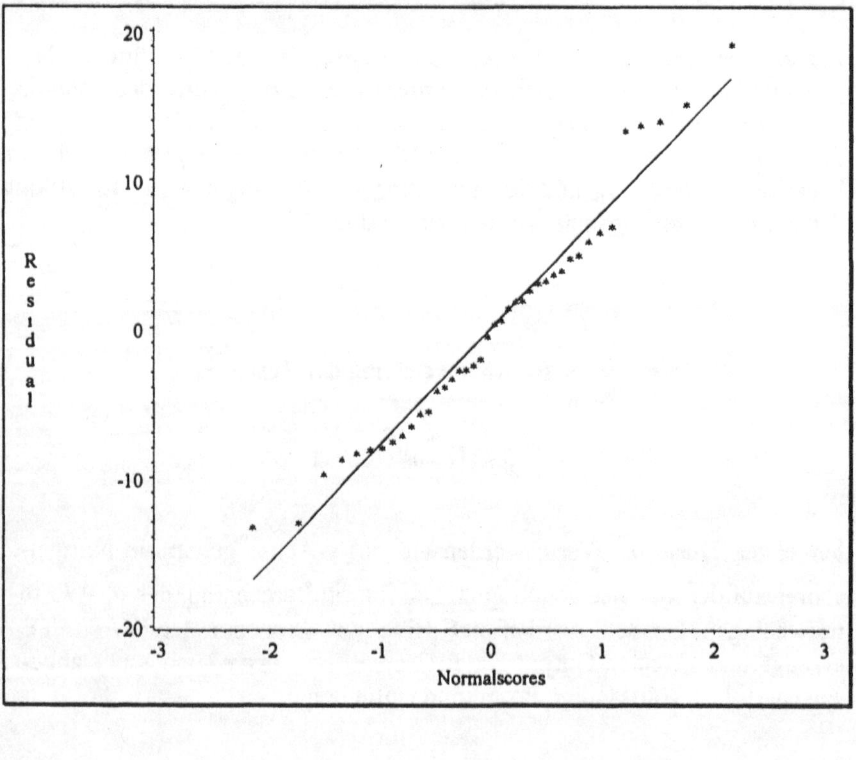

Da die Residuen von Ausreißern beeinflußt sein könnten und außerdem auch ungleiche Varianzen besitzen, empfiehlt sich die Verwendung der **studentisierten Residuen** für die graphische Analyse (im folgenden werden die extern studentisierten Residuen verwendet). Damit ergibt sich folgendes Programm:

```
proc reg data=sasuser.reg1;
model gewicht=groesse;
output out=sasuser.studre rstudent=studr;
proc rank data=sasuser.studre normal=blom
out=sasuser.qqplot2;
var studr;
ranks zresid;
label zresid = 'Normalscores' studr = 'studr';
proc gplot data=sasuser.qqplot2;
plot studr*zresid;
symbol1 v=star h=2;
run;
quit;
```

Dieses Programm liefert u.a. folgende Graphik:

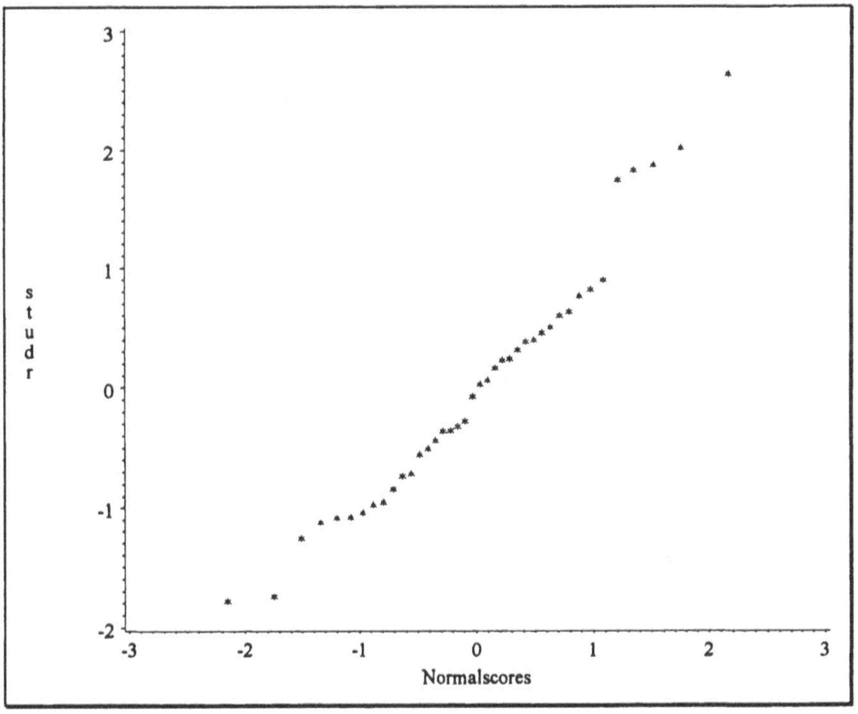

Soll wiederum die Normalverteilungsgerade eingezeichnet werden, so müssen die folgenden Befehle eingegeben werden:

```
proc reg data=sasuser.regl;
model gewicht=groesse;
output out=sasuser.studre rstudent=studr;
proc rank data=sasuser.studre normal=blom
out=sasuser.qqplot3;
var studr;
ranks zresid;
label zresid = 'Normalscores' studr = 'studr;
proc univariate noprint data=sasuser.studre;
var studr;
output out=sasuser.normal3 n=nobs mean=mean std=std;
data sasuser.qqplot3;
set sasuser.qqplot3;
if _n_=1 then set sasuser.normal3;
normal=mean + zresid*std;
proc gplot data=sasuser.qqplot3;
plot studr*zresid=1
     normal*zresid=2 / overlay;
symbol1 v=star h=2 colour=white;
symbol2 i=join v=none l=1 colour=white;
run;
quit;
```

Das obige Programm liefert u.a. folgende Graphik:

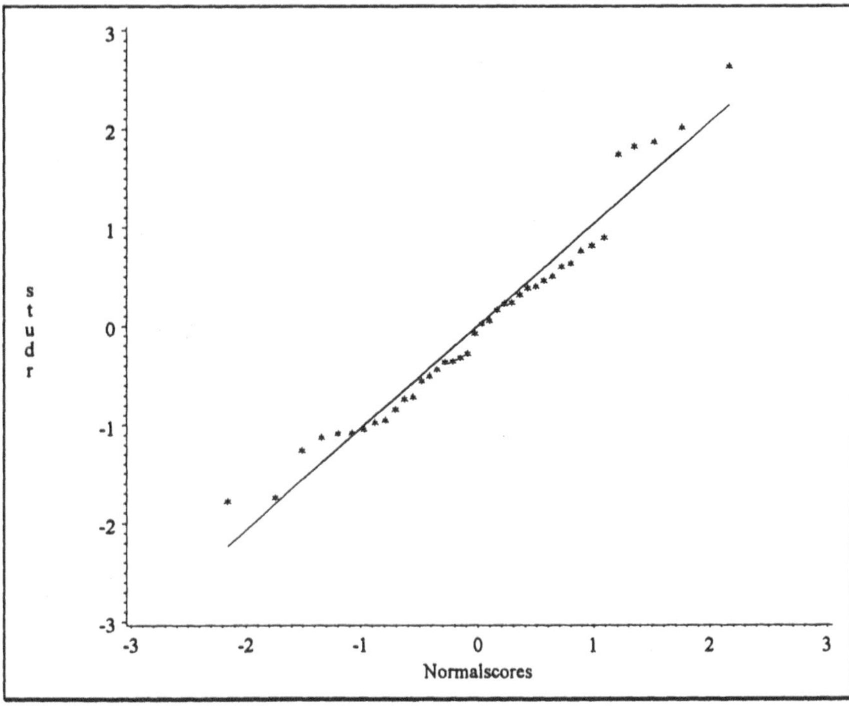
studr
Normalscores
3
2
1
0
-1
-2
-3
-3
-2
-1
0
1
2
3

7. Clusteranalyse

Die Clusteranalyse ist ein Verfahren, das Objekte anhand ihrer Merkmalsausprägungen zu **Gruppen** (Clustern) zusammenfaßt, so daß die Objekte in diesen Gruppen sich bezüglich der Merkmalsausprägungen möglichst **ähnlich** sind, die Gruppen untereinander sich aber möglichst deutlich voneinander unterscheiden. Dabei können grundsätzlich beliebig viele Merkmale der Objekte in die Analyse einbezogen werden, so daß die Clusteranalyse den **multivariaten Verfahren** zuzurechnen ist.
Für die Einteilung der Objekte existiert eine Vielzahl von Verfahren, die auf unterschiedlichen Prinzipien basieren. Wegen der Verfügbarkeit in SAS werden im folgenden aber nur einige sog. **hierarchische** Verfahren und ein **partitionierendes** Verfahren vorgestellt. Zwischen diesen beiden Grundtypen besteht folgender Unterschied:

Hierarchische Verfahren fassen nacheinander je zwei Objekte bzw. Cluster zu einem neuen Cluster zusammen, bis sich letztlich alle Objekte in nur einem Cluster befinden (**agglomerative** hierarchische Verfahren), oder gehen davon aus, daß sich alle Objekte in einem Cluster befinden und teilen dieses solange auf, bis jedes Cluster nur noch ein Objekt enthält (**divisive** Verfahren). In beiden Fällen ist der Algorithmus an geeigneter Stelle zu stoppen, **bevor** er die letzte Stufe erreicht hat. Hierfür gibt es zwar **Kriterien**, jedoch sind diese nicht immer eindeutig, zudem tendieren verschiedene Kriterien in den meisten Fällen nicht zur gleichen Entscheidung. Letzlich ist es stets eine mehr oder weniger **subjektive Entscheidung** des Anwenders, bei welcher Clusterzahl, die größer als 1 und kleiner als die Anzahl aller Objekte ist, er die weitere Fusionierung bzw. Division verhindern will.
Partitionierende Verfahren gehen hingegen von einer vor Durchführung der Analyse **festgelegten Anzahl von Clustern** aus und ermitteln (ggf. iterativ) die bezüglich eines Gütekriteriums beste **Partition**.

Beide Vorgehensweisen sollen nun näher erläutert werden.

7.1. Hierarchische Verfahren

Wie bereits erwähnt, ist bei diesen Verfahren zwischen agglomerativen und divisiven Verfahren zu unterscheiden. Da SAS aber nur Algorithmen für agglomerative Verfahren zur Verfügung stellt, werden die divisiven aus der weiteren Betrachtung ausgeschlossen.
Im Anfangszustand eines agglomerativen Verfahrens bildet jedes Objekt ein Cluster. Nun werden die beiden Cluster, die sich "am ähnlichsten" sind, zu einem neuen Cluster zusammengefaßt. Soweit stimmen alle agglomerativen

Verfahren überein. Unterschiede gibt es aber bei der Interpretation des Begriffs "am ähnlichsten". Der Begriff "Ähnlichkeit" muß also zunächst formalisiert werden.

7.1.1. Proximitätsmaße

Die **Ähnlichkeit (Proximität)** zweier Objekte läßt sich sowohl durch ein **Ähnlichkeitsmaß**, als auch durch ein **Distanzmaß** ausdrücken (im zweiten Fall wird die "Unähnlichkeit" zweier Objekte gemessen). Die beiden ähnlichsten Objekte unter einer Vielzahl von Objekten sind dann im ersten Fall die, bei denen ein Ähnlichkeitsmaß den **größten** Wert annimmt und im zweiten Fall die, bei denen ein Distanzmaß den **kleinsten** Wert annimmt. Beide Arten der Ähnlichkeitsmessung sind daher **äquivalent**. Ob man nun ein Ähnlichkeits- oder ein Distanzmaß anwendet, hängt meist auch von der Skala ab, auf der die Merkmalsausprägungen der Objekte gemessen werden. So bieten sich z.B. bei quantitativen Merkmalen - aufgrund ihrer in diesem Fall leichten Berechenbarkeit - Distanzmaße an.

Definiert ist ein **Ähnlichkeitsmaß** als eine Funktion, die jedes (mit Wiederholung bildbare) **Paar von Objekten** aus einer Menge von n Objekten auf eine reelle Zahl s abbildet derart, daß gilt

$$s_{ab} = s_{ba} \quad \text{und} \quad s_{ab} \leq s_{aa} \quad \text{mit} \quad a,b = 1,\ldots,n\ ;$$

a und b indizieren dabei das a-te bzw. b-te Objekt. Ordnet man die Größen s_{ab} in einer Matrix an, so heißt die symmetrische $(n \times n)$-Matrix $\underline{S}$ **Ähnlichkeitsmatrix** der n Objekte.

Analog dazu ist ein **Distanzmaß** eine Funktion, die jedes der zuvor beschriebenen Paare auf eine reelle Zahl d abbildet, derart, daß gilt

$$d_{ab} = d_{ba} \quad \text{und} \quad \mathrm{d}_{ab} \geq 0 \quad \text{und} \quad d_{aa} = 0 \quad \text{mit} \quad a,b = 1,\ldots,n\ .$$

Ordnet man die Größen d_{ab} in einer Matrix an, so heißt die symmetrische $(n \times n)$-Matrix $\underline{D}$ **Distanzmatrix** der n Objekte.

Darüberhinaus lassen sich Ähnlichkeits- und Distanzmaße nicht nur für einzelne Objekte, sondern auch für Klassen von Objekten definieren.

7.1.1.1. Einige konkrete Ähnlichkeitsmaße

Ähnlichkeitsmaße werden bevorzugt für **nominalskalierte** Merkmale verwandt. Besitzen diese zudem nur zwei Ausprägungen (**binäre Merkmale**), kann die Ähnlichkeit zweier Objekte mit dem ***Matching-Koeffizienten*** gemessen werden. Zur Vereinfachung werden die Ausprägungen eines solchen Merkmals zunächst mit "Merkmal vorhanden" und "Merkmal nicht vorhanden" bezeichnet und mit 1 (vorhanden) und 0 (nicht vorhanden) kodiert. Den Matching-Koeffizienten berechnet man dann mit

$$s_{ab} = \frac{a_{ab} + b_{ab}}{p} .$$

Dabei ist a_{ab} die Anzahl der Merkmale, bei denen beide Objekte eine 1 als Ausprägung aufweisen und b_{ab} die Anzahl der Merkmale, bei denen beide Objekte eine 0 aufweisen. p ist die Gesamtzahl der Merkmale. Interpretiert werden kann dieses Maß als **Anteil** der Merkmale, bei denen die Ausprägungen der beiden Objekte übereinstimmen.

> Beispiel: Zwei Probanden wurden gefragt, ob sie Raucher, Trinker und Sportler seien. Die Antworten sind in der folgenden Tabelle zusammengefaßt (dabei bedeutet eine "1" die Antwort "ja", eine "0" die Antwort "nein").

Merkmal Proband	Raucher	Trinker	Sportler
1	1	0	1
2	0	0	1

> Hier wäre $a_{12} = 1$, da beide Probanden Sportler sind, $b_{12} = 1$, da beide keine Trinker sind und $p = 3$, da drei Merkmale erhoben wurden. Der Matching-Koeffizient ergibt sich somit zu $s_{12} = \frac{1+1}{3} = \frac{2}{3}$.

Der Matching-Koeffizient gewichtet Übereinstimmungen und Nicht-Übereinstimmungen gleich. Ein verallgemeinerter Matching-Koeffizient läßt eine **unterschiedliche Gewichtung** zu. Er berechnet sich als

$$s_{ab} = \frac{u(a_{ab} + b_{ab})}{u(a_{ab} + b_{ab}) + (1-u)c_{ab}} .$$

Dabei ist c_{ab} die Anzahl der Merkmale, bei denen die Objekte unterschiedliche Ausprägungen haben (Nicht-Übereinstimmungen; im obigen Beispiel wäre $c_{ab} = 1$, da ein Proband Raucher ist, der andere hingegen Nichtraucher). Diese wird gewichtet mit $1-u$. Die Übereinstimmungen werden mit u gewichtet. u muß dabei größer als 0 und kleiner als 1 sein. Dann ist der Wertebereich von s_{ab} das Intervall $[0;1]$. Für $u = \frac{1}{2}$ ergibt sich der einfache Matching-Koeffizient, für $u = \frac{1}{3}$ der sogenannte ***TANIMOTO-Koeffizient***.
Andere Ähnlichkeitsmaße betrachten das Fehlen (Nicht-Vorhandensein, Ausprägung 0) des Merkmals bei beiden Objekten nicht als Übereinstimmung zwischen den beiden.

Für **nominalskalierte Merkmale mit mehr als zwei Ausprägungen** läßt sich ein verallgemeinerter Matching-Koeffizient wie folgt berechnen:

$$s_{ab} = \frac{\alpha_{ab}}{p}$$

Dabei ist α_{ab} die Anzahl der übereinstimmenden Komponenten der **Beobachtungswertevektoren** $\underline{x}_a$ **und** $\underline{x}_b$ der Objekte a und b.

Beispiel: An zwei Probanden seien die aus der nachfolgenden Tabelle ersichtlichen Merkmale erhoben worden.

Merkmal Proband	Augen- farbe	Haarfarbe	Beruf	Schul- bildung
1	blau	braun	Ingenieur	Abitur
2	grün	braun	Anwalt	Abitur

Hier ist $\alpha_{12} = 2$, da die Beobachtungswertevektoren der beiden Probanden zwei übereinstimmende Komponenten aufweisen (Haarfarbe und Schulbildung). Somit beträgt der Wert des obigen Ähnlichkeitskoeffizienten $s_{12} = \frac{2}{4} = \frac{1}{2}$.

Für **ordinalskalierte** Merkmale besteht die Möglichkeit, das Merkmal mit j Ausprägungen in $j-1$ binäre Merkmale zu kodieren (dies ist für jedes Merkmal möglich) und dann ein Ähnlichkeitsmaß für binäre Merkmale zu verwenden.

7.1.1.2. Einige konkrete Distanzmaße

Vor allem bei **quantitativen** Merkmalen werden zur Proximitätsmessung Distanzmaße bevorzugt. Eine ganze Klasse solcher Distanzmaße bilden die ***MINKOWSKI*-Metriken**. Eine **Metrik** ist ein wie oben definiertes Distanzmaß, bei dem die Distanz d zwischen zwei Punkten a und b in einem beliebig dimensionierten Raum M höchstens gleich der Summe der Distanzen dieser beiden Punkte zu einem beliebigen anderen Punkt c in M ist (sog. **Dreiecksungleichung**), formal

$$d(\underline{x}_a, \underline{x}_b) \le d(\underline{x}_a, \underline{x}_c) + d(\underline{x}_b, \underline{x}_c) .$$

$\underline{x}_a$, $\underline{x}_b$ und $\underline{x}_c$ sind dabei die **Koordinatenvektoren** der Punkte a, b und c. Das Paar $(M;d)$ heißt **metrischer Raum**.
Eine Minkowski-Metrik über M ist dann definiert als

$$d(\underline{x}_a, \underline{x}_b) = \left(\sum_{i=1}^{p} |x_{ai} - x_{bi}|^q \right)^{\frac{1}{q}} \quad \text{mit} \quad q \ge 1 .$$

Dabei sind $\underline{x}_a$ und $\underline{x}_b$ zwei Punkte im Raum M und p ist die Anzahl der Dimensionen dieses Raumes.
Für die hier verfolgten Zwecke ist p die Anzahl der an zwei Objekten a und b erhobenen Merkmale, x_{ai} und x_{bi} sind die Ausprägungen der beiden Objekte beim i-ten Merkmal. Der Exponent q ist frei wählbar, muß aber mindestens 1 sein. Mit steigendem q werden größere Abstände zunehmend stärker gewichtet als kleinere. Für $q = 1$ ergibt sich als Spezialfall die ***City-Block-Metrik***, für $q = 2$ die ***Euklidische Distanz***, die der geläufigen Vorstellung des "Abstandes" entspricht und die in den meisten Fällen verwendete Minkowski-Metrik ist. Die Euklidische Distanz zwischen x_a und x_b kann auch geschrieben werden als

$$d(\underline{x}_a, \underline{x}_b) = \| \underline{x}_a - \underline{x}_b \| ,$$

da die Norm des Differenzvektors $\underline{x}_a - \underline{x}_b$ gleich der Euklidischen Distanz zwischen $\underline{x}_a$ und $\underline{x}_b$ ist.

Beispiel: Zwei Probanden wurden nach ihrem Netto-Monatseinkommen und ihren jährlichen Urlaubsausgaben gefragt. Die Werte finden sich in der folgenden Tabelle.

Merkmal Proband	Nettoein- kommen	Urlaubs- ausgaben
1	1000	800
2	2000	1600

Die *Euklidische Distanz* zwischen diesen beiden Probanden errechnet sich dann zu

$$d(\underline{x}_1, \underline{x}_2) = \sqrt{(x_{11} - x_{21})^2 + (x_{12} - x_{22})^2} =$$
$$= \sqrt{(1000 - 2000)^2 + (800 - 1600)^2} = 1280,62$$

Distanzen einer Minkowski-Metrik ändern sich nicht, wenn der Ursprung des Koordinatensystems verschoben wird (sie sind **translationsinvariant**). Hingegen ändern sich die Distanzen, wenn die Maßeinheit geändert wird, wenn also z.B. vom Einkommen in Dollar auf DM übergegangen wird. Minkowski-Metriken sind also nicht **skaleninvariant**.

Ein Distanzmaß, das sowohl translations- als auch skaleninvariant ist, ist die ***Mahalanobis-Distanz***

$$d_{ab} = (\underline{x}_a - \underline{x}_b)' \underline{C}^{-1} (\underline{x}_a - \underline{x}_b) .$$

Dabei sind $\underline{x}_a$ und $\underline{x}_b$ die Beobachtungswertvektoren der Objekte a und b mit p (Anzahl der Merkmale) Komponenten und $\underline{C}$ ist die **Stichproben-Varianz-Kovarianzmatrix** der p Merkmale.

7.1.1.3. Probleme der Proximitätsmessung

Solange alle Merkmale, die zur Proximitätsmessung herangezogen werden, auf gleichem Skalenniveau und in der gleichen Einheit gemessen werden **(kommensurable Merkmale)** und zudem unabhängig sind, können die vorgestellten Proximitätsmaße problemlos angewendet werden, andernfalls tauchen unter Umständen Probleme auf.

Betrachtet man die Formel für die Minkowskischen Metriken, erkennt man, daß dann, wenn die Maßeinheiten der Merkmale verschieden sind, Merkmale mit der (absolut) größeren Skala stärker gewichtet werden. Mißt man z.B. das Einkommen in DM und die Ausgaben im Italienurlaub in Italienischen Lira, weisen zwei Objekte mit gleichem Einkommen aber einer Differenz bei den Ausgaben von 100 Lit eine größere Distanz auf als zwei Objekte mit gleichen Ausgaben und Einkommensunterschieden von 50 DM, was den tatsächlichen Ähnlichkeiten widerspricht. Abhilfe kann in diesem Fall eine **Standardisierung** der Merkmale vor Durchführung der Clusteranalyse schaffen. Die verschieden große Streuung der Merkmale wird damit allerdings auch ausgeschaltet.

Hat der Anwender als gruppierende Merkmale sowohl qualitative als auch quantitative Merkmale ausgewählt, steht er vor dem Problem, nicht mit einem Proximitätsmaß auszukommen. Hier gibt es grundsätzlich drei Möglichkeiten:

- Man betrachtet qualitative Merkmale als quantitativ. Dies ist zwar eigentlich unzulässig, aber in der Praxis vor allem in den Sozialwissenschaften weit verbreitet (z.B. im Rahmen sogenannter Rating-Skalen).

- Man reduziert quantitative Merkmale zu qualitativen (z.B. durch Klassenbildung), wogegen es mathematisch keine Einwände gibt. Diese Vorgehensweise ist jedoch mit einem Informationsverlust verbunden und somit auch suboptimal.

- Man verwendet für jedes Merkmal ein spezifisches Proximitätsmaß und aggregiert die so erhaltenen Distanzen bzw. Ähnlichkeiten auf geeignete Weise. Dies ist zwar bezüglich des geschilderten Problems die beste Lösung, eröffnet jedoch bei der Wahl der Aggregationsmethode einen subjektiven Spielraum.

Sind die zur Gruppenbildung herangezogenen Merkmale schließlich korreliert (oder assoziiert), tritt ebenfalls das Problem der Ungleichgewichtung auf. Da korrelierte Merkmale, so die Kritik, im Prinzip ja das gleiche messen, würden die hinter diesen Korrelationen stehenden Faktoren höher gewichtet. Dem kann allerdings entgegengehalten werden, daß der Anwender diese Höhergewichtung wünscht, indem er die Merkmale zur Gruppenbildung heranzieht. Trotzdem besteht die Möglichkeit, Korrelationskoeffizienten zu berechnen und bei der Distanzermittlung eine entsprechende Gewichtung vorzunehmen.

7.1.2. Einige konkrete Algorithmen zur Gruppenbildung

Nachdem der zunächst unscharfe Begriff "Ähnlichkeit" derart formalisiert ist, kann nun der eigentliche Algorithmus der Clusteranalyse erläutert werden. Hierbei wird dann nur noch von Distanzen die Rede sein, jedoch läßt sich jedes Ähnlichkeitsmaß eindeutig auf ein Distanzmaß abbilden, so daß zur Proximitätsmessung selbstverständlich auch ein Ähnlichkeitsmaß verwendet werden kann.
Man berechnet also zunächst eine Distanzmatrix der anfangs n Cluster. Die Cluster mit der geringsten Distanz werden dann zu einem neuen Cluster zusammengefaßt. Anschließend wird eine neue Distanzmatrix berechnet, wobei es genügt, die Distanzen des neu gebildeten Clusters zu allen anderen Clustern neu zu berechnen, die Distanzen der anderen Cluster untereinander ändern sich durch die Fusion ja nicht. Nun werden erneut die beiden Cluster mit der geringsten Distanz zusammengefaßt, die neue Distanzmatrix errechnet usw., bis alle Objekte in einem einzigen Cluster enthalten sind. Die verschiedenen Algorithmen können anhand der Art der Distanzberechnung zwischen zwei Clustern (die ja auf den meisten Stufen des Algorithmus mehrere Objekte enthalten) unterschieden werden. Einige werden nachfolgend näher vorgestellt.

7.1.2.1. Das Single-Linkage-Verfahren

Die Distanz zwischen zwei Clustern C_k und C_l ergibt sich als die **kleinste Distanz** zwischen einem Objekt aus C_k und einem aus C_l, formal

$$d(C_k,C_l) = \min\{d_{ab}\} \quad , \quad a \in C_k \quad \text{und} \quad b \in C_l \; .$$

Fusioniert werden die beiden Cluster, die die geringste so gewonnene Distanz aufweisen. Das Single-Linkage-Verfahren eignet sich gut, wenn tatsächliche Cluster im Merkmalsraum **sphärische** Form (Kugeln bzw. Hyperkugeln) haben.

7.1.2.2. Das Complete-Linkage-Verfahren

Die Distanz zwischen zwei Clustern C_k und C_l ergibt sich als die **größte** Distanz zwischen einem Objekt aus C_k und einem aus C_l, formal

$$d(C_k, C_l) = \max\{d_{ab}\} \ , \quad a \in C_k \ \text{ und } \ b \in C_l \ .$$

Fusioniert werden die beiden Cluster, die die geringste so gewonnene Distanz aufweisen.

7.1.2.3. Das Average-Linkage-Verfahren

Die Distanz zwischen zwei Clustern C_k und C_l ergibt sich als **Durchschnitt aller Distanzen** zwischen den Objekten in C_k und denen in C_l, formal

$$d(C_k, C_l) = \frac{1}{n_k n_l} \sum_{a \in C_k} \sum_{b \in C_l} d_{ab} \ .$$

n_k bzw. n_l ist dabei die Anzahl der Objekte in C_k bzw. C_l. Fusioniert werden die beiden Cluster, die die geringste so gewonnene Distanz aufweisen.

7.1.2.4. Das Zentroid-Verfahren

Die Distanz zwischen zwei Clustern C_k und C_l ergibt sich als **quadrierte euklidische Distanz zwischen den Mittelwertvektoren** $\underline{\overline{x}}_k$ **und** $\underline{\overline{x}}_l$, formal

$$d(C_k, C_l) = \left\| \underline{\overline{x}}_k - \underline{\overline{x}}_l \right\|^2 .$$

Eine Komponente eines Mittelwertvektors ergibt sich dabei als Durchschnitt der Ausprägungen aller Objekte im Cluster bei einem Merkmal. Wegen der Durchschnittsberechnung erfordert das Verfahren **quantitative Merkmale**. Auch hier werden die beiden Cluster mit der geringsten so gewonnenen Distanz fusioniert.

7.1.2.5. Das Varianz-Minimierungsverfahren von WARD

Dieses Verfahren basiert auf dem Prinzip der **Streuungszerlegung**. Die Gesamtvarianz aller *n* Objekte wird dabei aufgeteilt auf die **Streuung innerhalb der Cluster** und die **Streuung zwischen den Clustern**. Die Streuung innerhalb der Cluster ist ein Maß für die **Homogenität** der Cluster. Befinden sich in den Clustern jeweils identische Objekte, so ist die Streuung in den Clustern 0 und die gesamte Streuung liegt zwischen den Clustern. Im Rahmen der Clusteranalyse wird man diesen Fall allerdings kaum vorfinden, es wird immer eine mehr oder minder große Heterogenität innerhalb der Cluster vorhanden sein. Diesen Umstand macht sich das **Verfahren von WARD** zunutze. Nach diesem Algorithmus werden auf einer Stufe stets die beiden Cluster vereinigt, deren Fusion die Varianz innerhalb der Cluster (nach der Fusion) am wenigsten erhöht. Es sollen also möglichst homogene Cluster gebildet werden. Die "Distanz" ist dabei gegeben durch

$$\frac{n_k n_l}{n_k + n_l} \left\| \underline{\bar{x}}_k - \underline{\bar{x}}_l \right\|^2 .$$

Dies entspricht dem **Homogenitätsverlust** durch die Fusionierung von C_k und C_l. Fusioniert werden also die beiden Cluster, die die geringste so gewonnenene "Distanz" aufweisen.
Angemerkt sei hierzu noch, daß dieses Verfahren nicht notwendigerweise die Partitionen liefert, die sich durch die homogensten Cluster auszeichnen. Der Algorithmus "denkt" ja nicht bis zum Ende, sondern immer nur bis zur nächsten Stufe.

7.1.2.6. Weitere agglomerative Verfahren

Die oben beschriebenen Verfahren können allesamt den **deskriptiven** Algorithmen zur Gruppenbildung zugeschrieben werden. Darüberhinaus gibt es Algorithmen **stochastischer** Art, die auf wahrscheinlichkeitstheoretischen Überlegungen basieren. Diese sollen nicht näher erläutert werden. Für den interessierten Leser einige Stichworte: **Density-Linkage, k-nächste-Nachbarn-Methode, Maximum-Likelihood-Verfahren**.

7.1.3. Die Bestimmung der optimalen Clusterzahl

Da, wie bereits erwähnt, die agglomerativen Verfahren so lange fusionieren, bis alle Objekte in nur noch einem Cluster enthalten sind, stellt sich das Problem der **optimalen Clusterzahl**, also der Bestimmung der Stufe des

Algorithmus, auf der die weitere Fusionierung unterbunden werden soll. Zunächst sei angemerkt, daß es hierfür kein objektives, eindeutiges und allgemein anerkanntes Verfahren gibt. Jedoch existieren eine Reihe von **Kriterien**, die diese Entscheidung unterstützen können. Aus praktischen Gründen werden hier nur die von SAS auch ausgegebenen Kriterien erläutert.

Das Bestimmtheitsmaß r^2

Die Formel für r^2 auf einer Stufe mit g Clustern lautet

$$r^2 = 1 - \frac{\sum_{j=1}^{g} \sum_{i=1}^{n_j} \left\| \underline{x}_i - \overline{\underline{x}}_j \right\|^2}{\sum_{s=1}^{n} \left\| \underline{x}_s - \overline{\underline{x}} \right\|^2} .$$

Der Summationsindex j läuft über alle g Cluster, der Index i über alle Beobachtungen innerhalb des j-ten Clusters und der Index s über alle n Beobachtungen in der Stichprobe. Das Bestimmtheitsmaß ist damit der **Anteil der Abweichungsquadratsumme zwischen den Clustern an der gesamten Abweichungsquadratsumme**. Dieser sollte nicht zu klein werden (Faustregel: $r^2 > 0,5$), da dann die Cluster schon zu inhomogen werden (es ist in den Clustern mehr Heterogenität vorhanden als zwischen ihnen).

Das Semi-partielle Bestimmtheitsmaß r_{semi}^2

Die Formel für r_{semi}^2 lautet

$$r_{semi}^2 = \frac{\sum_{v=1}^{n_m} \left\| \underline{x}_v - \overline{\underline{x}}_m \right\|^2 - \sum_{u=1}^{n_l} \left\| \underline{x}_u - \overline{\underline{x}}_l \right\|^2 - \sum_{i=1}^{n_k} \left\| \underline{x}_i - \overline{\underline{x}}_k \right\|^2}{\sum_{s=1}^{n} \left\| \underline{x}_s - \overline{\underline{x}} \right\|^2} .$$

Der Index v läuft über alle Fälle des m-ten Clusters, u und i analog beim l-ten bzw. k-ten Cluster. Das m-te Cluster entsteht dabei durch Fusionierung des l-ten und k-ten Clusters.

r^2_{semi} ist also die Zunahme der Abweichungsquadratsumme innerhalb der Cluster durch die Fusionierung der beiden zuletzt vereinigten Cluster, dividiert durch die Gesamt-Abweichungsquadratsumme. Somit mißt es auf jeder Stufe den durch die Vereinigung auf dieser Stufe entstehenden **Homogenitätsverlust** innerhalb der Cluster. Sollte dieser auf einer Stufe des Algorithmus überproportional hoch ausfallen, so wäre der Algorithmus **vor** dieser Fusionierung zu stoppen. Eine solche Stufe muß es allerdings nicht unbedingt geben, es kann durchaus vorkommen, daß r^2_{semi} linear ansteigt oder annähernd konstant bleibt.

Pseudo *F*

Auf einer bestimmten Stufe mit g Clustern ist Pseudo F gegeben als

$$F = \frac{\dfrac{\sum_{s=1}^{n} \left\| \underline{x}_s - \underline{\bar{x}} \right\|^2 - \sum_{j=1}^{g} \sum_{i=1}^{n_j} \left\| \underline{x}_i - \underline{\bar{x}}_j \right\|^2}{g-1}}{\dfrac{\sum_{j=1}^{g} \sum_{i=1}^{n_j} \left\| \underline{x}_i - \underline{\bar{x}}_j \right\|^2}{n-g}} .$$

Die Summationsindizes entsprechen denen des Bestimmtheitsmaßes.

Im Zähler dieses Bruches steht die Abweichungsquadratsumme zwischen den Clustern, dividiert durch die Anzahl der Freiheitsgrade, im Nenner die Abweichungsquadratsumme innerhalb der Cluster, ebenfalls dividiert durch die Anzahl der Freiheitsgrade. Da die Cluster untereinander ja möglichst heterogen sein sollen, ist es anzustreben, daß dieser Pseudo F-Bruch **möglichst groß** wird. Im Verlauf des Algorithmus zeigen **lokale Maxima** dieses Kriteriums also gute Clusterlösungen auf den entsprechenden Stufen an.
Der Begriff "Pseudo" rührt übrigens daher, daß hier zwar eine Größe analog der aus der Varianzanalyse bekannten F-Prüfgröße berechnet wird, die aber eben nicht F-verteilt ist. Signifikanztests sind demnach damit **nicht möglich**.

Pseudo t^2

Für die Fusionierung von Cluster k und Cluster l zu Cluster m ist Pseudo t^2 gegeben als

$$t^2 = \frac{\sum_{v=1}^{n_m} \|\underline{x}_v - \overline{\underline{x}}_m\|^2 - \sum_{u=1}^{n_l} \|\underline{x}_u - \overline{\underline{x}}_l\|^2 - \sum_{i=1}^{n_k} \|\underline{x}_i - \overline{\underline{x}}_k\|^2}{\dfrac{\sum_{u=1}^{n_l} \|\underline{x}_u - \overline{\underline{x}}_l\|^2 - \sum_{i=1}^{n_k} \|\underline{x}_i - \overline{\underline{x}}_k\|^2}{n_k + n_l - 2}}.$$

Die Indizes entsprechen denen des Semi-partiellen Bestimmtheitsmaßes.

Pseudo t^2 ist demnach die Zunahme der Abweichungsquadratsumme innerhalb der Cluster durch die Fusionierung der Cluster k und l zum Cluster m in Relation zur (mit der Anzahl der Freiheitsgrade gewichteten) Summe der Abweichungsquadratsummen in den Clustern k und l. Es drückt somit aus, um wieviel heterogener das "neue" Cluster m gegenüber den "alten" Clustern k und l ist. Deshalb zeigen im Verlauf des Algorithmus auftretende **lokale Minima** von Pseudo t^2 gute Clusterlösungen an.

Die genannten Kriterien haben den Nachteil, daß sie nicht immer eindeutig sind und schon gar nicht alle dieselbe optimale Clusterzahl anzeigen. Es ist daher zweckmäßig, nach einer möglichst guten Übereinstimmung mehrerer dieser Kriterien zu suchen.

7.1.4. Das Dendrogramm

Das Dendrogramm ist eine **graphische Veranschaulichung** des Fusionierungsprozesses. Man kann daran auf einen Blick erkennen, welche Cluster auf welcher Stufe vereinigt wurden, und wie "ähnlich" sie sich waren. Näher erläutert werden kann es am besten anhand eines Beispiels:

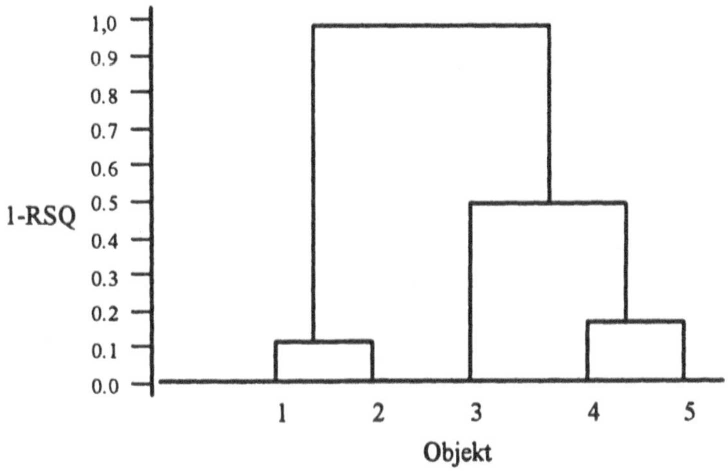

Nach rechts sind dabei die **Identifizierungsnummern** der Objekte einer Stichprobe abgetragen. Jeweils zwei vereinigte Cluster sind durch **zwei vertikale** und **eine horizontale** Linie miteinander verbunden. Die Höhe der vertikalen Strecken ist bedingt durch die Skala der Ordinate, oft wird hier die Abweichungsquadratsumme innerhalb der Cluster, die auf dieser Stufe erreicht ist, angetragen. Im Beispiel ist es $1-r^2$ (r^2 ist das Bestimmtheitsmaß). Je höher dabei die vertikalen Linien sind, desto höher ist der Homogenitätsverlust durch die Vereinigung dieser beiden Cluster.
Ist ein Dendrogramm richtig gezeichnet, können sich bei den hier vorgestellten Clusterverfahren (mit Ausnahme des Zentroid-Verfahrens) niemals Linien schneiden.

7.1.5. Agglomerative Clusteranalyseverfahren in SAS: Die Prozedur CLUSTER

Alle hier behandelten Clusteranalyseverfahren stellt die SAS-Prozedur **CLUSTER** zur Verfügung. Als Distanzmaß verwendet SAS dabei stets die euklidische Distanz, es sei denn, die Definition des Verfahrens bedingt etwas anderes (z.B. Zentroid und Ward).

7.1.5.1. Syntax

Die Syntax dieser Prozedur lautet:

PROC CLUSTER METHOD = *Name* *Optionen*;
BY *Variablenliste*;
COPY *Variablenliste*;
ID *Variable*;
RMSSTD *Variable*;
VAR *Variablenliste*;
FREQ *Variable*;

Erforderlich ist lediglich die **PROC CLUSTER**-Anweisung inklusive der Methodenangabe, alle anderen Anweisungen sind optional. Die wichtigsten erforderlichen und optionalen Parameter werden nachfolgend erläutert.

Die PROC CLUSTER-Anweisung

Hierbei ist als *Name* nach "METHOD =" die Bezeichnung des Fusionierungsalgorithmus zu nennen. Es bedeuten:

- *AVERAGE* das Average-Linkage-Verfahren
- *CENTROID* das Zentroid-Verfahren
- *COMPLETE* das Complete-Linkage-Verfahren
- *SINGLE* das Single-Linkage-Verfahren
- *WARD* das Varianz-Minimierungsverfahren nach Ward

Weitere mögliche Codewörter wie *DENSITY, EML, FLEXIBLE, MCQUITTY, MEDIAN* und *TWOSTAGE* bezeichnen Verfahren, die hier nicht erläutert wurden.

Die wichtigsten *Optionen* bei dieser Anweisung sind:

- *DATA=SAS-Datendatei*. Hier wird die Datendatei angegeben, die die Prozedur zur Auswertung verwenden soll. Als Voreinstellung wird die zuletzt erstellte SAS-Datei verwendet.
- *NOEIGEN* unterdrückt die Berechnung von Eigenwerten, die ausschließlich für das hier nicht behandeltete **Cubic Clustering Criterion**

benötigt werden. Ist man an diesem Kriterium nicht interessiert, sollte man die NOEIGEN-Option angeben, um Rechenzeit zu sparen.

- *NOID*. Ein Cluster kann in SAS durch den Wert einer sogenannten ID-Variablen identifiziert werden. Dieser Wert erscheint dann auch im Output des Clusteralgorithmus. *NOID* unterdrückt diese Identifizierung.

- *NONORM* verhindert, daß die Distanzen normiert werden. Grundsätzlich ist diese Normierung voreingestellt und bewirkt, daß die Distanzen zum Zwecke der Normierung durch die durchschnittliche Distanz zwischen allen Objekten dividiert werden.

- *NOPRINT*. Diese Option unterdrückt jeglichen gedruckten Output der Prozedur und ist dann sinnvoll, wenn die Prozedur nur zum Erstellen einer neuen Datendatei verwendet wird.

- *OUTTREE = SAS-Datendatei*. Der Output der Prozedur kann mit dieser Option auf eine Datei geschrieben werden, die später zum Zeichnen von Dendrogrammen benötigt wird. Wird die Option nicht gesetzt, dann wird diese Datei nur temporär gespeichert. Will man eine Speicherung gänzlich verhindern, so ist OUTTREE = _NULL_ anzugeben.

- *PRINT = n*. Diese Option bewirkt, daß im Output nur die letzten n Stufen des Fusionierungsalgorithmus erscheinen.

- *PSEUDO* fordert die Statistiken Pseudo F und Pseudo t^2 an.

- *RSQUARE* fordert das Bestimmtheitsmaß und das semipartielle Bestimmtheitsmaß an.

- *SIMPLE* berechnet einfache deskriptive Statistiken.

- *STANDARD* bewirkt eine Standardisierung der Merkmale vor Durchführung der Clusteranalyse.

Die BY-Anweisung

Die Wirkung dieser Anweisung wurde bereits mehrfach bei anderen Prozeduren erläutert.

Die FREQ-Anweisung

Hier kann, wie ebenfalls bereits bei anderen Prozeduren beschrieben, eine *Variable* angegeben werden, die die Häufigkeiten enthält, mit denen die entsprechenden Werte der anderen Variablen auftreten.

Die ID-Anweisung

Die Werte der ID-*Variablen* identifizieren die Beobachtungen sowohl während des Clusteralgorithmus als auch in der OUTTREE-Datei. Hier sollte z.B. die laufende Nummer eines Fragebogens o.ä. angegeben werden.

Die VAR-Anweisung

In der zugehörigen *Variablenliste* werden die (numerischen!) Variablen angegeben, die in die Analyse einbezogen werden sollen. Als Voreinstellung werden alle numerischen Variablen der Datendatei verwendet.

7.1.5.2. Fehlende Werte

Beobachtungen, die bei einer Variablen einen fehlenden Wert aufweisen, werden aus der Analyse ausgeschlossen.

7.1.5.3. Output

Fünf Probanden wurden gefragt, wieviele Stunden pro Woche sie für Sport (Variable `sport`), für Medienkonsum (Variable `medien`) und für sonstige Hobbies (Variable `hobbies`) aufbrächten. Diese fünf Probanden sollen nun zu weniger als fünf Clustern zusammengefaßt werden. (Anmerkung: In den meisten Fällen wird man eine Clusteranalyse mit erheblich mehr als fünf Objekten durchführen. Die geringe Fallzahl dient hier nur der Übersichtlichkeit und einfachen Nachvollziehbarkeit.)
Das folgende Programm gibt zunächst die Datenmatrix aus und führt anschließend eine Single-Linkage-Clusteranalyse durch.

```
proc print data=sasuser.clusdat2;
var sport medien hobbies;
proc cluster method=single data=sasuser.clusdat2
noeigen
pseudo  rsquare  nonorm;
var sport medien hobbies;
id lfdnr;
run;
```

Dieses Programm liefert den folgenden Output:

```
OBS     SPORT     MEDIEN     HOBBIES

 1        1         5          3
 2        0         6          3
 3        2         2          8
 4        5         3          1
 5        5         4          0


Single Linkage Cluster Analysis

Root-Mean-Square Total-Sample Standard Deviation = 2.401388

                                                                T
                                            Pseudo Pseudo   Min  i
NCL -Clusters Joined-  FREQ   SPRSQ     RSQ     F    t**2   Dist  e

  4         1       2     2 0.014451 0.9855  22.7      .  1.41421 T
  3         4       5     2 0.014451 0.9711  33.6      .  1.41421
  2 CL4       CL3         4 0.440751 0.5303   3.4   30.5  4.89898
  1 CL2             3     5 0.530347 0.0000     .    3.4  5.91608
```

Die im obigen Output auftretenden Bezeichnungen und Werte werden nun näher erläutert.
Die Prozedur liefert, falls (anders als im Beispielprogramm) nicht die Option *NOEIGEN* angegeben wurde, zunächst die Eigenwerte der Kovarianz- bzw. Korrelationsmatrix (`Eigenvalue`), die Differenz zwischen je zwei Eigenwerten (`Difference`), den Erklärungsanteil jedes Eigenwertes an der Gesamtvarianz (`Proportion`) und den kumulierten Erklärungsanteil (`Cumulative`).
Weiterhin wird die durchschnittliche Standardabweichung der Stichprobe berechnet (`Root-Mean-Square Total-Sample Standard Deviation`). Dabei wird die Gesamtvarianz (aller Variablen) zu gleichen Teilen auf die Merkmale aufgeteilt. Die RMSSTD ist dann gegeben durch

$$RMSSTD = \sqrt{\frac{\sum_{i=1}^{n} \left\| \underline{x}_i - \overline{\underline{x}} \right\|^2}{p(n-1)}}.$$

Der Index i läuft über alle Objekte der Stichprobe; p bezeichnet die Anzahl der Merkmale.

Wenn die Option *NONORM* nicht angegeben wurde, gibt SAS dann (je nach *METHOD*) entweder die Wurzel der durchschnittlichen quadrierten Distanz zwischen allen Objekten (`Root-Mean-Square Distance Between Observations`) oder die durchschnittliche Distanz zwischen allen Objekten (`Mean Distance Between Observations`) aus.

Anschließend liefert SAS die eigentliche Clusteranalyse und zwar in Form der "Fusionierungsgeschichte". Jede Zeile dieser Tabelle bezeichnet eine Stufe des Fusionierungsalgorithmus, wobei die Anzahl der Cluster von oben nach unten sinkt, in der letzten Zeile sind also alle Objekte zu einem einzigen Cluster vereinigt. In der nachfolgenden Tabelle sind die dabei auftretenden Bezeichnungen erläutert:

Bezeichnung	**Erklärung**
Number of Clusters (NCL)	Die Anzahl der Cluster auf der jeweiligen Stufe
Clusters joined	Die Bezeichnung der beiden auf der jeweiligen Stufe vereinigten Cluster. `CL4 CL3` bedeutet, daß hier das auf Stufe 4 entstandene Cluster mit dem auf Stufe 3 entstandenen vereinigt wird. Die Stufen werden absteigend gezählt.
Frequency of New Cluster	Die Anzahl der Objekte im neu entstandenen Cluster
Semipartial R-Squared	r^2_{semi}
R-Squared	r^2
Pseudo F	Der Wert des Pseudo F-Kriteriums
Pseudo t**2	Der Wert des Pseudo t^2-Kriteriums

Norm ... Dist bzw. ... Distance	Die mit der durchschnittlichen Distanz zwischen allen Objekten gewichtete Distanz der beiden zuzuletzt vereinigten Cluster bzw., falls *NONORM* angegeben wurde, die Distanz der zuletzt vereinigten Cluster
Tie	Falls es auf einer Stufe mehr als zwei Cluster mit gleicher Distanz zueinander gibt, liegt ein Verbundwert (Tie) vor. SAS fusioniert dann die beiden Cluster, in denen das Objekt enthalten ist, das als erstes in der Datendatei vorkommt.

Die optimale Clusterzahl im Beispiel

Will man für obiges Beispiel die optimale Clusterzahl suchen, so deutet der Wert von r^2_{semi} eine 3-Cluster-Lösung an. Hier läge auch r^2 noch über 97%. Pseudo F hat ebenfalls bei 3 Clustern sein Maximum, Pseudo t^2 kann im Beispiel für 3 Cluster nicht berechnet werden, da in diesem Fall durch 0 dividiert werden müßte. Eine 3-Cluster-Lösung bietet sich hier also an, wenn man alle Kennzahlen heranzieht. Bei dieser Lösung befänden sich die Objekte 1 und 2 in einem Cluster, die Objekte 4 und 5 im zweiten Cluster und Objekt 3 bildet allein das dritte Cluster. Betrachtet man jetzt noch einmal die Datenmatrix, so erkennt man mit bloßem Auge, daß die jeweils zu einem Cluster zusammengefaßten Objekte tatsächlich sehr ähnlich sind und sich das Objetk 3 sehr stark von allen anderen Objekten unterscheidet.

7.1.5.4. Randbemerkung

Angemerkt sei noch, daß die Prozedur CLUSTER nicht nur Rohdaten verarbeiten kann, aus denen die Prozedur die Distanzen errechnen muß, sondern daß es auch möglich ist, die Distanzen zwischen den Objekten direkt als Distanzmatrix einzugeben. SAS führt die Analyse dann mit diesen Distanzen durch. Dies ist dann von Vorteil, wenn die erhobenen Daten bereits Distanzen sind (z.B. die Entfernungen zwischen Städten). Sind die erhobenen Daten Ähnlichkeiten (z.B. wenn Probanden die Ähnlichkeit von Automarken beurteilt haben), so können aus diesen Ähnlichkeiten Distanzen berechnet werden und auch diese wiederum der Prozedur als Input zur Verfügung gestellt werden. Die dazu notwendige Syntax entnehme man aus dem SAS-Benutzerhandbuch.

7.2. Ein partitionierendes Clusteranalyseverfahren: Nearest Centroid Sorting

SAS bietet auch einen Algorithmus für ein partitionierendes Clusteranalyseverfahren, das unter der Bezeichnung **Nearest-Centroid-Sorting** bekannt ist und im folgenden kurz beschrieben wird.

7.2.1. Der Algorithmus

Das Verfahren beginnt damit, eine Reihe von **Startwerten** festzulegen, die quasi die "Wiege" der ersten Partition bilden. Der erste Startwert ist das erste Objekt der Datendatei, das keine fehlenden Werte aufweist. Der nächste Startwert ist das nächste Objekt in der Datendatei ohne fehlende Werte, das zum ersten Startwert eine bestimmte (vom Anwender festzulegende) Mindestdistanz aufweist. Weitere Startwerte werden festgelegt, wenn sie diese Mindestdistanz zu allen bisher ausgesuchten Startwerten aufweisen. Die maximale Anzahl von Startwerten (und damit die maximale Clusterzahl, da jeder Startwert die "Wiege" eines Clusters ist) muß vom Anwender bestimmt werden. Jedoch werden auch nach Erreichen dieser Maximalzahl von Startwerten alle weiteren Objekte daraufhin überprüft, ob sie sich besser als Startwert eignen würden als die tatsächlich bisher ausgewählten Startwerte. Die bessere Eignung dieses Objekts wird anhand zweier Verfahren überprüft:

- Ein bisheriger Startwert wird dann durch das Objekt ersetzt, wenn die Distanz zwischen dem Objekt und dem diesem nächstgelegenen Startwert größer ist als die kleinste Distanz zwischen zwei bisherigen Startwerten. Der zu ersetzende Startwert ist jener von den beiden letzteren, der zu den verbleibenden Startwerten die geringste Distanz aufweist.

- Wenn ein Objekt beim ersten Test "durchgefallen" ist, wird ein weiteres Verfahren angewandt. Dabei ersetzt das Objekt den nächstgelegenen Startwert, wenn die geringste Distanz des Objekts zu allen anderen Startwerten größer ist als die kleinste Distanz des dem Objekt nächstgelegenen Startwertes zu den anderen Startwerten.

Schlägt auch der zweite Test fehl, wird zum nächsten Objekt übergegangen. Dieses Verfahren stellt sicher, daß die Startwerte untereinander die größtmöglichen Distanzen aufweisen.
Als Distanzmaß wird bei diesem Algorithmus ausschließlich die **quadrierte euklidische Distanz** verwendet.

Im zweiten Schritt werden sodann die verbliebenen Objekte den Startwerten **zugeordnet**, zu denen sie die geringste Distanz aufweisen. An dieser Stelle kann die Analyse bereits beendet werden.
Optional ist es aber auch möglich, nach dieser Zuordnung den jeweiligen **Zentroiden** (Mittelwertvektor) der so entstandenen Cluster zu bestimmen und die Objekte entsprechend ihrer Distanz zum jeweiligen Zentroiden **neu zuzuordnen**. Diese Schritte werden solange wiederholt bis sich die nach jeder Iteration neu berechneten Zentroide kaum oder nicht mehr von den vorherigen unterscheiden. Die maximale Anzahl der Iterationen kann dabei vom Anwender festgelegt werden.
Eine weitere Option sieht vor, bereits nach der Zuordnung je eines Objekts einen neuen Clusterzentroiden zu berechnen, und die weitere Zuordnung anhand der Distanzen zu diesen ständig aktualisierten Zentroiden vorzunehmen (Verfahren der **driftenden Zentroide**).

7.2.2. Nearest Centroid Sorting mit SAS: Die Prozedur FASTCLUS

Die SAS-Prozedur **FASTCLUS** stellt die Implementierung des oben genannten Verfahrens dar. Sie wird nachfolgend erläutert.

7.2.2.1. Syntax

Die Syntax dieser Prozedur lautet allgemein:

PROC FASTCLUS MAXCLUSTERS = *n* RADIUS = *t* *Optionen*;
VAR *Variablenliste*;
ID *Variable*;
FREQ *Variable*;
WEIGHT *Variable*;
BY *Variablenliste*;

Erforderlich ist lediglich die **PROC FASTCLUS**-Anweisung, alles andere ist optional. Die wichtigsten optionalen Parameter der einzelnen Anweisungen werden nun näher erläutert.

Die PROC FASTCLUS-Anweisung

In dieser Anweisung muß entweder anstelle von *n* die maximale Anzahl der Startwerte (und damit der Cluster) gesetzt oder für *t* die minimale Distanz angegeben werden, die ein potentieller Startwert zu den bereits gesetzten

Startwerten aufweisen muß (wodurch die Clusterzahl ebenfalls beschränkt wird). Natürlich ist es auch möglich, beides festzulegen. Als Voreinstellung wird für *n* der Wert 100 und für *t* der Wert 0 verwendet.

Die wichtigsten *Optionen* sind:

- *CLUSTER = Name*. Wird von der Prozedur eine Output-Datei erstellt (was eigens angefordert werden muß), so enthält diese Datei u.a. eine Variable mit der Bezeichnung *Name*, die für jedes Objekt die Clusterzugehörigkeit speichert. Hat man also drei Cluster erhalten, hat diese Variable drei Werte. Als Voreinstellung wird der *Name* CLUSTER vergeben.

- *CONVERGE = c*. Mit dieser Option kann ein Konvergenzkriterium festgelegt werden, bei dessen Erreichen keine weiteren Iterationen mehr durchgeführt werden (falls das Iterationsverfahren verwendet wird). Für *c* ist jeder nichtnegative Wert erlaubt. Das Konvergenzkriterium ist erfüllt, wenn die Distanz zwischen einem neuberechneten Zentroiden und seinem Vorgänger höchstens gleich der kleinsten Distanz zwischen zwei Startwerten multipliziert mit *c* ist. Die Angabe dieser Option ist nur dann sinnvoll, wenn die Anzahl der Iterationen mit der noch zu erklärenden Option *MAXITER* größer als 1 gewählt wird.

- *DATA=SAS-Datendatei*. Hier wird die Datendatei angegeben, die die Prozedur zur Auswertung verwenden soll. Als Voreinstellung wird die zuletzt erstellte SAS-Datei verwendet. Im Gegensatz zur Prozedur CLUSTER, die auch Distanzen als Eingabe verwenden kann, müssen hier die Rohdaten verwendet werden.

- *DELETE = n*. Diese Option sorgt dafür, daß nach jeder Iteration Startwerte bzw. Zentroide, denen weniger als *n* Objekte zugeordnet sind, als "Wiege" der Cluster entfernt werden, d.h., die entsprechenden Cluster werden aufgelöst und die enthaltenen Objekte auf die übrigen Cluster verteilt. Nach der letzten Iteration wird dieses Entfernen nicht mehr durchgeführt, so kann es vorkommen (wenn auch selten), daß am Ende der Analyse doch Cluster mit weniger als *n* Objekten vorhanden sind.

- *DISTANCE* gibt die Distanzen zwischen den Zentroiden aus.

- *DRIFT* verwendet im Verlauf der Analyse die oben beschriebene Methode der driftenden Zentroide.

- *IMPUTE*. Mit dieser Option können fehlende Werte bei den Objekten ersetzt werden. Dazu werden diese Objekte einfach anhand ihrer vorhandenen Werte den Clustern zugeordnet und erhalten bei den Variablen mit missing values den entsprechenden Durchschnittswert "ihres" Clusters.

- *LIST* listet am Ende der Analyse jedes Objekt auf und zwar mit dem Wert seiner ID-Variablen (falls vorhanden), der Bezeichnung des Clusters, dem das Objekt zugeordnet wurde sowie die Distanz zwischen dem Objekt und dem Zentroiden bzw. Startwert des Clusters.

- *MAXITER* = *n*. Hier wird die Zahl *n* der maximal durchzuführenden Iterationen (mit jeweiliger Neuberechnung des Zentroiden) festgelegt. Als Voreinstellung gilt $n = 1$, d.h., nach der Zuordnung der Objekte zu den Startwerten ist die Analyse beendet.

- *NOMISS* schließt Objekte, die bei einer Variablen einen fehlenden Wert haben, aus der Analyse aus (was nicht Voreinstellung ist). Ist allerdings *IMPUTE* angegeben, so werden diese Objekte am Ende der Analyse trotzdem zugeordnet.

- *NOPRINT* verhindert die Ausgabe des Outputs der Prozedur.

- *OUT* = *SAS-Datendatei* erstellt eine neue Datendatei mit allen Variablen der Input-Datei und zusätzlich den Variablen CLUSTER (mit der Clusterzugehörigkeit als Wert) sowie DISTANCE (mit der Distanz zum Zentroiden bzw. Startwert).

- *REPLACE* = *FULL* | *PART* | *NONE* | *RANDOM*. Hier wird näher spezifiziert, auf welche Weise der Austausch der Startwerte stattfinden soll. *FULL* sorgt für den Austausch wie oben beschrieben. *PART* führt nur den ersten der beiden Tests aus. *NONE* unterdrückt den Austausch ganz. Wird *RANDOM* angegeben, so werden die Startwerte generell auf Basis einer Zufallsauswahl aus allen Objekten festgelegt und dann auch nicht mehr ausgetauscht.

- *STRICT* = *s*. Diese Option bewirkt, daß Objekte, die eine Distanz größer als *s* zu allen Startwerten bzw. Zentroiden aufweisen, nicht zugeordnet werden. So können Ausreißer eliminiert werden. In der Output-Datei erhält die Variable CLUSTER dann einen negativen Wert, dessen Absolutwert das Cluster bezeichnet, dem das Objekt zugeordnet worden wäre.

Die BY-Anweisung

Die Wirkung dieser Anweisung wurde bereits mehrfach bei anderen Prozeduren erläutert.

Die FREQ-Anweisung

Hier kann, wie ebenfalls bereits bei anderen Prozeduren beschrieben, eine *Variable* angegeben werden, die die Häufigkeiten enthält, mit denen die entsprechenden Werte der anderen Variablen auftreten.

Die ID-Anweisung

Die Werte der ID-*Variablen* identifizieren die Beobachtungen sowohl während des Clusteralgorithmus als auch in der OUT-Datei. Hier sollte z.B. die laufende Nummer des Fragebogens o.ä. angegeben werden.

Die VAR-Anweisung

In der zugehörigen *Variablenliste* werden die (numerischen!) Variablen angegeben, die in die Analyse einbezogen werden sollen. Als Voreinstellung werden alle numerischen Variablen der Datendatei verwendet.

7.2.2.2. Output

Der Output wird anhand des folgenden Beispielprogramms erläutert. Die fünfzig Bundesstaaten der USA sollen anhand ihrer Verbrechenshäufigkeiten in maximal fünf Cluster eingeteilt werden. Erhoben wurden in einem bestimmten Kalenderjahr die Anzahl der Einbrüche (Variable `einbruch`), die Anzahl der Morde (Variable `mord`), die Anzahl der Vergewaltigungen (Variable `vgewalt`) und die Anzahl der Raubüberfälle (Variable `raub`) pro 100.000 Einwohner des jeweiligen Staates. Cluster mit 2 oder weniger Objekten sollten dabei nicht gebildet werden. Im Cluster-Listing soll jeder Staat anhand seines Namens identifiziert werden, wozu der Name (Variable `staat`) in der ID-Anweisung verwendet wird.
Das Programm lautet dann:

```
proc fastclus maxclusters=5
data=sasuser.crime list delete=2
maxiter=10 nomiss replace=full;
id staat;
var einbruch mord vgewalt raub;
run;
```

Es erzeugt folgenden Output:

```
FASTCLUS Procedure:  Replace=FULL  Radius=0  Maxclusters=5
Delete=2
Nomiss  Maxiter=10  Converge=0.02

Initial Seeds

Cluster        EINBRUCH           MORD        VGEWALT          RAUB
-------------------------------------------------------------------
   1            1728.00          10.70          29.40        472.60
   2             986.20           9.00          23.30         92.10
   3            2453.10          15.80          49.10        323.10
   4             446.10           0.90           9.00         13.30
   5            1605.60           4.30          39.60        106.20


Minimum Distance Between Initial Seeds = 386.4916

                                Relative Change in Cluster Seeds
Iteration  Criterion        1          2         3          4          5
------------------------------------------------------------------------
    1      95.8516          0     0.1413    0.4101     0.2397     0.1939
    2      91.2181     0.0317     0.2496    0.1460
    3      87.1884     0.0962     0.1676    0.2398
    4      81.3983     0.1022     0.1285    0.1448
    5      78.4261     0.0348          0    0.0415
    6      78.2432          0          0         0

Convergence criterion is satisfied.
```

```
Cluster Listing

  Obs      STAAT          Cluster  Distance from Seed
-----------------------------------------------------
    1  Alabama               1            9.548
    2  Alaska                4          175.534
    3  Arizona               2          248.032
    4  Arkansas              1          170.128
    5  California            2           87.734
    6  Colorado              2          175.927
    7  Connecticut           4          150.829

    .    .                   .             .
    .    .                   .             .
    .    .                   .             .
    .    .                   .             .
    .    .                   .             .

   46  Virginia              1          155.897
   47  Washington            4          128.327
   48  West Virginia         3          158.945
   49  Wisconsin             3           91.062
   50  Wyoming               3           57.661

Criterion Based on Final Seeds = 78.243


                   Cluster Summary

                                      Maximum Distance
                         RMS Std         from Seed
Cluster     Frequency   Deviation     to Observation
------------------------------------------------------
   1           16        56.5228         170.1
   2            6          130.3         365.1
   3           11        76.9920         312.5
   4           17        84.3910         387.8


            Nearest     Distance Between
Cluster     Cluster     Cluster Centroids
----------------------------------------
   1           4                 356.3
   2           4                 617.0
   3           1                 388.7
   4           1                 356.3


                       Statistics for Variables

Variable     Total STD    Within STD    R-Squared    RSQ/(1-RSQ)
-----------------------------------------------------------------
EINBRUCH      432.4557      145.3772     0.893911       8.426034
MORD          3.866769      3.727559     0.127603       0.146267
VGEWALT      10.759630      7.967936     0.485176       0.942412
RAUB         88.348567     73.521744     0.349879       0.538175
OVER-ALL      220.7681     81.574131     0.871828       6.801997
```

```
                    Pseudo F Statistic =   104.30
Approximate Expected Over-All R-Squared =  0.91263
              Cubic Clustering Criterion =   -2.136
WARNING: The two above values are invalid for correlated
         variables.


Cluster Means

Cluster       EINBRUCH           MORD         VGEWALT          RAUB
-------------------------------------------------------------------
   1          1141.96            7.86           22.74         98.61
   2          2107.53           10.08           39.97        205.82
   3           755.93            5.34           15.78         53.41
   4          1491.97            7.48           29.96        164.96


Cluster Standard Deviations

Cluster       EINBRUCH           MORD         VGEWALT          RAUB
-------------------------------------------------------------------
   1           99.637           3.852           5.854        52.940
   2          247.708           3.396           9.157        80.657
   3          150.430           3.900           4.155        32.393
   4          134.672           3.596          10.650       101.116
```

In der nachfolgenden Tabelle wird der Output der Prozedur **FASTCLUS** erläutert:

Bezeichnung	**Erklärung**
Initial Seeds	In der zugehörigen Tabelle befindet sich der Startwert für jedes Cluster, identifiziert durch die Ausprägungen bei den analysierten Variablen.
Minimum Distance Between Seeds	Die kleinste Distanz zwischen zwei Startwerten
Relative Change in Cluster Seeds	In dieser Tabelle ist für jede Iteration und jedes Cluster die Distanz des neuberechneten Zentroiden zu seinem Vorgänger sowie der Wert des Konvergenzkriteriums angegeben.
Cluster Listing	Eine Tabelle, in der für jedes Objekt das Cluster angegeben wird, dem es zugeordnet wurde, sowie seine Distanz zum Startwert bzw. Zentroiden des Clusters.

Cluster Summary	Unter dieser Bezeichnung wird eine Tabelle mit diversen deskriptiven Kennwerten gedruckt, die nachfolgend im einzelnen beschrieben werden.
Cluster	Die Bezeichnung des jeweiligen Clusters
Frequency	Die Anzahl der Objekte im jeweiligen Cluster
RMS Std Deviation	Die durchschnittliche Standardabweichung (Wurzel der durchschnittlichen Varianz aller Variablen) im jeweiligen Cluster
Maximum Distance from Seed to Observation	Die größte Distanz zwischen dem Startwert bzw. Zentroiden und irgendeinem Objekt innerhalb des jeweiligen Clusters
Nearest Cluster	Das Cluster, dessen Zentroid die geringste Distanz zum Zentroiden des jeweiligen Clusters aufweist
Distance Between Cluster Centroids	Der Wert der eben beschriebenen Distanz
Statistics for Variables	In der so bezeichneten Tabelle werden einige deskriptive Kennzahlen für die in die Analyse einbezogenen Variablen ausgegeben, nachfolgend im einzelnen erklärt.
Variable	Der jeweilige Variablenname
Total STD	Die Gesamtstandardabweichung der jeweiligen Variablen
Within STD	Die gepoolte Innergruppen-Standardabweichung der jeweiligen Variablen, i.e. die Wurzel aus dem gewogenen Durchschnitt der einzelnen Varianzen in den Clustern (gewichtet wird mit der jeweiligen Anzahl von Freiheitsgraden)
R-Squared	Das Bestimmtheitsmaß r^2, d.h., das Verhältnis der Varianz zwischen den Gruppen zur Gesamtvarianz der jewlg. Variablen
RSQ/1-RSQ	Das Verhältnis der Varianz zwischen den Clustern zur Varianz innerhalb der Cluster (der jeweiligen Variablen)
OVER-ALL	Die eben beschriebenen Kennzahlen, jedoch gepoolt über alle Variablen

Pseudo F Statistic	Der Wert von Pseudo *F*, wie bereits bei den agglomerativen Clusteranalyseverfahren erläutert
Approximate Expected Over-All R-Squared	Der erwartete (approximative) Wert von r^2 unter der Nullhypothese, die Objekte seien gleichverteilt (d.h. es gibt keine Cluster), wobei die Unkorreliertheit der Variablen vorausgesetzt wird
Cubic Clustering Criterion	Der Wert eines hier nicht näher erläuterten Kriteriums zur Bestimmung der optimalen Clusterzahl
Cluster Means	Die Mittelwerte einer jeden Variablen in jedem Cluster
Cluster Standard Deviations	Die Standardabweichung jeder Variablen in jedem Cluster

7.3. Auswertungsschritte nach der Clusteranalyse

Zweck der Clusteranalyse ist es, in der Stichprobe tatsächlich vorhandene Cluster aufzudecken. Dabei wird man es jedoch in den meisten Fällen nicht belassen wollen. Vielmehr wird man sich dafür interessieren, wie sich die einzelnen Cluster voneinander unterscheiden. Dies kann z.B. dadurch geschehen, daß man die im ersten Kapitel besprochenen **Verteilungskennzahlen** für jedes Cluster extra berechnet und anschließend vergleicht. Problematischer ist die Anwendung von Signifikanztesten zur statistischen Absicherung von Unterschieden zwischen den Clustern. Nahezu alle hierfür in Frage kommenden Teste (z.B. Varianzanalyse) setzen die Unabhängigkeit der Stichproben voraus. Diese ist natürlich im Anschluß an eine Clusteranalyse nicht mehr gegeben, hier sind die einzelnen Stichproben (Cluster) in **höchstem Maße abhängig**. Die Anwendung solcher Teste verbietet sich also hier.

Wie man in SAS im einzelnen vorgeht, um die Clusterzugehörigkeit eines Objekts in der weiteren Auswertung zu berücksichtigen, soll nun kurz erläutert werden.

Relativ einfach gestaltet sich dies nach einer Clusteranalyse mit **PROC FASTCLUS**. Hier wird in die *OUT*-Datei automatisch eine Variable aufgenommen, die die Clusterzugehörigkeit jedes Objektes angibt. Heißt diese Variable z.B. CLUSTER (Voreinstellung), so kann man weitergehende Auswertungen nach Clustern getrennt vornehmen, indem man beim Aufruf der entsprechenden Prozedur die Anweisung **BY** CLUSTER angibt. Die

Prozedur wird dann für jede Gruppe, die durch einen Wert der CLUSTER-Variablen gegeben ist, getrennt ausgeführt. Die Datendatei muß dazu allerdings gemäß der CLUSTER-Variablen sortiert sein, was durch folgenden Aufruf geschieht:

PROC SORT *DATA=Name der OUT-Datei*;
BY *CLUSTER*;

Nachdem die Datei derart sortiert ist, kann die Variable CLUSTER in der **BY**-Anweisung einer anderen Prozedur verwendet werden, z.B.:

PROC UNIVARIATE .... ;
......
BY *CLUSTER*;

Komplizierter ist die Vorgehensweise, wenn die Clusteranalyse mit **PROC CLUSTER** durchgeführt wurde. Da diese Prozedur nicht weiß, für welche Clusterzahl sich der Anwender bei einem hierarchischen Verfahren entscheidet, kann natürlich auch die Clusterzugehörigkeit nicht in einer Output-Datei abgespeichert werden und sofort zur Verfügung stehen. Hier ist der Umweg über eine Prozedur erforderlich, die eigentlich zum Zeichnen einer Art Dendrogramm dient, nämlich **PROC TREE**. Da die Dendrogramme, die diese Prozedur liefert, sehr unbefriedigend sind (unübersichtlich und schwer interpretierbar), wird sie hier nur insoweit besprochen wie zum Abspeichern der Clusterzugehörigkeit eines Objektes erforderlich.
Zunächst muß beim Aufruf der Prozedur **CLUSTER** die **ID**-Anweisung gesetzt werden. Diese sorgt dafür, daß in der *OUTTREE*-Datei jedes Objekt durch die **ID**-Variable identifiziert wird. Hat man als **ID**-Variable beispielsweise die Variable LFDNR (laufende Nummer, die natürlich in der Datendatei enthalten sein muß) angegeben, wird jedes Objekt anhand seiner Nummer identifiziert. Mit **PROC TREE** kann nun eine weitere Output-Datei durch folgenden Aufruf erzeugt werden:

PROC TREE *DATA=Name der OUTTREE-Datei NOPRINT NCL=n OUT=neuer Dateiname*;
ID *LFDNR*;

Dabei ist nach *NCL=* anstelle von *n* die Clusterzahl anzugeben, für die man sich entschieden hat.
Die nun erstellte Datei mit der Bezeichnung *neuer Dateiname* enthält eine Variable CLUSTER, die die Klassenzugehörigkeit jedes Objekts angibt,

sowie wiederum die Variable LFDNR, anhand derer jedes Objekt identifiziert werden kann. Diese Datei muß jetzt mit der ursprünglichen Datendatei, die der Prozedur **CLUSTER** als Input diente, vereinigt werden. Heißt die ursprüngliche Datendatei *sasuser.adaten*, die von der Prozedur **TREE** erzeugte Datei *sasuser.bdaten*, und soll die neue Datei, die sowohl alle "alten" Variablen als auch die Variable CLUSTER enthält, *sasuser.cdaten* heißen, so sind die folgenden Anweisungen erforderlich:

PROC SORT *DATA=sasuser.adaten*;
BY *LFDNR*;

PROC SORT *DATA=sasuser.bdaten*;
BY *LFDNR*;

DATA *sasuser.cdaten*;
MERGE *sasuser.adaten sasuser.bdaten*;
BY *LFDNR*;

Nach diesen umfangreichen Schritten hat man schließlich die gewünschte Datei erhalten. Die weitere Vorgehensweise entspricht der oben im Zusammenhang mit **PROC FASTCLUS** beschriebenen.

8. Diskriminanzanalyse

Mit Hilfe der Diskriminanzanalyse sollen Objekte, an denen ein Merkmalsvektor $\underline{x}$ mit p Variablen beobachtbar ist, einer von mehreren **fest vorgegebenen Gruppen** zugeordnet werden. Dabei bedient man sich der sogenannten **Diskriminanzfunktion**, die anhand von vorliegenden Stichprobenwerten, deren Gruppenzugehörigkeit bekannt ist, ermittelt wird. Die Stichprobenwerte, die zur Ermittlung der Diskriminanzfunktion benutzt werden, bezeichnet man - im Gegensatz zu den neu zu klassifizierenden Stichprobenwerten - oft auch als ***Lernstichprobe***. Anhand der Ausprägung der Diskriminanzfunktion (**Diskriminanzwert**) für den Beobachtungswertevektor $\underline{x}$ soll die Zuordnung zu einer bestimmten Gruppe derart erfolgen, daß so wenig Objekte wie möglich einer Gruppe zugeordnet werden, der sie nicht angehören.

Aus jeder der - fest vorgegebenen - Gruppen (Klassen) wird eine Stichprobe vom Umfang n_i (i = 1, ..., K) erhoben. An jedem Objekt j wird die Ausprägung $\underline{x}_j$ eines p-dimensionalen Zufallsvektors $\underline{x}$ und die Gruppenzugehörigkeit erhoben. Der Beobachtungswertevektor wird bezeichnet als $\underline{x}_{ij} = (x_{ij1}, x_{ij2}, \ldots, x_{ijp})$ (i = 1, ..., K; j = 1, ..., n_i). Für jede Gruppe i erhält man somit eine Matrix $\underline{X}_i$ von Beobachtungswerten, so daß sich die Gesamtmatrix der Beobachtungswerte ergibt als

$$\underline{X} = \begin{bmatrix} \underline{X}_1 \\ \underline{X}_2 \\ \vdots \\ \underline{X}_i \\ \vdots \\ \underline{X}_K \end{bmatrix}.$$

8.1. Die Maximum-Likelihood-Diskriminanzanalyse

8.1.1. Die Likelihood-Funktion

Die Likelihood-Funktion ist ein relatives Maß für die Wahrscheinlichkeit des Auftretens einer bestimmten Stichprobe $(x_1, x_2, \ldots, x_n)$. Sie berechnet sich als

$$L = f(x_1,\ldots,x_n) = \prod_{r=1}^{n} f(x_r),$$

also als das Produkt der Einzeldichten der Zufallsvariablen x_r. Wird für die Zufallsvariablen unterstellt, daß sie alle derselben Verteilung unterliegen, nämlich einer Normalverteilung mit dem Erwartungswert μ und der Varianz σ^2, dann ergibt sich die Likelihood-Funktion als

$$L = f(\underline{x};\mu;\sigma^2) = \prod_{r=1}^{n} \frac{1}{\sqrt{2\pi}\cdot\sigma}\cdot\exp\left\{-\frac{(x_r-\mu)^2}{2\cdot\sigma^2}\right\} =$$

$$= \frac{1}{(2\pi)^{n/2}(\sigma^2)^{n/2}}\cdot\exp\left\{-\frac{1}{2\sigma^2}\sum_{r=1}^{n}(x_r-\mu)^2\right\}.$$

Werden an einem Objekt mehrere Merkmale beobachtet (multivariater Fall), so erhält man einen Beobachtungswertevektor $\underline{x}_r' = (x_{r1}, x_{r2},\ldots,x_{rp})$ (r = 1, ..., n). Wird zusätzlich unterstellt, daß die $\underline{x}_r$ multivariat normalverteilt sind mit dem Erwartungswertvektor $\underline{\mu}$ und der Varianz-Kovarianzmatrix $\underline{\Sigma}$, so erhält man für die Stichprobe $(\underline{x}_1, \underline{x}_2,\ldots,\underline{x}_n)$ die Likelihoodfunktion

$$L = \left|2\pi\underline{\Sigma}\right|^{-n/2}\cdot\exp\left\{-\frac{1}{2}\cdot\sum_{r=1}^{n}\left(\underline{x}_r-\underline{\mu}\right)'\underline{\Sigma}^{-1}\left(\underline{x}_r-\underline{\mu}\right)\right\},$$

8.1.2. Die Maximum-Likelihood-Diskriminanzanalyse im Zwei-Gruppenfall

Es wird angenommen, daß die Beobachtungswertevektoren $\underline{x}_{ij}$ (i = 1,2; j = 1, ..., n$_j$) einer **multivariaten Normalverteilung** mit dem Erwartungswertvektor $\underline{\mu}_i$ und der Varianz-Kovarianz-Matrix $\underline{\Sigma}_1 = \underline{\Sigma}_2 = \underline{\Sigma}$ unterliegen. Nur durch die Annahme **gleicher** Varianz-Kovarianz-Matrizen in den Gruppen erhält man **lineare** Disrkiminanzfunktionen. Wird mit den **individuellen** Gruppen-Varianz-Kovarianz-Matrizen gerechnet, so resultieren **quadratische** Diskriminanzfunktionen. Für jeden Beobachtungswertevektor $\underline{x}_{ij}$ wird separat die Likelihood-Funktion für jede Gruppe Θ_i (i = 1,2) ermittelt. Ein Objekt mit den Ausprägungen $\underline{x}_{ij}$ wird derjenigen Gruppe Θ_i (i = 1,2) zugeordnet, für die die Likelihoodfunktion L_i **maximal** ist. Für diese Gruppe ist also die Wahrscheinlichkeit des Auftretens dieses Beobachtungswertevektors am größten. Die i-te Likelihood-Funktion ist dabei

$$L_i = |2\pi\underline{\Sigma}|^{-1/2} \cdot \exp\left\{-\frac{1}{2}\left(\underline{x}_{ij} - \underline{\mu}_i\right)' \underline{\Sigma}^{-1}\left(\underline{x}_{ij} - \underline{\mu}_i\right)\right\}.$$

Ist $L_1 > L_2$, so wird das Objekt der **Grundgesamtheit 1** zugeordnet und umgekehrt.
Die Likelihood-Funktion fungiert sozusagen als **Diskriminanzfunktion**. Einer **Maximierung** der **Likelihood-Funktion** entspricht aber auch die **Maximierung des Exponenten** der Likelihood-Funktion, so daß der Exponent ebenfalls als **Diskriminanzfunktion** D_i verwendet werden kann.

Normalerweise sind die Parameter $\underline{\mu}_i$ und $\underline{\Sigma}$ nicht bekannt. Diese werden durch die Mittelwertvektoren $\underline{\overline{x}}_{i.}$ der Stichprobenwerte und die **gepoolte** Stichproben-Varianz-Kovarianz-Matrix **geschätzt**. Die gepoolte Stichproben-Varianz-Kovarianz-Matrix wird verwendet, da als Voraussetzung **gleiche** Varianz-Kovarianz-Matrizen in der Grundgesamtheit unterstellt wurden und dies auch bei den Stichpro-benwerten berücksichtigt werden muß. Die gepoolte Stichproben-Varianz-Kovarianz-Matrix erhält man als

$$\underline{C}_g = \frac{1}{n-K}\sum_{j=1}^{K}(n_i - 1)\cdot \underline{C}_i = \frac{1}{n-K}\sum_{j=1}^{K}\underline{S}_{E_i}$$

mit $\underline{C}_i$: Varianz-Kovarianz-Matrix der Stichprobe in der i-ten Gruppe

$\underline{S}_{E_i}$: Matrix der Fehlerquadratsummen in der i-ten Gruppe.

Die **Diskriminanzfunktion** D_i ergibt sich somit als

$$D_i = -\frac{1}{2}\left(\underline{x}_{ij} - \underline{\overline{x}}_{i.}\right)' \underline{C}_g^{-1}\left(\underline{x}_{ij} - \underline{\overline{x}}_{i.}\right).$$

Durch Ausmultiplizieren erhält man

$$D_i = -\frac{1}{2}\underline{x}_{ij}'\underline{C}_g^{-1}\underline{x}_{ij} + \frac{1}{2}\underline{x}_{ij}'\underline{C}_g^{-1}\underline{\overline{x}}_{i.} + \frac{1}{2}\underline{\overline{x}}_{i.}'\underline{C}_g^{-1}\underline{x}_{ij} - \frac{1}{2}\underline{\overline{x}}_{i.}'\underline{C}_g^{-1}\underline{\overline{x}}_{i.}\,.$$

Der Term $-\frac{1}{2}\underline{x}_{ij}^{'}\underline{C}_g^{-1}\underline{x}_{ij}$ kann vernachlässigt werden, da er in jeder der i Diskriminanzfunktionen vorkommt und in jeder denselben Wert hat. Betrachtet man weiterhin den Term $-\frac{1}{2}\underline{\overline{x}}_{i.}^{'}\underline{C}_g^{-1}\underline{\overline{x}}_{i.}$ als **Konstante** a_{0i} in der i-ten Diskriminanzfunktion und die Terme

$$\frac{1}{2}\underline{x}_{ij}^{'}\underline{C}_g^{-1}\underline{\overline{x}}_{i.}+\frac{1}{2}\underline{\overline{x}}_{i.}^{'}\underline{C}_g^{-1}\underline{x}_{ij}=\frac{1}{2}\underline{\overline{x}}_{i.}^{'}\underline{C}_g^{-1}\underline{x}_{ij}+\frac{1}{2}\underline{\overline{x}}_{i.}^{'}\underline{C}_g^{-1}\underline{x}_{ij}=\underbrace{\underline{\overline{x}}_{i.}^{'}\underline{C}_g^{-1}}_{\underline{a}_i^{'}}\underline{x}_{ij}=\underline{a}_i^{'}\underline{x}_{ij}$$

als **variablen** Teil in der i-ten Diskriminanzfunktion, so kann D_i auch geschrieben werden als

$$D_i=\underline{a}_{0i}+\underline{a}_i^{'}\underline{x}_{ij},$$

$$\text{mit}\quad \underline{a}_{0i}=-\frac{1}{2}\underline{\overline{x}}_{i.}^{'}\underline{C}_g^{-1}\underline{\overline{x}}_{i.}$$

$$\underline{a}_i^{'}=\underline{\overline{x}}_{i.}^{'}\underline{C}_g^{-1}.$$

Die **Klassifikationsregel für 2 Gruppen** lautet dann:

Ordne das Objekt $\underline{x}_{ij}$ der **Grundgesamtheit 1** zu, wenn

$$D_1>D_2$$

und der **Grundgesamtheit 2** zu, falls

$$D_1\leq D_2.$$

8.1.3. Die Maximum-Likelihood-Diskriminanzanalyse im K-Gruppenfall

Es wird angenommen, daß die Beobachtungswertevektoren $\underline{x}_{ij}$ (i = 1,2,..., K; j = 1, ..., n_i) einer multivariaten Normalverteilung mit dem Erwartungswertvektor $\underline{\mu}_i$ und der Varianz-Kovarianz-Matrix $\underline{\Sigma}_1=\underline{\Sigma}_2=...=\underline{\Sigma}_K=\underline{\Sigma}$ unterliegen. Für jeden Beobachtungswertevektor $\underline{x}_{ij}$ wird separat die Likelihood-Funktion für jede Gruppe Θ_i (i = 1,2,.., K) ermittelt. Ein Objekt mit den Ausprägungen $\underline{x}_{ij}$ wird der Gruppe Θ_i (i = 1,2,...,K) zugeordnet, für die die **Likelihoodfunktion** L_i **maximal** bzw. für die der **Exponent** D_i **der Likelihoodfunktion maximal** ist.

Die Diskriminanzfunktion kann wie im 2-Gruppenfall aufgestellt werden mit

$$D_i = \underline{a}_{0i} + \underline{a}_i^{'} \underline{x}_{ij} \qquad (i = 1, ..., K),$$

$$\text{mit } \underline{a}_{0i} = -\frac{1}{2}\underline{\overline{x}}_{i.}^{'} \underline{C}_g^{-1} \underline{\overline{x}}_{i.}$$

$$\underline{a}_i^{'} = \underline{\overline{x}}_{i.}^{'} \underline{C}_g^{-1}$$

$$\underline{C}_g = \frac{1}{n-K} \cdot \sum_{i=1}^{K} \underline{S}_{E_i} = \frac{1}{n-K} \cdot \underline{S}_E .$$

Die **Klassifikationsregel für K Gruppen** lautet dann:

Ordne das Objekt $\underline{x}_{ij}$ der **Grundgesamtheit k** zu, falls

$$D_k = max\{D_1, D_2, ..., D_K\}.$$

8.2. Die lineare Diskriminanzanalyse nach *Fisher*

8.2.1. Die Diskriminanzfunktion nach *Fisher*

Fisher unterstellt **keine bestimmte Verteilung** für die K Grundgesamtheiten. Um das multivariate Klassifizierungsproblem auf ein **univariates** zu reduzieren, verwendet Fisher als **Diskriminanzfunktion** für den Beobachtungswertevektor $\underline{x}$ die **lineare Transformation**

$$y = \underline{a}^{'} \underline{x} .$$

Die Diskriminanzfunktion ist also genaugenommen eine **Linearkombination** der beobachteten p Merkmale. Für einen bestimmten Beobachtungswertevektor $\underline{x}_{ij}$ (i = 1, .., K; j = 1, ..., n_i) ergibt sich der Diskriminanzwert als $y_{ij} = \underline{a}^{'} \underline{x}_{ij}$.

Der Vektor $\underline{a}^{'} = (a_1, a_2, ..., a_p)$, dessen Koeffizienten auch als **Diskriminanzkoeffizienten** bezeichnet werden, soll dabei derart bestimmt werden, daß die durch die lineare Transformation erhaltenen neuen Gruppenmittelwerte $\bar{y}_{i.}$ (auch Gruppenzentroide genannt) möglichst weit voneinander "entfernt" sind, also **möglichst unterschiedlich** sind. Würde man mit den neuen y_{ij}-Werten eine univariate Varianzanalyse durchführen, so würde man zur Hypothesenprüfung auf Gleichheit der Gruppenmittelwerte die Prüfgröße F berechnen. Je größer F ist, desto größer sind auch die Mittelwertunterschiede der einzelnen Gruppen. Ähnlich zu F (lediglich ohne Freiheitsgrade) kann der Quotient

$$\lambda = \frac{SSH}{SSE} = \frac{\sum_{i=1}^{K} n_i (\bar{y}_{i.} - \bar{y}_{..})^2}{\sum_{i=1}^{K}\sum_{j=1}^{n_i} (y_{ij} - \bar{y}_{i.})^2} = \frac{\sum_{i=1}^{K} n_i (\underline{a}' \underline{\bar{x}}_{i.} - \underline{a}' \underline{\bar{x}}_{..})^2}{\sum_{i=1}^{K}\sum_{j=1}^{n_i} (\underline{a}' \underline{x}_{ij} - \underline{a}' \underline{\bar{x}}_{i.})^2} =$$

$$= \frac{\underline{a}' \left[\sum_{i=1}^{K} n_i (\underline{\bar{x}}_{i.} - \underline{\bar{x}}_{..})(\underline{\bar{x}}_{i.} - \underline{\bar{x}}_{..})' \right] \underline{a}}{\underline{a}' \left[\sum_{i=1}^{K}\sum_{j=1}^{n_i} (\underline{x}_{ij} - \underline{\bar{x}}_{i.})(\underline{x}_{ij} - \underline{\bar{x}}_{i.})' \right] \underline{a}} = \frac{\underline{a}' \underline{S}_H \underline{a}}{\underline{a}' \underline{S}_E \underline{a}}$$

berechnet werden. Auch hier gilt: je größer λ ist, um so unterschiedlicher sind die Gruppenzentroide $\bar{y}_{i.}$. Zur Bestimmung des Koeffizientenvektors $\underline{a}$ muß also der Quotient λ **maximiert** werden. Dazu bildet man mit Hilfe der Quotientenregel die erste Ableitung des Quotienten nach $\underline{a}$ und setzt diese gleich dem Nullvektor:

$$\frac{\partial \lambda}{\partial \underline{a}} = \frac{2\left[(\underline{S}_H \underline{a}) \cdot (\underline{a}' \underline{S}_E \underline{a}) - (\underline{a}' \underline{S}_H \underline{a}) \cdot (\underline{S}_E \underline{a}) \right]}{(\underline{a}' \underline{S}_E \underline{a})^2} = \underline{0} \; .$$

Division von Zähler und Nenner durch $\underline{a}' \underline{S}_E \underline{a}$ und Division beider Seiten durch zwei ergibt

$$\frac{(\underline{S}_H \underline{a}) - \dfrac{(\underline{a}' \underline{S}_H \underline{a})}{(\underline{a}' \underline{S}_E \underline{a})} \cdot (\underline{S}_E \underline{a})}{(\underline{a}' \underline{S}_E \underline{a})} = \underline{0}.$$

Berücksichtigt man die Definition von λ und multipliziert beide Seiten mit $\underline{a}' \underline{S}_E \underline{a}$, so resultiert

$$(\underline{S}_H \underline{a}) - \lambda(\underline{S}_E \underline{a}) = \underline{0}.$$

Klammert man $\underline{a}$ nach rechts aus, so ergibt sich

$$(\underline{S}_H - \lambda \underline{S}_E)\underline{a} = \underline{0}.$$

Multipliziert man beide Seiten von links mit $\underline{S}_E^{-1}$, erhält man

$$\left(\underline{S}_E^{-1} \underline{S}_H - \lambda \underline{I}\right)\underline{a} = \underline{0}.$$

Diese Gleichung entspricht also dem **Eigenwert-Eigenvektorproblem** einer Matrix. Die s verschiedenen Lösungen für die Vektoren

$$\underline{a}_s \quad (s = \min\{p; K-1\})$$

entsprechen den s Eigenvektoren $\underline{\ell}_s$ zu den s Eigenwerten λ_s des Matrizenproduktes $\underline{S}_E^{-1} \underline{S}_H$. Es gilt also

$$\underline{a}_s = \underline{\ell}_s.$$

Die Diskriminanzkoeffizienten a_{hs} (h = 1, ..., p; $s = \min\{p; K-1\}$) werden oft auch als **kanonische Koeffizienten** und die erhaltenen Diskriminanzfunktionen als **kanonische Variablen** bezeichnet.
Die auf die oben beschriebene Weise errechneten Koeffizienten können bereits als Diskriminanzkoeffizienten verwendet werden. Da Eigenvektoren jedoch nur bis auf eine **Proportionalitätskonstante** k genau bestimmt werden können, können die Eigenvektoren noch einer **Normierung** unterzogen werden

$$\underline{a}_{norm} = \frac{1}{\|\underline{a}\|} \cdot \underline{a} = \frac{1}{\sqrt{\underline{a}'\underline{a}}} \cdot \underline{a} \ .$$

Die Diskriminanzkoeffizienten a_{hs} werden auch als "**rohe**" Koeffizienten bezeichnet, da sie bereits für die Diskriminanzfunktion verwendet werden können, jedoch nur eine Interpretation hinsichtlich der **absoluten** Bedeutung einer Variablen in der Diskriminanzfunktion zulassen, da die Variablen unterschiedliche Maßeinheiten und Varianzen besitzen können. Zu diesem Zweck werden die Diskriminanzkoeffizienten einer **Standardisierung** unterzogen, um auf den **relativen** Beitrag einer Variablen zur Diskriminanzfunktion schließen zu können:

$$a^*_{hs} = a_{hs} \cdot \sqrt{s^2_{g_{ii}}} = a_{hs} \cdot \sqrt{\frac{e_{ii}}{n-K}}$$

mit $s^2_{g_{ii}}$: Gepoolte Stichprobenvarianz der Variablen i ,
bzw. i-tes Hauptdiagonalelement von $\underline{C}_g$ (i = 1, ..., p)

e_{ii} : i-tes Hauptdiagonalelement der Matrix $\underline{S}_E$ (i = 1, ..., p).

8.2.2. Die Diskriminanzanalyse nach *Fisher* im Zwei-Gruppenfall

Im Zwei-Gruppenfall besitzt die Matrix $\underline{S}_H$ den Rang 1, so daß $\underline{S}_E^{-1}\underline{S}_H$ ebenfalls den Rang 1 besitzt. Es existiert also nur ein Eigenwert und ein Eigenvektor, so daß man auch nur eine Diskriminanzfunktion $y_1 = \underline{a}_1'\underline{x}$ erhält.

Im Zwei-Gruppen-Fall kann $\underline{S}_H$ geschrieben werden als

$$\underline{S}_H = \frac{n_1 \cdot n_2}{n}(\underline{\bar{x}}_{1.} - \underline{\bar{x}}_{2.})(\underline{\bar{x}}_{1.} - \underline{\bar{x}}_{2.})' .$$

Da $\underline{S}_E^{-1}\underline{S}_H$ nur einen Eigenwert besitzt, gilt

$$sp\left(\underline{S}_E^{-1}\underline{S}_H\right) = \lambda_1 = \frac{n_1 \cdot n_2}{n} \cdot (\underline{\bar{x}}_{1.} - \underline{\bar{x}}_{2.})' \underline{S}_E^{-1} (\underline{\bar{x}}_{1.} - \underline{\bar{x}}_{2.}) .$$

Der zu λ_1 gehörende Eigenvektor $\underline{a}_1$ ergibt sich dann als

$$\underline{a}_1 = \underline{S}_E^{-1}(\underline{\bar{x}}_{1.} - \underline{\bar{x}}_{2.}).$$

Ein Objekt $\underline{x}^*$, dessen Gruppenzugehörigkeit unbekannt ist, wird **Gruppe 1 zugeordnet**, falls

$$\left|y^* - \bar{y}_{1.}\right| < \left|y^* - \bar{y}_{2.}\right|$$

bzw. falls

$$\left|\underline{a}_1'\underline{x}^* - \underline{a}_1'\underline{\bar{x}}_{1.}\right| < \left|\underline{a}_1'\underline{x}^* - \underline{a}_1'\underline{\bar{x}}_{2.}\right| \quad \text{ist,}$$

ansonsten Grundgesamtheit 2.

Es kann gezeigt werden, daß diese Zuordnungsregel zu folgender Zuordnungsregel **äquivalent** ist: Ordne ein Objekt $\underline{x}^*$, dessen Gruppenzugehörigkeit unbekannt ist, Gruppe 1 zu, falls

$$y^* > \frac{1}{2}(\underline{\bar{x}}_{1.} - \underline{\bar{x}}_{2.})' \underline{S}_E^{-1}(\underline{\bar{x}}_{1.} + \underline{\bar{x}}_{2.})$$

bzw. falls

$$(\underline{\bar{x}}_{1.} - \underline{\bar{x}}_{2.})' \underline{S}_E^{-1}\underline{x}^* - \frac{1}{2}\cdot(\underline{\bar{x}}_{1.} - \underline{\bar{x}}_{2.})' \underline{S}_E^{-1}(\underline{\bar{x}}_{1.} + \underline{\bar{x}}_{2.}) > 0 \quad \text{ist,}$$

ansonsten der Gruppe 2.

8.2.3. Die Diskriminanzanalyse nach *Fisher* im K-Gruppenfall

Die Diskriminanzanalyse nach Fisher findet ihre Hauptanwendung im Zwei-Gruppen-Fall, der Vollständigkeit halber soll aber auch der K-Gruppen-Fall erläutert werden.
Beim K-Gruppen-Fall werden **alle** s Eigenvektoren des Matrizenproduktes $\underline{S}_E^{-1}\underline{S}_H$ berücksichtigt, so daß man **s Diskriminanzfunktionen** bzw. **s kanonische Variablen** für ein Objekt $\underline{x}^*$ mit unbekannter Gruppenzugehörigkeit erhält. Diese s kanonischen Variablen können in einem Vektor zusammengefaßt werden, so daß gilt

$$\underline{y}^* = \underline{A}'\underline{x}^*$$

$$\text{mit } \underline{y}^* = \begin{bmatrix} y_1^* \\ \vdots \\ y_s^* \end{bmatrix} \qquad \underline{A} = \begin{bmatrix} \underline{a}_1 \\ \vdots \\ \underline{a}_s \end{bmatrix}.$$

Die **Zuordnungsregel** für ein Objekt $\underline{x}^*$, dessen Gruppenzugehörigkeit nicht bekannt ist, lautet dann:

Ordne das Objekt $\underline{x}^*$ der Gruppe k zu, für die gilt:

$$\left|y^* - \bar{y}_{k.}\right| < \left|y^* - \bar{y}_{i.}\right| \quad \text{für alle } i \neq k$$

bzw. falls

$$\left|y^* - \bar{y}_{k.}\right| = \min_{i=1,\ldots,K} \left|y^* - \bar{y}_{i.}\right| \text{ ist.}$$

8.2.4. Eine Modifikation der Diskriminanzfunktion nach *Fisher* im Zwei-Gruppen-Fall

Für eine bessere Interpretierbarkeit können die Diskriminanzwerte noch **um Null zentriert** werden. Dabei subtrahiert man vom Diskriminanzwert y den Diskriminanzmittelwert $\bar{y}$. Man erhält so den zentrierten Diskriminanzwert

$$y_z = y - \bar{y} = \underline{a}_1'\underline{x} - \underline{a}_1'\bar{\underline{x}} = \underline{a}_1'\underline{x} - \sum_{i=1}^{p} a_{1i}\bar{x}_i \, .$$

Dabei bezeichnen a_{1i} die **rohen** Diskriminanzkoeffizienten des Vektors $\underline{a}_1$ und $\bar{\underline{x}}$ den Vektor der arithmetischen Mittelwerte $\bar{x}_i$ der p Variablen in der **gesamten** Stichprobe. Der Term $-\sum_{i=1}^{p} a_{1i}\bar{x}_i$ wird dabei als **Konstante** aufgefaßt und mit a_0 bezeichnet. Durch die Zentrierung entsteht so eine Diskriminanzfunktion, die eine **Konstante** enthält

$$y_z = a_0 + \underline{a}_1'\underline{x}$$

$$\text{mit } a_0 = -\sum_{i=1}^{p} a_{1i}\overline{x}_i .$$

Die **zentrierten Mittelwerte** der kanonischen Variablen der einzelnen Gruppen erhält man dann mit

$$\overline{y}_{z_i} = a_0 + \underline{a}_1'\underline{\overline{x}}_{i.} \quad (i = 1,2),$$

wobei $\underline{\overline{x}}_{i.}$ den Mittelwertvektor in Gruppe i (i = 1,2) bezeichnet.

Eine Zentrierung der Diskriminanzwerte hat weder einen Einfluß auf die Trennfähigkeit der Variablen noch auf die Gruppenzuordnung. Hier steht lediglich eine bessere Interpretierbarkeit (nicht zuletzt in einfachen Fällen auch graphisch) im Vordergrund.

8.2.5. Eine Modifikation der Diskriminanzfunktion nach *Fisher* im K-Gruppen-Fall

Die Zentrierung der Diskriminanzfunktionen kann auch im K-Gruppen-Fall durchgeführt werden. Man erhält nun s **zentrierte Diskriminanzfunktionen**

$$y_{z_s} = y_s - \overline{y}_s = \underline{a}_s'\underline{x} - \underline{a}_s'\underline{\overline{x}} = \underline{a}_s'\underline{x} \underbrace{- \sum_{i=1}^{p} a_{si}\overline{x}_i}_{a_{0s}} = a_{0s} + \underline{a}_s'\underline{x}$$

$$\left(s = \min\{p; K-1\}\right).$$

Die Konstante a_{0s} in der modifizierten Diskriminanzfunktion bestimmt sich demnach als

$$a_{0s} = -\sum_{i=1}^{p} a_{si}\overline{x}_i .$$

Dabei bezeichnen a_{si} die **rohen** Diskriminanzkoeffizienten des Vektors $\underline{a}_s$ und $\overline{x}_i$ die arithmetischen Mittelwerte der p Variablen des Mittelwertvektors $\underline{\overline{x}}_{..}$ in der gesamten Stichprobe.

Die Mittelwerte der kanonischen Variablen der einzelnen Gruppen erhält man dann als

$$\bar{y}_{z_{si}} = a_{0s} + \underline{a}_s' \underline{\bar{x}}_{i.} \qquad \text{(mit i = 1, ...,K),}$$

wobei $\underline{\bar{x}}_{i.}$ den Mittelwertvektor in Gruppe i (i = 1, ..., K) bezeichnet.

8.3. Die Diskriminanzanalyse mit Hilfe der Nächste-Nachbarn-Methode

Für diese Art der Diskriminanzanalyse sind **keine speziellen Verteilungsvorschriften** notwendig. Ausgehend von den Beobachtungswertevektoren $\underline{x}_{ij}$ (i = 1, ..., K; j = 1, ..., n_i) einer erhobenen **Lernstichprobe** wird eine neu zu klassifizierende Beobachtung $\underline{x}^*$ derjenigen Gruppe (Klasse) zugeordnet, die den am **nähesten** bei $\underline{x}^*$ liegenden Beobachtungswertevektor der Lernstichprobe, also den "**nächsten Nachbarn**", dessen Gruppenzugehörigkeit ja bekannt ist, enthält. Der nächste Nachbar wird dabei anhand eines **Distanzmaßes** $\delta(\underline{x}^*;\underline{x}_{ij})$ bestimmt, das den "Abstand" des neuen Beobachtungsvektors $\underline{x}^*$ zu den Beobachtungswertevektoren $\underline{x}_{ij}$ (i = 1, ..., K; j = 1, ..., n_i) erfaßt. Bekannte Distanzmaße sind

- die **euklidische Distanz**

$$\delta_E(\underline{x}^*;\underline{x}_{ij}) = \sqrt{\sum_{k=1}^{p}\left(x_k^* - x_{ijk}\right)^2} = \sqrt{\left(\underline{x}^* - \underline{x}_{ij}\right)'\left(\underline{x}^* - \underline{x}_{ij}\right)} = \left\|\underline{x}^* - \underline{x}_{ij}\right\|$$

und

- die **Mahalanobis-Distanz**

$$\delta_M(\underline{x}^*;\underline{x}_{ij}) = \left(\underline{x}^* - \underline{x}_{ij}\right)' \cdot \underline{C}_*^{-1} \cdot \left(\underline{x}^* - \underline{x}_{ij}\right)$$

mit $\underline{C}_*$: die zur Berechnung verwendete jeweilige Varianz-Kovarianz-Matrix der Stichprobe. Denkbar wären

$\underline{C}_g$: die gepoolte Stichproben-Varianz-Kovarianz-Matrix

$\underline{C}_i$: Stichproben-Varianz-Kovarianz-Matrix der Gruppe i, aus der der Beobachtungswertevektor $\underline{x}_{ij}$ (i = 1, ..., K) stammt.

Der Beobachtungswertevektor $\underline{x}^*$ wird dann derjenigen Klasse i' zugeordnet, die den Beobachtungsvektor der Lernstichprobe mit der **geringsten Distanz** zu $\underline{x}^*$ enthält, für die also gilt

$$\delta(\underline{x}^*; \underline{x}_{i'j}) = \min\left\{\delta(\underline{x}^*; \underline{x}_{ij}) \middle| i = 1, \ldots, K; j = 1, \ldots, n_i\right\}.$$

Eine Erweiterung der Nächste-Nachbarn-Regel stellt die ***k-Nächste-Nachbarn-Regel*** dar. Hier wird nicht nur der $\underline{x}^*$ am nächsten gelegene Beobachtungsvektor $\underline{x}_{ij}$ der Lernstichprobe bei der Gruppenzuordnung von $\underline{x}^*$ berücksichtigt, sondern die **k am nächsten** bei $\underline{x}^*$ liegenden Merkmalsvektoren. Man erhält so **k nächste Nachbarn** von $\underline{x}^*$, von denen jeweils k_i aus Klasse i (i = 1, ..., K) stammen. Es gilt: $\sum_{i=1}^{K} k_i = k$. Die Beobachtung $\underline{x}^*$ wird dann derjenigen Klasse i' zugeordnet, für die gilt

$$k_{i'} = \max\{k_1, k_2, \ldots, k_K\}.$$

8.4. Schätzung der Fehlklassifikationswahrscheinlichkeiten mit Hilfe der Resubstitutionsmethode

Unter der Fehlklassifikationswahrscheinlichkeit versteht man die Wahrscheinlichkeit, daß man ein Objekt, das klassifiziert werden soll, **irrtümlich** der falschen Grundgesamtheit zuordnet. Diese Wahrscheinlichkeit kann unter Zuhilfenahme der Stichprobenergebnisse geschätzt werden.

Bei der Resubstitutionsmethode werden die Elemente einer **Lernstichprobe** mit bekannter Gruppenzugehörigkeit mittels einer Zuordnungsvorschrift, die ebenfalls anhand der Lernstichprobe ermittelt wurde, klassifiziert. Bezeichnet man mit n_{kh} $(k, h = 1, \ldots, K; h \neq k)$ die Anzahl der Objekte aus Gruppe k, die - **fälschlicherweise** - Gruppe h zugeordnet wurden, so erhält man einen Schätzwert $\hat{e}_{kh}$ für die Wahrscheinlichkeit, daß man ein Objekt aus Gruppe k der Gruppe h zuordnet, mit

$$\hat{e}_{kh} = \frac{n_{kh}}{n_k} \qquad (k,h = 1, ..., K; h \neq k).$$

mit n_k: Anzahl der Objekte der Lernstichprobe, die sich in Gruppe k befanden.

Bezeichnet man mit $\hat{w}_k$ die Wahrscheinlichkeit, daß ein Objekt aus Gruppe k auch der Gruppe k zugeordnet wird, so erhält man die Wahrscheinlichkeit, daß ein Objekt aus Gruppe k fehlklassifiziert wird, als

$$\hat{e}_k = 1 - w_k = 1 - \frac{n_{kk}}{n_k} = \sum_{\substack{h=1 \\ h \neq k}}^{K} \hat{e}_{kh}$$

mit n_{kk}: Anzahl der Objekte, die aus Gruppe k stammen und auch Gruppe k zugeordnet wurden,

n_k: Anzahl der Objekte der Lernstichprobe, die sich in Gruppe k befanden.

Einen Schätzwert für die Wahrscheinlichkeit, daß ein Objekt - **egal aus welcher Gruppe** - fehlklassifiziert wird, berechnet man dann als

$$\hat{e} = \sum_{k=1}^{K} \hat{e}_k \cdot f(k)$$

mit $f(k)$: a-priori-Wahrscheinlichkeit, ein Objekt aus Gruppe k zu erhalten (k = 1, ..., K); bei gleichen a-priori-(Auswahl-)Wahrscheinlichkeiten ist

$$f(k) = \frac{1}{K},$$

bei größenproportionalen a-priori-Wahrscheinlichkeiten ist

$$f(k) = \frac{n_k}{n}.$$

Im Rahmen dieser Ausführungen werden immer gleiche a-priori-Wahrscheinlichkeiten angenommen, da diese unter anderem Voraussetzung für die Anwendung der Maximum-Likelihood-Methode sind.

8.5. Schätzung der a-posteriori-Wahrscheinlichkeit der Gruppenzuordnung

Unter der a-posteriori-Wahrscheinlichkeit versteht man die Wahrscheinlichkeit, daß ein Objekt mit beobachtetem Merkmalsvektor $\underline{x}$ der Grundgesamtheit k angehört. Zur Bestimmung dieser Wahrscheinlichkeit werden der an einem Objekt beobachtbare **Merkmalsvektor** $\underline{x}$ und die **Gruppenzugehörigkeit** k als Zufallsvariablen aufgefaßt, wobei die Ausprägung des Merkmalsvektors $\underline{x}$ als **bekannt** vorausgesetzt wird, so daß die a-posteriori-Wahrscheinlichkeit auch geschrieben werden kann als

$$f(k|\underline{x}).$$

Gemäß dem **Theorem von *BAYES*** können solche **bedingte** Wahrscheinlichkeiten berechnet werden als

$$f(k|\underline{x}) = \frac{f(k) \cdot f(\underline{x}|k)}{f(\underline{x})}$$

mit: $f(k)$: **a-priori**-Wahrscheinlichkeit, daß eine Beobachtung aus Gruppe k vorliegt

$f(\underline{x}|k)$: die **bedingte** Verteilung von $\underline{x}$ bei **gegebener** Gruppenzugehörigkeit k. Es handelt sich also um die Verteilung von $\underline{x}$ in Gruppe k. Diese Verteilung wird auch als **Klassenverteilung** bezeichnet.

$f(\underline{x})$: **unbedingte** Verteilung von $\underline{x}$. Es handelt sich also um die Verteilung von $\underline{x}$ **unabhängig** von der Gruppenzugehörigkeit.

Die unbedingte Verteilung $f(\underline{x})$ erhält man aus den einzelnen **Klassenverteilungen** gemäß

$$f(\underline{x}) = \sum_{k=1}^{K} f(k) \cdot f(\underline{x}|k) \quad \text{(Satz von der totalen Wahrscheinlichkeit).}$$

Normalerweise sind die Klassenverteilungen nicht bekannt und müssen anhand der Lernstichprobe **geschätzt** werden.

8.5.1. Schätzung der a-posteriori-Wahrscheinlichkeiten bei der Maximum-Likelihood-Methode

Bei der Maximum-Likelihood-Methode wird unterstellt, daß die K Grundgesamtheiten jeweils **multivariat normalverteilt** sind. Berücksichtigt man ebenfalls, daß die Varianz-Kovarianz-Matrizen in den K Grundgesamtheiten gleich sind, so kann man zur Schätzung der Parameter der K Klassenverteilungen die Vektoren der arithmetischen Mittelwerte in den jeweiligen Gruppen $\underline{\overline{x}}_{i.}$ (i = 1, ..., K), sowie die gepoolte Varianz-Kovarianz-Matrix der Stichprobe verwenden. Für die k-te geschätzte Klassenverteilung ergibt sich damit

$$\hat{f}(\underline{x}|k) = \frac{1}{(2\pi)^{p/2} \cdot |\underline{C}_g|^{1/2}} \cdot \exp\left\{ -\frac{1}{2} \cdot (\underline{x} - \underline{\overline{x}}_{k.})' \cdot \underline{C}_g^{-1} \cdot (\underline{x} - \underline{\overline{x}}_{k.}) \right\}.$$

Somit resultiert für die **geschätzte a-posteriori-Wahrscheinlichkeit**

$$\hat{f}(k|\underline{x}) = \frac{f(k) \cdot \frac{1}{(2\pi)^{p/2} \cdot |\underline{C}_g|^{1/2}} \cdot \exp\left\{ -\frac{1}{2} \cdot (\underline{x} - \underline{\overline{x}}_{k.})' \cdot \underline{C}_g^{-1} \cdot (\underline{x} - \underline{\overline{x}}_{k.}) \right\}}{\sum_{k=1}^{K} f(k) \cdot \frac{1}{(2\pi)^{p/2} \cdot |\underline{C}_g|^{1/2}} \cdot \exp\left\{ -\frac{1}{2} \cdot (\underline{x} - \underline{\overline{x}}_{k.})' \cdot \underline{C}_g^{-1} \cdot (\underline{x} - \underline{\overline{x}}_{k.}) \right\}}.$$

Nimmt man nun **gleiche** a-priori-Wahrscheinlichkeiten für **alle** Gruppen an und beachtet, daß die Konstante $\frac{1}{(2\pi)^{p/2} \cdot |\underline{C}_g|^{1/2}}$ und die - in allen Gruppen gleichen und damit konstanten - $f(k)$ im Nenner vor das Summenzeichen gezogen werden können, so können die a-priori-Wahrscheinlichkeiten und die Konstanten mit dem Zähler gekürzt werden. Die geschätzte a-posteriori-Wahrscheinlichkeit für einen Merkmalsvektor $\underline{x}$ vereinfacht sich damit zu

$$\hat{f}(k|\underline{x}) = \frac{\exp\left\{-\frac{1}{2}\cdot(\underline{x}-\underline{\overline{x}}_{k.})'\cdot\underline{C}_g^{-1}\cdot(\underline{x}-\underline{\overline{x}}_{k.})\right\}}{\sum_{k=1}^{K}\exp\left\{-\frac{1}{2}\cdot(\underline{x}-\underline{\overline{x}}_{k.})'\cdot\underline{C}_g^{-1}\cdot(\underline{x}-\underline{\overline{x}}_{k.})\right\}}.$$

Für diesen vereinfachten Fall kann die Klassifikation der Objekte der Lernstichprobe dann auch mit Hilfe der geschätzten a-posteriori-Wahrscheinlichkeiten durchgeführt werden. Werden für ein Objekt die geschätzten a-posteriori-Wahrscheinlichkeiten für alle Gruppen berechnet, so wird das Objekt derjenigen Klasse zugeordnet, für die es die größte geschätzte a-posteriori-Wahrscheinlichkeit aufweist.

Diese Schätzung der a-posteriori-Wahrscheinlichkeiten kann für alle diskriminanzanalytischen Methoden verwendet werden, bei denen multivariat normalverteilte Grundgesamtheiten angenommen werden.

8.5.2. Schätzung der a-posteriori-Wahrscheinlichkeiten im nicht-parametrischen Fall: Die k-Nächste-Nachbarn-Methode

Im nicht-parametrischen Fall der k-Nächsten-Nachbarn-Methode, erhält man die geschätzte Klassenverteilung eines Merkmalsvektors $\underline{x}$ für die Klasse k $\hat{f}(\underline{x}|k)$ als **Quotient** der Anzahl k_k der nächsten Nachbarn von $\underline{x}$, die zu Gruppe k gehören, und der Anzahl der Beobachtungswerte der Lernstichprobe in Gruppe k n_k:

$$\hat{f}(\underline{x}|k) = \frac{k_k}{n_k} \qquad (k = 1, ..., K).$$

Somit erhält man die **geschätzte a-posteriori-Wahrscheinlichkeit** für Gruppe k als

$$\hat{f}(k|\underline{x}) = \frac{f(k)\cdot\hat{f}(\underline{x}|k)}{\hat{f}(\underline{x})} = \frac{f(k)\cdot\frac{k_k}{n_k}}{\sum_{k=1}^{K} f(k)\cdot\frac{k_k}{n_k}}.$$

Unterstellt man **gleiche** a-priori-Wahrscheinlichkeiten, so können die $f(k)$ im Nenner vor die Summe gezogen werden und kürzen sich dann mit $f(k)$ im Zähler, so daß sich

$$\hat{f}(k|\underline{x}) = \frac{\frac{k_k}{n_k}}{\sum_{k=1}^{K} \frac{k_k}{n_k}}$$

ergibt. Auch hier kann die Zuordnung der Objekte mit den geschätzten a-posteriori-Wahrscheinlichkeiten erfolgen. Ein Objekt wird derjenigen Klasse k zugeordnet, für die es die größte geschätzte a-posteriori-Wahrscheinlichkeit aufweist.

Im **einfachsten** Fall dieser Methode gibt es nur **einen** nächsten Nachbarn, so daß sich als geschätzte a-posteriori-Wahrscheinlichkeit eines Merkmalsvektors für eine Gruppe der Wert **Eins** ergibt, wenn diese Gruppe den nächsten Nachbarn von $\underline{x}$ enthält. Für allen anderen Gruppen, die den nächsten Nachbarn **nicht** enthalten, hat die geschätzte a-posteriori-Wahrscheinlichkeit dann natürlich den Wert **Null**.

8.6. Diskriminanzanalyse mit SAS

8.6.1. Die Prozedur CANDISC

Die Prozedur CANDISC bewirkt eine kanonische Diskriminanzanalyse, die der Diskriminanzanalyse nach FISHER entspricht. Dabei werden jedoch nur die kanonischen Koeffizienten - in diesem Zusammenhang auch als Diskriminanzkoeffizienten bezeichnet - bestimmt. Es erfolgt keine Klassifikation von Objekten und keine Schätzung von Fehlklassifikationswahrscheinlichkeiten.

8.6.1.1. Syntax

Die Syntax dieser Prozedur lautet:

PROC CANDISC *Optionen;*
CLASS *Gruppenvariable;*
VAR *Variablenliste;*
BY *Variablenliste;*
FREQ *Variable;*

Die PROC CANDISC-Anweisung

Als *Optionen* sind dabei möglich:

- *DATA=SAS-Datendatei* gibt die Datendatei an, die die Prozedur zur Auswertung verwenden soll. Als Voreinstellung wird die letzte erstellte SAS-Datei verwendet.

- *TSSCP* bewirkt die Ausgabe der Matrix der Gesamtabweichungsquadratsummen $\underline{S}$ in der gesamten Stichprobe (Bezeichnung im Output mit **Total-Sample SSCP Matrix**). Dabei gilt

$$\underline{S} = \sum_{i=1}^{K} \sum_{j=1}^{n_i} \left(\underline{x}_{ij} - \underline{\bar{x}}_{..}\right) \cdot \left(\underline{x}_{ij} - \underline{\bar{x}}_{..}\right)'$$

mit $\underline{\bar{x}}_{..}$: Vektor der arithmetischen Mittel der p Variablen in der gesamten Stichprobe.

- *WSSCP* bewirkt die Ausgabe der Matrizen der Fehlerquadratsummen für jede Gruppe getrennt (Bezeichnung im Output als **Within-Class-SSCP Matrices**). Dabei gilt

$$\underline{S}_{E_i} = \sum_{j=1}^{n_i} \left(\underline{x}_{ij} - \underline{\bar{x}}_{i.}\right) \cdot \left(\underline{x}_{ij} - \underline{\bar{x}}_{i.}\right)' \qquad (i = 1, ..., K) .$$

- *PSSCP* bewirkt die Ausgabe der Matrix der gesamten Fehlerquadratsummen $\underline{S}_E$ (Bezeichnung im Output mit **Pooled Within-Class-SSCP Matrix**). Dabei gilt

$$\underline{S}_E = \sum_{i=1}^{K} \underline{S}_{E_i} .$$

- *TCOV* bewirkt die Ausgabe der Stichproben-Varianz-Kovarianzmatrix $\underline{C}$ in der gesamten Stichprobe (Bezeichnung im Output mit **Total-Sample Covariance Matrix**) inklusive Freiheitsgrade (**DF**). Dabei gilt

$$\underline{C} = \frac{1}{n-1} \cdot \underline{S} .$$

- *WCOV* bewirkt die Ausgabe der Matrix der Stichproben-Varianz-Kovarianzmatrix in jeder Gruppe (Bezeichnung im Output mit **Within-Class Covariance Matrices**) inklusive Freiheitsgrade (**DF**). Dabei gilt

$$\underline{C}_i = \frac{1}{n_i - 1} \cdot \underline{S}_{E_i} \qquad (i = 1, \ldots, K) .$$

- *PCOV* bewirkt die Ausgabe der gepoolten Varianz-Kovarianz-Matrix in der Stichprobe (Bezeichnung im Output mit **Pooled Within-Class Covariance Matrix**) inklusive Freiheitsgrade (**DF**). Dabei gilt

$$\underline{C}_g = \frac{1}{n-K} \sum_{i=1}^{K} (n_i - 1) \cdot \underline{C}_i = \frac{1}{n-K} \underline{S}_E .$$

- *TCORR* bewirkt die Ausgabe der Stichproben-Korrelationsmatrix in der gesamten Stichprobe (Bezeichnung im Output mit **Total-Sample Correlation Coefficients**). Dabei gilt

$$\underline{R} = diag(\underline{C})^{-1/2} \cdot \underline{C} \cdot diag(\underline{C})^{-1/2} .$$

Zusätzlich wird unter jedem Korrelationskoeffizient der P-Wert (**Prob > |R|**) für die Hypothesenprüfung: "Der Korrelationskoeffizient ρ_{ij} zwischen der Variablen i und der Variablen j (i,j = 1, ..., p) ist gleich Null" angegeben. Der P-Wert gibt in diesem Zusammenhang die Wahrscheinlichkeit an, einen Wert für die Prüfgröße zu erhalten, der - absolut gesehen - größer ist als der eben berechnete Wert der Prüfgröße. Ist der P-Wert kleiner als das vorgegebene Signifikanzniveau α, so wird die Nullhypothese abgelehnt.

- *WCORR* bewirkt die Ausgabe der Stichproben-Korrelationsmatrix in jeder Gruppe (Bezeichnung im Output mit **Within-Class correlation coefficients**). Dabei gilt

$$\underline{R}_i = diag(\underline{C}_i)^{-1/2} \cdot \underline{C}_i \cdot diag(\underline{C}_i)^{-1/2} \qquad (i = 1, \ldots, K) .$$

Zusätzlich wird unter jedem Korrelationskoeffizient der P-Wert (**Prob > |R|**) für die Hypothesenprüfung: "Der Korrelationskoeffizient ρ_{ijk} in Gruppe k zwischen der Variablen i und der Variablen j (i,j = 1, ..., p) ist gleich Null" angegeben. Der P-Wert gibt in diesem Zusammenhang die Wahrscheinlichkeit an, einen Wert für die Prüfgröße zu erhalten, der - absolut gesehen - größer ist als der eben berechnete Wert der Prüfgröße. Ist der P-Wert kleiner als das vorgegebene Signifikanzniveau α, so wird die Nullhypothese abgelehnt.

- *PCORR* bewirkt die Ausgabe der gepoolten Stichproben-Korrelationsmatrix (Bezeichnung im Output mit **Pooled Within-Class correlation coefficients**). Dabei gilt

$$\underline{R}_g = diag(\underline{C}_g)^{-1/2} \cdot \underline{C}_g \cdot diag(\underline{C}_g)^{-1/2} .$$

Zusätzlich wird unter jedem Korrelationskoeffizient der P-Wert (**Prob > |R|**) für die Hypothesenprüfung: "Der gepoolte Korrelationskoeffizient $\rho_{g_{ij}}$ zwischen der Variablen i und der Variablen j (i,j = 1, ..., p) ist gleich Null" angegeben. Der P-Wert gibt in diesem Zusammenhang die Wahrscheinlichkeit an, einen Wert für die Prüfgröße zu erhalten, der - absolut gesehen - größer ist als der eben berechnete Wert der Prüfgröße. Ist der P-Wert kleiner als das vorgegebene Signifikanzniveau α, so wird die Nullhypothese abgelehnt.

- *ANOVA* bewirkt eine univariate einfaktorielle Varianzanalyse für jede Variable getrennt. Im Output sind enthalten:

Bezeichnung	**Erkärung**
Std total	die Standardabweichungen der einzelnen Variablen in der gesamten Stichprobe
Std Pool	die gepoolten Standardabweichungen der einzelnen Variablen
Std Between	die Standardabweichungen der einzelnen Variablen zwischen den Gruppen
R-Sq	das Bestimmtheitsmaß r_j^2 (j = 1, ..., p) für jede Variable
R-Sq/(1-R-Sq)	die Größe $\frac{r_j^2}{1-r_j^2}$ (j = 1, ..., p), die dem Quotienten

$$\frac{\frac{SSH_j}{SS_j}}{\frac{SSE_j}{SS_j}} = \frac{SSH_j}{SSE_j} \text{ entspricht;}$$

F	die Prüfgröße F, die man auch berechnen kann als $$F_j = \frac{r_j^2}{1-r_j^2} \cdot \frac{n-a}{a-1} = \frac{SSH_j}{SSE_j} \cdot \frac{n-a}{a-1} (j = 1, \ldots, p);$$
Average R-sq unweighted	das arithmetische Mittel der Bestimmtheitsmaße der Variablen, $\bar{r}^2$, mit $$\bar{r}^2 = \frac{1}{p}\sum_{i=1}^{p} r_i^2 \; .$$
Average R-sq weighted with variance	das gewogene arithmetische Mittel der Bestimmtheitsmaße der Variablen, $\bar{r}_G^2$, wobei die Gewichtung den Stichproben-Varianzen der einzelnen Variablen in der **gesamten** Stichprobe erfolgt, also $$\bar{r}_G^2 = \frac{\sum_{j=1}^{p} s_j^2 \cdot r_j^2}{\sum_{j=1}^{p} s_j^2} \; .$$

- *SIMPLE* bewirkt die Ausgabe einfacher deskriptiver Statistiken pro Variable in der gesamten Stichprobe (**Total-Sample**), sowie für jede Gruppe getrennt:

Bezeichnung	**Erklärung**
N	Anzahl der Beobachtungswerte
Sum	Summe der Beobachtungswerte pro Variable
Mean	arithmetisches Mittel pro Variable
Variance	Stichprobenvarianz pro Variable

Std Dev Standardabweichung pro Variable

- *STDMEAN* bewirkt die Ausgabe der standardisierten Gruppenmittelwerte (**Standardized Class means**) pro Variable in jeder Gruppe. Die Standardisierung erfolgt

  - mit der Standardabweichung der betreffenden Variablen in der gesamten Stichprobe (**Total-Sample standardized Class means**)

$$\overline{x}_{ij}^{*} = \frac{\overline{x}_{ij} - \overline{x}_j}{s_j} \qquad (i = 1, ..., K; j = 1, ..., p)$$

mit $\overline{x}_{ij}^{*}$: standardisierter Mittelwert der Variablen j in der Gruppe i

$\overline{x}_{ij}$: Mittelwert der Variablen j in der Gruppe i

$\overline{x}_j$: Mittelwert der Variablen j in der gesamten Stichprobe

s_j: Standardabweichung der Variablen j in der gesamten Stichprobe;

  - mit der gepoolten Standardabweichung der betreffenden Variablen (**Pooled Within-Class standardized class means**)

$$\overline{x}_{ij}^{**} = \frac{\overline{x}_{ij} - \overline{x}_j}{s_{g_j}} \qquad (i = 1, ..., K; j = 1, ..., p)$$

mit $\overline{x}_{ij}^{**}$: standardisierter Mittelwert der Variablen j in der Gruppe i

$\overline{x}_{ij}$: Mittelwert der Variablen j in der Gruppe i

$\overline{x}_j$: Mittelwert der Variablen j in der gesamten Stichprobe

s_{g_j}: gepoolte Standardabweichung der Variablen j in der gesamten Stichprobe (entspricht dem j-ten Hauptdiagonalelement von $\underline{C}_g$);

- *DISTANCE* bewirkt die Ausgabe von Mahalanobis-Distanzen zwischen den Gruppenmittelwertvektoren mit Hilfe der gepoolten Stichproben-Varianz-Kovarianz-Matrix

$$\delta_M\left(\underline{\bar{x}}_{i.};\underline{\bar{x}}_{j.}\right)=\left(\underline{\bar{x}}_{i.}-\underline{\bar{x}}_{j.}\right)'\cdot\underline{C}_g^{-1}\cdot\left(\underline{\bar{x}}_{i.}-\underline{\bar{x}}_{j.}\right)\qquad (i,j = 1, ..., K).$$

Zusätzlich werden die Werte der **F**-Prüfgrößen (einschließlich der Freiheitsgrade in Zähler (**NDF**) und Nenner (**DDF**)) zur Prüfung der Nullhypothese: "Die Distanz zwischen dem Mittelwertvektor in Gruppe i und dem in Gruppe j ist gleich Null" ausgegeben sowie die dazugehörenden P-Werte (**Prob > Mahalanobis Distance for squared distance**). Der P-Wert gibt hier die Wahrscheinlichkeit an, einen Wert für die betreffende Mahalanobis-Distanz zu erhalten, der größer ist als der eben berechnete. Ist der P-Wert kleiner als das vorgegebene Signifikanzniveau α, so wird die Nullhypothese abgelehnt.

- *OUT=SAS-Datendatei* erstellt eine neue Datendatei mit allen Variablen der Input-Datei und den Werten der kanonischen Variablen

- *ALL* bewirkt die Ausgabe aller verfügbaren Optionen.

Die CLASS-Anweisung

In der CLASS Anweisung wird diejenige Variable der Datendatei angegeben, die die Gruppenzugehörigkeit der Objekte angeben soll. Die Variable kann numerischen oder alphanumerischen Charakter haben. Die CLASS-Anweisung **muß** angegeben werden.

Die VAR-Anweisung

In der VAR-Anweisung werden die Namen der Variablen der Datendatei angegeben, mit denen die Diskriminanzanalyse durchgeführt werden soll, bzw. die zur Bestimmung der Diskriminanzfunktion(en) herangezogen werden sollen.

Die BY-Anweisung

Die Wirkung dieser Anweisung wurde bereits mehrfach bei anderen Prozeduren erläutert.

Die FREQ-Anweisung

Hier kann, wie ebenfalls bei anderen Prozeduren beschrieben, eine *Variable* angegeben werden, die die Häufigkeiten enthält, mit denen die entsprechenden Werte der anderen Variablen auftreten.

8.6.1.2. Fehlende Werte

Weist ein Objekt bei den erhobenen Variablen mindestens einen fehlenden Wert auf, wird es aus der Analyse ausgeschlossen. Das Objekt wird selbst dann aus der Analyse ausgeschlossen, wenn nur bei einer Variablen ein Beobachtungswert fehlt.

8.6.1.3. Output

In mittelständischen Betrieben in Deutschland wurden in 40 Betrieben, die eine Arbeitnehmermitbestimmung schon lange verwirklichen und in 40 Betrieben, die dies nicht tun, die Umsatzsteigerung der letzen drei Jahre, die durchschnittliche Rendite der letzten drei Jahre sowie die Lohnerhöhung der letzten drei Jahre untersucht. Mit Hilfe einer kanonischen Diskriminanzanalyse soll nun eine Diskriminanzfunktion gefunden werden, die eine Einteilung der mittelständischen Betriebe Deutschlands in solche mit Arbeitnehmermitbestimmung und solche ohne Arbeitnehmermitbestimmung ermöglicht. Die zu analysierende Datendatei trägt den Namen `sasuser.betrieb` und enthält die Umsatzsteigerung (Variablenname `umsatzst`), die durchschnittliche Rendite (Variablenname `rendite`), die Lohnerhöhung (Variablenname `lohnerh`) sowie die Gruppenvariable `mitbest`, die angibt, ob in dem jeweiligen Betrieb eine Arbeitnehmermitbestimmung verwirklicht ist (1 = ja, 2 = nein).

Das SAS-Programm für diese Analyse lautet:

```
proc candisc data=sasuser.betrieb;
class mitbest;
var umsatzst rendite lohnerh;
```

Der Output zu diesem SAS-Programm lautet:

```
Canonical Discriminant Analysis

80 Observations          79 DF Total
 3 Variables             78 DF Within Classes
 2 Classes                1 DF Between Classes


                Class Level Information

     MITBEST     Frequency        Weight     Proportion

           1            40       40.0000       0.500000
           2            40       40.0000       0.500000

Multivariate Statistics and Exact F Statistics

S=1    M=0.5    N=37

Statistic                   Value          F     Num DF

Wilks' Lambda             0.57501932   18.7232        3
Pillai's Trace            0.42498068   18.7232        3
Hotelling-Lawley Trace    0.73907199   18.7232        3
Roy's Greatest Root       0.73907199   18.7232        3


                         Den DF   Pr > F

Wilks' Lambda                76   0.0001
Pillai's Trace               76   0.0001
Hotelling-Lawley Trace       76   0.0001
Roy's Greatest Root          76   0.0001


                      Adjusted       Approx       Squared
       Canonical     Canonical     Standard     Canonical
     Correlation   Correlation        Error   Correlation

  1     0.651905      0.643113     0.064695      0.424981

               Eigenvalues of INV(E)*H
                 = CanRsq/(1-CanRsq)

      Eigenvalue    Difference   Proportion    Cumulative

  1       0.7391         .           1.0000        1.0000
```

```
        Test of H0: The canonical correlations in the
          current row and all that follow are zero

     Likelihood
        Ratio        Approx F    Num DF     Den DF      Pr > F

1  0.57501932      18.7232          3          76      0.0001


NOTE: The F statistic is exact.

Total Canonical Structure

                         CAN1

UMSATZST              0.500064      Umsatzsteigerung
RENDITE              -0.470499      Rendite
LOHNERH               0.843132      Lohnerhoehung

Between Canonical Structure

                         CAN1

UMSATZST              1.000000      Umsatzsteigerung
RENDITE              -1.000000      Rendite
LOHNERH               1.000000      Lohnerhoehung

Pooled Within Canonical Structure

                         CAN1

UMSATZST              0.401110      Umsatzsteigerung
RENDITE              -0.374847      Rendite
LOHNERH               0.765319      Lohnerhoehung

Total-Sample Standardized Canonical Coefficients

                         CAN1

UMSATZST           0.595739931      Umsatzsteigerung
RENDITE           -0.280881976      Rendite
LOHNERH            1.044086768      Lohnerhoehung

Pooled Within-Class Standardized Canonical Coefficients

                         CAN1

UMSATZST          0.5667944625      Umsatzsteigerung
RENDITE           -.2690516080      Rendite
LOHNERH           0.8778034730      Lohnerhoehung
```

```
Raw Canonical Coefficients

                      CAN1

UMSATZST      0.0854552915      Umsatzsteigerung
RENDITE       -.0471303173      Rendite
LOHNERH       0.2314081537      Lohnerhoehung


Class Means on Canonical Variables

     MITBEST              CAN1

           1      0.8488787842
           2      -.8488787842
```

Der Output umfaßt die folgenden Größen

Gruppeninformationen (Class Level Information)

Bezeichnung	**Erklärung**
Frequency	Anzahl der Beobachtungswerte in der jeweiligen Gruppe
Weight	Gewichtung der jeweiligen Gruppe
Proportion	relative Häufigkeiten

Eine multivariate einfaktorielle Varianzanalyse

Bezeichnung	**Erklärung**
Statistic/Value	Werte der Prüfgrößen nach Wilk, Pilai, Hotelling-Lawley und Roy
F	approximierte F-Prüfgröße
Num DF	Freiheitsgrade des Zählers der approximierten F-Prüfgröße
Den DF	Freiheitsgrade des Nenners der approximierten F-Prüfgröße
Pr > F	P-Wert

Im Zusammenhang mit der Diskriminanzanalyse kann eine multivariate einfaktorielle Varianzanalyse auch als Test auf die Trennschärfe der beteiligten (abhängigen) Variablen bezeichnet werden. Die Variablen sind trennscharf (in Bezug auf die Bildung von Gruppen), wenn die Mittelwertvektoren in den Gruppen signifikant voneinander verschieden sind.

Eigentliche kanonische Diskriminanzanalyse

Bezeichnung	**Erklärung**
canonical correlation	die kanonischen Korrelationskoeffizienten, die dem Betrag nach auch entsprechend der Formel $\left\|r_i^c\right\| = \sqrt{\frac{\lambda_i}{1+\lambda_i}}$ (i = 1, ..., s; s = min {p; k-1}) bestimmt werden können, sowie
adjusted canonical correlation	die angepaßten kanonischen Korrelationskoeffizienten
approx standard error	angenäherter Standardfehler
squared canonical correlation	die quadrierten kanonischen Korrelationskoeffizienten
Eigenvalue	die Eigenwerte des Matrizenproduktes $\underline{S}_E^{-1}\underline{S}_H$, die auch mit Hilfe der kanonischen Korrelationskoeffizienten berechnet werden können als $\lambda_i = \frac{\left(r_i^c\right)^2}{1-\left(r_i^c\right)^2}$ (i = 1, ..., s; s = min {p; k-1}),
Difference	die Differenzen der einzelnen Eigenwerte $d_i^{EW} = (\lambda_i - \lambda_{i+1})$ (i = 1, ..., s-1),
Proportion	die relativen Anteile

$$\frac{\lambda_i}{\sum_{i=1}^{s} \lambda_i} \qquad (i = 1, ..., s),$$

Cumulative — die kummulierten relativen Anteile

$$\frac{1}{\sum_{i=1}^{s} \lambda_i} \sum_{j=1}^{i} \lambda_j \qquad (i = 1, ..., s).$$

Likelihood Ratio — Prüfgröße eines Likelihood-Quotienten-Tests zur Prüfung der Nullhypothese: "Der gerade betrachtete kanonische Korrelationskoeffizient und alle auf ihn nachfolgenden sind gleich Null", sowie

- Approx F — die dazugehörende approximierte F-Prüfgröße
- Num DF — Anzahl der Freiheitsgrade im Zähler
- Den DF — Anzahl der Freiheitsgrade im Nenner
- Pr > F — P-Wert

Total canoncical structure — Die Matrix der kanonischen Struktur der gesamten Stichprobe. Die Werte dieser Matrix geben die Korrelationen zwischen den ursprünglichen Variablen und den (neuen) kanonischen Variablen (Diskriminanzwerten) in der gesamten Stichprobe an. Diese Korrelationen zeigen den Beitrag an, den jede Variable zu diesen kanonischen Variablen liefert. Die Matrix der kanonischen Struktur der gesamten Stichprobe berechnet sich als

$$diag(\underline{C})^{-1/2} \cdot \underline{C} \cdot \underline{A}$$

mit $\underline{C}$: Varianz-Kovarianz-Matrix der gesamten Stichprobe

$\underline{A}$: Matrix der rohen Diskriminanzkoeffizienten; es gilt:

$\underline{A} = [\underline{a}_1, \underline{a}_2, \ldots, \underline{a}_s]$, mit

$\underline{a}_i$: Vektor der rohen Diskriminanzkoeffizienten der i-ten kanonischen Variablen (i = 1, ..., s).

Between canonical structure

Die Matrix der kanonischen Struktur zwischen den Gruppen. Die Werte dieser Matrix geben die Korrelationen zwischen den ursprünglichen Variablen und den (neuen) kanonischen Variablen (oder Gruppenmittelwerten) zwischen den einzelnen Gruppen an (Auf diese Werte soll jedoch nicht näher eingegangen werden).

Pooled within canonical strucutre

Die Matrix der gepoolten kanonischen Struktur innerhalb der Gruppen. Diese Werte geben die gepoolten Korrelationen zwischen den ursprünglichen Variablen und den (neuen) kanonischen Variablen (Diskriminanzwerte) innerhalb einer Gruppe an. Diese Korrelationen zeigen den Beitrag an, den jede Variable zu diesen kanonischen Variablen liefert. Die Matrix der gepoolten kanonischen Struktur innerhalb der Gruppen berechnet sich als

$$diag\left(\underline{C}_g\right)^{-1/2} \cdot \underline{C}_g \cdot \underline{A}$$

mit $\underline{C}_g$: gepoolte Stichproben-Varianz-Kovarianz-Matrix

$\underline{A}$: Matrix der rohen Diskriminanzkoeffizienten; es gilt:

$\underline{A} = [\underline{a}_1, \underline{a}_2, ..., \underline{a}_s]$, mit

$\underline{a}_i$: Vektor der rohen Diskriminanzkoeffizienten der i-ten kanonischen Variablen (i = 1, ..., s).

Total sample standardized canonical coefficients

Die standardisierten kanonischen Koeffizienten (Diskriminanzkoeffizienten) in der Gesamtstichprobe. Die Standardisierung eines Koeffizienten erfolgt dabei mit der Standardabweichung derjenigen Variablen in der gesamten Stichprobe, auf die sich der jeweilige Koeffizient bezieht:

$$a_{ij}^{*} = s_j \cdot a_{ij} \qquad (i = 1, ..., s; j = 1, ..., p).$$

Pooled within-class standardized canonical coefficients

Die gepoolten standardisierten kanonischen Koeffizienten (Diskriminanzkoeffizienten) innerhalb der Gruppen. Die Standardisierung erfolgt dabei anhand der gepoolten Standardabweichung derjenigen Variablen, auf die sich der jeweilige Koeffizient bezieht:

$$a_{ij}^{**} = s_{g_j} \cdot a_{ij} \qquad (i = 1, ..., s; j = 1, ..., p).$$

Raw canonical coefficients

Die rohen kanonischen Koeffizienten (Diskriminanzkoeffizienten), die eigentlichen Koeffizienten der Diskriminanzfunktionen nach Fisher. Sie stellen die Koeffizienten der nicht normierten Eigenvektoren des Matrizenproduktes $\underline{S}_E^{-1} \underline{S}_H$ dar (können nur bis auf eine Proportionalitätskonstante genau bestimmt werden). Will man nicht mit den rohen Koeffizienten, sondern mit standardisierten arbeiten, so sollte man die mit den gepoolten Standardabweichungen standardisierten Koeffizienten verwenden.

Class means on canonical variables

Die zentrierten Gruppenmittelwerte der ermittelten Diskriminanzfunktionen. Zu beachten ist dabei, daß SAS hier mit der modifizierten Diskriminanzfunktion nach Fisher mit Konstante arbeitet. Die zentrierten Gruppenmittelwerte der einzelnen Diskriminanzfunktionen (kanonischen Variablen) erhält man demnach mit

$$\bar{y}_{z_j} = a_{0j} + \underline{a}_j' \underline{\bar{x}}_{i.}$$

mit $\underline{\bar{x}}_{i.}$: Mittelwertvektor in Gruppe i (i = 1, ..., K)

a_{0j}: Konstante der j-ten Diskriminanzfunktion (j = 1, ..., s)

$\underline{a}_j$: Vektor der Diskriminanzkoeffizienten der j-ten Diskriminanzfunktion (j = 1, ..., s).

8.6.2. Die Prozedur DISCRIM

Die Prozedur DISCRIM bewirkt die Durchführung einer Diskriminanzanalyse, wobei zwischen mehreren parametrischen und nicht-parametrischen Verfahren gewählt werden kann. Zusätzlich können noch Klassifikationen neuer Objekte oder der Objekte der Lernstichprobe, sowie eine Schätzung der a-posteriori-Wahrscheinlichkeiten vorgenommen werden.

8.6.2.1. Syntax

Die Syntax dieser Prozedur lautet:

PROC DISCRIM *Optionen*;
CLASS *Gruppenvariable*;
VAR *Variablenliste*;
PRIORS *a-priori-Wahrscheinlichkeiten*;
BY *Variablenliste*;
FREQ *Variable*;
ID *Variable*;
TESTFREQ *Variable*;
TESTID *Variable*;

Die PROC DISCRIM-Anweisung

Als *Optionen* sind dabei möglich:

- *DATA=SAS-Datendatei* gibt die Datendatei an, die die Prozedur zur Auswertung verwenden soll. Als Voreinstellung wird die letzte erstellte SAS-Datei verwendet.

- *TESTDATA=SAS-Datendatei* gibt die Datendatei an, die die neuen Beobachtungswerte enthält, die klassifiziert werden sollen. Die Datendatei muß natürlich dieselben Variablen enthalten wie die Lernstichprobe.

- *METHOD=NORMAL|NPAR* legt die Art der Analyse fest. *NORMAL* bewirkt eine Maximum-Likelihood-Diskriminanzanalyse, die multivariat normalverteilte Grundgesamtheiten voraussetzt, *NPAR* bewirkt die Durchführung einer Diskriminanzanalyse nach der Nächste-Nachbarn-Regel, wobei für diesen Fall noch **zusätzlich** die Anweisung *K=Zahl* gegeben werden muß. Zur Berechnung der Distanzen wird bei der k-Näch-

ste-Nachbarn-Methode die Mahalanobis-Distanz mit der gepoolten Varianz-Kovarianz-Matrix der Stichprobe verwendet.
Voreinstellung in der *METHOD*-Anweisung ist *METHOD=NORMAL*.

- *K=Zahl* bewirkt, daß die Diskriminanzanalyse nach der Methode der K-Nächsten-Nachbarn durchgeführt wird (Zahl muß $\geq$ 1 sein). Beachtet werden muß aber zusätzlich, daß **vorher** in der Verfahrenswahl **METHOD=NPAR** angegeben wurde.

- *POOL=NO|YES|TEST* legt fest, ob die Diskriminanzanalyse mit der gepoolten Stichproben-Varianz-Kovarianz-Matrix durchgeführt werden soll (*POOL=YES*) oder ob die Stichproben-Varianz-Kovarianz-Matrizen der einzelnen Gruppen verwendet werden sollen, was zu einer quadratischen Diskriminanzfunktion führt (*POOL=NO*). Die Einstellung *POOL=TEST* bewirkt einen Test nach BARTLETT für die Nullhypothese: "Die Varianz-Kovarianz-Matrizen sind in den K Grundgesamtheiten gleich ($H_0: \underline{\Sigma}_1 = \underline{\Sigma}_2 = \ldots = \underline{\Sigma}_K = \underline{\Sigma}$)". Die Prüfgröße für diesen Test lautet

$$\chi^2 = -\rho\left[\sum_{i=1}^{K}(n_i - 1)\ln\left|\underline{C}_i\right| - (n-K)\ln\left|\underline{C}_g\right|\right]$$

mit

$$\rho = 1 - \left[\sum_{i=1}^{K}\frac{1}{n_i - 1} - \frac{1}{n-K}\right]\cdot\frac{2p^2+3p-1}{6(p+1)(K-1)} .$$

Die Prüfgröße ist dann annähernd χ^2-verteilt mit $\frac{1}{2}\cdot(K-1)\cdot p\cdot(p-1)$ Freiheitsgraden. Der Output für diesen Test enthält unter anderem die Größen

Bezeichnung	**Erklärung**
Covariance Matrix Rank	$rg\,\underline{C}_i$ (i = 1, ..., K)
Covariance Matrix Rank Pooled	$rg\,\underline{C}_g$
Natural Log of the Determinant of the Covariance Matrix	$\ln\left|\underline{C}_i\right|$ (i = 1, ..., K)

Natural Log of the Determinant of the Covariance Matrix Pooled	$\ln\lvert\underline{C}_g\rvert$
RHO	ρ
Test Chi-Square-Value	Prüfgröße χ^2
DF	Freiheitsgrade der Prüfgröße
Prob>Chi-Sq	P-Wert des Tests

Abschließend gibt PROC DISCRIM das Ergebnis des Hypothesentests an und teilt mit, ob die gepoolte Stichproben-Varianz-Kovarianz-Matrix verwendet wird oder die individuellen Stichproben-Varianz-Kovarianz-Matrizen in den Gruppen.

Der P-Wert gibt in diesem Zusammenhang die Wahrscheinlichkeit an, einen Wert für die Prüfgröße zu erhalten, der größer oder gleich dem empirischen Wert der Prüfgröße ist, den man berechnet hat. Ist der P-Wert größer als das im voraus festgelegte Signifikanzniveau α, so kann die Nullhypothese nicht abgelehnt werden.

Das Signifikanzniveau für diesen Test wird in der **separaten** Anweisung *SLPOOL=*α angegeben. **Fehlt** diese zusätzliche Anweisung, so führt PROC DISCRIM diesen Test bei einem Signifikanzniveau von α **= 0,1** durch.

Konnte die Nullhypothese **nicht abgelehnt** werden, so rechnet SAS mit der **gepoolten** Stichproben-Varianz-Kovarianz-Matrix, **ansonsten** mit den **gruppenspezifischen** Stichproben-Varianz-Kovarianz-Matrizen. Zu beachten ist dabei noch, daß der Test nach BARTLETT **nur** durchgeführt wird, wenn als Analyseart *METHOD=NORMAL* gewählt wurde, da der Test multivariat normalverteilte Grundgesamtheiten verlangt. Wird die *POOL*-Anweisung **nicht** gegeben, so verwendet PROC DISCRIM die **gepoolte** Stichproben-Varianz-Kovarianz-Matrix.

Diese Anweisung hat keinen Einfluß auf die in der k-Nächsten-Nachbarn-Methode verwendete Varianz-Kovarianz-Matrix. Hier wird **immer** die gepoolte Stichproben-Varianz-Kovarianz-Matrix verwendet.

- *SLPOOL*=α gibt das Signifikanzniveau für den Test nach BARTLETT auf die Gleichheit der Varianz-Kovarianz-Matrizen in der Einstellung *POOL=TEST* an (Angabe der Anweisung *METHOD= NORMAL* vorausgesetzt).

- *CANONICAL* bewirkt zusätzlich die Durchführung einer kanonischen Diskriminanzanalyse (Diskriminanzanalyse nach Fisher). Die *CANONICAL*-Anweisung kann zusätzlich zur *METHOD*-Anweisung gegeben werden. Ausgegeben werden dann die Diskriminanzfunktionen nach Fisher und die Diskriminanzfunktionen, die nach dem in der METHOD-Anweisung angegebenen Verfahren ermittelt wurden. Die Klassifikation erfolgt aber **immer** mit Hilfe des in der *METHOD*-Anweisung angegebenen Verfahrens.

- *LIST* bewirkt die Ausgabe des Ergebnisses der Klassifikation der Objekte in der Lernstichprobe, bestehend aus der Angabe der ursprünglichen Gruppenzugehörigkeit und der Angabe der Gruppe, in der das Objekt mit der entsprechenden Methode klassfiziert wurde, sowie den a-posteriori-Wahrscheinlichkeiten der Objekte.

- *LISTERR* bewirkt die Ausgabe des Ergebnisses der Klassifikation derjenigen Objekte in der Lernstichprobe, die fehlklassifiziert wurden, sowie der a-posteriori-Wahrscheinlichkeiten der Objekte.

- *TESTLIST* bewirkt die Ausgabe des Ergebnisses der Klassifikation der neuen Objekte, die in der TESTDATA-Anweisung angegeben wurden, sowie der a-posteriori-Wahrscheinlichkeiten der Objekte.

- *TESTLISTERR* bewirkt die Ausgabe des Ergebnisses der Klassifikation derjenigen neuen Objekte, die in der TESTDATA-Anweisung angegeben und fehlklassifziert wurden, sowie der a-posteriori-Wahrscheinlichkeiten der Objekte.

- *POSTERR* erstellt erneut eine Tabelle mit der Zusammenfassung der Klassifikationsergebnisse für die Objekte der Lernstichprobe, basierend auf den a-posteriori-Wahrscheinlichkeiten dieser Objekte.

Der Output dieser Option enthält die Größen:

Bezeichnung	**Erklärung**
Number of observations and Percent classified into ...	absolute Klassifizierungshäufigkeiten der Objekte der Lernstichprobe
Average Posterior Probabilites	die durchschnittlichen geschätzten a-posteriori-Wahrscheinlichkeiten für Objekte, die von Gruppe i in Gruppe k klassifiziert wurden. (z.B. von Gruppe 1 nach Gruppe 1, von Gruppe 1 nach Gruppe 2, usw.)

$$\overline{\hat{f}(k)}_{post_i} = \frac{\sum_{j=1}^{n_{ik}} \hat{f}(k|\underline{x})_{ij}}{n_{ik}}$$

mit $\hat{f}(k|\underline{x})_{ij}$: geschätzte a-posteriori-Wahrscheinlichkeit für das j-te Objekt aus Gruppe i, das Gruppe k zugeordnet wurde (i,k = 1, ..., K; j = 1, ..., n_{ik})

n_{ik} Anzahl der Objekte, die von Gruppe i nach Gruppe k klassifiziert wurden (i,k = 1, ..., K)

Total	die geschätzte a-posteriori-Wahrscheinlichkeit für eine Gruppe k insgesamt

$$\hat{f}(k)_{post} = \frac{\sum_{i=1}^{K} n_{ik} \cdot \overline{\hat{f}(k)}_{post_i}}{\sum_{i=1}^{K} n_{ik}} \qquad (k = 1, ..., K),$$

Posterior Probability Error Rate Estimates unstratified	die geschätzten Fehlklassifikationswahrscheinlichkeiten für die Gruppen, basierend auf den a-posteriori-Wahrscheinlichkeiten

$$\hat{e}_k = 1 - \frac{1}{f(k) \cdot n} \cdot \sum_{i=1}^{K} n_{ik} \cdot \overline{f(k)}_{post_i}$$
(k = 1, ..., K)

Posterior Probability Error Rate Estimates Stratified	geschichtete Fehlklassifikationswahrscheinlich keiten (darauf soll nicht näher eingegangen werden)
Posterior Probability Error Rate Estimates Total	die geschätzte gesamte Fehlklassifikationswahrscheinlichkeit, also die Wahrscheinlichkeit, daß ein Objekt überhaupt fehlklassifiziert wird

$$\hat{e} = \sum_{k=1}^{K} f(k) \cdot \hat{e}_k$$

- *TSSCP* bewirkt die Ausgabe der Matrix der Gesamtabweichungsquadratsummen $\underline{S}$ in der gesamten Stichprobe (Bezeichnung im Output mit **Total-Sample SSCP Matrix**). Dabei gilt

$$\underline{S} = \sum_{i=1}^{K} \sum_{j=1}^{n_i} \left(\underline{x}_{ij} - \underline{\overline{x}}_{..}\right) \cdot \left(\underline{x}_{ij} - \underline{\overline{x}}_{..}\right)'$$

mit $\underline{\overline{x}}_{..}$: Vektor der arithmetischen Mittel der p Variablen in der gesamten Stichprobe.

- *WSSCP* bewirkt die Ausgabe der Matrizen der Fehlerquadratsummen für jede Gruppe getrennt (Bezeichnung im Output als **Within-Class-SSCP Matrices**). Dabei gilt

$$\underline{S}_{E_i} = \sum_{j=1}^{n_i} \left(\underline{x}_{ij} - \underline{\overline{x}}_{i.}\right) \cdot \left(\underline{x}_{ij} - \underline{\overline{x}}_{i.}\right)' \qquad (i = 1, ..., K) .$$

- *PSSCP* bewirkt die Ausgabe der Matrix der gesamten Fehlerquadratsummen $\underline{S}_E$ (Bezeichnung im Output mit **Pooled Within-Class-SSCP Matrix**). Dabei gilt

$$\underline{S}_E = \sum_{i=1}^{K} \underline{S}_{E_i} .$$

- *TCOV* bewirkt die Ausgabe der Stichproben-Varianz-Kovarianzmatrix $\underline{C}$ in der gesamten Stichprobe (Bezeichnung im Output mit **Total-Sample Covariance Matrix**) inklusive Freiheitsgrade (**DF**). Dabei gilt

$$\underline{C} = \frac{1}{n-1} \cdot \underline{S} .$$

- *WCOV* bewirkt die Ausgabe der Matrix der Stichproben-Varianz-Kovarianzmatrix in jeder Gruppe (Bezeichnung im Output mit **Within-Class Covariance Matrices**) inklusive Freiheitsgrade (**DF**). Dabei gilt

$$\underline{C}_i = \frac{1}{n_i - 1} \cdot \underline{S}_{E_i} \qquad (\mathrm{i} = 1, ..., \mathrm{K}) .$$

- *PCOV* bewirkt die Ausgabe der gepoolten Varianz-Kovarianz-Matrix in der Stichprobe (Bezeichnung im Output mit **Pooled Within-Class Covariance Matrix**) inklusive Freiheitsgrade (**DF**). Dabei gilt

$$\underline{C}_g = \frac{1}{n-K} \sum_{i=1}^{K} (n_i - 1) \cdot \underline{C}_i = \frac{1}{n-K} \underline{S}_E .$$

- *TCORR* bewirkt die Ausgabe der Stichproben-Korrelationsmatrix in der gesamten Stichprobe (Bezeichnung im Output mit **Total-Sample Correlation Coefficients**). Dabei gilt

$$\underline{R} = diag(\underline{C})^{-1/2} \cdot \underline{C} \cdot diag(\underline{C})^{-1/2} .$$

  Zusätzlich wird unter jedem Korrelationskoeffizient der P-Wert (**Prob > |R|**) für die Hypothesenprüfung: "Der Korrelationskoeffizient ρ_{ij} zwischen der Variablen i und der Variablen j (i,j = 1, ..., p) ist gleich Null" angegeben. Der P-Wert gibt in diesem Zusammenhang die Wahrscheinlichkeit an, einen Wert für die Prüfgröße zu erhalten, der - absolut gesehen - größer ist als der eben berechnete Wert der Prüfgröße. Ist der P-Wert kleiner als das vorgegebene Signifikanzniveau α, so wird die Nullhypothese abgelehnt.

- *WCORR* bewirkt die Ausgabe der Stichproben-Korrelationsmatrix in jeder Gruppe (Bezeichnung im Output mit **Within-Class correlation coefficients**). Dabei gilt

$$\underline{R}_i = diag(\underline{C}_i)^{-1/2} \cdot \underline{C}_i \cdot diag(\underline{C}_i)^{-1/2} \qquad (\mathrm{i} = 1, ..., \mathrm{K}) .$$

Zusätzlich wird unter jedem Korrelationskoeffizient der P-Wert (**Prob > |R|**) für die Hypothesenprüfung: "Der Korrelationskoeffizient ρ_{ijk} in Gruppe k zwischen der Variablen i und der Variablen j (i,j = 1, ..., p) ist gleich Null" angegeben. Der P-Wert gibt in diesem Zusammenhang die Wahrscheinlichkeit an, einen Wert für die Prüfgröße zu erhalten, der - absolut gesehen - größer ist als der eben berechnete Wert der Prüfgröße. Ist der P-Wert kleiner als das vorgegebene Signifikanzniveau α, so wird die Nullhypothese abgelehnt.

- *PCORR* bewirkt die Ausgabe der gepoolten Stichproben-Korrelationsmatrix (Bezeichnung im Output mit **Pooled Within-Class correlation coefficients**). Dabei gilt

$$\underline{R}_g = diag(\underline{C}_g)^{-1/2} \cdot \underline{C}_g \cdot diag(\underline{C}_g)^{-1/2} .$$

Zusätzlich wird unter jedem Korrelationskoeffizient der P-Wert (**Prob > |R|**) für die Hypothesenprüfung: "Der gepoolte Korrelationskoeffizient $\rho_{g_{ij}}$ zwischen der Variablen i und der Variablen j (i,j = 1, ..., p) ist gleich Null" angegeben. Der P-Wert gibt in diesem Zusammenhang die Wahrscheinlichkeit an, einen Wert für die Prüfgröße zu erhalten, der - absolut gesehen - größer ist als der eben berechnete Wert der Prüfgröße. Ist der P-Wert kleiner als das vorgegebene Signifikanzniveau α, so wird die Nullhypothese abgelehnt.

- *ANOVA* bewirkt eine univariate einfaktorielle Varianzanalyse für jede Variable getrennt. Im Output sind enthalten:

Bezeichnung	**Erklärung**
Std total	die Standardabweichungen der einzelnen Variablen in der gesamten Stichprobe
Std Pool	die gepoolten Standardabweichungen der einzelnen Variablen
Std Between	die Standardabweichungen der einzelnen Variablen zwischen den Gruppen
R-Sq	das Bestimmtheitsmaß r_j^2 (j = 1, ..., p) für jede Variable

R-Sq/(1-R-Sq) die Größe $\frac{r_j^2}{1-r_j^2}$ (j = 1, ..., p), die dem Quotienten

$$\frac{\frac{SSH_j}{SS_j}}{\frac{SSE_j}{SS_j}} = \frac{SSH_j}{SSE_j}$$ entspricht;

F die Prüfgröße F, die man auch berechnen kann als

$$F_j = \frac{r_j^2}{1-r_j^2} \cdot \frac{n-a}{a-1} = \frac{SSH_j}{SSE_j} \cdot \frac{n-a}{a-1} \text{(j = 1, ..., p);}$$

Average R-sq unweighted das arithmetische Mittel der Bestimmtheitsmaße der Variaablen, $\bar{r}^2$, mit

$$\bar{r}^2 = \frac{1}{p}\sum_{i=1}^{p} r_i^2 \;.$$

Average R-sq weighted witth variance das gewogene arithmetische Mittel der Bestimmtheitsmaße der Variablen, $\bar{r}_G^2$, wobei die Gewichtung mit den Stichproben-Varianzen der einzelnen Variablen in der **gesamten** Stichprobe erfolgt, also

$$\bar{r}_G^2 = \frac{\sum_{j=1}^{p} s_j^2 \cdot r_j^2}{\sum_{j=1}^{p} s_j^2} \;.$$

- *SIMPLE* bewirkt die Ausgabe einfacher deskriptiver Statistiken pro Variable in der gesamten Stichprobe (**Total-Sample**), sowie für jede Gruppe getrennt:

Bezeichnung	**Erklärung**
N	Anzahl der Beobachtungswerte
Sum	Summe der Beobachtungswerte pro Variable

Mean	arithmetisches Mittel pro Variable
Variance	Stichprobenvarianz pro Variable
Std Dev	Standardabweichung pro Variable

- *MANOVA* bewirkt eine multivariate Varianzanalyse. Der Output enthält die folgenden Größen:

Wilk, Pilai Roy, Hotelling Lawley	Prüfgrößen nach Wilk, Pilai, Roy und Hotelling-Lawley für eine multivariate einfaktorielle Varianzanalyse zur Hypothesenprüfung: "Die Mittelwertvektoren sind in den K Gruppen gleich".
F	approximierte F-Prüfgrößen
Num DF	Anzahl der Freiheitsgrade im Zähler
Den DF	Anzahl der Freiheitsgrade im Nenner
Pr>F	P-Wert

Im Zusammenhang mit der Diskriminanzanalyse kann eine multivariate einfaktorielle Varianzanalyse auch als Test auf die Trennschärfe der beteiligten (abhängigen) Variablen bezeichnet werden. Die Variablen sind trennscharf (in Bezug auf die Bildung von Gruppen), wenn die Mittelwertvektoren in den Gruppen signifikant voneinander verschieden sind.

- *STDMEAN* bewirkt die Ausgabe der standardisierten Gruppenmittelwerte (**Standardized Class means**) pro Variable in jeder Gruppe. Die Standardisierung erfolgt

  - mit der Standardabweichung der betreffenden Variablen in der gesamten Stichprobe (**Total-Sample standardized Class means**)

$$\bar{x}_{ij}^{*} = \frac{\bar{x}_{ij} - \bar{x}_j}{s_j} \qquad (i = 1, \ldots, K; j = 1, \ldots, p)$$

mit $\bar{x}_{ij}^{*}$: standardisierter Mittelwert der Variablen j in der Gruppe i

$\bar{x}_{ij}$: Mittelwert der Variablen j in der Gruppe i

$\bar{x}_j$: Mittelwert der Variablen j in der gesamten Stichprobe

s_j: Standardabweichung der Variablen j in der gesamten Stichprobe;

- mit der gepoolten Standardabweichung der betreffenden Variablen (**Pooled Within-Class standardized class means**)

$$\overline{x}_{ij}^{**} = \frac{\overline{x}_{ij} - \overline{x}_j}{s_{g_j}} \qquad (i = 1, \ldots, K; j = 1, \ldots, p)$$

mit $\overline{x}_{ij}^{**}$: standardisierter Mittelwert der Variablen j in der Gruppe i

$\overline{x}_{ij}$: Mittelwert der Variablen j in der Gruppe i

$\overline{x}_j$: Mittelwert der Variablen j in der gesamten Stichprobe

s_{g_j}: gepoolte Standardabweichung der Variablen j in der gesamten Stichprobe (entspricht dem j-ten Hauptdiagonalelement von $\underline{C}_g$);

- *DISTANCE* bewirkt die Ausgabe von Mahalanobis-Distanzen zwischen den Gruppenmittelwertvektoren mit Hilfe der gepoolten Stichproben-Varianz-Kovarianz-Matrix

$$\delta_M(\underline{\overline{x}}_{i.};\underline{\overline{x}}_{j.}) = (\underline{\overline{x}}_{i.} - \underline{\overline{x}}_{j.})' \cdot \underline{C}_g^{-1} \cdot (\underline{\overline{x}}_{i.} - \underline{\overline{x}}_{j.}) \qquad (i,j = 1, \ldots, K).$$

Zusätzlich werden die Werte der **F**-Prüfgrößen (einschließlich der Freiheitsgrade in Zähler (**NDF**) und Nenner (**DDF**)) zur Prüfung der Nullhypothese: "Die Distanz zwischen dem Mittelwertvektor in Gruppe i und dem in Gruppe j ist gleich Null" ausgegeben sowie die dazugehörenden P-Werte (**Prob > Mahalanobis Distance for squared distance**). Der P-Wert gibt hier die Wahrscheinlichkeit an, einen Wert für die betreffende Mahalanobis-Distanz zu erhalten, der größer ist als der eben berechnete. Ist der P-Wert kleiner als das vorgegebene Signifikanzniveau α, so wird die Nullhypothese abgelehnt. Durch die separate Angabe der METRIC-Anweisung kann die Art der Stichproben-Varianz-Kovarianz-Matrix bestimmt werden, mit der die Mahalanobis-Distanzen berechnet werden sollen.

- *METRIC=DIAGONAL|FULL|IDENTITY* legt die zur Berechnung der Mahalanobis-Distanzen zu verwendende Stichproben-Varianz-Kovarianz-Matrix fest. Durch die Option *FULL* verwendet PROC DISCRIM zur Berechnung der Mahalanobis-Distanzen zwischen den Gruppenmittelwerten die gepoolte Stichproben-Varianz-Kovarianz-Matrix, falls die **separate** zusätzliche Einstellung *POOL=YES* gegeben wurde und die Stichproben-Varianz-Kovarianz-Matrizen der **einzelnen** Gruppen, falls *POOL=NO* als Anweisung gegeben wurde.

Durch die Option *DIAGONAL* verwendet PROC DISCRIM zur Berechnung der Mahalanobis-Distanzen zwischen den Gruppenmittelwerten die **gepoolte** Diagonal-Stichproben-Varianz-Kovarianz-Matrix, falls die **separate** zusätzliche Einstellung *POOL=YES* gegeben wurde und die Diagonal-Stichproben-Varianz-Kovarianz-Matrizen der **einzelnen** Gruppen, falls *POOL=NO* als Anweisung gegeben wurde.

Durch die Option *IDENTITY* verwendet PROC DISCRIM zur Berechnung der Distanzen zwischen den Gruppenmittelwerten anstelle einer Stichproben-Varianz-Kovarianz-Matrix die **Einheitsmatrix**. Dadurch werden aus den Mahalanobis-Distanzen **Euklidische** Distanzen.

Fehlt die Angabe der *METRIC*-Anweisung, so nimmt PROC DISCRIM *METRIC=FULL* als Voreinstellung. Wurde *METHOD=NORMAL* gewählt, so nimmt PROC DISCRIM **automatisch** *METRIC=FULL* an. Durch die Verwendung der gesamten Stichproben-Varianz-Kovarianz-Matrix entstehen - auch bei abhängigen Variablen - unabhängige Distanzen, so daß die Einstellung *METRIC=DIAGONAL* nur bei bereits unabhängigen Variablen zu empfehlen ist.

- *OUT=SAS-Datendatei* erstellt eine neue Datendatei mit allen Variablen der Input-Datei inklusive a-posteriori-Wahrscheinlichkeiten und Gruppenzuordnung (Resubstituionsmethode) für jeden Beobachtungswert. Wurde die CANONICAL-Option gegeben enthält die neu erstellte Datendatei zusätzlich die Werte der kanonischen Variablen.

- *ALL* bewirkt die Ausgabe aller verfügbaren Optionen.

Die CLASS-Anweisung

In der CLASS Anweisung wird diejenige Variable der Datendatei angegeben, die die Gruppenzugehörigkeit der Objekte angeben soll. Die Variable kann numerischen oder alphanumerischen Charakter haben. Die CLASS-Anweisung **muß** angegeben werden.

Die VAR-Anweisung

In der VAR-Anweisung werden die Namen der Variablen der Datendatei angegeben, mit denen die Diskriminanzanalyse durchgeführt werden soll, bzw. die zur Bestimmung der Diskriminanzfunktion(en) herangezogen werden sollen. Als Voreinstellung verwendet SAS alle diejenigen Variablen des Datensatzes, die nicht schon in einer anderen Anweisung der Prozedur angegeben wurden.

Die PRIORS-Anweisung

In dieser Anweisung können die a-priori-Wahrscheinlichkeiten für die einzelnen Gruppen angegeben werden. Dabei bestehen die Möglichkeiten

- PRIORS EQUAL;	gleiche a-priori-Wahrscheinlichkeiten
- PRIORS PROP;	proportionale a-priori-Wahrscheinlichkeiten
- PRIORS $p_1\, p_2 \ldots p_K$	individuelle a-priori-Wahrscheinlichkeiten für Gruppe 1, ..., K.

Wird die PRIORS-Anweisung nicht gegeben, so nimmt PROC DISCRIM gleiche a-priori-Wahrscheinlichkeiten an.

Im Rahmen dieser Ausführungen soll nur mit gleichen a-priori-Wahrscheinlichkeiten gearbeitet werden. Individuelle und proportionale a-priori-Wahrscheinlichkeiten finden in der Diskriminanzanalyse nach *BAYES* ihre Anwendung.

Die BY-Anweisung

Die Wirkung dieser Anweisung wurde bereits mehrfach bei anderen Prozeduren erläutert.

Die FREQ-Anweisung

Hier kann, wie ebenfalls bei anderen Prozeduren beschrieben, eine *Variable* angegeben werden, die die Häufigkeiten enthält, mit denen die entsprechenden Werte der anderen Variablen auftreten.

Die ID-Anweisung

Die Werte der ID-Variablen dienen zur Identifikation der Beobachtungswerte. Diese Anweisung tritt nur in Kraft wenn die Option LIST oder LISTERR in der PROC DISCRIM-Anweisung gegeben wurde. Bei der Ausgabe der Klassifikationsergebnisse wird dann anstelle der Nummer der Beobachtungswerte der Wert der ID-Variablen ausgegeben.

Die TESTFREQ-Anweisung

Hier kann eine Variable der in der TESTDATA-Option der PROC DISCRIM-Anweisung spezifizierte SAS-Datendatei angegeben werden, wenn diese Variable die Häufigkeiten enthält, mit denen die entsprechenden Werte der anderen Variablen dieser Datendatei auftreten.

Die TESTID-Anweisung

Die Werte der TESTID-Variablen dienen zur Identifikation der Beobachtungswerte der SAS-Datendatei, die in der TESTDATA-Option der PROC DISCRIM-Anweisung angegeben wurde. Diese Anweisung tritt nur in Kraft wenn die Option TESTLIST oder TESTLISTERR in der PROC DISCRIM-Anweisung gegeben wurde. Bei der Ausgabe der Klassifikationsergebnisse für die neu zu klassifizierenden Objekte dieser SAS-Datendatei wird dann anstelle der Nummer der Beobachtungswerte der Wert der TESTID-Variablen ausgegeben.

8.6.2.2. Fehlende Werte

Weist ein Objekt bei den erhobenen Variablen mindestens einen fehlenden Wert auf, wird es aus der Analyse ausgeschlossen. Das Objekt wird selbst dann aus der Analyse ausgeschlossen, wenn nur bei einer Variablen ein Beobachtungswert fehlt.

8.6.2.3. Output

Gegeben sei der Sachverhalt aus Abschnitt 8.6.1.3. . Mit der SAS-Prozedur DISCRIM sollen auf verschiedene Weisen Diskriminanzfunktionen ermittelt werden. Man hat nun zusätzlich neue Daten vorliegen (Name der Datendatei `sasuser.betrieb1` mit den Variablen `umsatzst ren-`

dite und lohnerh). Bei diesen Betrieben ist unbekannt, ob sie eine Mitbestimmung verwirklichen oder nicht. Man will diese 20 neuen Betriebe deshalb mit Hilfe der berechneten Diskriminanzfunktionen klassifizieren.

8.6.2.3.1. Output einer Maximum-Likelihood-Diskriminanzanalyse

Das SAS-Programm für diese Analyseart lautet:

```
proc discrim data=sasuser.betrieb testdata=
   sasuser.betrieb1 method=normal testlist;
class mitbest;
var umsatzst rendite lohnerh;
run;
```

Dieses Programm liefert den folgenden Output:

```
Discriminant Analysis

80 Observations              79 DF Total
 3 Variables                 78 DF Within Classes
 2 Classes                    1 DF Between Classes

                    Class Level Information

                                                          Prior
MITBEST     Frequency     Weight    Proportion      Probability

      1            40    40.0000      0.500000         0.500000
      2            40    40.0000      0.500000         0.500000

Discriminant Analysis        Pooled Covariance Matrix
                             Information

Covariance          Natural Log of the Determinant
Matrix Rank         of the Covariance Matrix

      3                      9.86594005

Discriminant Analysis        Pairwise Generalized Squared
                             Distances Between Groups

 2                          -1
D (i|j) = (X - X )' COV    (X - X )
            i   j            i   j
```

```
                 Generalized Squared Distance to MITBEST

From MITBEST                      1                2

            1                     0          2.88238
            2               2.88238                0

Discriminant Analysis      Linear Discriminant Function

                           -1  _
Constant = -.5 X' COV      X
               j            j

                              -1  _
Coefficient Vector = COV       X
                                j

MITBEST

                        1             2     Label

CONSTANT        -16.66692     -10.94933
UMSATZST          0.64919       0.50411     Umsatzsteigerung
RENDITE           0.45126       0.53128     Rendite
LOHNERH           1.19015       0.79728     Lohnerhoehung

Discriminant Analysis      Classification Summary for
                           Calibration Data:
SASUSER.BETRIEB

Resubstitution Summary using Linear Discriminant Function

Generalized Squared Distance Function:

 2                   -1
D (X) = (X-X )' COV   (X-X )
 j          j             j

Posterior Probability of Membership in each MITBEST:

                          2                    2
Pr(j|X) = exp(-.5 D (X)) / SUM exp(-.5 D (X))
                   j          k          k
```

```
Number of Observations and Percent Classified into
MITBEST:

   From MITBEST          1              2             Total

             1          30             10                40
                     75.00          25.00            100.00

             2           5             35                40
                     12.50          87.50            100.00

         Total          35             45                80
       Percent       43.75          56.25            100.00

        Priors      0.5000         0.5000

Discriminant Analysis   Classification Summary for
                        Calibration Data: SASUSER.BETRIEB

Resubstitution Summary using Linear Discriminant Function

          Error Count Estimates for MITBEST:

                        1               2          Total

Rate               0.2500          0.1250         0.1875

Priors             0.5000          0.5000

Discriminant Analysis     Classification Results for Test
                          Data: SASUSER.BETRIEB1

Classification Results using Linear Discriminant Function

Generalized Squared Distance Function:

 2                  -1
D (X) = (X-X̄ )' COV   (X-X̄ )
 j          j              j

Posterior Probability of Membership in each MITBEST:

                   2                    2
Pr(j|X) = exp(-.5 D (X)) / SUM exp(-.5 D (X))
                   j           k        k


       Posterior Probability of Membership in MITBEST:

   Obs          Classified
              into MITBEST            1               2

     1               1           0.9959          0.0041
     2               2           0.2377          0.7623
```

```
      3                  1           0.9989          0.0011
      4                  1           0.9964          0.0036
      5                  2           0.0071          0.9929
      6                  1           0.9742          0.0258
      7                  1           0.8678          0.1322
      8                  1           0.9946          0.0054
      9                  1           0.9951          0.0049
     10                  1           0.8435          0.1565
     11                  1           0.9914          0.0086
     12                  2           0.0395          0.9605
     13                  2           0.0165          0.9835
     14                  2           0.3074          0.6926
     15                  1           0.8410          0.1590
     16                  1           0.8733          0.1267
     17                  1           0.9591          0.0409
     18                  1           0.7967          0.2033
     19                  1           0.8920          0.1080
     20                  1           0.9995          0.0005

Discriminant Analysis     Classification Summary for Test
                          Data: SASUSER.BETRIEB1

Classification Summary using Linear Discriminant Function

Generalized Squared Distance Function:

 2                   -1
D (X) = (X-X̄ )' COV   (X-X̄ )
 j          j             j

Posterior Probability of Membership in each MITBEST:

                    2                     2
Pr(j|X) = exp(-.5 D (X)) / SUM exp(-.5 D (X))
                    j           k          k

Number of Observations and Percent Classified into
MITBEST:

                    1                 2              Total

     Total         15                 5                 20
   Percent      75.00             25.00             100.00

    Priors     0.5000            0.5000
```

Der Output umfaßt die folgenden Größen:

Gruppeninformationen (Class Level Information)

Bezeichnung	**Erklärung**
Frequency	absolute Häufigkeiten in den Gruppen
Proportion	relative Häufigkeiten
Weight	Gewichtung der jeweiligen Gruppe
Prior Probability	a-priori-Wahrscheinlichkeiten der Gruppenzugehörigkeit

Eigentliche Diskriminanzanalyse

Bezeichnung	**Erklärung**
Covariance Matrix Rank	Rang der gepoolten Stichproben-Varianz-Kovarianz-Matrix $\underline{C}_g$. Wurden zur Ermittlung der Diskriminanzfunktionen die individuellen Stichproben-Varianz-Kovarianz-Matrizen in den Gruppen verwendet (führt zu quadratischen Diskriminanzfunktionen), so werden die Ränge dieser Matrizen ausgegeben.)
Natural Log of the Determinant of the Covariance Matrix	$\ln\lvert\underline{C}_g\rvert$ $\left(\text{bzw. } \ln\lvert\underline{C}_i\rvert \quad i = 1, \ldots, K\right)$
Pairwise generalized Squared Distances between groups	Mahalanobis-Distanzen der Gruppenmittelwertvektoren $\delta(\underline{\bar{x}}_{i.}, \underline{\bar{x}}_{j.}) = (\underline{\bar{x}}_{i.} - \underline{\bar{x}}_{j.})' \underline{C}_g^{-1} (\underline{\bar{x}}_{i.} - \underline{\bar{x}}_{j.})$
Linear Discriminant Function	Die Maximum-Likelihood-Diskriminanzfunktionen für die Gruppen D_i (i = 1, ..., K). Die Koeffizienten (inklusive Konstanten) der linearen Diskriminanzfunktionen für jede Gruppe. Lineare Funktionen erhält man jedoch nur bei Angabe

	der Optionen *METHOD=NORMAL* und *POOL=YES*.
Classification summary	Klassifikationsergebnisse in Form einer Tabelle für die Objekte der Lernstichprobe (**for Calibration data**)
Number of Observations and Percent Classified into ...	absolute Häufigkeiten und die Wahrscheinlichkeiten $\hat{w}_k$ und $\hat{e}_{kh}$
Priors	a-priori-Wahrscheinlichkeiten der Objekte der Lernstichprobe
Error count Estimates	Schätzung der Fehlklassifikationswahrscheinlichkeiten auf Basis der einfachen Resubstitutionsmethode pro Gruppe: $\hat{e}_k$.
Error Count Estimates Total	Schätzung der Fehlklassifikationswahrscheinlichkeiten auf Basis der einfachen Resubstitutionmethode insgesamt: $\hat{e}$.

Klassifizierung der neuen Objekte

Bezeichnung	**Erklärung**
Classification Results using Linear Discriminant Function	Auflistung der neuen Objekte, sowie Gruppenzuordnung anhand der a-posteriori-Wahrscheinlichkeiten bzw. der Werte der Diskriminanzfunktionen
Number of Observations and Percent Classified into ...	absolute und relative Häufigkeiten der Gruppenzuordnung
Priors	a-priori-Wahrscheinlichkeiten der neuen Objekte

8.6.2.3.2. Output einer Diskriminanzanalyse nach *Fisher*

Das SAS-Programm für diese Analyseart lautet:

```
proc discrim data=sasuser.betrieb testdata
      =sasuser.betrieb1
method=normal canonical testlist;
class mitbest;
var umsatzst rendite lohnerh;
run;
```

Dieses Programm liefert den folgenden Output:

```
Discriminant Analysis

80 Observations             79 DF Total
 3 Variables                78 DF Within Classes
 2 Classes                   1 DF Between Classes


                 Class Level Information

                                                        Prior
MITBEST     Frequency   Weight    Proportion      Probability

     1            40   40.0000      0.500000         0.500000
     2            40   40.0000      0.500000         0.500000

Discriminant Analysis      Pooled Covariance Matrix
                           Information

Covariance       Natural Log of the Determinant
Matrix Rank      of the Covariance Matrix

     3                     9.86594005
Discriminant Analysis      Pairwise Generalized Squared
                           Distances Between Groups

 2                    -1
D (i|j) = (X̄ - X̄ )' COV   (X̄ - X̄ )
            i   j            i   j

                 Generalized Squared Distance to MITBEST

From MITBEST               1                2

          1                0          2.88238
          2          2.88238                0
```

```
Canonical Discriminant Analysis

                         Adjusted        Approx        Squared
        Canonical        Canonical       Standard      Canonical
        Correlation      Correlation     Error         Correlation

  1     0.651905         0.643113        0.064695      0.424981

                    Eigenvalues of INV(E)*H
                      = CanRsq/(1-CanRsq)

        Eigenvalue    Difference      Proportion     Cumulative

 1        0.7391          .             1.0000         1.0000

           Test of H0: The canonical correlations in the
             current row and all that follow are zero

        Likelihood
          Ratio         Approx F     Num DF     Den DF     Pr > F

 1     0.57501932       18.7232          3         76     0.0001

NOTE: The F statistic is exact.

Total Canonical Structure

                             CAN1

UMSATZST                 0.500064      Umsatzsteigerung
RENDITE                 -0.470499      Rendite
LOHNERH                  0.843132      Lohnerhoehung

Between Canonical Structure

                             CAN1

UMSATZST                 1.000000      Umsatzsteigerung
RENDITE                 -1.000000      Rendite
LOHNERH                  1.000000      Lohnerhoehung


Pooled Within Canonical Structure

                             CAN1

UMSATZST                 0.401110      Umsatzsteigerung
RENDITE                 -0.374847      Rendite
LOHNERH                  0.765319      Lohnerhoehung
```

```
Total-Sample Standardized Canonical Coefficients

                               CAN1

UMSATZST        0.595739931        Umsatzsteigerung
RENDITE        -0.280881976        Rendite
LOHNERH         1.044086768        Lohnerhoehung

Pooled Within-Class Standardized Canonical Coefficients

                               CAN1

UMSATZST       0.5667944625        Umsatzsteigerung
RENDITE        -.2690516080        Rendite
LOHNERH        0.8778034730        Lohnerhoehung

Raw Canonical Coefficients

                               CAN1

UMSATZST       0.0854552915        Umsatzsteigerung
RENDITE        -.0471303173        Rendite
LOHNERH        0.2314081537        Lohnerhoehung


Class Means on Canonical Variables

     MITBEST               CAN1

           1      0.8488787842
           2      -.8488787842

Discriminant Analysis     Linear Discriminant Function

                           -1  _
Constant = -.5 X' COV    X
                    j            j

                              -1
Coefficient Vector = COV    X
                              j


                              MITBEST

                           1                2    Label

CONSTANT        -16.66692        -10.94933
UMSATZST          0.64919          0.50411    Umsatzsteigerung
RENDITE           0.45126          0.53128    Rendite
LOHNERH           1.19015          0.79728    Lohnerhoehung
```

```
Discriminant Analysis   Classification Summary for
                        Calibration Data: SASUSER.BETRIEB

Resubstitution Summary using Linear Discriminant Function

Generalized Squared Distance Function:

 2                   -1
D (X) = (X-X̄ )' COV   (X-X̄ )
 j          j             j

Posterior Probability of Membership in each MITBEST:

                   2                    2
Pr(j|X) = exp(-.5 D (X)) / SUM exp(-.5 D (X))
                   j        k           k

Number of Observations and Percent Classified into
MITBEST:

  From MITBEST        1              2              Total

             1        30             10                40
                   75.00          25.00            100.00

             2         5             35                40
                   12.50          87.50            100.00

         Total        35             45                80
       Percent     43.75          56.25            100.00

        Priors    0.5000         0.5000

Discriminant Analysis   Classification Summary for
                        Calibration Data: SASUSER.BETRIEB

Resubstitution Summary using Linear Discriminant Function

           Error Count Estimates for MITBEST:

                      1               2          Total

Rate             0.2500          0.1250         0.1875

Priors           0.5000          0.5000

Discriminant Analysis     Classification Results for Test
                          Data: SASUSER.BETRIEB1

Classification Results using Linear Discriminant Function

Generalized Squared Distance Function:
```

$$D_j^2(X) = (X-\overline{X}_j)' \; COV^{-1} \; (X-\overline{X}_j)$$

Posterior Probability of Membership in each MITBEST:

$$Pr(j|X) = exp(-.5\; D_j^2(X)) \;/\; SUM_k \; exp(-.5\; D_k^2(X))$$

Posterior Probability of Membership in MITBEST:

Obs	Classified into MITBEST	1	2
1	1	0.9959	0.0041
2	2	0.2377	0.7623
3	1	0.9989	0.0011
4	1	0.9964	0.0036
5	2	0.0071	0.9929
6	1	0.9742	0.0258
7	1	0.8678	0.1322
8	1	0.9946	0.0054
9	1	0.9951	0.0049
10	1	0.8435	0.1565
11	1	0.9914	0.0086
12	2	0.0395	0.9605
13	2	0.0165	0.9835
14	2	0.3074	0.6926
15	1	0.8410	0.1590
16	1	0.8733	0.1267
17	1	0.9591	0.0409
18	1	0.7967	0.2033
19	1	0.8920	0.1080
20	1	0.9995	0.0005

Discriminant Analysis   Classification Summary for Test Data: SASUSER.BETRIEB1

Classification Summary using Linear Discriminant Function

Generalized Squared Distance Function:

$$D_j^2(X) = (X-\overline{X}_j)' \; COV^{-1} \; (X-\overline{X}_j)$$

Posterior Probability of Membership in each MITBEST:

$$Pr(j|X) = exp(-.5\; D_j^2(X)) \;/\; SUM_k \; exp(-.5\; D_k^2(X))$$

```
Number of Observations and Percent Classified into
MITBEST:

                          1              2              Total

       Total             15              5                 20
     Percent          75.00          25.00             100.00

      Priors         0.5000         0.5000
```

Der Output enthält die folgenden Größen:

Gruppeninformationen (Class Level Information)

Bezeichnung	**Erklärung**
Frequency	absolute Häufigkeiten in den Gruppen
Proportion	relative Häufigkeiten
Weight	Gewichtung der jeweiligen Gruppe
Prior Probability	a-priori-Wahrscheinlichkeiten der Gruppenzugehörigkeit

Eigentliche Diskriminanzanalyse

Bezeichnung	**Erklärung**
Covariance Matrix Rank	Rang der gepoolten Stichproben-Varianz-Kovarianz-Matrix $\underline{C}_g$. Wurden zur Ermittlung der Diskriminanzfunktionen die individuellen Stichproben-Varianz-Kovarianz-Matrizen in den Gruppen verwendet (führt zu quadratischen Diskriminanzfunktionen), so werden die Ränge dieser Matrizen ausgegeben.)
Natural Log of the Determinant of the Covariance Matrix	$\ln\lvert\underline{C}_g\rvert$ $\left(\text{bzw. } \ln\lvert\underline{C}_i\rvert \quad i = 1, \ldots, K\right)$
Pairwise Generalized Squared Distances	Mahalanobis-Distanzen der Gruppenmittelwertvektoren

between groups

$$\delta(\underline{\bar{x}}_{i.}, \underline{\bar{x}}_{j.}) = (\underline{\bar{x}}_{i.} - \underline{\bar{x}}_{j.})' \underline{C}_g^{-1} (\underline{\bar{x}}_{i.} - \underline{\bar{x}}_{j.})$$

Kanonische Diskriminanzanalyse (nach Fisher)

Bezeichnung	**Erklärung**
canonical corre- Be- lation	die kanonischen Korrelationskoeffizienten, die dem trag nach auch entsprechend der Formel $\|r_i^c\| = \sqrt{\frac{\lambda_i}{1+\lambda_i}}$ (i = 1, ..., s; s = min {p; k-1}) bestimmt werden können, sowie
adjusted canonical correlation	die angepaßten kanonischen Korrelationskoeffizienten
approx standard error	den angenäherten Standardfehler
squared canonical correlation	die quadrierten kanonischen Korrelationskoeffizienten
Eigenvalue	die Eigenwerte des Matrizenproduktes $\underline{S}_E^{-1}\underline{S}_H$, die auch mit Hilfe der kanonischen Korrelationskoeffizienten berechnet werden können als $\lambda_i = \frac{(r_i^c)^2}{1-(r_i^c)^2}$ (i = 1, ..., s; s = min {p; k-1}) ,
Difference	die Differenzen der einzelnen Eigenwerte $d_i^{EW} = (\lambda_i - \lambda_{i+1})$ (i = 1, ..., s-1),

Proportion	die relativen Anteile
	$\frac{\lambda_i}{\sum_{i=1}^{s} \lambda_i}$ (i = 1, ..., s) ,
Cumulative	die kummulierten relativen Anteile
	$\frac{1}{\sum_{i=1}^{s} \lambda_i} \sum_{j=1}^{i} \lambda_j$ (i = 1, ..., s).
Likelihood Ratio	Prüfgröße eines Likelihood-Quotienten-Tests zur Prüfung der Nullhypothese: "Der gerade betrachtete kanonische Korrelationskoeffizient und alle auf ihn nachfolgenden sind gleich Null", sowie
Approx F	die dazugehörende approximierte F-Prüfgröße
Num DF	Anzahl der Freiheitsgrade im Zähler
Den DF	Anzahl der Freiheitsgrade im Nenner
Pr > F	P-Wert
Total canoncical structure	Die Matrix der kanonischen Struktur der gesamten Stichprobe. Die Werte dieser Matrix geben die Korrelationen zwischen den ursprünglichen Variablen und den (neuen) kanonischen Variablen (Diskriminanzwerten) in der gesamten Stichprobe an. Diese Korrelationen zeigen den Beitrag an, den jede Variable zu diesen kanonischen Variablen liefert. Die Matrix der kanonischen Struktur der gesamten Stichprobe berechnet sich als

$$diag(\underline{C})^{-1/2} \cdot \underline{C} \cdot \underline{A}$$

mit $\underline{C}$: Varianz-Kovarianz-Matrix der gesamten Stichprobe

$\underline{A}$: Matrix der rohen Diskriminanzkoeffizienten; es gilt:

$\underline{A} = [\underline{a}_1, \underline{a}_2, \ldots, \underline{a}_s]$, mit

$\underline{a}_i$: Vektor der rohen Diskriminanzkoeffizienten der i-ten kanonischen Variablen (i = 1, ..., s) .

Between canonical strucutre

Die Matrix der kanonischen Struktur zwischen den Gruppen. Die Werte dieser Matrix geben die Korrelationen zwischen den ursprünglichen Variablen und den (neuen) kanonischen Variablen (oder Gruppenmittelwerten) zwischen den einzelnen Gruppen an (Auf diese Werte soll jedoch nicht näher eingegangen werden).

Pooled within canonical structure

Die Matrix der gepoolten kanonischen Struktur innerhalb der Gruppen. Diese Werte geben die gepoolten Korrelationen zwischen den ursprünglichen Variablen und den (neuen) kanonischen Variablen (Diskriminanzwerte) innerhalb einer Gruppe an. Diese Korrelationen zeigen den Beitrag an, den jede Variable zu diesen kanonischen Variablen liefert. Die Matrix der gepoolten kanonischen Struktur innerhalb der Gruppen berechnet sich als

$$diag\left(\underline{C}_g\right)^{-1/2} \cdot \underline{C}_g \cdot \underline{A}$$

mit $\underline{C}_g$: gepoolte Stichproben-Varianz-Kovarianz-Matrix

$\underline{A}$: Matrix der rohen Diskriminanzkoeffizienten; es gilt:

$\underline{A} = [\underline{a}_1, \underline{a}_2, ..., \underline{a}_s]$, mit

$\underline{a}_i$: Vektor der rohen Diskriminanzkoeffizienten der i-ten kanonischen Variablen (i = 1, ..., s) .

Total sample standardized canonical coefficients

Die standardisierten kanonischen Koeffizienten (Diskriminanzkoeffizienten) in der Gesamtstichprobe. Die Standardisierung eines Koeffizienten erfolgt dabei mit der Standardabweichung derjenigen Variablen in der gesamten Stichprobe, auf die sich der jeweilige Koeffizient bezieht:

$$a_{ij}^{*} = s_j \cdot a_{ij} \qquad (i = 1, ..., s; j = 1, ..., p).$$

Pooled within-class standardized canonical coefficients

Die gepoolten standardisierten kanonischen Koeffizienten (Diskriminanzkoeffizienten) innerhalb der Gruppen. Die Standardisierung erfolgt dabei anhand der gepoolten Standardabweichung derjenigen Variablen, auf die sich der jeweilige Koeffizient bezieht:

$$a_{ij}^{**} = s_{g_j} \cdot a_{ij} \qquad (i = 1, ..., s; j = 1, ..., p).$$

Raw canonical coefficients

Die rohen kanonischen Koeffizienten (Diskriminanzkoeffizienten), die eigentlichen Koeffizienten der Diskriminanzfunktionen nach Fisher. Sie stellen die Koeffizienten der nicht normierten Eigenvektoren des Matrizenproduktes $\underline{S}_E^{-1} \underline{S}_H$ dar (können nur bis auf eine Proportionalitätskonstante genau bestimmt werden). Will man nicht mit den rohen Koeffizienten, sondern mit standardisierten arbeiten, so sollte man die mit den gepoolten Standardabweichungen standardisierten Koeffizienten verwenden.

Class means on canonical Variables

Die zentrierten Gruppenmittelwerte der ermittelten Diskriminanzfunktionen. Zu beachten ist dabei, daß SAS hier mit der modifizierten Diskriminanzfunktion nach Fisher mit Konstante arbeitet. Die zentrierten Gruppenmittelwerte der einzelnen Diskriminanzfunktionen (kanonischen Variablen) erhält man demnach mit

$$\bar{y}_{z_j} = a_{0j} + \underline{a}_j' \underline{\bar{x}}_{i.}$$

mit $\underline{\bar{x}}_{i.}$: Mittelwertvektor in Gruppe i (i = 1, ..., K)
a_{0j}: Konstante der j-ten Diskriminanzfunktion (j = 1, ..., s)
$\underline{a}_j$: Vektor der Diskriminanzkoeffizienten der j-ten Diskriminanzfunktion (j = 1, ..., s).

Maximum-Likelihood-Diskriminanzanalyse

Bezeichnung	**Erklärung**
Linear Discriminant Function	Die Maximum-Likelihood-Diskriminanzfunktionen für die Gruppen D_i (i = 1, ..., K). Die Koeffizienten (inklusive Konstanten) der linearen Diskriminanzfunktionen für jede Gruppe. Lineare Funktionen erhält man jedoch nur bei Angabe der Optionen *METHOD=NORMAL* und *POOL=YES*.
Classification summary	Klassifikationsergebnisse in Form einer Tabelle für die Objekte der Lernstichprobe (**for Calibration data**)
Number of Observations and Percent Classified into ...	absolute Häufigkeiten und die Wahrscheinlichkeiten $\hat{w}_k$ und $\hat{e}_{kh}$
Priors	a-priori-Wahrscheinlichkeiten der Objekte der Lernstichprobe
Error count Estimates	Schätzung der Fehlklassifikationswahrscheinlichkeiten auf Basis der einfachen Resubstitutionsmethode pro Gruppe: $\hat{e}_k$
Error Count Estimates Total	Schätzung der Fehlklassifikationswahrscheinlichkeiten auf Basis der einfachen Resubstitutionmethode insgesamt: $\hat{e}$

Klassifizierung der neuen Objekte

Bezeichnung	**Erklärung**
Classification Results using Linear Discriminant Function	Auflistung der neuen Objekte, sowie Gruppenzuordnung anhand der a-posteriori-Wahrscheinlichkeiten bzw. der Werte der Maximum-Liklelihood-Diskriminanzfunktionen
Number of Observations and Percent Classified into ...	absolute und relative Häufigkeiten der Gruppenzuordnung

Priors a-priori-Wahrscheinlichkeiten der neuen Objekte

Man beachte, daß die Klassifikation der 20 neuen Betriebe aufgrund der **Maximum-Likelihood-Diskriminanzfunktionen** erfolgte.

8.6.2.3.3. Output einer K-Nächste-Nachbarn-Diskriminanzanalyse

Es soll eine 5-Nächste-Nachbarn-Diskriminanzanalyse durchgeführt werden.

Das SAS-Programm für diese Analyse lautet:

```
proc discrim data=sasuser.betrieb testdata=
     sasuser.betrieb1
method=npar k=5 testlist;
class mitbest;
var umsatzst rendite lohnerh;
run;
```

Dieses Programm liefert den folgenden Output:

```
Discriminant Analysis

80 Observations          79 DF Total
 3 Variables             78 DF Within Classes
 2 Classes                1 DF Between Classes


                  Class Level Information

                                                       Prior
MITBEST     Frequency   Weight    Proportion     Probability

      1            40  40.0000      0.500000        0.500000
      2            40  40.0000      0.500000        0.500000

Discriminant Analysis    Classification Summary for
                         Calibration Data: SASUSER.BETRIEB

Resubstitution Summary using 5 Nearest Neighbors

Squared Distance Function:

 2                   -1
D (X,Y) = (X-Y)' COV   (X-Y)


Posterior Probability of Membership in each MITBEST:
```

```
m (X) = Proportion of obs in group k in 5 nearest
 k      neighbors of X

Pr(j|X) = m (X) PRIOR  / SUM ( m (X) PRIOR  )
           j         j    k    k          k

 Number of Observations and Percent Classified into
 MITBEST:

  From MITBEST         1              2           Total

            1         30             10              40
                   75.00          25.00          100.00

            2          2             38              40
                    5.00          95.00          100.00

        Total         32             48              80
      Percent      40.00          60.00          100.00

       Priors     0.5000         0.5000

Discriminant Analysis     Classification Summary for
                          Calibration Data:
SASUSER.BETRIEB

Resubstitution Summary using 5 Nearest Neighbors

          Error Count Estimates for MITBEST:

                         1               2        Total

Rate                0.2500          0.0500       0.1500

Priors              0.5000          0.5000

Discriminant Analysis     Classification Results for Test
                          Data: SASUSER.BETRIEB1

Classification Results using 5 Nearest Neighbors

Squared Distance Function:

 2                -1
D (X,Y) = (X-Y)' COV   (X-Y)


Posterior Probability of Membership in each MITBEST:

m (X) = Proportion of obs in group k in 5 nearest
 k      neighbors of X
```

```
Pr(j|X) = m (X) PRIOR  / SUM ( m (X) PRIOR  )
           j        j     k     k         k


        Posterior Probability of Membership in MITBEST:

   Obs         Classified
              into MITBEST              1              2

     1                 1          1.0000         0.0000
     2                 2          0.2000         0.8000
     3                 1          1.0000         0.0000
     4                 1          1.0000         0.0000
     5                 2          0.0000         1.0000
     6                 1          1.0000         0.0000
     7                 1          1.0000         0.0000
     8                 1          1.0000         0.0000
     9                 1          1.0000         0.0000
    10                 1          1.0000         0.0000
    11                 1          1.0000         0.0000
    12                 2          0.0000         1.0000
    13                 2          0.2000         0.8000
    14                 1          0.6000         0.4000
    15                 1          0.8000         0.2000
    16                 1          1.0000         0.0000
    17                 1          0.8000         0.2000
    18                 1          0.6000         0.4000
    19                 1          0.8000         0.2000
    20                 1          1.0000         0.0000

Discriminant Analysis     Classification Summary for Test
                          Data: SASUSER.BETRIEB1

Classification Summary using 5 Nearest Neighbors

Squared Distance Function:

 2                   -1
D (X,Y) = (X-Y)' COV   (X-Y)

Posterior Probability of Membership in each MITBEST:

m (X) = Proportion of obs in group k in 5 nearest
 k      neighbors of X

Pr(j|X) = m (X) PRIOR  / SUM ( m (X) PRIOR  )
           j        j     k     k         k
```

```
Number of Observations and Percent Classified into
MITBEST:

                  1                 2              Total

   Total         16                 4                 20
 Percent      80.00             20.00             100.00

  Priors     0.5000            0.5000
```

Der Output enthält die folgenden Größen:

Gruppeninformationen (Class Level Information)

Bezeichnung	**Erklärung**
Frequency	absolute Häufigkeiten in den Gruppen
Proportion	relative Häufigkeiten
Weight	Gewichtung der jeweiligen Gruppe
Prior Probability	a-priori-Wahrscheinlichkeiten der Gruppenzugehörigkeit

Eigentliche 5-Nächste-Nachbarn-Diskriminanzanalyse

Bezeichnung	**Erklärung**
Classification summary	Klassifikationsergebnisse in Form einer Tabelle für die Objekte der Lernstichprobe (**for Calibration data**)
Number of Observations and Percent Classified into	absolute Häufigkeiten und die Wahrscheinlichkeiten $\hat{w}_k$ und $\hat{e}_{kh}$
Priors	a-priori-Wahrscheinlichkeiten der Objekte der Lernstichprobe
Error count Estimates	Schätzung der Fehlklassifikationswahrscheinlichkeiten auf Basis der einfachen Resubstitutionsmethode pro Gruppe: $\hat{e}_k$

Error Count Estimates Total	Schätzung der Fehlklassifikationswahrscheinlichkeiten auf Basis der einfachen Resubstitutionmethode insgesamt: $\hat{e}$

Klassifizierung der neuen Objekte

Bezeichnung	**Erklärung**
Classification Results using 5 Nearest Neighbors	Auflistung der neuen Objekte, sowie Gruppenzuordnung anhand der a-posteriori-Wahrscheinlichkeiten der Beobchtungen.
Number of Observations and Percent Classified into	absolute und relative Häufigkeiten der Gruppenzuordnung
Priors	a-priori-Wahrscheinlichkeiten der neuen Objekte

9. Hauptkomponentenanalyse

Mit Hilfe der Hauptkomponentenanalyse will man aus p Variablen p **neue** Variablen, die sogenannten **Hauptkomponenten** ermitteln, die **Linearkombinationen** der ursprünglichen Variablen und untereinander **unkorreliert** sein sollen (man sagt auch, sie sollen zueinander **orthogonal** sein). Zur Bestimmung der Hauptkomponenten nutzt man Redundanzen in der Varianz-Kovarianz-Matrix oder in der Korrelationsmatrix aus, die immer dann auftreten, wenn Nichtdiagonalelemente von Null verschieden sind.

Aus einer Grundgesamtheit werden n Objekte ausgewählt und an ihnen p Merkmale beobachtet. Man erhält so n Beobachtungswertevektoren $\underline{x}_i$,die in der Matrix

$$\underline{X} = \begin{bmatrix} \underline{x}_1' \\ \vdots \\ \underline{x}_n' \end{bmatrix} = \begin{bmatrix} x_{11} & \cdots & x_{1p} \\ \vdots & \cdots & \vdots \\ x_{n1} & \cdots & x_{np} \end{bmatrix}$$

zusammengefaßt werden können.

9.1. Bestimmung der Hauptkomponenten aus der Stichproben-Varianz-Kovarianz-Matrix

Die erste Hauptkomponente y_1 soll eine **Linearkombination** der ursprünglichen Variablen x_i (i = 1, ..., p) sein, wobei var y_1 **so groß wie möglich** sein soll. Es gilt also

$$y_1 = a_{11}x_1 + a_{21}x_2 + \cdots a_{p1}x_p = \underline{a}_1'\underline{x}, \quad \text{wobei}$$

$$\text{var}\, y_1 = \text{var}\left(\underline{a}_1'\underline{x}\right) = \underline{a}_1'\underline{C}\underline{a}_1 \Rightarrow \max! \; .$$

Von dem Gewichtungsvektor $\underline{a}_1$ wird weiterhin verlangt, daß er **normiert** ist, daß also gilt

$$\underline{a}_1'\underline{a}_1 = 1.$$

Es ist also eine **Maximierungsaufgabe unter Nebenbedingungen** zu lösen. Dazu verwendet man die **Lagrange-Funktion**

$$L = \underline{a}_1' \underline{x} \underline{a}_1 - \lambda_1 \left(\underline{a}_1' \underline{a}_1 - 1 \right),$$

mit λ_1 als Lagrangeschem Multiplikator. Differenzieren von L nach $\underline{a}_1$ und Nullsetzen der resultierenden Gleichungen ergibt

$$\frac{\partial L}{\partial \underline{a}_1} = 2\underline{C}\underline{a}_1 - 2\lambda_1 \underline{a}_1 = \underline{0}, \text{ bzw. nach Umstellen}$$

$$(\underline{C} - \lambda_1 \underline{I})\underline{a}_1 = \underline{0}.$$

Es handelt sich hier also wiederum um die charakteristische Gleichung eines **Eigenwert-Eigenvektor-Problems**. Der Gewichtungsvektor $\underline{a}_1$ ist demnach derjenige **Eigenvektor**, der zu dem **größten** Eigenwert λ_1 der Varianz-Kovarianzmatrix $\underline{C}$ gehört. Außerdem erfüllt der Eigenvektor die Bedingung $\underline{a}_1' \underline{a}_1 = 1$. Multipliziert man die charakteristische Gleichung mit $\underline{a}_1'$ von links und multipliziert die Klammer aus, so ergibt sich

$$\underline{a}_1' \underline{C} \underline{a}_1 - \lambda_1 \underbrace{\underline{a}_1' \underline{a}_1}_{=1} = \underline{0}, \text{ bzw.}$$

$$\lambda_1 = \underline{a}_1' \underline{C} \underline{a}_1 = \operatorname{var} y_1.$$

Der Eigenwert λ_1 entspricht also der **Varianz der ersten Hauptkomponente**.

Auf die gleiche Art wird der Gewichtungsvektor der zweiten Hauptkomponente gesucht. Die zweite Hauptkomponente ergibt sich als

$$y_2 = \underline{a}_2' \underline{x}.$$

Wiederum soll die Varianz der Hauptkomponenten maximiert werden, jetzt allerdings unter den beiden Nebenbedingungen

(1) $\underline{a}_2' \underline{a}_2 = 1$

und

(2) $\underline{a}_1' \underline{a}_2 = 0$ (Orthogonalitätsbedingung).

Nach Ableiten der Lagrange-Funktion mit zwei Nebenbedingungen, Nullsetzen der erhaltenen Gleichungen und einigen Umformungen erhält man wieder eine **charakteristische Gleichung**

$$(\underline{C} - \lambda_2 \underline{I})\underline{a}_2 = \underline{0},$$

so daß sich die Koeffizienten des Gewichtungsvektors $\underline{a}_2$ ergeben als **Koeffizienten des Eigenvektors** zum **zweitgrößten** Eigenwert λ_2 der Matrix $\underline{C}$.

Die Ermittlung der restlichen Hauptkomponenten verläuft nach dem gleichen Prinzip.

Allgemein kann festgehalten werden, daß sich die j-te Hauptkomponente

$$y_j = \underline{a}_j' \underline{x} \quad (j = 1, ..., p)$$

als **Linearkombination der Koeffizienten** desjenigen Eigenvektors $\underline{a}_j$ ergibt, der zum j-t-größten Eigenwert der Stichproben-Varianz-Kovarianzmatrix gehört. Dabei entspricht die Varianz der j-ten Hauptkomponente dem j-t-größten Eigenwert λ_j.

Die **Gesamt-Varianz** (oder auch Systemvarianz) der ursprünglichen Variablen erhält man als **Summe der Varianzen der p Merkmale** bzw. in Matrizenschreibweise als **Spur** der **Stichproben-Varianz-Kovarianz-Matrix**.

Da jedoch gilt

$$sp\underline{C} = \sum_{j=1}^{p} \lambda_j ,$$

sieht man, daß die Gesamtvarianz der Hauptkomponenten der Gesamtvarianz der ursprünglichen Merkmale entspricht. Den **relativen** Beitrag der j-ten Hauptkomponente zur Gesamtvarianz kann man deshalb ermitteln als

$$\frac{\lambda_j}{sp\underline{C}} .$$

Wieviel **Prozent der Gesamtvarianz** durch die j-te extrahierte Hauptkomponente insgesamt erreicht wurde, errechnet man dementsprechend mit

$$\frac{\sum_{h=1}^{j} \lambda_h}{sp\underline{C}}.$$

9.2. Bestimmung der Hauptkomponenten aus der Stichproben-Korrelationsmatrix

Sind die ursprünglichen Variablen **nicht kommensurabel**, werden sie also nicht in denselben Maßeinheiten erhoben, so dürfen die Hauptkomponenten nicht aus der Stichproben-Varianz-Kovarianz-Matrix ermittelt werden, sondern müssen **standardisiert** werden. In diesem Fall entspricht die Stichproben-Varianz-Kovarianzmatrix der standardisierten Variablen der Stichproben-Korrelationsmatrix $\underline{R}$.

Die Ermittlung der Gewichtungsvektoren $\underline{a}_j$ erfolgt dabei analog zur Berechnung dieser Vektoren aus der Stichproben-Varianz-Kovarianz-Matrix.

Die j-te Hauptkomponente - berechnet aus der Stichproben-Korrelationsmatrix $\underline{R}$ -

$$y_j = \underline{a}_j' \underline{x} \quad (j = 1, \ldots, p)$$

erhält man als **Linearkombination** der **Koeffizienten** desjenigen Eigenvektors $\underline{a}_j$, der zum j-t-größten Eigenwert der Stichproben-Korrelationsmatrix gehört. Dabei entspricht die Varianz der j-ten Hauptkomponente dem j-t-größten Eigenwert λ_j.

Da die Varianzen der ursprünglichen Merkmale jetzt gleich 1 sind (auf der Hauptdiagonalen von $\underline{R}$ stehen jetzt Einsen, da die Merkmale standardisiert wurden), beträgt die **Gesamt-Varianz** (oder auch Systemvarianz) der ursprünglichen Variablen jetzt

$$sp\underline{R} = \sum_{i=1}^{p} 1 = p$$

Da gilt

$$sp\underline{R} = \sum_{j=1}^{p} \lambda_j ,$$

sieht man, daß die Gesamtvarianz der Hauptkomponenten der Gesamtvarianz der ursprünglichen Merkmale entspricht. Den **relativen** Beitrag der j-ten Hauptkomponente zur Gesamtvarianz kann man deshalb ermitteln als

$$\frac{\lambda_j}{p} .$$

Wieviel **Prozent der Gesamtvarianz** durch die j-te extrahierte Hauptkomponente insgesamt erreicht worden ist, errechnet man dementsprechend mit

$$\frac{\sum_{h=1}^{j} \lambda_h}{p} .$$

9.3. Hauptkomponentenwerte

Die Ausprägungen der ursprünglichen Variablen werden folgendermaßen in die neuen Hauptkomponentenwerte umgerechnet:

Wurden die Hauptkomponenten aus der **Stichproben-Varianz-Kovarianz-Matrix** extrahiert, so erhält man den j-ten Hauptkomponentenwert für das i-te Objekt als

$$y_{ji} = \underline{a}_j'(\underline{x}_i - \underline{\overline{x}}) .$$

Die neuen Hauptkomponentenwerte können in einer n x p Matrix $\underline{Y}$ zusammengefaßt werden

$$\underline{Y} = \underline{\Xi}\,\underline{X}\,\underline{A}$$

mit: $\underline{Y}$: n x p Matrix der neuen Hauptkomponentenwerte

$\underline{\Xi}$: n x n Zentrierungsmatrix

$\underline{A}$: p x p Matrix der Eigenvektoren:
$\underline{A} = \left(\underline{a}_1 \underline{a}_2 \cdots \underline{a}_p\right)$.

Wurden die Hauptkomponenten aus der **Stichproben-Korrelationsmatrix** mit standardisierten Werten errechnet, so erhält man den j-ten Hauptkomponentenwert für das i-te Objekt

$y_{ji} = \underline{a}_j' \underline{z}_i$ bzw. ebenfalls mit

$$y_{ji} = \underline{a}_j' \left(\underline{x}_i - \underline{\bar{x}}\right)$$

oder in Matrizenschreibweise

$$\underline{Y} = \underline{\Xi} \underline{X} \underline{A}$$

mit $\underline{Y}$: n x p Matrix der neuen Hauptkomponentenwerte

$\underline{\Xi}$: n x n Zentrierungsmatrix

$\underline{A}$: p x p Matrix der Eigenvektoren:
$\underline{A} = \left(\underline{a}_1 \underline{a}_2 \cdots \underline{a}_p\right)$.

Werden für bestimmte Analysearten **unkorrelierte** Beobachtungswerte vorausgesetzt, so können anstelle der ursprünglichen Variablen die neuen Hauptkomponentenwerte errechnet und anschließend für diese Analysen verwendet werden. Erklären zudem die ersten r Hauptkomponenten einen großen Teil der Gesamtvarianz, so können für jedes Objekt i nur die **ersten r** Hauptkomponentenwerte errechnet und weiterverwendet werden. Für Kriterien zur Feststellung, wieviele Hauptkomponenten verwendet werden sollen, vergleiche man die Ausführungen zur Faktorenanalyse.

9.4. Anwendung des Faktorisierungstheorems in der Hauptkomponentenanalyse

Entsprechend dem **Faktorisierungstheorem für symmetrische Matrizen** kann auch die p x p **Stichproben-Varianz-Kovarianz-Matrix** mit Hilfe ihrer Eigenwerte und -vektoren dargestellt werden als

$$\underline{C} = \underline{A}' diag(\underline{L}) \underline{A} = \lambda_1 \underline{a}_1 \underline{a}_1' + \lambda_2 \underline{a}_2 \underline{a}_2' + \ldots + \lambda_p \underline{a}_p \underline{a}_p'$$

mit $\underline{A}$: Matrix der Eigenvektoren der Matrix $\underline{C}$

$diag(\underline{L})$: Diagonalmatrix, deren Hauptdiagonalelemente die Eigenwerte $\lambda_1, \lambda_2, ..., \lambda_p$ von $\underline{C}$ sind.

Die Diagonalmatrix $diag(\underline{L})$ kann auch dargestellt werden als

$$diag(\underline{L}) = diag(\underline{L})^{1/2} diag(\underline{L})^{1/2},$$

so daß für das Faktorisierungstheorem gilt

$$\underline{C} = \underline{A} \cdot diag(\underline{L})^{1/2} \cdot diag(\underline{L})^{1/2} \cdot \underline{A}'.$$

Schreibt man das Matrizenprodukt $\underline{A} \cdot diag(\underline{L})^{1/2}$ als Matrix $\underline{\mathrm{T}}$, so gilt

$$\underline{C} = \underline{\mathrm{TT}}'$$

$$\text{mit } \underline{\mathrm{T}} = \underline{A} \cdot diag(\underline{L})^{1/2}.$$

Dieselbe Faktorisierung kann auch für die **Stichproben-Korrelationsmatrix** $\underline{R}$ vorgenommen werden

$$\underline{R} = \underline{A} \cdot diag(\underline{L}) \cdot \underline{A} = \underline{A} \cdot diag(\underline{L})^{1/2} \cdot diag(\underline{L})^{1/2} \cdot \underline{A}' = \underline{\mathrm{TT}}'$$

mit $\underline{A}$: orthogonale Matrix, deren Spalten die Eigenvektoren von $\underline{R}$ sind.

$diag(\underline{L})$: Diagonalmatrix, deren Hauptdiagonalelemente die Eigenwerte $\lambda_1, \lambda_2, ..., \lambda_p$ von $\underline{R}$ sind,

und $\underline{\mathrm{T}} = \underline{A} \cdot diag(\underline{L})^{1/2}$.

Es kann gezeigt werden, daß der **Korrelationskoeffizient** r_{z_i, y_j} zwischen der i-ten **ursprünglichen Variablen** und der j-ten **Hauptkomponente** - bei standardisierten Daten - berechnet wird als

$$r_{z_i,y_j} = \sqrt{\lambda_j} \cdot \underline{a}_j$$

mit λ_j: j-t-größter Eigenwert von $\underline{R}$

$\underline{a}_j$: Eigenvektor, der zum j-t-größten Eigenwert von $\underline{R}$ gehört.

Dieses Faktorisierungstheorem findet auch in der Faktorenanalyse seine Anwendung.

9.5. Hauptkomponentenanalyse mit SAS: Die Prozedur PRINCOMP

Die Prozedur PRINCOMP bewirkt eine Hauptkomponentenanalyse mit den angegebenen Variablen.

9.5.1. Syntax

Die Prozedur hat allgemein folgende Syntax:

PROC PRINCOMP *Optionen*;
VAR *Variablenliste*;
BY *Variablenliste*;
FREQ *Variable*;

Die Proc Princomp-Anweisung

Als *Optionen* sind dabei möglich

- *DATA=SAS-Datendatei* Hier wird die Datendatei angegeben, mit dem die Hauptkomponentenanalyse durchgeführt werden soll. Als Voreinstellung wird die letzte erstellte SAS-Datei verwendet.

- *COV* bewirkt, daß PROC PRINCOMP die Hauptkomponenten aus der Stichproben-Varianz-Kovarianz-Matrix berechnet. Fehlt diese Option, so verwendet die Prozedur zur Berechnung der Hauptkomponenten die Stichproben-Korrelationsmatrix. COV sollte nur dann gewählt werden, wenn die erhobenen Variablen kommensurabel sind, d.h. wenn sie in denselben Einheiten gemessen wurden. Ansonsten ist eine Standardisierung der Variablen vorzunehmen und dementsprechend die Stichproben-Korrelationsmatrix zur Extrahierung der Hauptkomponenten zu verwenden.

- *N=Zahl* gibt die Anzahl der zu extrahierenden Hauptkomponenten an. Sie kann höchstens so groß sein, wie die Anzahl der ursprünglichen Variablen. Fehlt diese Option, so werden alle Hauptkomponenten berechnet.

- *OUT=SAS-Datendatei* erstellt eine neue Datendatei mit allen Variablen der Input-Datei und zusätzlich den Hauptkomponentenwerten.

Die VAR-Anweisung

In dieser Anweisung werden die Variablen der Datendatei spezifiziert, mit denen eine Hauptkomponentenanalyse durchgeführt werden soll. Als Voreinstellung verwendet SAS alle diejenigen Variablen der Datendatei, die in keiner anderen Anweisung der Prozedur angegeben wurden.

Die BY-Anweisung

Die Wirkung dieser Anweisung wurde bereits mehrfach bei anderen Prozeduren erläutert.

Die FREQ-Anweisung

Hier kann, wie ebenfalls bei anderen Prozeduren beschrieben, eine *Variable* angegeben werden, die die Häufigkeiten enthält, mit denen die entsprechenden Werte der anderen Variablen auftreten.

9.5.2. Fehlende Werte

Fehlen bei einer Variablen Beobachtungswerte, werden die entsprechenden Objekte aus der Analyse ausgeschlossen.

9.5.3. Output

Anläßlich der Olympischen Spiele 1988 wurden bei 25 Siebenkämpferinnen die Ergebnisse ihrer Disziplinen und die von ihnen erzielte Punktezahl erhoben. Der zu analysierende Datensatz trägt den Namen `sasuser.olympia` und enthält die Variablen `lauf1` (Zeit beim 100-Meter-Lauf), `hoch` (erzielte Meter beim Hochsprung), `kugel` (erzielte Meter beim Kugelstossen), `lauf2` (Zeit beim 200-Meter-Lauf), `weit` (erzielte Meter beim Weitsprung), `speer` (erzielte Meter beim Speerwurf), `lauf3` (Zeit beim 800-Meter-Lauf) und `punkte` (erzielte Punkte beim Wettkampf).

Aus den Ergebnissen der sieben Wettkampfarten sollen alle Hauptkomponenten gewonnen werden. Hier empfiehlt es sich aufgrund nicht kommensurabler Daten zur Hauptkomponentenbestimmung die Stichproben-Korrelationsmatrix zu verwenden.

Das SAS-Programm für dieses Analyseproblem lautet:

```
proc princomp data=sasuser.olympia;
var lauf1 hoch kugel lauf2 weit speer lauf3;
run;
```

SAS liefert zum obigen Programm den folgenden Output

```
Principal Component Analysis

      25 Observations
       7 Variables

Simple Statistics

                 LAUF1              HOCH                KUGEL

Mean      13.84000000       1.782000000         13.11760000
StD        0.73664781       0.077942286          1.49188438


                 LAUF2              WEIT                SPEER

Mean      24.64920000       6.152400000         41.48240000
StD        0.96955712       0.474212329          3.54565612


                 LAUF3

Mean      136.0540000
StD         8.2910881
```

```
Correlation Matrix

          LAUF1     HOCH    KUGEL    LAUF2

LAUF1   1.0000   -.8114   -.6513   0.7737    100 Meter
HOCH    -.8114   1.0000   0.4408   -.4877    Hochsprung
KUGEL   -.6513   0.4408   1.0000   -.6827    Kugelstossen
LAUF2   0.7737   -.4877   -.6827   1.0000    200 Meter
WEIT    -.9121   0.7824   0.7431   -.8172    Weitsprung
SPEER   -.0078   0.0022   0.2690   -.3330    Speerwurf
LAUF3   0.7793   -.5912   -.4196   0.6168    800 Meter


           WEIT    SPEER    LAUF3

LAUF1   -.9121   -.0078   0.7793   100 Meter
HOCH    0.7824   0.0022   -.5912   Hochsprung
KUGEL   0.7431   0.2690   -.4196   Kugelstossen
LAUF2   -.8172   -.3330   0.6168   200 Meter
WEIT    1.0000   0.0671   -.6995   Weitsprung
SPEER   0.0671   1.0000   0.0200   Speerwurf
LAUF3   -.6995   0.0200   1.0000   800 Meter


Eigenvalues of the Correlation Matrix

             Eigenvalue       Difference       Proportion

PRIN1           4.46028          3.26595         0.637182
PRIN2           1.19432          0.67331         0.170617
PRIN3           0.52101          0.06385         0.074431
PRIN4           0.45717          0.21190         0.065310
PRIN5           0.24527          0.17231         0.035038
PRIN6           0.07296          0.02395         0.010422
PRIN7           0.04900                          0.007000


             Cumulative

PRIN1           0.63718
PRIN2           0.80780
PRIN3           0.88223
PRIN4           0.94754
PRIN5           0.98258
PRIN6           0.99300
PRIN7           1.00000
```

```
Eigenvectors

            PRIN1       PRIN2       PRIN3

LAUF1   -.452871    0.157921    0.045150     100 Meter
HOCH    0.377199    -.248074    -.367779     Hochsprung
KUGEL   0.363072    0.289407    0.676189     Kugelstossen
LAUF2   -.407895    -.260385    -.083592     200 Meter
WEIT    0.456232    -.055874    0.139317     Weitsprung
SPEER   0.075409    0.841692    -.471560     Speerwurf
LAUF3   -.374959    0.224490    0.395857      800 Meter


            PRIN4       PRIN5       PRIN6

LAUF1   -.026539    0.094948    0.783341     100 Meter
HOCH    0.679992    0.018799    0.099400     Hochsprung
KUGEL   0.124317    0.511652    -.050860     Kugelstossen
LAUF2   0.361066    0.649834    -.024956     200 Meter
WEIT    0.111292    -.184298    0.590210     Weitsprung
SPEER   0.120799    0.135107    -.027241     Speerwurf
LAUF3   0.603411    -.504321    -.155555     800 Meter


           PRIN7

LAUF1   -.380247     100 Meter
HOCH    -.433931     Hochsprung
KUGEL   -.217625     Kugelstossen
LAUF2   0.453385     200 Meter
WEIT    0.612064     Weitsprung
SPEER   0.172947     Speerwurf
LAUF3   0.098310     800 Meter
```

Der Output beinhaltet die folgenden Größen

Bezeichnung	**Erklärung**
Simple Statistics	Grundlegende statistische Kennzahlen
Mean	arithmetisches Mittel pro Variable
StD	Standardabweichung pro Variable
Correlation Matrix	Stichproben-Korrelationsmatrix

Eigenvalues of the Correlation Matrix	Eigenwertanalyse der Stichproben-Korrelations-matrix
Total	Summe der Eigenwerte: $\sum_{i=1}^{p} \lambda_i = sp\, \underline{R}$
Average	arithmetisches Mittel der Eigenwerte: $\frac{1}{p}\sum_{i=1}^{p} \lambda_i$
Eigenvalue	tatsächlicher Eigenwert
Difference	Differenz zwischen betrachtetem und nachfolgendem Eigenwert: $d_i^{EW} = \lambda_i - \lambda_{i+1}$ (i = 1, ..., p-1)
Proportion	relativen Anteile der Eigenwerte: $\frac{\lambda_i}{sp\, \underline{R}}$
Cumulative	kumulierter relativer Anteil der Eigenwerte $\frac{\sum_{j=1}^{i} \lambda_j}{sp\, \underline{R}}$ (i = 1, .., p)
Eigenvectors	Eigenvektoren (Hauptkomponenten) der Stichproben-Korrelations-Matrix

Wurde die Option *COV* gewählt, so gibt PROC PRINCOMP zusätzlich zur Matrix $\underline{C}$ und zur Eigenwertanalyse dieser Matrix die Gesamtvarianz der Variablen (Total Variance), die der Spur $sp\, \underline{C}$ entspricht, aus. Die Eigenvektoren werden dann ebenfalls aus der Matrix $\underline{C}$ berechnet.

10. Faktorenanalyse

Mit Hilfe der Faktorenanalyse versucht man aus einer **relativ großen** Anzahl von Variablen eine **geringe** Anzahl von nicht direkt beobachtbaren aber mit den ursprünglichen Variablen stark korrelierenden **gemeinsamen** Faktoren und **Einzelrestfaktoren** zu erhalten. Meist wird noch das Ziel verfolgt, daß die Faktoren untereinander unkorreliert sein sollen.

Werden allgemein p Merkmale beobachtet, so wird davon ausgegangen, daß die p Variablen Linearkombinationen aus m gewichteten Faktoren und einer Restvariablen sind. Um ein einheitliches Skalenniveau zu erhalten, werden die Variablen standardisiert. Somit ergibt sich für die i-te Variable:

$$z_i = \lambda_{i1} f_1 + \lambda_{i2} f_2 + \cdots + \lambda_{im} f_m + e_i \qquad (i = 1, ..., p)$$

mit f_j: j-ter gemeinsamer Faktor (j = 1, ..., m)

λ_{ij}: Koeffizient, der die Bedeutung des j-ten Faktors bei der i-ten Variablen ausdrückt (i = 1, ..., p; j = 1, ..., m)

e_i: i-te Restvariable (i = 1, ..., p)

z_i: i-te standardisierte Variable .

Die Koeffizienten λ_{ij} werden auch als **Faktorladungen** der i-ten Variablen auf den j-ten Faktor bezeichnet. In Matrizenschreibweise kann das Faktorenmodell geschrieben werden als

$$\underline{z} = \underline{\Lambda} \underline{f} + \underline{e}$$

mit $\underline{z}' = (z_1, z_2 \cdots, z_p)$

$$\underline{f}' = (f_1, f_2, \cdots, f_m)$$

$$\underline{e}' = (e_1, e_2, \cdots, e_p)$$

$$\underline{\Lambda} = \begin{bmatrix} \lambda_{11} & \cdots & \lambda_{1m} \\ \vdots & \cdots & \vdots \\ \lambda_{p1} & \cdots & \lambda_{pm} \end{bmatrix}.$$

Weiterhin wird angenommen, daß

$$E\underline{f} = \underline{0},$$

$$E\underline{e} = \underline{0},$$

$$\operatorname{cov} f_j, e_i = 0 \quad (i = 1, ..., p; j = 1, ..., m)$$

$$VAR(\underline{f}, \underline{f}) = E(\underline{f}\,\underline{f}') = \underline{I},$$

$$\operatorname{var} e_i = \psi_i \quad (i = 1, ..., p).$$

Faßt man die Varianzen der Restvariablen in einer Matrix $\underline{\Psi}$ zusammen, so ergibt sich

$$\underline{\Psi} = diag(\psi_i) = \begin{bmatrix} \psi_1 & 0 & \cdots & 0 \\ 0 & \psi_2 & \cdots & 0 \\ \vdots & \vdots & \cdots & \vdots \\ 0 & 0 & \cdots & \psi_p \end{bmatrix}.$$

Für die Varianz der i-ten Variablen z_i gilt dann

$$\operatorname{var} z_i = \lambda_{i1}^2 + \lambda_{i2}^2 + \cdots + \lambda_{im}^2 + \psi_i = \underbrace{\sum_{j=1}^{m} \lambda_{ij}^2}_{k_i} + \psi_i = k_i + \psi_i = 1.$$

ψ_i wird als **Einzelrestvarianz** der Variablen i bezeichnet und k_i als **Kommunalität** der i-ten Variablen. Die Kommunalität mißt den **Anteil** der Varianz der i-ten Variablen, der auf die k **gemeinsamen** Faktoren entfällt. Da man mit standardisierten Variablen rechnet, die die Varianz Eins besitzen, ergibt die **Summe** aus Kommunalität der Variablen i und Einzelrestvarianz der Variablen i **Eins**.

Auch bei der **Hauptkomponentenanalyse** sieht man hinter den Beobachtungsdaten Hauptkomponenten und will die Hauptkomponenten auf wenige reduzieren. Man kennt jedoch keine Einzelrestfaktoren und Einzelrestvarianzen. Die Kommunalität wird in der Hauptkomponentenanalyse also gleich Eins gesetzt.

Die Kovarianz zwischen der i-ten und h-ten ursprünglichen Variablen ergibt sich als

$$\operatorname{cov} z_i, z_h = \lambda_{i1}\lambda_{h1} + \lambda_{i2}\lambda_{h2} + \cdots + \lambda_{im}\lambda_{hm}.$$

Für n Beobachtungen von $\underline{z}$ in einer Stichprobe ergibt sich das faktorenanalytische Modell gemäß

$$\underline{Z} = \underline{F}\underline{\Lambda}' + \underline{E}$$

mit $\underline{Z}$: Matrix der standardisierten Beobachtungswerte: $\underline{Z} = \begin{pmatrix} \underline{z}_1' \\ \underline{z}_2' \\ \vdots \\ \underline{z}_n' \end{pmatrix}$

$\underline{F}$: Matrix der Faktorenwerte: $\underline{F} = \begin{pmatrix} \underline{f}_1' \\ \underline{f}_2' \\ \vdots \\ \underline{f}_n' \end{pmatrix}$

$\underline{\Lambda}$: Matrix der Faktorladungen: $\underline{\Lambda} = \begin{bmatrix} \lambda_{11} & \cdots & \lambda_{1m} \\ \vdots & \cdots & \vdots \\ \lambda_{p1} & \cdots & \lambda_{pm} \end{bmatrix}$

$\underline{E}$: Matrix der Restvariablen: $\underline{E} = \begin{pmatrix} \underline{e}_1' \\ \underline{e}_2' \\ \vdots \\ \underline{e}_n' \end{pmatrix}$.

Die Stichproben-Varianz-Kovarianz-Matrix der p Variablen - bei standardisierten Variablen gleich der Korrelationsmatrix $\underline{R}$ - der ursprünglichen Variablen kann dann geschrieben werden als

$$\underline{R} = \underline{Z}'\underline{Z} = \underline{\Lambda}\underline{\Lambda}' + \underline{\Psi}$$ ***(Fundamentaltheorem der Faktorenanalyse).***

Die **Faktorladungen** stellen bei standardisierten Variablen die **Korrelationen** der ursprünglichen Variablen mit den Faktoren dar (bei unstandardisierten Variablen wären die Faktorladungen die Kovarianzen zwischen den ursprünglichen Variablen und den Faktoren). Da es sich bei den Faktorladungen also um Korrelationen handelt, liegen ihre Werte zwischen -1 und +1.

Für die Kommunalitäten gilt dann bei standardisierten Variablen

$$diag\left(\underline{\Lambda}\underline{\Lambda}'\right) = \underline{I} - \underline{\Psi}$$

bzw. für die i-te Kommunalität

$$k_i = 1 - \psi_i .$$

Die Faktorladungen sind unbekannt und müssen **geschätzt** werden. Diese Schätzung stellt das Hauptziel der Faktorenanalyse dar.

Zusätzlich können dann - sobald die Faktorladungen und Einzelrestvarianzen geschätzt wurden - aus den ursprünglichen Beobachtungswerten die neuen sogenannte Faktorenwerte bestimmt werden. Zur Schätzung der Faktorladungen und der Einzelrestvarianzen existieren zahlreiche Methoden, von denen hier zwei erläutert werden sollen.

10.1. Schätzung der Faktorladungen, Kommunalitäten und Einzelrestvarianzen

Um die unbekannten Matrizen $\underline{\Lambda}$ und $\underline{\Psi}$ zu schätzen und somit die zu einem (womöglich) neuen Objekt gehörenden Faktorenwerte zu schätzen, existieren verschiedene Verfahren. Im folgenden sollen die Hauptkomponentenmethode und die Hauptfaktorenanalyse erläutert werden.

10.1.1. Die Hauptkomponentenmethode

Bei der Hauptkomponentenmethode wird zunächst angenommen, daß es **keine Einzelrestvarianzen** gibt. Die Kommunalitäten werden also gleich Eins gesetzt. Somit gilt

$$\underline{R} = \underline{\Lambda}\underline{\Lambda}' .$$

Erinnert man sich an das **Faktorisierungstheorem** von symmetrischen Matrizen (vergleiche Hauptkomponentenanalyse), so kann die Stichproben-Korrelationsmatrix geschrieben werden als

$$\underline{R} = \underline{T}\underline{T}'$$

mit $\underline{T} = \underline{A} \cdot diag(\underline{L})^{1/2}$

$\underline{A}$: orthogonale Matrix, deren Spalten die Eigenvektoren von $\underline{R}$ sind.

$diag(\underline{L})$: Diagonalmatrix, deren Hauptdiagonalelemente die Eigenwerte $\lambda_1, \lambda_2, \ldots, \lambda_p$ von $\underline{R}$ sind.

Obiges Fundamentaltheorem der Faktorenanalyse ohne Einzelrestvarianzen stellt also nichts anderes dar, als das Faktorisierungstheorem mit $\underline{\Lambda} = \underline{T}$.

Die **Faktorladungen** lassen sich also bestimmen als

$$\underline{\Lambda} = \underline{A} \cdot diag(\underline{L})^{1/2}$$

mit $\underline{A}$: orthogonale Matrix, deren Spalten die Eigenvektoren von $\underline{R}$ sind.

$diag(\underline{L})$: Diagonalmatrix, deren Hauptdiagonalelemente die Eigenwerte $\lambda_1, \lambda_2, \ldots, \lambda_p$ von $\underline{R}$ sind.

Da aber nicht alle Faktoren - bzw. Hauptkomponenten - bestimmt werden sollen, sondern nur eine "geringere" Anzahl sollen auch nicht alle p Eigenwerte und -vektoren extrahiert werden, sondern nur eine Anzahl kleiner als p. Soll somit ein k-Faktorenmodell geschätzt werden, so erhält man folgende Matrix $\hat{\underline{\Lambda}}_k$ mit den **geschätzten** Faktorladungen

$$\hat{\underline{\Lambda}}_k = \underline{A}_k \cdot diag(\underline{L}_k)$$

mit $diag(\underline{L}_k)$: Diagonalmatrix, deren Hauptdiagonalelemente die ersten k Eigenwerte $\lambda_1, \lambda_2, \ldots, \lambda_k$ von $\underline{R}$ sind.

$\underline{A}_k$: orthogonale Matrix, deren Spalten die Eigenvektoren zu den ersten k Eigenwerten von $\underline{R}$ sind.

Mit dieser Kommunalitätenschätzung kann die ursprüngliche Korrelationsmatrix nicht vollständig reproduziert werden. Man bezeichnet die verbleibende Differenz $\underline{R} - \underline{\Lambda}_k \underline{\Lambda}_k'$ als **Residualkorrelationsmatrix** $\underline{U}_k$. Da die Einzelrestvarianzen zu Beginn gleich Null gesetzt wurden, dient die Residualkorrelationsmatrix als **Schätzwert** für die Einzelrestvarianzmatrix und wird mit $\underline{\hat{\Psi}}_k$ bezeichnet. Somit kann die Stichproben-Korrelationsmatrix geschrieben werden als

$$\underline{R} = \underline{\hat{\Lambda}}_k \underline{\hat{\Lambda}}_k' + \underline{U}_k = \underline{\hat{\Lambda}}_k \underline{\hat{\Lambda}}_k' + \underline{\hat{\Psi}}_k \, .$$

Der Index k bedeutet hierbei, daß die Schätzungen und Berechnungen auf den ersten k Eigenwerten und den dazu gehörenden Eigenvektoren der Stichproben-Korrelationsmatrix beruhen.

Ebenso wie in der Hauptkomponentenanalyse gilt für den **Erklärungsanteil** der extrahierten k Faktoren

$$\frac{\sum_{j=1}^{k} \lambda_j}{p} \, .$$

Zu beachten ist jedoch, daß anders als im Fundamentaltheorem der Faktorenanalyse die Matrix $\underline{U}_k$ in der Regel **keine Diagonalmatrix ist** wie $\underline{\Psi}$.

10.1.2. Hauptfaktorenanalyse

Anders als bei der Hauptkomponentenmethode wird in der Hauptfaktorenanalyse **zuerst** ein **Schätzwert** für die **Einzelrestvarianzen** ermittelt, indem man Schätzwerte für die Kommunalitäten bestimmt. Ausgehend von diesen Schätzungen werden dann - wiederum anhand des Faktorisierungstheorems - Schätzwerte für die Faktorladungen bestimmt.

Will man Schätzwerte für die Kommunalitäten ermitteln, so bieten sich folgende Werte an:

(1) Der quadrierte multiple Korrelationskoeffizient

Der multiple Korrelationskoeffizient zwischen einer Variablen z_i und den Variablen $\{z_j | i \neq j\}$ gibt die maximale Korrelation zwischen z_i und allen Linearkombinationen aus den übrigen Variablen an, so daß die Varianz, die z_i mit den übrigen gemeinsam hat, mindestens gleich dem quadrierten Korrelationskoeffizienten ist.

Als Schätzwert für den quadrierten Korrelationskoeffizienten berechnet man

$$r_i^2 = 1 - \frac{1}{r_{ii}}$$

mit r_{ii}: i-tes Diagonalelement von $\underline{R}^{-1}$.

Als Schätzwerte für die i-te Kommunalität $\hat{k}_i$ erhält man in diesem Fall

$$\hat{k}_i = r_i^2 .$$

(2) Der maximale absolute Korrelationskoeffizient einer Variablen

Als Schätzwert für die Kommunalität einer Variablen z_j kann auch der zum Betrag gesetzte maximale Korrelationskoeffizient, den diese Variable mit den übrigen an der Analyse beteiligten Variablen aufweist, verwendet werden. Es gilt also

$$\hat{k}_j = \max_{k=1,\dots,p} |r_{kj}| \quad \text{für } j = 1,\dots,p \text{ und } k \neq j.$$

Hat man seine Schätzwerte für die Kommunalitäten erhalten, so kann man die Schätzwerte für die Einzelrestvarianzen berechnen mit

$$\hat{\psi}_i = 1 - \hat{k}_i \quad \text{bzw.}$$

$$\hat{\underline{\Psi}} = \underline{I} - diag\left(\hat{\underline{K}}\right),$$

wenn die Schätzwerte für die Kommunalitäten der einzelnen Variablen in der Diagonalmatrix $diag\left(\hat{\underline{K}}\right)$ und die geschätzten Einzelrestvarianzen in der Matrix $\hat{\underline{\Psi}}$ zusammengefaßt werden. Auf diese Weise kann man die geschätzten Einzelrestvarianzen aus der Korrelationsmatrix "herausrechnen". Man erhält dann eine **reduzierte** Stichproben-Korrelationsmatrix

$$\underline{R}_r = \underline{R} - \hat{\underline{\Psi}}.$$

Für die reduzierte Korrelationsmatrix gilt dann - entsprechend dem **Faktorisierungstheorem** - wiederum

$$\underline{R}_r = \underline{\Lambda}\underline{\Lambda}'$$

mit $\underline{\Lambda} = \underline{A} \cdot diag(\underline{L})^{1/2}$,

wobei $\underline{A}$: orthogonale Matrix, deren Spalten die Eigenvektoren von $\underline{R}_r$ sind;

$diag(\underline{L})$: Diagonalmatrix, deren Hauptdiagonalelemente die Eigenwerte $\lambda_1, \lambda_2, ..., \lambda_p$ von $\underline{R}_r$ sind.

Wiederum sollen nicht alle p Faktoren extrahiert werden, sondern nur k, so daß man als Schätzwerte für die Faktorladungen die Matrix

$$\hat{\underline{\Lambda}}_k = \underline{A}_k \cdot diag(\underline{L}_k)^{1/2}$$

mit $diag(\underline{L}_k)$: Diagonalmatrix, deren Hauptdiagonalelemente die ersten k Eigenwerte $\lambda_1, \lambda_2, ..., \lambda_k$ von $\underline{R}_r$ sind;

$\underline{A}_k$: orthogonale Matrix, deren Spalten die Eigenvektoren zu den ersten k Eigenwerten von $\underline{R}_r$ sind,

erhält.

Die geschätzten Kommunalitäten ergeben sich somit als die Elemente der Diagonalmatrix

$$diag(\hat{\underline{K}}) = diag\left(\hat{\underline{\Lambda}}_k \hat{\underline{\Lambda}}_k'\right)$$

Auch hier kann nicht die gesamte Matrix $\underline{R}_r$ reproduziert werden. Die verbleibende Residualmatrix $\underline{U}_k = \underline{R}_r - \hat{\underline{\Lambda}}_k \hat{\underline{\Lambda}}_k'$ wird zur geschätzten Einzelrestvarianzmatrix $\underline{\hat{\Psi}}_k$ addiert, so daß man als **endgültigen** Schätzer dann die Matrix $\hat{\underline{\hat{\Psi}}}_k$ erhält. Somit gilt

$$\underline{R} = \underline{\hat{\Lambda}}_k \underline{\hat{\Lambda}}_k' + \hat{\underline{\hat{\Psi}}}_k .$$

Der Index k besagt in diesem Fall, daß die endgültigen Schätzungen anhand der k größten Eigenwerte und den dazugehörigen Eigenvektoren der reduzierten Korrelationsmatrix $\underline{R}_r$ erfolgten.

In der Regel ist auch $\hat{\underline{\hat{\Psi}}}_k$ keine Diagonalmatrix wie $\underline{\Psi}$ im Grundmodell der Faktorenanalyse.

Die Hauptfaktorenanalyse kann auch **iterativ** angewendet werden. Dabei wird zunächst eine **Startmatrix** $\underline{\hat{\Psi}}_0$ der geschätzten **Einzelrestvarianzen** bestimmt. Analog zu oben kann hier als Startwert die Differenz

$$\underline{\hat{\Psi}}_0 = \underline{I} - diag\left(\underline{\hat{K}}_0\right)$$

verwendet werden, wobei $diag\left(\underline{\hat{K}}_0\right)$ eine Diagonalmatrix mit den ersten Schätzwerten für die **Kommunalitäten** darstellt. Nach Bestimmung der ersten **reduzierten Korrelationsmatrix**

$$\underline{R}_{r0} = \underline{R} - \underline{\hat{\Psi}}_0$$

werden dann die ersten k Eigenwerte und die dazu gehörenden Eigenvektoren berechnet und daraus analog zur Vorgehensweise bei der originalen Hauptfaktorenanalyse eine erste Schätzung

$$\underline{\hat{\Lambda}}_{k1} = \underline{A}_{k1} \cdot diag\left(\underline{L}_{k1}\right)^{1/2}$$

für die Ladungsmatrix ermittelt, so daß gilt

$$\underline{R} = \underline{\hat{\Lambda}}_{k1} \underline{\hat{\Lambda}}_{k1}' + \underline{U}_{k1} = \underline{\hat{\Lambda}}_{k1} \underline{\hat{\Lambda}}_{k1}' + \underline{\hat{\Psi}}_0 + \underline{\hat{\Psi}}_{k1} = \underline{\hat{\Lambda}}_{k1} \underline{\hat{\Lambda}}_{k1}' + \hat{\underline{\hat{\Psi}}}_{k1} .$$

Eine neue Schätzung für die Kommunalitäten erhält man nun als

$$diag\left(\underline{\hat{K}}_1\right) = diag\left(\underline{\hat{\Lambda}}_{k1} \underline{\hat{\Lambda}}_{k1}'\right).$$

Mit Hilfe der Matrix $diag(\underline{\hat{K}}_1)$ der geschätzten Kommunalitäten nach dem ersten Iterationsschritt werden nun **neue** Schätzwerte für die Einzelrestvarianzen gewonnen als

$$\underline{\hat{\Psi}}_1 = \underline{I} - diag(\underline{\hat{K}}_1) = \underline{I} - diag\left(\underline{\hat{\Lambda}}_{k1}\underline{\hat{\Lambda}}_{k1}^{'}\right) = diag\left(\underline{\hat{\hat{\Psi}}}_{k1}\right).$$

Nun kann eine **neue reduzierte Korrelationsmatrix** berechnet werden mit

$$\underline{R}_{r1} = \underline{R} - \underline{\hat{\Psi}}_1 .$$

Aus dieser Matrix werden wiederum die ersten k Eigenwerte mit den dazugehörenden Eigenvektoren ermittelt und damit dann eine erneute, zweite Schätzung der Faktorladungsmatrix

$$\underline{\hat{\Lambda}}_{k2} = \underline{A}_{k2} \cdot diag(\underline{L}_{k2})^{1/2},$$

so daß sich für die Korrelationsmatrix ergibt

$$\underline{R} = \underline{\hat{\Lambda}}_{k2}\underline{\hat{\Lambda}}_{k2}^{'} + \underline{U}_{k2} = \underline{\hat{\Lambda}}_{k1}\underline{\hat{\Lambda}}_{k1}^{'} + \underline{\hat{\Psi}}_1 + \underline{\hat{\Psi}}_{k2} = \underline{\hat{\Lambda}}_{k2}\underline{\hat{\Lambda}}_{k2}^{'} + \underline{\hat{\hat{\Psi}}}_{k2}.$$

Daraus können nun wieder neue Schätzwerte für die Einzelrestvarianzen gewonnen werden mit

$$\underline{\hat{\Psi}}_2 = \underline{I} - diag\left(\underline{\hat{\Lambda}}_{k2}\underline{\hat{\Lambda}}_{k2}^{'}\right) = diag\left(\underline{\hat{\hat{\Psi}}}_{k2}\right).$$

Anschließend kann eine neue reduzierte Korrelationsmatrix $\underline{R}_{r2}$ und damit auch eine neue Schätzung für die Faktorladungsmatrix $\underline{\hat{\Lambda}}_{k3}$ ermittelt werden. Die beiden Schritte der Einzelrestvarianzschätzung und der darauf aufbauenden Schätzung der Faktorladungsmatrix können nun solange fortgesetzt werden, bis eine **im voraus** bestimmte Anzahl t von Iterationsschritten erreicht wurde, so daß man dann eine Schätzung $\underline{\hat{\Lambda}}_{kt}$ für die Faktorladungsmatrix und damit die folgende Zerlegung der Korrelationsmatrix erhält

$$\underline{R} = \underline{\hat{\Lambda}}_{kt}\underline{\hat{\Lambda}}_{kt}^{'} + \underline{\hat{\Psi}}_t + \underline{\hat{\Psi}}_{kt} = \underline{\hat{\Lambda}}_{kt}\underline{\hat{\Lambda}}_{kt}^{'} + \underline{\hat{\hat{\Psi}}}_{kt} .$$

Manchmal wird auch anstelle der Anzahl der Iterationen ein Abbruchkriterium vorgegeben.

Durch diese iterative Vorgehensweise werden iterativ verbesserte Schätzwerte für die Ladungsmatrix $\hat{\underline{\Lambda}}_k$, für die Matrix der Einzelrestvarianzen $\hat{\underline{\Psi}}_k = diag\left(\hat{\hat{\underline{\Psi}}}_k\right)$ und für die Matrix der Kommunalitäten $\hat{\underline{K}} = \underline{I} - \hat{\underline{\Psi}}_k$ erhalten.

Üblicherweise wird die **Anzahl** der zu extrahierenden Faktoren **zu Beginn** der Iterationen **vorgegeben** (sei es durch Festlegung oder durch ein geeignetes Kriterium) und in den einzelnen Schritten beibehalten. Es ist jedoch auch denkbar, in jedem Iterationsschritt die Anzahl der zu extrahierenden Faktoren **neu** festzulegen, so daß sich die Faktorenzahl während der Iterationsschritte ändern kann.

Hinweis: Durch die iterative Vorgehensweise können auch Kommunalitäten **größer 1** entstehen. Computerprogramme brechen deshalb entweder die Iterationen ab, wenn dieser Fall bei den Iterationen das erste Mal eintritt und verwenden die letzte Schätzung als **Endergebnis** oder setzen Kommunalitäten größer 1 **gleich Eins** und fahren mit den Iterationen bis zur vorgegebenen Anzahl fort.

Nachdem nun zwei Methoden der Kommunalitätenschätzung erläutert wurden, sollen nun Verfahren zur Bestimmung der Anzahl der zu extrahierenden Faktoren vorgestellt werden.

10.2. Kriterien zur Bestimmung der Anzahl k der zu extrahierenden Faktoren

10.2.1. Der SCREE-Test

Trägt man die Anzahl der extrahierten Faktoren i (i = 1, ..., I) in einem Koordinatensystem auf der x-Achse gegen die Werte der i Eigenwerte auf der y-Achse ab und verbindet die Punkte geradlinig, so läßt sich meist ein deutlicher Knick feststellen, bis zu dem die Eigenwerte relativ große Werte annehmen. Die Extraktionsregel nach dem SCREE-Test lautet nun: Man soll so viele Faktoren k extrahieren, bis man diesen Knick erreicht hat. Der kleinste gerade noch vor dem Knick liegende k-te Eigenwert gibt die Anzahl k der zu extrahierenden Faktoren an.

10.2.2. Das Eigenwertkriterium nach Kaiser

Gemäß diesem Kriterium werden alle diejenigen Faktoren beibehalten, die Eigenwerte größer gleich **Eins** aufweisen, d.h., man wählt nur diejenigen k Faktoren aus, die mindestens eine Varianz von Eins erklären, welche im Durchschnitt auf eine Variable entfällt. Es gilt also

$$k = \max\{i|\lambda_i \geq 1\}.$$

10.2.3. Das Minimum-Prozent-Kriterium

Man behält so viele Faktoren bei, bis ein **willkürlich** festgesetzter Anteil von x% der Gesamtvarianz p durch sie erklärt ist. Man erhält die Anzahl k der zu extrahierenden Faktoren somit als

$$k = \min\left\{r\left|\sum_{i=1}^{r}\lambda_i \geq \frac{x}{100}\cdot p\right.\right\}.$$

In der Regel genügt ein Erklärungsanteil von 75%.

Für eine bessere Interpretierbarkeit sollten die Faktoren noch einer Faktorrotation unterzogen werden.

10.3. Sinn und Vorgehensweise einer Faktorrotation

Die Ladungsmatrix $\underline{\Lambda}$ gibt die Korrelationen zwischen den ursprünglichen Variablen und den ermittelten Faktoren wieder. Bei der Interpretation und Zusammenfassung von mehreren Variablen zu einem Faktor wäre es wünschenswert, wenn jeder Faktor von einigen Variablen hoch und von den restlichen Variablen wenig geladen wird, bzw. daß eine Variable nur auf einen Faktor hoch lädt und nicht auf mehrere. Dies ist in der Regel nicht der Fall. Vielmehr ist der Vektor der **Faktorenwerte** sowie die **Ladungsmatrix nicht eindeutig**, da mit Hilfe einer nichtsingulären Matrix $\underline{\Gamma}$ eine **unendliche Zahl** an Vektoren $\underline{f}$ und Matrizen $\underline{\Lambda}$ erzeugt werden kann. Das Faktorenmodell kann nämlich mit Hilfe einer nichtsingulären Matrix $\underline{\Gamma}$ geschrieben werden als

$$\underline{z} = \underline{\Lambda}\underline{f} + \underline{e} = \underline{\Lambda}\underbrace{\underline{\Gamma}\underline{\Gamma}^{-1}}_{\underline{I}}\underline{f} + \underline{e} = \underbrace{(\underline{\Lambda}\underline{\Gamma})}_{\underline{\Lambda}^*}\underbrace{\left(\underline{\Gamma}^{-1}\underline{f}\right)}_{\underline{f}^*} + \underline{e} = \underline{\Lambda}^*\underline{f}^* + \underline{e}$$

Da man offensichtlich eine Fülle von Ladungsmatrizen erzeugen kann, fordert man zur besseren Bestimmung der Faktoren aus den ursprünglichen Variablen Faktorladungen, die gut interpretierbar und aussagekräftig sind. Zu diesem Zweck wurde an die Faktorladungsmatrix die Forderung einer **Einfachstruktur** gestellt, die man durch eine **Faktorrotation**, also im Grunde genommen durch Multiplikation der Ladungsmatrix von rechts mit einer sogenannten nichtsingulären **Rotationsmatrix** $\underline{\Gamma}$, die die Forderung einer Einfachstruktur einbezieht, erreichen will. Man will sich also - in einfachen Worten - die "beste" Ladungsmatrix unter allen möglichen erzeugen.

Man unterscheidet zwischen **orthogonalen** und **schiefwinkligen** Faktorrotationen. Bei einer orthogonalen Rotation wird die Ladungsmatrix so transformiert, daß die Orthogonalität der Faktoren erhalten bleibt, d.h. die Rotationsmatrix $\underline{\Gamma}$ ist zusätzlich orthogonal: $\underline{\Gamma}\underline{\Gamma}^{-1} = \underline{\Gamma}\underline{\Gamma}' = \underline{I}$. Für die Zerlegung von $\underline{R}$ ergibt sich damit

$$\underline{R} = \underline{\Lambda}\underline{\Lambda}' + \underline{\Psi} = \underline{\Lambda}\underbrace{\underline{\Gamma}\underline{\Gamma}'}_{=\underline{I}}\underline{\Lambda} + \underline{\Psi} = \underbrace{(\underline{\Lambda}\underline{\Gamma})}_{=\underline{\Lambda}^*}(\underline{\Lambda}\underline{\Gamma})' + \underline{\Psi} = \underline{\Lambda}^*\underline{\Lambda}^{*\prime} + \underline{\Psi}\ .$$

Man sieht, daß man auch mit den Faktorladungen von $\underline{\Lambda}^*$ die Korrelationsmatrix reproduzieren kann, obwohl die Faktorladungen nicht mehr dieselben sind. Für die Varianzen der rotierten Faktoren gilt in diesem Fall

$$VAR\left(\underline{f}^*, \underline{f}^*\right) = E\left(\underline{f}^*\underline{f}^{*\prime}\right) = E\left(\underline{\Gamma}^{-1}\underline{f}\underline{f}'\underline{\Gamma}^{-1\prime}\right) = \underline{\Gamma}'\underline{\Gamma} = \underline{I}\ .$$

Meist ist aber die Annäherung an die Einfachstruktur höher, wenn man die Orthogonalität der Faktoren aufgibt und eine schiefwinklige Rotation durchführt. In diesem Fall ist die Rotationsmatrix nicht mehr orthogonal und es gilt:

$$VAR\left(\underline{f}^*, \underline{f}^*\right) = E\left(\underline{f}^*\underline{f}^{*\prime}\right) = E\left(\underline{\Gamma}^{-1}\underline{f}\underline{f}'\underline{\Gamma}^{-1\prime}\right) = \underline{\Gamma}^{-1}\underline{\Gamma}^{-1\prime} \neq \underline{I}$$

mit $diag\left(\underline{\Gamma}^{-1}\underline{\Gamma}^{-1\prime}\right) = \underline{I}$.

Durch die Anwendung einer orthogonalen Faktorrotation ändern sich - im Gegensatz zu einer schiefwinkligen Rotation - die Werte für die geschätzten Kommunalitäten nicht:

$$diag\left(\underline{\hat{K}}^{*}\right) = diag\left(\underline{\hat{\Lambda}}_{k}^{*}\underline{\hat{\Lambda}}_{k}^{*'}\right) = diag\left(\underline{\hat{\Lambda}}_{k}\underline{\Gamma}\underline{\Gamma}'\underline{\hat{\Lambda}}_{k}'\right) = diag\left(\underline{\hat{\Lambda}}_{k}\underline{\hat{\Lambda}}_{k}'\right)$$

(orthogonaler Fall)

$$diag\left(\underline{\hat{K}}^{*}\right) = diag\left(\underline{\hat{\Lambda}}_{k}^{*}\underline{\hat{\Lambda}}_{k}^{*'}\right) = diag\left(\underline{\hat{\Lambda}}_{k}\underline{\Gamma}\underline{\Gamma}'\underline{\hat{\Lambda}}_{k}'\right) \neq diag\left(\underline{\hat{\Lambda}}_{k}\underline{\hat{\Lambda}}_{k}'\right)$$

(schiefwinkliger Fall)

10.3.1. Orthogonale Rotationen

10.3.1.1. Die VARIMAX-Methode

Ziel dieser Rotation ist es, Faktoren herzustellen, auf die einige Variablen hoch, die restlichen aber möglichst gering laden. Das VARIMAX-Kriterium - als Kriterium für eine Einfachstruktur - versucht daher in den Spalten der gesuchten Faktorladungsmatrix $\underline{\Lambda}^*$ nur hohe und geringe Ladungen zu erzeugen. Gibt es in einer Spalte nur hohe und niedrige Ladungen, so weisen die Ladungen in dieser Spalte eine große Streuung auf. Die VARIMAX-Methode bestimmt demnach die neue Ladungsmatrix mit Hilfe des Maximierungs-Kriteriums der Varianzen der Ladungsquadrate in jeder Spalte dieser Matrix. Als Maximierungskriterium wird

$$v_1 = \sum_{j=1}^{k}\sum_{i=1}^{p}\left(\lambda_{ij}^{*2} - \frac{d_j}{p}\right)^2 \Rightarrow \text{max!}$$

mit λ_{ij}^*: Ladung der rotierten Matrix $\underline{\Lambda}^* = \underline{\Lambda\Gamma}$

$$d_j = \sum_{i=1}^{p} \lambda_{ij}^{*2}$$

$\frac{d_j}{p}$: Mittelwert der Ladungsquadrate des j-ten Faktors.

p: Anzahl der ursprünglichen Variablen

k: Anzahl der extrahierten Faktoren

verwendet. v_1 mißt somit die quadratische Abweichung der quadrierten Ladungen vom jeweiligen Spalten-Mittelwert. Zur Bestimmung der orthogonalen VARIMAX-Rotationsmatrix $\underline{\Gamma}_V$ wird v_1 über alle möglichen orthogonalen Matrizen maximiert. Die Maximierung geschieht **iterativ** und verstärkt bei einem Faktor die hohen Ladungen und verringert die niedrigen.

Soll eine orthogonale Rotation durchgeführt werden, so ist dieses Kriterium zu empfehlen.

10.3.1.2. Die QUARTIMAX-Methode

Die QUARTIMAX-Methode versucht - im Gegensatz zur VARIMAX-Methode - die Varianzen der quadrierten Ladungen in jeder Zeile der neu zu bestimmenden Faktorladungsmatrix $\underline{\Lambda}^*$ zu maximieren. Eine Maximierung pro Zeile bedeutet, daß die Varianz einer Variablen auf ein Minimum von Faktoren (wenige hohe Ladungen in einer Zeile) - im Extremfall nur auf einen Faktor - entfallen. Eine Rotation mit Hilfe der QUARTIMAX-Methode strebt also als Einfachstruktur eine Faktorladungs-matrix mit möglichst hohen Ladungen der Variablen auf möglichst wenige Faktoren an:

$$v_2 = \sum_{i=1}^{p} \sum_{j=1}^{k} \left(\lambda_{ij}^{*2} - \frac{d_i}{k} \right)^2 \Rightarrow \max!$$

mit λ_{ij}^*: Ladung der rotierten Matrix $\underline{\Lambda}^* = \underline{\Lambda\Gamma}$

$$d_i = \sum_{j=1}^{k} \lambda_{ij}^{*2}$$

$\frac{d_i}{k}$ Mittelwert der Ladungsquadrate der i-ten Variablen

k: Anzahl der extrahierten Faktoren

p: Anzahl der ursprünglichen Variablen

Bei der **iterativen** Durchführung werden bei einer Variablen hohe Ladungen verstärkt und niedrige Ladungen abgeschwächt. Das angestrebte Ziel dieser Methode ist dabei die Ein-Faktor-Lösung. Durch diese starke Hervorhebung nur eines Faktors wird diese Methode heutzutage nur selten benutzt.

10.3.1.3. Die ORTHOMAX-Methode

Das ORTHOMAX-Kriterium zur Bestimmung einer orthogonalen Rotationsmatrix vereinigt die VARIMAX- und QUARTIMAX-Kriterien in sich und kann **formal** dargestellt werden als

$$v_3 = \alpha \cdot v_1 + \beta \cdot v_2 \Rightarrow \max!$$

mit α, β: Gewichtungen .

Dieses Kriterium kann demnach als gewichtete Summe des VARIMAX- und des QUARTIMAX-Kriteriums aufgefasst werden.

Hinweis: Dieselben Rotationsmethoden führen bei verschiedenen Faktorextraktionsmethoden nicht zu denselben Ergebnissen.

10.3.2. Schiefwinklige Rotationen

Das PROMAX-Kriterium

Die PROMAX-Methode bewirkt eine Verbesserung des Ergebnisses einer orthogonalen VARIMAX-Rotation. Dabei wird die rotierte Ladungsmatrix $\underline{\Lambda}^*$ erneut von rechts mit der sogenannten PROMAX-Transformationsmatrix $\underline{M}_P$ multipliziert, so daß folgende Ladungsmatrix resultiert:

$$\underline{\tilde{\Lambda}}_P = \underline{\Lambda}^* \underline{M}_P .$$

Wendet man eine erneute Transformation auf die anderen oben vorgestellten orthogonalen Kriterien an, so erhält man weitere schiefwinklige Rotationen:

Das OBLIMAX-Kriterium z.B. verbessert das Ergebnis der QUARTIMAX-Methode:

$$\underline{\tilde{\Lambda}}_O = \underline{\Lambda}^* \underline{M}_O.$$

Auf schiefwinklige Rotationen soll hier jedoch nicht näher eingegangen werden.

10.4. Interpretation der rotierten Faktoren

Die Interpretation der rotierten Faktoren fällt am leichtesten und macht am meisten Sinn, wenn jede Variable höchstens auf einen Faktor hochlädt und wenn alle Faktorladungen entweder hoch sind oder nahe bei Null liegen. Um die Übersicht zu wahren, sollte man sich am besten neben die geschätzte Faktorladungsmatrix die ursprünglichen Variablen und die extrahierten Faktoren schreiben, um die Faktorladungen besser zuordnen zu können. Um nun feststellen zu können, welche Variablen durch einen Faktor beschrieben werden können, werden **alle** Variablen, die auf denselben Faktor mit einer Ladung $|\lambda_{ij}| > 0{,}5$ hochladen, zu einer **Gruppe** zusammengefaßt. Diese Gruppe von Variablen kann dann als "Gruppenfaktor" bezeichnet werden. Hat man auf diese Weise ermittelt, welche Variablen zu welchen Faktoren zusammengefaßt werden können, kann man anhand der sich in der jeweiligen Gruppe befindenden Variablen eine **inhaltliche Interpretation** der Faktoren versuchen (in der Regel kann dabei davon ausgegangen werden, daß auf jeden dieser Faktoren ein Teil der inhaltlichen Bedeutung der auf ihn hochladenden Variablen entfällt).

10.5. Bestimmung der Faktorenwerte aus den ursprünglichen Variablen

Wurden die Faktorladungen mit Hilfe der Hauptkomponentenmethode oder der Hauptfaktorenanalyse geschätzt und die Anzahl k der zu extrahierenden Faktoren festgelegt, so lassen sich die Faktorenwerte also die Ausprägungen der k neu bestimmten Faktoren für die n Objekte auf folgende Weise schätzen:

Für n Beobachtungen von $\underline{z}$ in einer Stichprobe ergibt sich das faktorenanalytische Modell gemäß

$$\underline{Z} = \underline{F}\underline{\Lambda}' + \underline{E}$$

Die geschätzten Faktorenwerte erhält man dann bei der ***Hauptkomponentenmethode*** als

$$\underline{\hat{F}}_k = \underline{Z}\underline{R}^{-1}\underline{\hat{\Lambda}}_k = \underline{Z}\underline{B}_k$$

$$\text{mit } \underline{B}_k = \underline{R}^{-1}\underline{\hat{\Lambda}}_k .$$

Die Matrix $\underline{B}_k$ enthält also die Koeffizienten, die die standardisierten Ausprägungen eines p-dimensionalen Beobachtungswertevektors der Matrix $\underline{Z}$ in einen k-dimensionalen Vektor der Matrix $\underline{\hat{F}}_k$ mit den **neuen** Faktorenwerten (Ausprägungen der neuen Faktoren) "umrechnen". Die Matrix $\underline{B}_k$ bewirkt also eine **Transformation** der Elemente der Matrix $\underline{Z}$ in die Elemente der Matrix $\underline{\hat{F}}_k$. Die Koeffizienten der Matrix $\underline{B}_k$ werden auch als **standardisierte Umbewertungskoeffizienten** bezeichnet.

Analog erhält man die geschätzten Faktorenwerte bei der ***Hauptfaktorenanalyse*** als

$$\underline{\hat{F}}_k = \underline{Z}\underline{R}_r^{-1}\underline{\hat{\Lambda}}_k = \underline{Z}\underline{B}_k$$

$$\text{mit } \underline{B}_k = \underline{R}_r^{-1}\underline{\hat{\Lambda}}_k .$$

Wurde eine orthogonale **Faktorrotation** durchgeführt, so müssen die geschätzten Faktorenwerte ebenfalls noch rotiert werden. Man erhält die Matrix der geschätzten rotierten Faktorenwerte als

$$\underline{\tilde{F}}_k = \underline{\hat{F}}_k\underline{\Gamma}^{-1} = \underline{Z}\underline{R}^{-1}\underline{\hat{\Lambda}}_k^* = \underline{Z}\underline{B}_k^* \qquad (\textit{Hauptkomponentenmethode})$$

$$\text{mit } \underline{B}_k^* = \underline{R}^{-1}\underline{\hat{\Lambda}}_k^*$$

bzw.

$$\underline{\tilde{F}}_k = \underline{\hat{F}}_k\underline{\Gamma}^{-1} = \underline{Z}\underline{R}_r^{-1}\underline{\hat{\Lambda}}_k^* = \underline{Z}\underline{B}_k^* \qquad (\textit{Hauptfaktorenanalyse})$$

$$\text{mit } \underline{B}_k^* = \underline{R}_r^{-1}\underline{\hat{\Lambda}}_k^* ,$$

wobei $\underline{\Gamma}$ diejenige Matrix ist, die zur orthogonalen Rotation der Faktorladungsmatrix benutzt wurde.

Wenn man die Faktorenwerte eines neuen Beobachtungswertevektors $\underline{x}_i$ bestimmen will, standardisiert man zuerst diesen Vektor zu $\underline{z}_i$ und berechnet den Zeilenvektor der geschätzten Faktorenwerte nach der Formel

$$\hat{\underline{f}}'_{k_i} = \underline{z}'_i \underline{R}^{-1} \hat{\underline{\Lambda}}_k = \underline{z}'_i \underline{B}_k \qquad \textit{(Hauptkomponentenmethode)}$$

mit $\underline{B}_k = \underline{R}^{-1} \hat{\underline{\Lambda}}_k$.

bzw.

$$\hat{\underline{f}}'_{k_i} = \underline{z}'_i \underline{R}_r^{-1} \hat{\underline{\Lambda}}_k = \underline{z}'_i \underline{B}_k \qquad \textit{(Hauptfaktorenanalyse)}$$

mit: $\underline{B}_k = \underline{R}_r^{-1} \hat{\underline{\Lambda}}_k$,

bzw. den Zeilenvektor der **rotierten** geschätzten Faktorenwerte

$$\hat{\underline{f}}^{*\prime}_{k_i} = \underline{z}'_i \underline{R}^{-1} \hat{\underline{\Lambda}}^*_k = \underline{z}'_i \underline{B}^*_k \qquad \textit{(Hauptkomponentenmethode)}$$

mit $\underline{B}^*_k = \underline{R}^{-1} \hat{\underline{\Lambda}}^*_k$.

oder

$$\hat{\underline{f}}^{*\prime}_{k_i} = \underline{z}'_i \underline{R}_r^{-1} \hat{\underline{\Lambda}}^*_k = \underline{z}'_i \underline{B}^*_k \qquad \textit{(Hauptfaktorenanalyse)}$$

mit $\underline{B}^*_k = \underline{R}_r^{-1} \hat{\underline{\Lambda}}^*_k$.

Die Matrizen $\underline{B}_k$ bzw. $\underline{B}^*_k$ erfüllen auch hier wiederum die Funktion einer Transformations- oder Umrechungsmatrix der ursprünglichen standardisierten Werte des p-dimensionalen Beobachtungswertevektors in den k-dimensionalen Vektor der geschätzten Faktorenwerte.

10.6. Faktorenanalyse mit SAS: Die Prozedur FACTOR

Die Prozedur FACTOR bewirkt eine Faktorenanalyse mit den angegebenen Variablen, wobei die Variablen vorher standardisiert werden.

10.6.1. Syntax

Die Prozedur hat die folgende Syntax

PROC FACTOR *Optionen*;
VAR *Variablenliste*;
PRIORS *Kommunalitätenschätzwerte*;
BY *Variablenliste*;
FREQ *Variable*;

Die Proc FACTOR-Anweisung

Folgende *Optionen* sind dabei möglich:

- *DATA=SAS-Datendatei* gibt die Datendatei an, mit der die Faktorenanalyse durchgeführt werden soll. Als Voreinstellung wird die zuletzt erstellte SAS-Datendatei verwendet.

- *METHOD=PRINCIPAL|PRINIT* gibt die Mehtode an, nach der die Faktoren extrahiert werden sollen.
  Durch die Angabe der Option *METHOD=PRINCIPAL* führt PROC FACTOR eine Faktorenanalyse nach der Hauptkomponentenmethode durch.
  Durch die Angabe der Option *METHOD=PRINIT* führt PROC FACTOR eine **iterative** Hauptfaktorenanalyse durch. Hierbei muß beachtet werden, daß in der **separaten** Anweisung *MAXITER=Zahl* zusätzlich die Anzahl der zu durchlaufenden Iterationen angegeben werden kann. Als **Startwerte** setzt PROC FACTOR alle Kommunalitätenschätzungen gleich **Eins** (werden **andere** Startwerte gewünscht, so muß dies in der *PRIORS*-Option angegeben werden). Treten während der Iterationen Kommunalitätenschätzungen auf, die **größer** als Eins sind, so bricht PROC FACTOR die Iterationen an dieser Stelle ab und setzt die Anzahl der Faktoren gleich Null. Durch die **separate** Eingabe der Option *HEYWOOD* setzt die Prozedur diejenigen Kommunalitäten, die größer als Eins sind, gleich Eins und setzt die Iterationen fort.
  Eine **non-iterative** Hauptfaktorenanalyse wird durch die *PRIORS*-Option erreicht (Genaueres siehe weiter unten).

Fehlt die *METHOD*-Anweisung, so führt PROC FACTOR eine Faktorenanalyse nach der **Hauptkomponentenmethode** durch.

- *MAXITER=Zahl* setzt die Anzahl der Iterationen für eine iterative Hauptfaktorenanalyse fest. **Fehlt** diese Option, so führt PROC FACTOR **30** Iterationen durch.

- *HEYWOOD* bewirkt, Falls bei der iterativen Hauptfaktorenanalyse Kommunalitätenschätzungen > 1 auftreten, daß diese Kommunalitäten gleich 1 gesetzt werden und mit den Iterationen fortgefahren werden kann.

- *PRIORS=ONE|MAX|SMC* legt die erste Kommunaltiätenschätzung und das Verfahren, nach dem die Faktorenanalyse durchgeführt wird, fest:

  Die Option *PRIORS=ONE* bewirkt, daß eine Faktorenanalyse nach der **Hauptkomponentenmethode** durchgeführt wird. Wurde bereits die Option *METHOD=PRINCIPAL* angegeben, so kann die PRIORS-Option **unterbleiben** und **umgekehrt**.

  Die **beiden anderen** PRIORS-Optionen bewirken die Durchführung von **non-iterativen** Hauptfaktorenanalysen, die sich lediglich in ihren anfänglichen Kommunalitätenschätzungen unterscheiden:

  Durch die Option *PRIORS=MAX* führt SAS eine Hauptfaktorenanalyse durch, die als anfängliche Kommunalitätenschätzungen die **absoluten maximalen Korrelationskoeffizienten** der Variablen mit den restlichen verwendet.

  Durch die Option *PRIORS=SMC* führt SAS eine Hauptfaktorenanalyse durch, die als anfängliche Kommunalitätenschätzungen die **quadrierten multiplen Korrelationskoeffizienten** der Variablen verwendet.

  Für eine **iterative** Hauptfaktorenanalyse können ebenfalls die Optionen **MAX** und **SMC** angegeben werden, falls als Startwert für die Kommunalitätenschätzungen nicht Eins ver-wendet werden soll.

- *NFACTORS=Zahl* legt die Anzahl der zu extrahierenden Faktoren fest.

- *MINEIGEN=Zahl* stellt das Minimum-Eigenwert-Kriterium für die Anzahl der zu extrahierenden Faktoren dar. Es legt fest, bis zu welchem Wert eines Eigenwerts Faktoren extrahiert werden sollen. **Voreingestellt** ist *MINEIGEN=***1** (Kriterium von Kaiser).

- *PROPORTION=Prozentzahl* stellt das Minimum-Prozent-Kriterium dar. Sie legt fest, **wieviel %** der Gesamtvarianz der Variablen durch die zu extrahierenden Faktoren erklärt werden soll. Ein Richtwert ist normalerweise 75%, voreingestellt sind 100%.

  Beachte:

  Von den Optionen *NFACTORS*, *MINEIGEN*, und *PERCENT* können auch mehrere gleichzeitig angegeben werden. PROC FACTOR extrahiert die **kleinste** Anzahl an Faktoren, die von einem der angegebenen Kriterien ermittelt wurde. Wird keine der drei Optionen angegeben, so verwendet PROC FACTOR - in Abhängigkeit von der *PRIORS*-Option - die folgenden Voreinstellungen:

Priors-Option	als Voreinstellung verwendetes Kriterium
ONE (oder keine Angabe)	MINEIGEN
MAX	PROPORTION
SMC	PROPORTION

  Die Zahl der zu extrahierenden Faktoren wird immer nach den obigen Kriterien bestimmt, selbst wenn - optional - ein SCREE-Plot angefordert wurde

- *ROTATE=Rotationsverfahren* bewirkt, daß die geschätzte Ladungsmatrix einer Rotation unterzogen wird. Als Verfahren stehen unter anderem zu Verfügung:

ORTHOMAX	(orthogonale Rotation)
VARIMAX	(orthogonale Rotation)
QUARTIMAX	(orthogonale Rotation)
PROMAX	(schiefwinklige Rotation)

- *CORR* bewirkt die Ausgabe der Stichproben-Korrelationsmatrix.

- *EIGENVECTORS* bewirkt die Ausgabe der Eigenvektoren der Stichproben-Korrelationsmatrix, falls die Faktorenanalyse nach der Hauptkomponentenmethode durchgeführt wurde, und die Ausgabe der Eigenvektoren der reduzierten Korrelationsmatrix $\underline{R}_r$, falls die Analyse nach der Methode der Hauptfaktorenanalyse durchgeführt wurde. Die Anzahl der ausgegebenen Vektoren entspricht dabei der Anzahl der extrahierten Faktoren.

- *RESIDUALS* bewirkt die Ausgabe der Residual-Korrelationsmatrix $\underline{U}_k$ und der Mittleren Quadratsumme der Residual-Korrelationen auf den Nebendiagonalen insgesamt

$$MSU_g = \sqrt{\frac{\sum_{i<j} u_{k_{ij}}^2}{\frac{p\cdot(p-1)}{2}}}$$ **(Root Mean Square off-diagonal residuals total)**,

sowie pro Variable

$$MSU_i = \sqrt{\frac{\sum_{\substack{j=1 \\ j\neq i}}^{p} u_{k_{ij}}^2}{p-1}}$$ **(Root Mean Square off-diagonal residuals)**

mit $u_{k_{ij}}^2$: Elemente (Residual-Korrelationen) der Matrix $\underline{U}_k$

(i = 1, ..., p).

Zusätzlich werden die Residual-Korrelationsmatrix mit den **partiellen** Residual-Korrelationen (hier werden allerdings die Einflüsse der **Faktoren** konstant gehalten) und die Mittleren Quadratsummen der Residual-Korrelationen auf den Nebendiagonalen insgesamt sowie pro Variable ausgegeben.

- *SCORE* bewirkt die Ausgabe der standardisierten Umbewertungskoeffizienten der Matrix $\underline{B}_k$ bzw. $\underline{B}_k^*$ (falls eine Rotation durchgeführt wurde) **(standardized scoring coefficients)** sowie der quadrierten multiplen Korrelationskoeffizienten eines jeden Faktors mit den Variablen.

- *SCREE* bewirkt die Ausgabe eines SCREE-Plots der Eigenwerte. Die Bestimmung der Anzahl der zu extrahierenden Faktoren erfolgt bei SAS jedoch nicht nach dem SCREE-Plot.

- *SIMPLE* bewirkt die Ausgabe der arithmetischen Mittel und Standardabweichungen der ursprünglichen Variablen.

- *OUT=SAS-Datendatei* erstellt eine neue Datendatei mit allen Variablen der Input-Datei und zusätzlich den geschätzen Faktorenwerten (Bezeichnung der Faktoren mit FACTOR1, FACTOR2, usw.). Für die Wirksamkeit dieser Option muß zusätzlich die 'NFACTORS='-Option gegeben werden.

- *ALL* bewirkt die Ausgabe aller zu Verfügung stehenden Optionen inklusive der Inversen der Stichproben-Korrelationsmatrix.

Die VAR-Anweisung

In dieser Anweisung werden die Variablen der Datendatei spezifiziert, mit denen eine Faktorenanalyse durchgeführt werden soll. Als Voreinstellung verwendet SAS alle diejenigen Variablen der Datendatei, die in keiner anderen Anweisung der Prozedur angegeben wurden.

Die PRIORS-Anweisung

Anstelle der in der PRIORS-Option der PROC FACTOR-Anweisung zur Auswahl stehenden Kommunalitätenschätzungen können hier individuelle Kommunalitätenschätzwerte (entsprechend der Anzahl der Variablen in der VAR-Anweisung) angegeben werden.

Die BY-Anweisung

Die Wirkung dieser Anweisung wurde bereits mehrfach bei anderen Prozeduren erläutert.

Die FREQ-Anweisung

Hier kann, wie ebenfalls bei anderen Prozeduren beschrieben, eine *Variable* angegeben werden, die die Häufigkeiten enthält, mit denen die entsprechenden Werte der anderen Variablen auftreten.

Berechnung der geschätzten Faktorenwerte

Zu diesem Zweck muß in der PROC FACTOR-Anweisung die Option *SCORE* angegeben werden sowie die Option *OUTSTAT=SAS-Datendatei2*. Die Berechnung der Faktorenwerte erfolgt dann in einer eigenen Prozedur, der Prozedur **PROC SCORE**.

Die Syntax dieser Prozedur lautet:

PROC SCORE *DATA=ursprüngliche SAS-Datei SCORE=SAS-Datendatei2*
OUT=SAS-Datendatei3;

Will man nun Analysen mit den neuen Faktorenwerten durchführen, so muß bei den weiteren Analysen die zu verarbeitende Datei mit der Option

DATA=SAS-Datendatei3

angegeben werden. Will man die Faktorenwerte als Output, so muß dies über die PRINT-Prozedur angegeben werden:

PROC PRINT *DATA=SAS-Datendatei3;*.

10.6.2. Fehlende Werte

Fehlen bei einer Variablen Beobachtungswerte, werden die entsprechenden Objekte aus der Analyse ausgeschlossen.

10.6.3. Output

Zur Aufgabenstellung vergleiche man Abschnitt 9.5.3.

10.6.3.1. Output einer Faktorenanalyse nach der Hauptkomponentenmethode

Mit den Variablen der sieben Wettkampfarten soll nun eine Faktorenanalyse nach der Hauptkomponentenmethode durchgeführt werden. Zudem sollen die extrahierten Faktoren nach der VARIMAX-Methode rotiert werden. Zusätzlich soll ein SCREE-Plot erstellt werden. Abschließend sollen die neuen Faktorenwerte berechnet und ausgegeben werden.

Das SAS-Programm zu diesem Analyseproblem lautet

```
proc factor data=sasuser.olympia method=principal
rotate=varimax scree score outstat=sasuser.olymp1;
var lauf1 hoch kugel lauf2 weit speer lauf3;
proc score data=sasuser.olympia score=sasuser.olymp1
out=sasuser.olymp2;
proc print data=sasuser.olymp2;
run;
```

Dieses SAS-Programm liefert den folgenden Output

```
Initial Factor Method: Principal Components

Prior Communality Estimates: ONE

Eigenvalues of the Correlation Matrix: Total = 7
Average = 1

                    1           2           3           4
Eigenvalue     4.4603      1.1943      0.5210      0.4572
Difference     3.2660      0.6733      0.0638      0.2119
Proportion     0.6372      0.1706      0.0744      0.0653
Cumulative     0.6372      0.8078      0.8822      0.9475

                    5           6           7
Eigenvalue     0.2453      0.0730      0.0490
Difference     0.1723      0.0240
Proportion     0.0350      0.0104      0.0070
Cumulative     0.9826      0.9930      1.0000

2 factors will be retained by the MINEIGEN criterion.
Initial Factor Method: Principal Components
```

```
Scree Plot of Eigenvalues

     |
     |
     |
   6 +
     |
     |
     |
E    |
i    |         1
g  4 +
e    |
n    |
v    |
a    |
l    |
u  2 +
e    |
s    |                  2
     |
     |                         3
     |                                 4       5
   0 +                                                 6       7
     |
     |
     |
     --+-------+-------+-------+-------+-------+-------+-------+--
       0       1       2       3       4       5       6       7

                                 Number
```

Initial Factor Method: Principal Components

Factor Pattern

	FACTOR1	FACTOR2	
LAUF1	-0.95643	0.17258	100 Meter
HOCH	0.79662	-0.27111	Hochsprung
KUGEL	0.76679	0.31628	Kugelstossen
LAUF2	-0.86145	-0.28456	200 Meter
WEIT	0.96353	-0.06106	Weitsprung
SPEER	0.15926	0.91984	Speerwurf
LAUF3	-0.79189	0.24533	800 Meter

Variance explained by each factor

FACTOR1	FACTOR2
4.460275	1.194321

Final Communality Estimates: Total = 5.654596

LAUF1	HOCH	KUGEL	LAUF2	WEIT
0.944553	0.708104	0.687993	0.823069	0.932124

```
     SPEER      LAUF3
  0.871475   0.687279


Rotation Method: Varimax

Orthogonal Transformation Matrix

                 1          2

    1        -0.97034    0.24172
    2         0.24172    0.97034

Rotated Factor Pattern

           FACTOR1    FACTOR2

LAUF1       0.96979   -0.06373    100 Meter
HOCH       -0.83853   -0.07050    Hochsprung
KUGEL      -0.66759    0.49225    Kugelstossen
LAUF2       0.76712   -0.48436    200 Meter
WEIT       -0.94972    0.17366    Weitsprung
SPEER       0.06781    0.93106    Speerwurf
LAUF3       0.82771    0.04664    800 Meter

Variance explained by each factor

   FACTOR1    FACTOR2
  4.269443   1.385153


Final Communality Estimates: Total = 5.654596

     LAUF1       HOCH      KUGEL      LAUF2       WEIT
  0.944553   0.708104   0.687993   0.823069   0.932124


     SPEER      LAUF3
  0.871475   0.687279

Rotation Method: Varimax

Scoring Coefficients Estimated by Regression

Squared Multiple Correlations of the Variables with each
Factor

   FACTOR1    FACTOR2
  1.000000   1.000000
```

Standardized Scoring Coefficients

	FACTOR1	FACTOR2	
LAUF1	0.24301	0.08838	100 Meter
HOCH	-0.22818	-0.17709	Hochsprung
KUGEL	-0.10280	0.29852	Kugelstossen
LAUF2	0.12982	-0.27788	200 Meter
WEIT	-0.22198	0.00261	Weitsprung
SPEER	0.15152	0.75597	Speerwurf
LAUF3	0.22193	0.15641	800 Meter

OBS	LAUF1	HOCH	KUGEL	LAUF2	WEIT	SPEER	LAUF3
1	12.69	1.86	15.80	22.56	7.27	45.66	128.51
2	12.85	1.80	16.23	23.65	6.71	42.56	126.12
3	13.20	1.83	14.20	23.10	6.68	44.54	124.20
4	13.61	1.80	15.23	23.92	6.25	42.78	132.24
5	13.51	1.74	14.76	23.93	6.32	47.46	127.90
6	13.75	1.83	13.50	24.65	6.33	42.82	125.79
7	13.38	1.80	12.88	23.59	6.37	40.28	132.54
8	13.55	1.80	14.13	24.48	6.47	38.00	133.65
9	13.63	1.83	14.28	24.86	6.11	42.20	136.05
10	13.25	1.77	12.62	23.59	6.28	39.06	134.74
11	13.75	1.86	13.01	25.03	6.34	37.86	131.49
12	13.24	1.80	12.88	23.59	6.37	40.28	132.54
13	13.85	1.86	11.58	24.87	6.05	47.50	134.93
14	13.71	1.83	13.16	24.78	6.12	44.58	142.82
15	13.79	1.80	12.32	24.61	6.08	45.44	137.06
16	13.93	1.86	14.21	25.00	6.40	38.60	146.67
17	13.47	1.80	12.75	25.47	6.34	35.76	138.48
18	14.07	1.83	12.69	24.83	6.13	44.34	146.43
19	14.39	1.71	12.68	24.92	6.10	37.76	138.02
20	14.04	1.77	11.81	25.61	5.99	35.68	133.90
21	14.31	1.77	11.66	25.69	5.75	39.48	133.35
22	14.23	1.71	12.95	25.50	5.50	39.64	144.02
23	14.85	1.68	10.00	25.23	5.47	39.14	137.30
24	14.53	1.71	10.83	26.61	5.50	39.26	139.17
25	16.42	1.50	11.78	26.16	4.88	46.38	163.43

OBS	FACTOR1	FACTOR2
1	-1.61883	1.57486
2	-1.20840	0.79490
3	-1.06726	0.90594
4	-0.46409	0.76844
5	-0.23664	1.71219
6	-0.49717	0.04897
7	-0.57719	-0.16152
8	-0.60262	-0.61071
9	-0.21126	0.19061

```
10  -0.46545  -0.38008
11  -0.56442  -1.17609
12  -0.62337  -0.17831
13   0.18548   0.71427
14   0.15984   0.63424
15   0.21047   0.66712
16  -0.18188  -0.46131
17  -0.30695  -1.56738
18   0.39937   0.58604
19   0.37670  -0.69245
20   0.09025  -1.76442
21   0.46038  -0.98646
22   0.90478  -0.31313
23   1.17706  -0.91702
24   1.15239  -1.19199
25   3.50880   1.80329
```

Der Output enthält die folgenden Größen:

Bezeichnung	**Erklärung**
Prior Communality Estimates	Ausgabe der anfänglichen Kommunalitätenschätzungen (Option und gegebenenfalls Werte)
Eigenvalues of the Correlation Matrix	Eigenwertanalyse der Stichproben-Korrelationsmatrix. Dabei ist
Total	Summe der Eigenwerte $\sum_{i=1}^{p} \lambda_i = sp\, \underline{R}$
Average	arithmetisches Mittel der Eigenwerte $\frac{1}{p}\sum_{i=1}^{p} \lambda_i$
Eigenvalue	tatsächlicher Eigenwert
Difference	Differenz zwischen betrachtetem und nachfolgendem Eigenwert $d_i^{EW} = \lambda_i - \lambda_{i+1}$ (i = 1, ..., p-1)
Proportion	relative Anteile der Eigenwerte $\frac{\lambda_i}{sp\, \underline{R}}$
Cumulative	kumulierter relativer Anteil der Eigenwerte $\frac{\sum_{j=1}^{i} \lambda_j}{sp\, \underline{R}}$ (i = 1, .., p)

... factors will be retained by the ... criterion	Anzahl der beibehaltenen Faktoren nach dem angegebenen Kriterium
Scree-Plot	Ausgabe eines Scree-Plots der Eigenwerte von $\underline{R}$
Factor Pattern	die geschätzte nicht-rotierte Faktorladungsmatrix $\hat{\underline{\Lambda}}_k$
Variance explained by each factor	die von jedem Faktor erklärte Varianz aller urprünglichen Variablen; dies entspricht bei Faktorextraktion aus $\underline{R}$ den Eigenwerten dieser Matrix, wobei nur die ersten k Eigenwerte bei der Extraktion von k Faktoren berücksichtigt werden. Sie kann aber auch berechnet werden als die Summe der quadrierten Ladungen des betreffenden Faktors.
Final Communality Estimates	die Kommunalitätenschätzungen nach erfolgter Faktorextraktion als Elemente der Diagonalmatrix $diag\left(\hat{\underline{\Lambda}}_k \hat{\underline{\Lambda}}_k'\right)$, sowie
Total	Summe der Kommunalitätenschätzungen: $sp\left[diag\left(\hat{\underline{\Lambda}}_k \hat{\underline{\Lambda}}_k'\right)\right]$
Rotation Method	Angabe der verwendeten Rotations-Methode
Orthogonal Transformation Matrix	Verwendete orthogonale Rotationsmatrix $\underline{\Gamma}$
Rotated Factor Pattern	rotierte Faktorladungsmatrix $\hat{\underline{\Lambda}}_k^* = \hat{\underline{\Lambda}}_k \underline{\Gamma}$
Variance explained by each factor	die von jedem Faktor erklärte Varianz aller urprünglichen Variablen nach der Rotation; sie kann auch berechnet werden als die Summe der quadrierten Ladungen des betreffenden Faktors.

Final communality Estimates	endgültige Kommunalitätenschätzungen nach erfolgter Rotation als Elemente der Diagonalmatrix $diag\left(\hat{\underline{\Lambda}}_k^* \hat{\underline{\Lambda}}_k^{*\prime}\right)$, sowie
Total	Summe der Kommunalitätenschätzungen nach durchgeführter Rotation: $sp\left[diag\left(\hat{\underline{\Lambda}}_k^* \hat{\underline{\Lambda}}_k^{*\prime}\right)\right]$
Squared multiple correlations of the Variables with each factor	Quadrierter multipler Korrelationskoeffizient der Variablen mit dem betreffenden Faktor
Standardized Scoring Coefficients	Koeffizienten der Matrix $\underline{B}_k^*$

Abschließend erfolgt die Ausgabe der rotierten geschätzten Faktorenwerte, also die Elemente der Matrix $\underline{\tilde{F}}_k$

Falls eine schiefwinklige Rotation gewählt wurde gibt PROC FACTOR zusätzlich nach den Varianzerklärungsanteilen noch die Korrelationen zwischen den Faktoren aus.

10.6.3.2. Output einer Hauptfaktorenanalyse

Mit den sieben Variablen soll nun eine Hauptfaktorenanalyse durchgeführt werden. Zudem sollen die extrahierten Faktoren nach der QUARTIMAX-Methode rotiert werden. Zusätzlich soll wiederum ein SCREE-Plot ausgegeben werden. Als Schätzwerte für die Kommunalitäten sollen die quadrierten multiplen Korrelationskoeffizienten der Variablen verwendet werden.

Das SAS-Programm zu diesem Analyseproblem lautet.

```
proc factor data=sasuser.olympia priors=smc
rotate=quartimax scree;
var lauf1 hoch kugel lauf2 weit speer lauf3;
run;
```

Dieses SAS-Programm liefert den folgenden Output:

```
Initial Factor Method: Principal Factors

Prior Communality Estimates: SMC

    LAUF1      HOCH      KUGEL     LAUF2      WEIT
  0.912821  0.812525  0.675368  0.841719  0.921086

    SPEER     LAUF3
  0.427975  0.634613

Eigenvalues of the Reduced Correlation Matrix:
Total = 5.22610749  Average = 0.74658678

                     1          2          3          4
Eigenvalue      4.2785     0.7577     0.2048     0.1549
Difference      3.5208     0.5529     0.0499     0.1622
Proportion      0.8187     0.1450     0.0392     0.0296
Cumulative      0.8187     0.9637     1.0028     1.0325

                     5          6          7
Eigenvalue     -0.0074    -0.0450    -0.1173
Difference      0.0376     0.0723
Proportion     -0.0014    -0.0086    -0.0224
Cumulative      1.0311     1.0224     1.0000

3 factors will be retained by the PROPORTION criterion.
Initial Factor Method: Principal Factors

Scree Plot of Eigenvalues

     6 +
       |
       |
       |
       |
       |       1
     4 +
E      |
i      |
g      |
e      |
n      |
v    2 +
a      |
l      |
u      |
e      |               2
s      |                       3
     0 +                               4       5       6       7
       |
       |
       |
       |
       |
    -2 +
       -+-------+-------+-------+-------+-------+-------+-------+-
        0       1       2       3       4       5       6       7

                               Number
```

```
Initial Factor Method: Principal Factors

Factor Pattern

            FACTOR1   FACTOR2   FACTOR3

LAUF1      -0.95791   0.17802   0.04546    100 Meter
HOCH        0.78088  -0.32163   0.32758    Hochsprung
KUGEL       0.72559   0.31938   0.04068    Kugelstossen
LAUF2      -0.84738  -0.34184   0.16366    200 Meter
WEIT        0.96674  -0.03995   0.01749    Weitsprung
SPEER       0.13933   0.60330   0.17096    Speerwurf
LAUF3      -0.74336   0.19527   0.19347    800 Meter

Variance explained by each factor

   FACTOR1   FACTOR2   FACTOR3
  4.278468  0.757692  0.204780

Final Communality Estimates: Total = 5.240940

     LAUF1      HOCH     KUGEL     LAUF2      WEIT
  0.951350  0.820528  0.630138  0.861689  0.936489


     SPEER     LAUF3
  0.412604  0.628142

Rotation Method: Quartimax

Orthogonal Transformation Matrix

                  1         2         3

      1    -0.99530   0.09261   0.02824
      2     0.08099   0.95620  -0.28128
      3     0.05305   0.27767   0.95921

Rotated Factor Pattern

            FACTOR1   FACTOR2   FACTOR3

LAUF1       0.97024   0.09413  -0.03352    100 Meter
HOCH       -0.78588  -0.14426   0.42674    Hochsprung
KUGEL      -0.69415   0.38389  -0.03033    Kugelstossen
LAUF2       0.82439  -0.35990   0.22920    200 Meter
WEIT       -0.96451   0.05619   0.05531    Weitsprung
SPEER      -0.08074   0.63725  -0.00178    Speerwurf
LAUF3       0.76594   0.17160   0.10967    800 Meter
```

```
Variance explained by each factor

   FACTOR1    FACTOR2    FACTOR3
  4.243906   0.745260   0.251774

Rotation Method: Quartimax

Final Communality Estimates: Total = 5.240940

     LAUF1       HOCH      KUGEL      LAUF2       WEIT
  0.951350   0.820528   0.630138   0.861689   0.936489


    SPEER      LAUF3
 0.412604   0.628142
```

Der Output enthält die folgenden Größen

Bezeichnung	**Erklärung**
Prior Communality Estimates	Ausgabe der anfänglichen Kommunalitätenschätzungen (Option und gegebenenfalls Werte)
Eigenvalues of the reduced Correlation Matrix	Eigenwertanalyse der reduzierten Stichproben-Korrelationsmatrix $\underline{R}_r$. Dabei ist
Total	Summe der Eigenwerte $\sum_{i=1}^{p} \lambda_i = sp\ \underline{R}_r$
Average	arithmetisches Mittel der Eigenwerte $\frac{1}{p}\sum_{i=1}^{p} \lambda_i$
Eigenvalue	tatsächlicher Eigenwert
Difference	Differenz zwischen betrachtetem und nachfolgendem Eigenwert $d_i^{EW} = \lambda_i - \lambda_{i+1}$ (i = 1, ..., p-1)
Proportion	relative Anteile der Eigenwerte $\frac{\lambda_i}{sp\ \underline{R}_r}$
Cumulative	kumulierter relativer Anteil der Eigenwerte $\frac{\sum_{j=1}^{i} \lambda_j}{sp\ \underline{R}_r}$ (i = 1, .., p)

... factors will be retained by the ... criterion	Anzahl der beibehaltenen Faktoren nach dem angegebenen Kriterium
Scree-Plot	Ausgabe eines Scree-Plots der Eigenwerte von $\underline{R}_r$
Factor Pattern	die geschätzte nicht-rotierte Faktorladungsmatrix $\underline{\hat{\Lambda}}_k$
Variance explained by each factor	die von jedem Faktor erklärte Varianz aller urprünglichen Variablen; dies entspricht bei Faktorextraktion aus $\underline{R}_r$ den Eigenwerten dieser Matrix, wobei nur die ersten k Eigenwerte bei der Extraktion von k Faktoren berücksichtigt werden. Sie kann aber auch berechnet werden als die Summe der quadrierten Ladungen des betreffenden Faktors.
Final Communality Estimates	die Kommunalitätenschätzungen nach erfolgter Faktorextraktion als Elemente der Diagonalmatrix $diag\left(\underline{\hat{\Lambda}}_k \underline{\hat{\Lambda}}_k^{'}\right)$, sowie
Total	Summe der Kommunalitätenschätzungen: $sp\left[diag\left(\underline{\hat{\Lambda}}_k \underline{\hat{\Lambda}}_k^{'}\right)\right]$
Rotation Method	Angabe der verwendeten Rotations-Methode
Orthogonal Transformation Matrix	Verwendete orthogonale Rotationsmatrix $\underline{\Gamma}$
Rotated Factor Pattern	rotierte Faktorladungsmatrix $\underline{\hat{\Lambda}}_k^{*} = \underline{\hat{\Lambda}}_k \underline{\Gamma}$
Variance explained by each factor	die von jedem Faktor erklärte Varianz aller urprünglichen Variablen nach der Rotation; sie kann auch berechnet werden als die Summe der quadrierten Ladungen des betreffenden Faktors.

Final communality Estimates	endgültige Kommunalitätenschätzungen nach erfolgter Rotation als Elemente der Diagonalmatrix $diag\left(\underline{\hat{\Lambda}}_k^* \underline{\hat{\Lambda}}_k^{*\prime}\right)$, sowie
Total	Summe der Kommunalitätenschätzungen nach durchgeführter Rotation: $sp\left[diag\left(\underline{\hat{\Lambda}}_k^* \underline{\hat{\Lambda}}_k^{*\prime}\right)\right]$

Falls eine schiefwinklige Rotation gewählt wurde gibt PROC FACTOR zusätzlich nach den Varianzerklärungsanteilen noch die Korrelationen zwischen den Faktoren an.

10.6.3.3. Output einer iterativen Hauptfakorenanalyse

Mit den sieben Variablen soll nun eine iterative Hauptfaktorenanalyse durchgeführt werden. Die Anzahl der zu extrahierenden Faktoren soll anhand des Kriteriums von Kaiser festgestellt werden. Als Schätzwerte für die Kommunalitäten sollen die absoluten maximalen Korrelationskoeffizienten der Variablen verwendet werden.

Das SAS-Programm zu diesem Analyseproblem lautet.

```
proc factor data=sasuser.olympia method=prinit
  priors=max mineigen=1;
var lauf1 hoch kugel lauf2 weit speer lauf3;
run;
```

Dieses SAS-Programm liefert den folgenden Output:

```
Initial Factor Method: Iterated Principal Factor Analysis

Prior Communality Estimates: MAX

     LAUF1      HOCH     KUGEL     LAUF2      WEIT
  0.912134  0.811403  0.743073  0.817205  0.912134


     SPEER     LAUF3
  0.333043  0.779257
```

```
Preliminary Eigenvalues:
Total = 5.3082479  Average = 0.75832113

                       1             2             3             4
Eigenvalue        4.2994        0.7328        0.2554        0.1518
Difference        3.5666        0.4774        0.1036        0.1273
Proportion        0.8099        0.1380        0.0481        0.0286
Cumulative        0.8099        0.9480        0.9961        1.0247

                          5             6             7
Eigenvalue           0.0245       -0.0208       -0.1348
Difference           0.0453        0.1140
Proportion           0.0046       -0.0039       -0.0254
Cumulative           1.0293        1.0254        1.0000

1 factors will be retained by the MINEIGEN criterion.

Iter    Change    Communalities

  1    0.314798    0.91355 0.60642 0.53983 0.70595 0.92613
                   0.01824 0.58927
  2    0.042174    0.93417 0.56425 0.50180 0.68472 0.95252
                   0.01578 0.55153
  3    0.013468    0.94470 0.55455 0.49399 0.67913 0.96599
                   0.01570 0.54286
  4    0.005811    0.94903 0.55202 0.49208 0.67710 0.97180
                   0.01566 0.54050
  5    0.002393    0.95068 0.55128 0.49152 0.67625 0.97419
                   0.01564 0.53976
  6    0.000974    0.95129 0.55105 0.49133 0.67589 0.97517
                   0.01563 0.53950

Convergence criterion satisfied.
Initial Factor Method: Iterated Principal Factor Analysis

Eigenvalues of the Reduced Correlation Matrix:
Total = 4.19931693  Average = 0.59990242

                       1             2             3             4
Eigenvalue        4.1999        0.4941        0.0809       -0.0184
Difference        3.7058        0.4132        0.0994        0.0777
Proportion        1.0001        0.1177        0.0193       -0.0044
Cumulative        1.0001        1.1178        1.1371        1.1327

                       5             6             7
Eigenvalue       -0.0961       -0.1572       -0.3038
Difference        0.0610        0.1467
Proportion       -0.0229       -0.0374       -0.0724
Cumulative        1.1098        1.0724        1.0000
```

```
Factor Pattern

             FACTOR1

LAUF1      -0.97534    100 Meter
HOCH        0.74233    Hochsprung
KUGEL       0.70095    Kugelstossen
LAUF2      -0.82213    200 Meter
WEIT        0.98750    Weitsprung
SPEER       0.12501    Speerwurf
LAUF3      -0.73451    800 Meter

Variance explained by each factor

   FACTOR1
  4.199852

Initial Factor Method: Iterated Principal Factor Analysis

Final Communality Estimates: Total = 4.199852

     LAUF1       HOCH      KUGEL      LAUF2       WEIT
  0.951289   0.551049   0.491328   0.675892   0.975166


     SPEER      LAUF3
  0.015627   0.539501
```

Der Output enthält die folgenden Größen:

Bezeichnung	**Erklärung**
Prior Communality Estimates	Ausgabe der anfänglichen Kommunalitätenschätzungen (Option und gegebenenfalls Werte)
Preliminary Eigenvalues	Eigenwertanalyse der reduzierten Ausgangsmatrix $\underline{R}_{r0}$.
	Dabei ist
Total	Summe der Eigenwerte $\sum_{i=1}^{p} \lambda_i = sp\ \underline{R}_{r0}$
Average	arithmetisches Mittel der Eigenwerte $\frac{1}{p}\sum_{i=1}^{p} \lambda_i$
Eigenvalue	tatsächlicher Eigenwert

Difference	Differenz zwischen betrachtetem und nachfolgendem Eigenwert $d_i^{EW} = \lambda_i - \lambda_{i+1}$ (i = 1, ..., p-1)
Proportion	relative Anteile der Eigenwerte $\frac{\lambda_i}{sp\,\underline{R}_{r0}}$
Cumulative	kumulierter relativer Anteil der Eigenwerte $\frac{\sum_{j=1}^{i}\lambda_j}{sp\,\underline{R}_{r0}}$ (i = 1, .., p)
... factors will be retained by the ... criterion	Anzahl der beibehaltenen Faktoren nach dem angegebenen Kriterium
Iter	Iterationsprotokoll. Es umfaßt für jeden Iterationsschritt die Werte
Change	maximale Änderung in den geschätzten Kommunalitäten vom vorangegangenen Iterationsschritt zum aktuellen
Communalities	geschätzte neue Kommunalitäten in der jeweiligen Iterationsstufe
Convergence criterion satisfied	Mitteilung, daß das Konvergenzkriterium erreicht und damit keine weiteren Iterationen durchgeführt wurden.
Eigenvalues of the reduced Correlation Matrix	Eigenwertanalyse der nach der t-ten und letzten Iteration erhaltenen reduzierten Stichproben-Korrelationsmatrix $\underline{R}_{tr}$. Dabei ist
Total	Summe der Eigenwerte $\sum_{i=1}^{p}\lambda_i = sp\,\underline{R}_{tr}$
Average	arithmetisches Mittel der Eigenwerte $\frac{1}{p}\sum_{i=1}^{p}\lambda_i$
Eigenvalue	tatsächlicher Eigenwert

Difference	Differenz zwischen betrachtetem und nachfolgendem Eigenwert $d_i^{EW} = \lambda_i - \lambda_{i+1}$ (i = 1, ..., p-1)
Proportion	relative Anteile der Eigenwerte $\frac{\lambda_i}{sp\,\underline{R}_{tr}}$
Cumulative	kumulierter relativer Anteil der Eigenwerte $\frac{\sum_{j=1}^{i}\lambda_j}{sp\,\underline{R}_{tr}}$ (i = 1, .., p)
Factor Pattern	die geschätzte nicht-rotierte Faktorladungsmatrix $\underline{\hat{\Lambda}}_{kt}$ nach der t-ten und letzten Iteration
Variance explained by each factor	die von jedem Faktor erklärte Varianz aller urprünglichen Variablen; dies entspricht bei Faktorextraktion aus $\underline{R}_{tr}$ den Eigenwerten dieser Matrix, wobei nur die ersten k Eigenwerte bei der Extraktion von k Faktoren berücksichtigt werden. Sie kann aber auch berechnet werden als die Summe der quadrierten Ladungen des betreffenden Faktors.
Final Communality Estimates	die Kommunalitätenschätzungen nach der t-ten Iteration als Elemente der Diagonalmatrix $diag\left(\underline{\hat{\Lambda}}_{kt}\,\underline{\hat{\Lambda}}_{kt}'\right)$, sowie
Total	Summe der Kommunalitätenschätzungen: $sp\left[diag\left(\underline{\hat{\Lambda}}_{kt}\,\underline{\hat{\Lambda}}_{kt}'\right)\right]$

Anhang A: Der P-WERT zur Überprüfung von Hypothesen

Normalerweise wird zur Prüfung von Nullhypothesen eine entsprechende Prüfgröße berechnet, anschließend - ausgehend von der Verteilung dieser Prüfgröße bei Gültigkeit der Nullhypothese - der Ablehnungsbereich bei festgelegtem Signifikanzniveau α für diese Prüfgröße bestimmt und eine Entscheidung über Ablehnung bzw. Nichtablehnung der Nullhypothese getroffen.
Bei der Hypothesenprüfung mit Hilfe des P-Wertes - auch bezeichnet als Wahrscheinlichkeit p - wird zwar noch die Prüfgröße für den jeweiligen Test berechnet, die Festlegung des Ablehnungsbereiches entfällt jedoch. Die Vorgehensweise soll nun explizit am Beispiel einer Hypothesenprüfung für den Erwartungswert einer Normalverteilung erläutert werden.

Überprüfung einer Punkthypothese $(H_0: \mu = \mu_0)$ für den Erwartungswert einer Normalverteilung bei unbekannter Varianz

Für diese Hypothesenprüfung wird zuerst die Prüfgröße

$$t = \frac{\bar{x} - \mu_0}{s} \cdot \sqrt{n}$$

$$\text{mit} \quad s = \sqrt{\frac{1}{n-1} \sum_{i=1}^{n} (x_i - \bar{x})^2}$$

berechnet. Der hierbei resultierende numerische Wert wird im folgenden immer mit t_{ber} bezeichnet.

Die Hypothese wird für **zu kleine** oder **zu große** Werte t_{ber} der Prüfgröße t abgelehnt, da dann die Abweichung $\bar{x} - \mu_0$ zu groß wird. Die Nullhypothese würde dann abgelehnt werden, falls

$$t_{ber} > t_{krit} = t(1 - \alpha/2; n-1)$$

oder

$$t_{ber} < -t_{krit} = -t(1 - \alpha/2; n-1).$$

mit $t(1-\alpha/2;n-1)$: $(1-\alpha/2) \cdot 100\%$-Quantil einer t-Verteilung mit n - 1 Freiheitsgraden

Bei der Berechnung des P-Wertes orientiert man sich an den **Intervallen** der beiden Ablehnungsbereiche. Der P-Wert gibt somit die Wahrscheinlichkeit an, bei Gültigkeit der Nullhypothese einen Wert für die Prüfgröße zu erhalten, der **entweder kleiner oder gleich dem negativen** Absolutwert der berechneten Prüfgröße t_{ber} ist (damit ist der untere Ablehnungsbereich abgedeckt) oder **größer oder gleich dem positiven** Absolutwert der berechneten Prüfgröße t_{ber} ist (damit ist der obere Ablehnungsbereich abgedeckt). Mit anderen Worten: Der P-Wert gibt bei einer Punkthypothese die Wahrscheinlichkeit an, bei Gültigkeit der Nullhypothese einen **absoluten** Wert für die Prüfgröße zu erhalten, der **größer oder gleich** dem **zum Betrag** genommenen Wert der berechneten Prüfgröße t_{ber} ist. Es gilt demnach:

$$p = W(|t| \geq |t_{ber}|) = W(t \leq -|t_{ber}|) + W(t \geq +|t_{ber}|) \underset{\Downarrow}{\overset{\text{Symmetrie der t-Verteilung}}{=}} 2 \cdot W(t \geq +|t_{ber}|)$$

Diese Wahrscheinlichkeiten können dann mit Hilfe der t-Verteilung und den entsprechenden Freiheitsgraden berechnet werden. Graphisch gesehen wird mit dem P-Wert bei einer Punkthypothese die Wahrscheinlichkeit berechnet, die der Summe der folgenden zwei gleich großen Flächen unter der Dichtefunktion einer t-Verteilung entspricht:

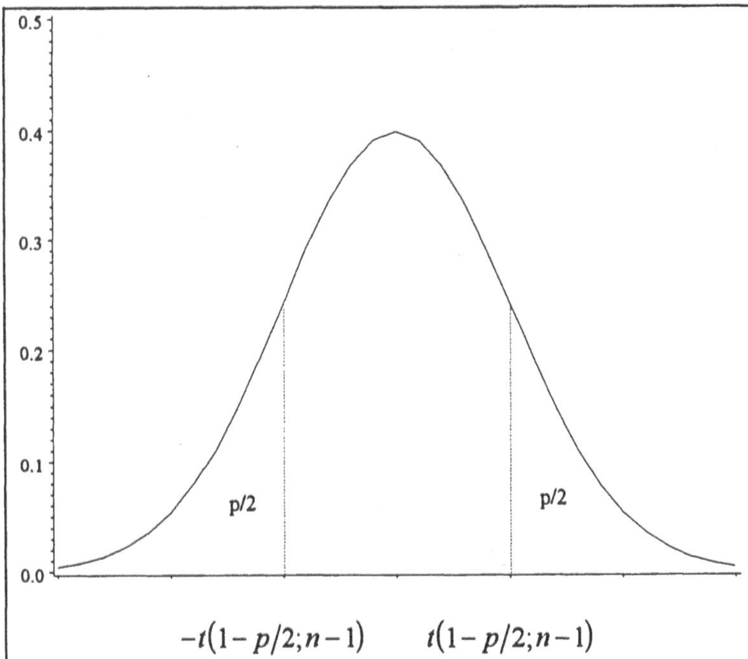

$$-t(1-p/2;n-1) = -|t_{ber}| \qquad t(1-p/2;n-1) = |t_{ber}|$$

Würde man mit dem traditionellen Ablehnungsbereich die Hypothesenprüfung durchführen, entsprächen die **kritischen** Werte den jeweiligen **negativen/positiven** $(1-\alpha/2)$**-Quantilen** einer t-Verteilung mit den entsprechenden Freiheitsgraden. Dabei entspricht die Fläche unter der Dichtefunktion ab $-t(1-\alpha/2;n-1)$ bzw. $t(1-\alpha/2;n-1)$ bis $-\infty$ bzw. $+\infty$ jeweils $\alpha/2$. Ist nun die Wahrscheinlichkeit p **kleiner** als die Irrtumswahrscheinlichkeit α, so bedeutet dies, daß die zugehörigen $(1-p/2)$-Quantile (also die Werte $-|t_{ber}|$ bzw. $|t_{ber}|$) im traditionellen **Ablehnungsbereich** liegen. Somit ist der Wert t_{ber} Element des Ablehnungsbereiches und die Nullhypothese ist **abzulehnen**.

Ist der P-Wert **größer** als die Irrtumswahrscheinlichkeit α, so bedeutet dies, daß die zugehörigen $(1-p/2)$-Quantile (also die Werte $-|t_{ber}|$ bzw. $|t_{ber}|$) im traditionellen **Nicht-Ablehnungsbereich** liegen, der Wert t_{ber} Element des Nichtablehnungsbereiches ist und die Nullhypothese **nicht abgelehnt** werden kann.

Beispiel für die Nicht-Ablehnung einer Punkthypothese

Bei einem Signifikanzniveau von $a = 0,05$ und 61 Beobachtungswerten ergibt sich für die kritischen Werte

$$-t_{krit} = -t(1-0,025;60) = -2$$

und

$$t_{krit} = t(1-0,025;60) = 2\,.$$

Als Wert der Prüfgröße sei $t_{ber} = 1$ erhalten worden. Der P-Wert wird nun berechnet als

$$p = W(|t| \geq |1|) = W(t \leq -|1|) + W(t \geq +|1|) = 2 \cdot W(t \geq 1) = 2 \cdot (1 - W(t \leq 1)) =$$
$$= 2 \cdot (1 - 0,8394) = 0,3212$$

Da 0,3212 > 0,05 kann die Punkthypothese nicht abgelehnt werden. Für eine graphische Darstellung der $(1-\alpha/2)$- und $(1-p/2)$-Quantile ergibt sich somit:

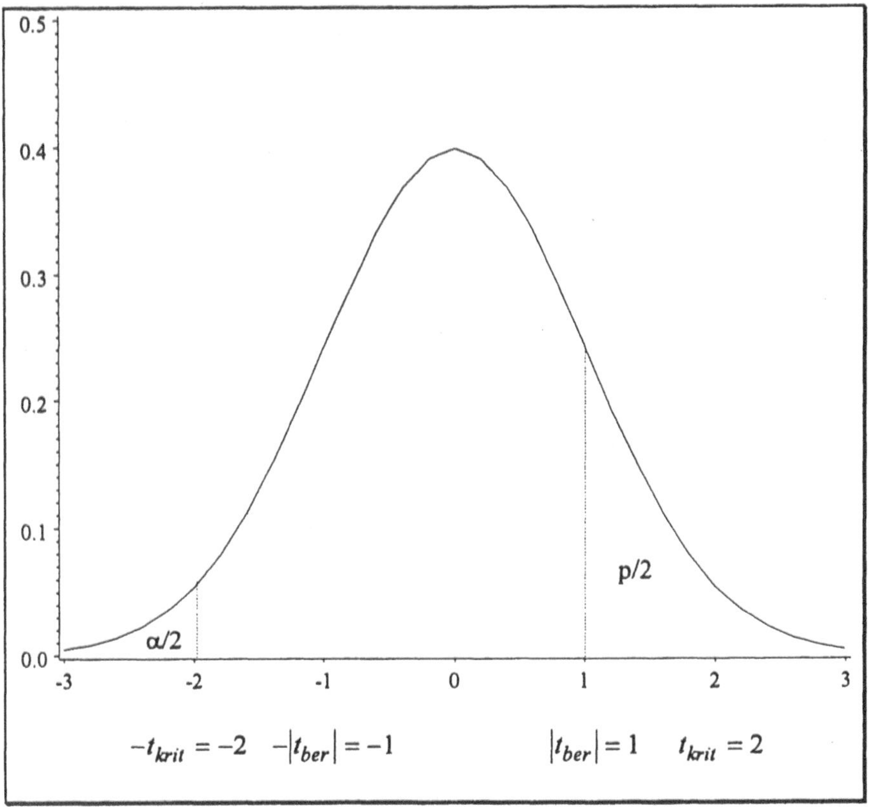

Soll eine **Höchsthypothese** $(H_0: \mu \leq \mu_0)$ überprüft werden, orientiert man sich bei der Berechnung des P-Wertes am **Intervall** des Ablehnungsbereiches $t_{ber} > t(1-\alpha; n-1)$. Der P-Wert gibt dann die Wahrscheinlichkeit an, bei Gültigkeit der Nullhypothese einen Wert für die Prüfgröße zu erhalten, der **größer oder gleich** dem Wert der berechneten Prüfgröße t_{ber} ist (damit ist der obere Ablehnungsbereich abgedeckt). Es gilt demnach:

$$p = W(t \geq t_{ber})$$

Würde man mit dem traditionellen Ablehnungsbereich die Hypothesenprüfung durchführen, entspräche der **kritische** Wert dem **positiven** (1-α)-**Quantil** einer t-Verteilung mit den entsprechenden Freiheitsgraden. Dabei ergibt die Fläche unter der Dichtefunktion ab $t(1-\alpha)$ bis $+\infty$ genau α. Ist nun die Wahrscheinlichkeit p **kleiner** als die Irrtumswahrscheinlichkeit α, so bedeutet dies, daß das zugehörige $(1-p)$-Quantil (also der Wert t_{ber}) im traditionellen **Ablehnungsbereich** liegt und die Nullhypothese **abzulehnen** ist. Ist der P-Wert **größer** als die Irrtumswahrscheinlichkeit α, so bedeutet dies, daß das zugehörige $(1-p)$-Quantil (oder t_{ber}) im traditionellen **Nicht-Ablehnungsbereich** liegt und die Nullhypothese **nicht abgelehnt** werden kann.

Soll eine **Mindesthypothese** $(H_0: \mu \geq \mu_0)$ überprüft werden, orientiert man sich bei der Berechnung des P-Wertes wiederum am **Intervall** des Ablehnungsbereiches $t_{ber} < -t(1-\alpha; n-1)$. Der P-Wert gibt dann die Wahrscheinlichkeit an, bei Gültigkeit der Nullhypothese einen Wert für die Prüfgröße zu erhalten, der **kleiner oder gleich** dem Wert der berechneten Prüfgröße t_{ber} ist (damit ist der untere Ablehnungsbereich abgedeckt). Es gilt demnach:

$$p = W(t \leq t_{ber})$$

Würde man mit dem traditionellen Ablehnungsbereich die Hypothesenprüfung durchführen, entspräche der **kritische** Wert dem **negativen** $(1-\alpha)$-**Quantil** einer t-Verteilung mit den entsprechenden Freiheitsgraden. Dabei ergibt die Fläche unter der Dichtefunktion ab $-t(1-\alpha)$ bis $-\infty$ genau α. Ist nun die Wahrscheinlichkeit p **kleiner** als die Irrtumswahrscheinlichkeit α, so bedeutet dies, daß das zugehörige $(1-p)$-Quantil (also der Wert t_{ber}) im traditionellen **Ablehnungsbereich** liegt und die Nullhypothese abzulehnen ist. Ist der P-Wert **größer** als die Irrtumswahrscheinlichkeit α, so bedeutet dies, daß das zugehörige $(1-p)$-Quantil (oder t_{ber}) im traditionellen **Nicht-Ablehnungsbereich** liegt und die Nullhypothese **nicht abgelehnt** werden kann.

Allgemein können **beliebige** Hypothesen, für deren Prüfgrößen die bekannten Verteilungen bestimmt werden können, mit Hilfe des P-Wertes überprüft werden. Auch bei der **Varianzanalyse** ist eine Hypothesenprüfung mit Hilfe des P-Wertes möglich. Normalerweise wird die Hypothese der Varianzanalyse für **zu große Werte** f_{ber} der Prüfgröße f abgelehnt. Bei der Ermittlung des P-Wertes orientiert man sich am Intervall des Ablehnungsbereiches $f_{ber} > f(1-\alpha; m-1; n-m)$. Dementsprechend gibt der P-Wert die Wahrscheinlichkeit an, bei Gültigkeit der Nullhypothese einen Wert für die Prüfgröße zu erhalten, der **noch größer** als der für die berechnete Prüfgröße f_{ber} ist:

$$p = W(f \geq f_{ber})$$

Würde man mit dem traditionellen Ablehnungsbereich die Hypothesenprüfung durchführen, entspräche der **kritische** Wert dem $(1-\alpha)$-**Quantil** der F-

Verteilung mit den jeweiligen Freiheitsgraden. Dabei ergibt die Fläche unter der Dichtefunktion ab $f(1-\alpha)$ bis $+\infty$ genau α. Ist nun die Wahrscheinlichkeit p **kleiner** als die Irrtumswahrscheinlichkeit α, so bedeutet dies, daß das zugehörige $(1-p)$-Quantil (also der Wert f_{ber}) im traditionellen **Ablehnungsbereich** liegt und die Nullhypothese **abzulehnen** ist. Ist der P-Wert **größer** als die Irrtumswahrscheinlichkeit α, so bedeutet dies, daß das zugehörige $(1-p)$-Quantil (also der Wert f_{ber}) im traditionellen **Nicht-Ablehnungsbereich** liegt und die Nullhypothese **nicht abgelehnt** werden kann.

Zusammenfassung für allgemeine Hypothesen

❶ ***Punkthypothese:***

P-Wert ≙ Wahrscheinlichkeit bei Gültigkeit von H_0 einen noch extremeren positiven oder negativen Absolutwert für die Prüfgröße PG zu erhalten als den berechneten Wert PG_{ber}:

$$p = W(|PG| \geq |PG_{ber}|)$$

① Ist $p > \alpha \Rightarrow PG_{ber} \in NAB \Rightarrow$ keine Ablehnung von H_0

② Ist $p < \alpha \Rightarrow PG_{ber} \in AB \Rightarrow$ Ablehnung von H_0

❷ ***Höchsthypothese:***

P-Wert ≙ Wahrscheinlichkeit bei Gültigkeit von H_0 einen noch größeren Wert für die Prüfgröße PG zu erhalten als den berechneten Wert PG_{ber}:

$$p = W(PG \geq PG_{ber})$$

① Ist $p > \alpha \Rightarrow PG_{ber} \in NAB \Rightarrow$ keine Ablehnung von H_0

② Ist $p < \alpha \Rightarrow PG_{ber} \in AB \Rightarrow$ Ablehnung von H_0

❸ ***Mindesthypothese:***

P-Wert ≙ Wahrscheinlichkeit bei Gültigkeit von H_0 einen noch kleineren Wert für die Prüfgröße PG zu erhalten als den berechneten Wert PG_{ber}:

$$p = W\left(PG \leq PG_{ber}\right)$$

① Ist $p > \alpha \Rightarrow PG_{ber} \in NAB \Rightarrow$ keine Ablehnung von H_0

② Ist $p < \alpha \Rightarrow PG_{ber} \in AB \Rightarrow$ Ablehnung von H_0

Anhang B: Grundbegriffe aus der Vektoren- und Matrizenrechnung

B.1. Definitionen

Unter einer Matrix $\underline{B}$ versteht man eine Menge von Zahlen, die in folgender Weise angeordnet sind:

$$\underline{B} = \begin{pmatrix} b_{11} & \cdots & b_{1m} \\ \vdots & \ddots & \vdots \\ b_{n1} & \cdots & b_{nm} \end{pmatrix}.$$

Die Zahlen b_{ij} (i = 1, ..., n; j = 1, ..., m) sind die **Elemente** der Matrix. Dabei gibt der Index i die **Zeile** und der Index j die **Spalte** der Matrix an, in der das Element steht. Eine Matrix mit n Zeilen und m Spalten besitzt die **Ordnung (Dimension)** n x m.

Besitzt eine Matrix $\underline{B}$ **dieselbe** Anzahl an Zeilen und Spalten, so ist $\underline{B}$ eine **quadratische** Matrix.

Vertauscht man die Zeilen und Spalten einer Matrix $\underline{B}$ der Ordnung (n x m), so erhält man die **Transponierte** $\underline{B}'$ der Matrix $\underline{B}$. Die Transponierte besitzt dann die Ordnung m x n:

$$\underline{B} = \begin{pmatrix} b_{11} & \cdots & b_{n1} \\ \vdots & \ddots & \vdots \\ b_{1m} & \cdots & b_{nm} \end{pmatrix}$$

Eine Matrix $\underline{B}$ wird als **symmetrisch** bezeichnet, wenn $\underline{B} = \underline{B}'$ gilt. Demzufolge können nur quadratische Matrizen auch symmetrische Matrizen sein.

Eine Matrix mit einer Zeile und m Spalten oder einer Spalte und n Zeilen heißt **Zeilen-** bzw. **Spaltenvektor**. Zeilen- bzw. Spaltenvektoren werden geschrieben als:

$$\underline{b}' = (b_1, \ldots, b_m) \qquad \text{(Zeilenvektor)}$$

$$\underline{b} = \begin{pmatrix} b_1 \\ \vdots \\ b_n \end{pmatrix} \qquad \text{(Spaltenvektor)}$$

Die **Länge** oder **Norm** eines n x 1-Vektors $\underline{b}$ berechnet man als

$$\|\underline{b}\| = \sqrt{\underline{b}'\underline{b}} = \sqrt{\sum_{i=1}^{n} b_i^2} \; .$$

Ein n x 1-Vektor $\underline{b}$ kann auf die **Länge Eins** normiert werden mit

$$\underline{b}_{norm} = \frac{1}{\|\underline{b}\|} \cdot \underline{b} \; .$$

B.1.1. Verschiedene Vektoren- und Matrizentypen

$\underline{0}$: Nullvektor $\underline{0} = \begin{pmatrix} 0 \\ 0 \\ \vdots \\ 0 \end{pmatrix}$

$\underline{j}$: Einsenvektor $\underline{j} = \begin{pmatrix} 1 \\ 1 \\ \vdots \\ 1 \end{pmatrix}$

$\underline{O}$ Nullmatrix $\underline{O} = \begin{pmatrix} 0 & 0 & \dots & 0 \\ 0 & 0 & \dots & 0 \\ \vdots & \vdots & \dots & \vdots \\ 0 & 0 & \dots & 0 \end{pmatrix}$

$\underline{J}$: Einsenmatrix $\underline{J} = \underline{j} \cdot \underline{j}' = \begin{bmatrix} 1 & 1 & \cdots & 1 \\ 1 & 1 & \cdots & 1 \\ \vdots & \vdots & \ddots & \vdots \\ 1 & 1 & \cdots & 1 \end{bmatrix}$

$\underline{I}$: Einheitsmatrix $\underline{I} = \begin{bmatrix} 1 & 0 & \cdots & 0 \\ 0 & 1 & \cdots & 0 \\ \vdots & \vdots & \ddots & \vdots \\ 0 & 0 & \cdots & 1 \end{bmatrix}$

$diag\,\underline{B}$: Diagonalmatrix $diag\,\underline{B} = \begin{bmatrix} b_{11} & 0 & \cdots & 0 \\ 0 & b_{22} & \cdots & 0 \\ \vdots & \vdots & \ddots & \vdots \\ 0 & 0 & \cdots & b_{nn} \end{bmatrix}$

B.1.2. Grundbegriffe der Matrix-Algebra

Sind zwei Matrizen $\underline{A}$ und $\underline{B}$ von der **gleichen** Ordnung (n x m), so ergibt die **Addition** der beiden Matrizen die Matrix

$$\underline{C} = \underline{A} + \underline{B} \,,$$

deren Elemente c_{ij} berechnet werden als

$$c_{ij} = a_{ij} + b_{ij} \quad \text{für } i = 1,\ldots,n; j = 1,\ldots,m \,.$$

Dabei gilt $\underline{C} = \underline{A} + \underline{B} = \underline{B} + \underline{A}$.

Sind zwei Matrizen $\underline{A}$ und $\underline{B}$ von der **gleichen** Ordnung (n x m), so ergibt die **Subtraktion** der Matrix $\underline{B}$ von der Matrix $\underline{A}$ die Matrix

$$\underline{C} = \underline{A} - \underline{B} \,,$$

deren Elemente c_{ij} berechnet werden als

$$c_{ij} = a_{ij} - b_{ij} \quad \text{für } i = 1,\ldots,n; j = 1,\ldots,m \;.$$

Hat die Matrix $\underline{A}$ **soviele Spalten** wie die Matrix $\underline{B}$ **Zeilen** (Ordnung von $\underline{A}$ n x m, Ordnung von $\underline{B}$ m x q), so kann die Matrix $\underline{A}$ mit der Matrix $\underline{B}$ **von rechts** multipliziert werden. Das Produkt der beiden Matrizen ergibt die Matrix

$$\underline{C} = \underline{A}\underline{B} \;,$$

deren Elemente c_{ij} berechnet werden als

$$c_{ij} = \sum_{r=1}^{m} a_{ir} b_{rj} \quad \text{für } i = 1,\ldots,n; j = 1,\ldots,m \;.$$

Die Matrix $\underline{C}$ hat dann die **Ordnung n x q**. Die Anzahl an Zeilen der Matrix $\underline{C}$ entspricht also der Anzahl an Zeilen der Matrix $\underline{A}$, die Anzahl an Spalten entspricht der Anzahl an Spalten der Matrix $\underline{B}$.

Beachte: Das Produkt $\underline{B}\underline{A}$ könnte in diesem Fall nicht ermittelt werden. Die Berechnung der Produkte $\underline{A}\underline{B}$ und $\underline{B}\underline{A}$ (Multiplikation der Matrix $\underline{A}$ mit der Matrix $\underline{B}$ von rechts und Multiplikation der Matrix $\underline{A}$ mit der Matrix $\underline{B}$ von links) ist nur bei **quadratischen** Matrizen möglich. Sind die beiden Matrizen $\underline{A}$ und $\underline{B}$ zusätzlich **symmetrisch**, so gilt $\underline{A}\underline{B} = \underline{B}\underline{A}$.

Für eine (**nicht notwendigerweise symmetrische**) Matrix $\underline{B}$ ergeben die Matrizenprodukte $\underline{B}'\underline{B}$ und $\underline{B}\underline{B}'$ jeweils symmetrische Matrizen. Man beachte jedoch, daß $\underline{B}'\underline{B} \neq \underline{B}\underline{B}'$ ist.

Soll eine Matrix $\underline{B}$ der Ordnung n x m mit einem **Skalar** a multipliziert werden, so erhält man die Matrix

$$\underline{C} = a\underline{B} \;,$$

deren Elemente ermittelt werden als

$$c_{ij} = a \cdot b_{ij} \quad \text{für } i = 1,\ldots,n; j = 1,\ldots,m \;.$$

Außerdem gilt:

$$(\underline{A} + \underline{B})' = \underline{A}' + \underline{B}'$$

$$(\underline{A}\underline{B})' = \underline{B}'\underline{A}'$$

$$(\underline{A}\underline{B}\underline{C})' = \underline{C}'\underline{B}'\underline{A}'$$

$$(\underline{B}')' = \underline{B}$$

$$b(\underline{A}+\underline{C}) = b\underline{A}+b\underline{C}$$

B.1.3. Der Rang einer Matrix

Der Rang einer Matrix $\underline{B}$ der Ordnung n x m entspricht der Anzahl der linear unabhängigen Zeilenvektoren oder Spaltenvektoren.

Die Spaltenvektoren $\underline{b}_j$ (j = 1, ..., m) der Matrix $\underline{B}$ heißen linear unabhängig, wenn aus der Linearkombination

$$\sum_{j=1}^{m} a_j \underline{b}_j$$

der Nullvektor nur durch $a_1 = a_2 = \ldots = a_m = 0$ erzeugt werden kann. Sind nicht alle $a_j = 0$, so sind die Spaltenvektoren linear abhängig.

Die Zeilenvektoren $\underline{b}_i$ (i = 1, ..., n) der Matrix $\underline{B}$ heißen linear unabhängig, wenn aus der Linearkombination

$$\sum_{i=1}^{n} a_i \underline{b}_i$$

der Nullvektor nur durch $a_1 = a_2 = \ldots = a_n = 0$ erzeugt werden kann. Sind nicht alle $a_i = 0$, so sind die Zeilenvektoren linear abhängig. Es kann gezeigt werden, daß die Anzahl der linear unabhängigen Zeilenvektoren immer mit der Anzahl der linear unabhängigen Spaltenvektoren übereinstimmt. Der Rang einer Matrix entspricht somit der Anzahl der Koeffizienten a_j (j = 1, ..., m) (bei Betrachtung der Spalten) bzw. a_i (i = 1, ..., n) (bei Betrachtung der Zeilen), die gleich Null sind. Sind alle Spalten- oder Zeilenvektoren einer Matrix linear unabhängig, so hat die Matrix **vollen Rang** und heißt **nichtsingulär**.

Es gilt:

- Eine quadratische Matrix hat **vollen Rang** wenn ihre Determinante **ungleich Null** ist.

- Der **Rang** einer **Diagonalmatrix** ist gleich der Anzahl der Elemente, die **nicht Null** sind.

B.1.4. Die Spur einer Matrix

Die Spur einer quadratischen Matrix $\underline{B}$ entspricht der Summe der Hauptdiagonalelemente dieser Matrix, also

$$sp\ \underline{B} = \sum_{i=1}^{n} b_{ii} \ .$$

Es gilt

$$sp\ (\underline{A} + \underline{B}) = sp\ \underline{A} + sp\ \underline{B}$$

$$sp\ (\underline{A}\,\underline{B}) = sp\ (\underline{B}\,\underline{A}).$$

B.1.5. Die Determinante einer Matrix

Die Determinante $|\underline{B}|$ einer **quadratischen** Matrix $\underline{B}$ der Ordnung m x m wird berechnet als

$$|\underline{B}| = \sum_{R} (-1)^k \cdot b_{1\alpha} \cdot b_{2\beta} \cdot \ldots \cdot b_{m\omega}$$

wobei $\alpha, \beta, \ldots, \omega$ eine Permutation der Zahlen 1, 2, ..., m und R die Menge aller $m!$ **Permutationen** der Zahlen 1, 2, ..., m darstellt. Der Wert k gibt die Anzahl der **paarweisen** Vertauschungen von Elementen an, die erforderlich sind, um die **ursprüngliche** Reihenfolge 1,2, ..., m zu erhalten.

$|\underline{B}|$ kann auch **rekursiv** ermittelt werden als

$$|\underline{B}| = \sum_{j=1}^{n} (-1)^{i+j} b_{ij} \left|\underline{B}^{ij}\right|$$

mit $\underline{B}^{ij}$: Matrix, die man erhält, wenn in $\underline{B}$ die i-te Zeile und j-te Spalte gestrichen wird.

Diese Rekursionsformel für die Determinantenberechnung wird solange auf die **reduzierten** Matrizen angewendet, bis Determinanten von Matrizen der Ordnung 3 x 3 oder der Ordnung 2 x 2 zu berechnen sind.

Die Determinante einer Matrix $\underline{B}$ der Ordnung 3 x 3 erhält man als

$$|\underline{B}| = \left| \begin{pmatrix} b_{11} & b_{12} & b_{13} \\ b_{21} & b_{22} & b_{23} \\ b_{31} & b_{32} & b_{33} \end{pmatrix} \right| = b_{11} \cdot b_{22} \cdot b_{33} + b_{12} \cdot b_{23} \cdot b_{31} + b_{13} \cdot b_{21} \cdot b_{32} + $$

$$- b_{13} \cdot b_{22} \cdot b_{31} - b_{11} \cdot b_{23} \cdot b_{32} - b_{12} \cdot b_{21} \cdot b_{33} \ .$$

Die Determinante einer Matrix $\underline{B}$ der Ordnung 2 x 2 ermittelt man als

$$|\underline{B}| = \left| \begin{pmatrix} b_{11} & b_{12} \\ b_{21} & b_{22} \end{pmatrix} \right| = b_{11} \cdot b_{22} - b_{12} \cdot b_{21} \ .$$

B.1.6. Die Inverse einer Matrix

Die Inverse einer quadratischen Matrix $\underline{B}$ mit vollem Rang ist diejenige Matrix, die bei Multiplikation mit $\underline{B}$ von rechts oder von links die Einheitsmatrix ergibt. Die Inverse berechnet sich als

$$\underline{B}^{-1} = \frac{1}{|\underline{B}|} \cdot \underline{B}_{ad} \cdot$$

Dabei ist $\underline{B}_{ad}$ die adjungierte Matrix der Matrix $\underline{B}$. Die Elemente b_{ji}^{ad} (Element in der j-ten Zeile und i-ten Spalte) der adjungierten Matrix werden ermittelt als

$$b_{ji}^{ad} = (-1)^{i+j} \cdot \left|\underline{B}^{ij}\right|$$

mit $\underline{B}^{ij}$: Matrix $\underline{B}$, bei der die i-te Zeile und j-te Spalte gestrichen wurden.

Es gilt:

$$(\underline{A}\underline{B})^{-1} = \underline{B}^{-1}\underline{A}^{-1}$$

$$(\underline{A}\underline{B}\underline{C})^{-1} = \underline{C}^{-1}\underline{B}^{-1}\underline{A}^{-1}$$

$$(\underline{B}')^{-1} = (\underline{B}^{-1})'$$

$$(\underline{B}^{-1})^{-1} = \underline{B}$$

$$\underline{B}\underline{B}^{-1} = \underline{B}^{-1}\underline{B} = \underline{I}$$

$$(\underline{A}\underline{B}\underline{C})^{-1} = \underline{C}^{-1}\underline{B}^{-1}\underline{A}^{-1}$$

B.1.7. Orthogonale Vektoren und Matrizen

Zwei Vektoren $\underline{a}$ und $\underline{b}$ heißen zueinander orthogonal, wenn gilt

$$\underline{a}'\underline{b} = \underline{b}'\underline{a} = 0.$$

Eine quadratische Matrix $\underline{B}$ heißt orthogonal, wenn gilt

$$\underline{B} \cdot \underline{B}' = \underline{B}' \cdot \underline{B} = \underline{I}.$$

Für eine orthogonale Matrix gilt

$$\underline{B}^{-1} = \underline{B}'$$

$$|\underline{B}| = \pm 1 .$$

B.1.8. Das Kroneckerprodukt von Matrizen

Das **Kroneckerprodukt** $\underline{A} \otimes \underline{B}$ der Matrizen $\underline{A}$ (Dimension n x m) und $\underline{B}$ (Dimension r x s) wird berechnet als

$$\underline{A} \otimes \underline{B} = \begin{pmatrix} a_{11} \cdot \underline{B} & a_{12} \cdot \underline{B} & \dots & a_{1m} \cdot \underline{B} \\ a_{21} \cdot \underline{B} & a_{22} \cdot \underline{B} & \dots & a_{2m} \cdot \underline{B} \\ \vdots & \vdots & \dots & \vdots \\ a_{n1} \cdot \underline{B} & a_{n2} \cdot \underline{B} & \dots & a_{nm} \cdot \underline{B} \end{pmatrix}$$

Die dabei entstandene Matrix hat die Dimension $n \cdot r \times m \cdot s$

Für das Kroneckerprodukt zwischen der **Einheitsmatrix** und einer beliebigen Matrix $\underline{B}$ ergibt sich

$$\underline{I} \otimes \underline{B} = \begin{pmatrix} \underline{B} & \underline{O} & \dots & \underline{O} \\ \underline{O} & \underline{B} & \dots & \underline{O} \\ \vdots & \vdots & \dots & \vdots \\ \underline{O} & \underline{O} & \dots & \underline{B} \end{pmatrix}$$

Außerdem gilt:

$$b\underline{A} \otimes \underline{C} = \underline{A} \otimes b\underline{C} = b(\underline{A} \otimes \underline{C})$$

$$(\underline{A} \otimes \underline{B}) \otimes \underline{C} = \underline{A} \otimes (\underline{B} \otimes \underline{C})$$

B.1.9. Eigenwerte und Eigenvektoren von Matrizen

Für eine **quadratische** Matrix $\underline{B}$ der Dimension n x n ist

$$f(\lambda) = |\underline{B} - \lambda \cdot \underline{I}|$$

ein **Polynom n-ten Grades**. Die n Lösungen $\lambda_i \quad (i = 1,\dots,n)$ der i Gleichungen

$$|\underline{B} - \lambda_i \cdot \underline{I}| = 0$$

heißen **Eigenwerte** von $\underline{B}$ ($\Rightarrow$Matrix $(\underline{B} - \lambda_i \cdot \underline{I})$ ist singulär).

Eigenwerte können nicht nur reell, sondern auch komplex sein; einige Eigenwerte können auch gleich sein.

Für gewöhnlich werden die berechneten Eigenwerte **der Größe nach geordnet** angegeben. Dabei gilt

$$\lambda_1 \geq \lambda_2 \geq \ldots \geq \lambda_n \,.$$

λ_1 bezeichnet also den **größten** Eigenwert, λ_2 den zweitgrößten, usw.

Da die Matrix $(\underline{B} - \lambda_i \cdot \underline{I})$ singulär ist, gibt es für jeden Eigenwert einen Nichtnullvektor $\underline{\ell}$, der die Gleichung

$$\underline{B} \cdot \underline{\ell} = \lambda_i \cdot \underline{\ell}$$

erfüllt. Jeder Vektor, der diese Gleichung erfüllt, heißt **Eigenvektor** von $\underline{B}$ für den Eigenwert λ_i. Ein Eigenvektor $\underline{\ell}$ mit reellen Komponenten, für den gilt $\underline{\ell}' \underline{\ell} = 1$, heißt normiert.

Beachte:

- Für die Eigenwerte λ_i $(i = 1, \ldots, n)$ einer quadratischen Matrix $\underline{B}$ der Dimension n x n gilt

$$sp\, \underline{B} = \sum_{i=1}^{n} \lambda_i \,,$$

$$|\underline{B}| = \prod_{i=1}^{n} \lambda_i \,.$$

- Der **Rang** von $\underline{B}$ ist gleich der **Anzahl der von Null verschiedenen Eigenwerte** der Matrix.

- Die Eigenwerte von $\underline{B}^{-1}$ ($\underline{B}$ nicht singulär) sind λ_i^{-1}.

- Die **Eigenwerte einer Diagonalmatrix** sind die Diagonalelemente.

B.1.10. Faktorisierungstheorem für symmetrische Matrizen

Das Faktorisierungstheorem besagt, daß eine **symmetrische** Matrix $\underline{B}$ der Dimension n x n mit Hilfe ihrer **Eigenwerte** und einer **orthogonalen Matrix** "zerlegt" bzw. dargestellt werden kann als

$$\underline{B} = \underline{\Gamma} \cdot diag(\underline{L}) \cdot \underline{\Gamma}'$$

mit $\underline{\Gamma}$: eine orthogonale Matrix der Dimension n x n

$diag(\underline{L})$: Diagonalmatrix, deren Hauptdiagonalelemente die Eigenwerte $\lambda_1, \lambda_2, \ldots, \lambda_n$ der Matrix $\underline{B}$ sind.

Aus dem Faktorisierungstheorem folgt, daß eine Matrix $\underline{B}$ der Dimension n x n mit Hilfe einer orthogonalen Matrix $\underline{\Gamma}$ derart **diagonalisiert** werden kann, so daß die resultierende Diagonalmatrix die **Eigenwerte** der Matrix $\underline{B}$ enthält

$$\underline{\Gamma}' \cdot \underline{B} \cdot \underline{\Gamma} = diag(\underline{L}) .$$

Es liegt nahe, als Spalten der orthogonalen Matrix $\underline{\Gamma}$ die **Eigenvektoren** der Matrix $\underline{B}$ zu verwenden, die auch orthonormal zueinander sind, so daß sich als Spezialfall des Faktorisierungstheorems ergibt

$$\underline{B} = \underline{V} \cdot diag(\underline{L}) \cdot \underline{V}'$$

mit $\underline{V}$: orthogonale Matrix der Dimension n x n, deren Spalten die Eigenvektoren von $\underline{B}$ sind;

$diag(\underline{L})$: Diagonalmatrix, deren Hautpdiagonalelemente die Eigenwerte $\lambda_1, \lambda_2, \ldots, \lambda_n$ der Matrix $\underline{B}$ sind.

B.1.11. Vektoren- und Matrizendifferentiation

- $\dfrac{\partial \underline{a}' \underline{X} \underline{a}}{\partial \underline{X}} = \underline{a}\,\underline{a}'$, wenn $\underline{X}$ nicht symmetrisch ist.
- $\dfrac{\partial \underline{a}' \underline{X} \underline{a}}{\partial \underline{X}} = \underline{a}\,\underline{a}' - diag\left(a_i^2\right)$, wenn $\underline{X}$ symmetrisch ist.

- $\frac{\partial \underline{a}' \underline{x}}{\partial \underline{x}} = \underline{a}.$

- $\frac{\partial \underline{x}' \underline{x}}{\partial \underline{x}} = 2\,\underline{x}.$

- $\frac{\partial \underline{x}' A \underline{x}}{\partial \underline{x}} = 2\,A\underline{x}.$

- $\frac{\partial \underline{x}' A \underline{y}}{\partial \underline{x}} = A\underline{y}.$

B.2. Matrizen und Vektoren in der multivariaten Statistik

B.2.2.1. Die Multivariate Normalverteilung

Ausgehend von einer **univariaten Normalverteilung** für eine Zufallsvariable x_i, die die Dichtefunktion

$$\varphi_{\tilde{x}_i}(x_i) = \frac{1}{\sqrt{2\pi}\cdot\sigma}\cdot\exp\left\{-\frac{1}{2}\cdot\frac{(x_i-\mu_i)^2}{\sigma^2}\right\}$$

besitzt, erhält man die **gemeinsame Verteilung** des Zufallsvektors $\underline{x}' = (x_1, x_2, \ldots, x_p)$ - unter der Voraussetzung, daß die einzelnen p Zufallsvariablen univariat normalverteilt sind nach $N(\mu_i, \sigma_i^2)$ - als

$$\varphi_{\tilde{\underline{x}}}(\underline{x}) = \frac{1}{(2\pi)^{p/2}\cdot|\underline{\Sigma}|^{1/2}}\cdot\exp\left\{-\frac{1}{2}\cdot(\underline{x}-\underline{\mu})'\,\underline{\Sigma}^{-1}(\underline{x}-\underline{\mu})\right\}$$

und bezeichnet diese Verteilung als **multivariate Normalverteilung** oder als p-dimensionale Normalverteilung $N_p(\underline{\mu};\underline{\Sigma})$ mit

$\underline{\mu}$: **Vektor der Erwartungswerte** des Zufallsvektors $\underline{x}' = (x_1, x_2, \ldots, x_p)$,

$$\underline{\mu}' = (\mu_1, \mu_2, \ldots, \mu_p)$$

$\underline{\Sigma}$: **Varianz-Kovarianz-Matrix** des Zufallsvektors $\underline{x}' = (x_1, x_2, \ldots, x_p)$,

$$\underline{\Sigma} = \begin{bmatrix} \operatorname{var} x_1 & \operatorname{cov} x_1 x_2 & \cdots & \operatorname{cov} x_1 x_p \\ \operatorname{cov} x_2 x_1 & \operatorname{var} x_2 & \cdots & \operatorname{cov} x_2 x_p \\ \vdots & \vdots & \cdots & \vdots \\ \operatorname{cov} x_p x_1 & \operatorname{cov} x_p x_2 & \cdots & \operatorname{var} x_p \end{bmatrix}$$

Auf der **Hauptdiagonalen** befinden sich also die **Varianzen** der einzelnen Variablen, auf den **Nebendiagonalen** die **Kovarianzen** zwischen je zwei Variablen. Die Varianz-Kovarianz-Matrix ist **symmetrisch**, d.h., es gilt $\operatorname{cov} x_i x_j = \operatorname{cov} x_j x_i \; (i, j = 1, \ldots, p; i \neq j)$.

Für eine **lineare Transformation** $y = \underline{a}' \underline{x}$ des multivariat normalverteilten Zufallsvektors $\underline{x}$ - mit beliebigem Vektor $\underline{a}$ der Dimension p x 1- gilt: y ist **wiederum normalverteilt**

- mit dem **Erwartungswert** $Ey = \underline{a}' \underline{\mu}$

- und der **Varianz** $\operatorname{var} y = \underline{a}' \underline{\Sigma} \underline{a}$.

Hier wird also ein Zufallsvektor in eine "univariate" Zufallsvariable transformiert.

Für die **Transformation** $\underline{y} = \underline{A}\underline{x}$, wobei die Matrix $\underline{A}$ die Dimension q x p besitzt (es wird also eine Transformation von p auf q neue Variablen vorgenommen), gilt: Der neu erzeugte Zufallsvektor $\underline{y}$ besitzt dann eine **q-dimensionale Normalverteilung** mit

- dem **Erwartungswertvektor** $\underline{\mu}_y = \underline{A}\underline{\mu}$ (Dimension q x 1)

- und der **Varianz-Kovarianz-Matrix** $\underline{\Sigma}_y = \underline{A}\underline{\Sigma}\underline{A}'$ (Dimension q x q).

Für den Fall, daß die p Zufallsvariablen des Zufallsvektors $\underline{x}' = \left(x_1, x_2, \ldots, x_p\right)$ **unabhängig** sind, erhält man die multivariate Normalverteilung des Zufallsvektors als **Produkt der Einzeldichten** der Zufallsvariablen x_i $(i = 1, \ldots, p)$

$$\varphi_{\underline{x}}(\underline{x}) = \prod_{i=1}^{p} \varphi_{\tilde{x}_i}(x_i) = \prod_{i=1}^{p} \frac{1}{\sqrt{2\pi} \cdot \sigma_i} \cdot \exp\left\{-\frac{1}{2} \cdot \frac{(x_i - \mu_i)^2}{\sigma_i^2}\right\} =$$

$$= \frac{1}{(2\pi)^{p/2} \cdot \prod_{i=1}^{p} \sigma_i} \cdot \prod_{i=1}^{p} \exp\left\{-\frac{1}{2} \frac{(x_i - \mu_i)^2}{\sigma_i^2}\right\}$$

Für die Varianz-Kovarianz-Matrix der stochastisch unabhängigen Zufallsvariablen gilt dann

$$\underline{\Sigma} = diag\,\underline{\Sigma} = diag\left(\sigma_i^2\right), \text{ d.h.,}$$

es sind nur noch die Hauptdiagonalen mit den entsprechenden Varianzen der Zufallsvariablen besetzt.

Im weiteren Verlauf wird der Erwartungswertvektor eines Zufallsvektors $\underline{x}$ mit $E\underline{x}$ und die Varianz-Kovarianz-Matrix dieses Vektors mit $VAR\left(\underline{x}, \underline{x}\right)$ abgekürzt.

B.2.2.2. Multivariate Stichprobenergebnisse

Werden in einer **Stichprobe** an n Objekten p Merkmale beobachtet, die man z.B. beim i-ten Objekt zu einem **Beobachtungswertevektor** $\underline{x}_i' = \left(x_{i1}, x_{i2}, \ldots, x_{ip}\right)$ zusammenfassen kann, so ergibt sich die folgende **Datenmatrix** $\underline{X}$ der Dimension n x p

$$\underline{X} = \begin{bmatrix} x_{11} & x_{12} & \cdots & x_{1p} \\ x_{21} & x_{22} & \cdots & x_{2p} \\ \vdots & \vdots & \cdots & \vdots \\ x_{n1} & x_{n2} & \cdots & x_{np} \end{bmatrix} = \begin{bmatrix} \underline{x}_1' \\ \underline{x}_2' \\ \vdots \\ \underline{x}_n' \end{bmatrix}.$$

Mit $\underline{\bar{x}}$ bezeichnet man dann den **Vektor der arithmetischen Mittel** der p Variablen

$$\underline{\bar{x}}' = \left(\bar{x}_1, \bar{x}_2, \ldots, \bar{x}_p\right) = \frac{1}{n}\underline{j}'\underline{X}$$

mit $\underline{j}$: Einsenvektor der Dimension n x 1.

Aus den Stichprobenwerten kann außerdem die Matrix $\underline{S}$ der **Abweichungsquadratsummen** (oder auch **Matrix der Gesamtabweichungsquadratsummen**) der p Stichprobenvariablen berechnet werden

$$\underline{S} = \sum_{i=1}^{n} (\underline{x}_i - \underline{\bar{x}})(\underline{x}_i - \underline{\bar{x}})'$$

Die Matrix $\underline{S}$ ist symmetrisch. Ein Element S_{hi} dieser Matrix wird demnach berechnet mit

$$S_{hi} = \sum_{j=1}^{n} \left(x_{jh} - \bar{x}_h\right) \cdot \left(x_{ji} - \bar{x}_i\right).$$

Die **Stichproben-Varianz-Kovarianz-Matrix** $\underline{C}$ der p Stichprobenvariablen erhält man dann mit Hilfe der Matrix $\underline{S}$ als

$$\underline{C} = \frac{1}{n-1}\underline{S}.$$

Für eine **lineare Transformation** des Stichproben-Beobachtungswertevektors $\underline{x}$ in die Variable $y = \underline{a}'\underline{x}$ (mit beliebigem Vektor $\underline{a}$ der Dimension n x 1) gilt

$$\bar{y} = \underline{a}'\underline{\bar{x}}$$

und

$$s_y^2 = \underline{a}'\underline{C}\underline{a}.$$

Für eine **lineare Transformation** des Stichproben-Beobachtungswertevektors $\underline{x}$ in den Vektor $\underline{y} = \underline{A}\underline{x}$ (mit beliebiger Matrix $\underline{A}$ der Dimension q x n) gilt

$$\underline{\overline{y}} = \underline{A}\underline{\overline{x}}$$

und

$$\underline{C}_y = \underline{A}\underline{C}\underline{A}'.$$

Die **Stichproben-Korrelationsmatrix** $\underline{R}$ der p Stichprobenvariablen ergibt sich dann als

$$\underline{R} = diag(\underline{C})^{-1/2} \cdot \underline{C} \cdot diag(\underline{C})^{-1/2}$$

mit $diag(\underline{C})$: Diagonalmatrix, auf deren Hauptdiagonalen die Stichprobenvarianzen s_i^2 der i Variablen (i = 1, ..., p) stehen.

Wird mit **standardisierten** Daten gerechnet, d.h. wurde von jeder Beobachtung der zugehörige Mittelwert abgezogen und durch die zugehörige Standardabweichung der Stichprobe dividiert, erhält man eine standardisierte Datenmatrix $\underline{Z}$ und die Berechnung der **Stichproben-Korrelationsmatrix** vereinfacht sich damit zu

$$\underline{R} = \underline{Z}'\underline{Z}.$$

Literaturverzeichnis

Kapitel 0 (Grundstrukturen des SAS-Systems)

GÖTTSCHE, T.: Einführung in das SAS-System. Für den PC, Stuttgart 1990

GÖTTSCHE, T.: SAS kompakt für die Version 6, Stuttgart 1992

GOGOLOK, J., SCHUEMER, R., STRÖHLEIN, G.: Datenverarbeitung und statistische Auswertung mit SAS, Band I, Stuttgart 1992

SAS Institute Inc.: SAS Language: Reference, Version 6, 1. Auflage, Cary 1990

SAS Institute Inc.: SAS Procedures Guide, Version 6, 3. Auflage, Cary 1990

STEINHAUSEN, D., ZÖRKENDÖRFER, S.: Informationsbearbeitung und Datenanalyse mit dem Programmsystem SAS, München 1992

Kapitel 1 (Univariate Verfahren)

BAMBERG, G., BAUR, F.: Statistik, 8. Auflage, München 1993

BÖSELT, M.: Statistik, München 1992

BOHLEY, P.: Statistik. Einführendes Lehrbuch für Wirtschafts- und Sozialwissenschaftler, 5. Auflage, München 1992

COCHRAN, W. G., COX, G. M.: Experimental Designs, New York 1950

HARTUNG, J.: Lehr- und Handbuch der angewandten Statistik, 7. Auflage, München 1989

HEILER, S., MICHELS, P.: Deskriptive und Explorative Datenanalyse, München 1994

HOAGLIN, D. C., VELLEMAN, P. F.: ABC of EDA, Boston 1981

SAS Institute Inc.: SAS Procedures Guide, Version 6, 3. Auflage, Cary 1990

SCHAICH, E., KÖHLE, D., SCHWEITZER, W., WEGNER, F.: Statistik II für Volkswirte, Betriebswirte und Soziologen, 3. Auflage, München 1990

SCHLITTGEN, R.: Einführung in die Statistik. Analyse und Modellierung von Daten, 4. Auflage, München 1993

SCHULZE, P. M.: Beschreibende Statistik, 2. Auflage, München 1994

SHAPIRO, S. S., WILK, M. B.: An analysis of variance test for normality (complete samples), in: Biometrika 52, 1965, S.591-611

TUKEY, J. W.: Exploratory Data Analysis, Reading 1977

VOGEL, F.: Beschreibende und schließende Statistik. Aufgaben und Beispiele, 7. Auflage, München 1992

Kapitel 2 (Korrelationsanalyse)

BAMBERG, G., BAUR, F.: Statistik, 8. Auflage, München 1993

BÖSELT, M.: Statistik, München 1992

CONOVER, W. J.: Practical Nonparametric Statistics, 2. Auflage, New York 1980

HARTUNG, J.: Lehr- und Handbuch der angewandten Statistik, 7. Auflage, München 1989

RÖNZ, B., FÖRSTER, E.: Regressions- und Korrelationsanalyse. Grundlagen - Methoden - Beispiel, Wiesbaden 1992.

SAS Institute Inc.: SAS Procedures Guide, Version 6, 3. Auflage, Cary 1990

SCHAICH, E., HAMERLE, A.: Verteilungsfreie statistische Prüfverfahren, Berlin u.a. 1984

SCHAICH, E., KÖHLE, D., SCHWEITZER, W., WEGNER, F.: Statistik II für Volkswirte, Betriebswirte und Soziologen, 3. Auflage, München 1990

SCHULZE, P. M.: Beschreibende Statistik, 2. Auflage, München 1994

Kapitel 3 (Kontingenztafelanalyse)

HARTUNG, J.: Lehr- und Handbuch der angewandten Statistik, 7. Auflage, München 1989

HEILER, S., MICHELS, P.: Deskriptive und Explorative Datenanalyse, München 1994

SAS Institute Inc.: SAS/STAT User's Guide, Version 6, Vol. 1, 4. Auflage, Cary 1990

SCHAICH, E., HAMERLE, A.: Verteilungsfreie statistische Prüfverfahren, Berlin u.a. 1984

VOGEL, F.: Beschreibende und schließende Statistik. Aufgaben und Beispiele, 7. Auflage, München 1992

Kapitel 4 (Varianzanalyse)

FAHRMEIR, L., HAMERLE, A. (Hrsg): Multivariate statistische Verfahren, Berlin und New York 1984

HARTUNG, J., ELPELT, B.: Multivariate Statistik, 4. Auflage, München und Wien 1992

MARINELL, G.: Multivariate Verfahren, 3. Auflage, München und Wien, 1990

MORRISON, D. F.: Multivariate Statistical Methods, 2. Auflage, New York usw. 1976

RITSERT, J., STRACKE, E., HEIDER, F.: Grundzüge der Varianz- und Faktorenanalyse, Frankfurt a. M. 1976

SAS Institute Inc.: SAS/STAT User's Guide, Version 6, Vol. 1, 4. Auflage, Cary 1990

TIMM, N. H.: Multivariate Analysis with Applications in Education and Psychology, Monterey 1975

Kapitel 5 (Verteilungsfreie Lokalisationsvergleiche)

BÜNING, H., TRENKLER, G.: Nichtparametrische statistische Methoden, 2. Auflage, Berlin und New York 1994

CONOVER, W. J.: Practical Nonparametric Statistics, 2. Auflage, New York 1980

LEHMANN, E. L.: Nonparametrics: Statistical Methods Based on Ranks, San Francisco 1975

LIENERT, G. A.: Verteilungsfreie Methoden in der Biostatistik, 2. Auflage, Meisenheim 1973

NOETHER, G. E., Introduction to Statistics: The Nonparametric Way, New York u.a. 1991

SAS Institute Inc.: SAS/STAT User's Guide, Version 6, Vol. 2, 4. Auflage, Cary 1990

SCHAICH, E., HAMERLE, A.: Verteilungsfreie statistische Prüfverfahren, Berlin u.a. 1984

Kapitel 6 (Regressionsanalyse)

BELSLEY, D. A., KUH, E., WELSCH, R. E.: Regression Diagnostics, New York 1980

BOHLEY, P.: Statistik. Einführendes Lehrbuch für Wirtschafts- und Sozialwissenschaftler, 5. Auflage, München 1992

DOLD, A.: Computergestützte Realisierung robuster Methoden in der Regressions- und Ausreisseranalyse, Dissertation, Passau 1992

FAHRMEIR, L., HAMERLE, A. (Hrsg): Multivariate statistische Verfahren, Berlin und New York 1984

FREUND, R. J., LITTELL, R. C., SAS System for Regression, 2. Auflage, Cary 1991

MARINELL, G.: Multivariate Verfahren, 3. Auflage, München und Wien 1990

RÖNZ, B., FÖRSTER, E.: Regressions- und Korrelationsanalyse. Grundlagen - Methoden - Beispiel, Wiesbaden 1992.

SAS Institute Inc.: SAS/STAT User's Guide, Version 6, Vol. 2, 4. Auflage, Cary 1990

SCHAICH, E., KÖHLE, D., SCHWEITZER, W., WEGNER, F.: Statistik II für Volkswirte, Betriebswirte und Soziologen, 3. Auflage, München 1990

Kapitel 7 (Clusteranalyse)

BACKHAUS, K., ERICHSON, B., PLINKE, W., SCHUCHARD-FICHER, C., WEIBER, R.: Multivariate Analysemethoden - Eine anwendungsorientierte Einführung, 6. Auflage, Berlin u.a. 1990

EVERITT, B. S.: Cluster Analysis, 2. Auflage, London 1980

FAHRMEIR, L. , HAMERLE, A. (Hrsg): Multivariate statistische Verfahren, Berlin und New York 1984

MARINELL, G.: Multivariate Verfahren, 3. Auflage, München und Wien, 1990

SAS Institute Inc.: SAS/STAT User's Guide, Version 6, Vol. 1, 4. Auflage, Cary 1990

Kapitel 8 (Diskriminanzanalyse)

FAHRMEIR, L. , HAMERLE, A. (Hrsg): Multivariate statistische Verfahren, Berlin und New York 1984

JOHNSON, R. A., WICHERN, D. W.: Applied Multivariate Statistical Analysis, Englewood Cliffs und New Jersey 1988

MARINELL, G.: Multivariate Verfahren, 3. Auflage, München und Wien, 1990

MORRISON, D. F.: Multivariate Statistical Methods, 2. Auflage, New York usw. 1976

SAS Institute Inc.: SAS/STAT User's Guide, Version 6, Vol. 1, 4. Auflage, Cary 1990

Kapitel 9 (Hauptkomponentenanalyse)

FAHRMEIR, L. , HAMERLE, A. (Hrsg): Multivariate statistische Verfahren, Berlin und New York 1984

JACKSON, J.E.: A user's guide to principal components, New York 1991

JOHNSON, R. A., WICHERN, D. W.: Applied Multivariate Statistical Analysis, Englewood Cliffs und New Jersey 1988

JOLLIFFE, T.: Principal component analysis, New York 1986

MARINELL, G.: Multivariate Verfahren, 3. Auflage, München und Wien, 1990

MORRISON, D. F.: Multivariate Statistical Methods, 2. Auflage, New York usw. 1976

SAS Institute Inc.: SAS/STAT User's Guide, Version 6, Vol. 2, 4. Auflage, Cary 1990

SCHULZE, P. M.: Beschreibende Statistik, 2. Auflage, München 1994

Kapitel 10 (Faktorenanalyse)

FAHRMEIR, L. , HAMERLE, A. (Hrsg): Multivariate statistische Verfahren, Berlin und New York 1984

JOHNSON, R. A., WICHERN, D. W.: Applied Multivariate Statistical Analysis, Englewood Cliffs und New Jersey 1988

MARINELL, G.: Multivariate Verfahren, 3. Auflage, München und Wien, 1990

MORRISON, D. F.: Multivariate Statistical Methods, 2. Auflage, New York usw. 1976

REVENSTORF, D.: Faktorenanalyse, Stuttgart 1980

RITSERT, J., STRACKE, E., HEIDER, F.: Grundzüge der Varianz- und Faktorenanalyse, Frankfurt a. M. 1976

SAS Institute Inc.: SAS/STAT User's Guide, Version 6, Vol. 1, 4. Auflage, Cary 1990

SCHULZE, P. M.: Beschreibende Statistik, 2. Auflage, München 1994

ÜBERLA, K.: Fakotorenanalyse, 2. Auflage, Berlin 1971

Stichwortverzeichnis

www.ingramcontent.com/pod-product-compliance
Lightning Source LLC
LaVergne TN
LVHW092153300926
849161LV00002B/263